本书由人文在线出版基金资助出版

YUWEN XUEXIXUE DE YANJIU YU SHIJIAN

——RANG "XUEXI" YE KEXUE QILAI

"语文学习学"的研究与实践

——让"学习"也科学起来

林惠生◎著

光明日报出版社

图书在版编目（CIP）数据

"语文学习学"的研究与实践：让"学习"也科学
起来 / 林惠生著 . —北京：光明日报出版社，2015.12
　　ISBN 978－7－5112－9519－4

　　Ⅰ.①语… 　Ⅱ.①林… 　Ⅲ.①中学语文课－教学研究
Ⅳ.①G633.302

　　中国版本图书馆 CIP 数据核字（2015）第 271092 号

"语文学习学"的研究与实践

著　　者：林惠生　著			
责任编辑：李壬杰		责任校对：邓永飞	
封面设计：人文在线		责任印制：曹　净	

出版发行：光明日报出版社

地　　址：北京市东城区珠市口东大街 5 号，100062

电　　话：010－67017249（咨询），67078870（发行），67019571（邮购）

传　　真：010－67078227，67078255

网　　址：http://book.gmw.cn

E－mail：gmcbs@gmw.cn　　Lirenjie111@126.com

法律顾问：北京德恒律师事务所龚柳方律师

印　　刷：北京市媛明印刷厂

装　　订：北京市媛明印刷厂

本书如有破损、缺页、装订错误，请与本社联系调换

开　　本：710mm×1000mm		1/16	
字　　数：403 千字		印　　张：29	
版　　次：2016 年 3 月第 1 版		印　　次：2016 年 3 月第 1 次印刷	
书　　号：ISBN 978－7－5112－9519－4			

定　　价：76.00 元

作者简介

林惠生，特级教师、广东省第一批中学正高级教师（教授级）。湖南省邵阳市武冈县人，1951年生，1971年参加工作，在湖南历任武冈县南桥中学语文教师、武冈七中校长兼语文教师、湘潭市教科所语文教研员，1995年调往广东省汕尾市教育局工作，历任科研办主任、教研室主任兼语文教研员，2011年退休后被聘为广东顺德德胜学校顾问和督导员，并被华南师大基础教育培训与研究院聘为广州市新一轮基础教育"百千万人才工程"中学名教师培养理论导师。曾兼聘任广东省教育厅教学指导委员会专家组成员、广东省高中水平评估专家、中国管理科学院学术委员会特约研究员等；发启筹建并于1995年正式成立全国语文学习科学专业委员会，担任学会第一届副理事长、第一届学术委员会副主任和第二届及第三届学术顾问、全国学习科学研究会学术委员会委员；曾被国内多家学术机构及学校聘任为专家指导、兼职教授、评委等职务近20项。

主持或参与国家及省市课题研究20余项，发表论文100余篇，会议交流宣读论文30余篇次（国际会议2篇），出书共20余册（含专著、合著及教辅书）；其成果获奖共50余篇次（其中省政府设立成果奖3次）。在湖南曾被政府记功2次，评为省优秀教师；在广东先后获市学科带头人、市专业技术拔尖人才、省名师、省劳模和全国教育系统先进工作者、全国首届语文学习科学建设突出贡献奖等称号，列为"当代中国语文教改名家评介"的首批十位名家之一，被誉为"学法指导的开拓者与成功者"。

序 言 一

　　最近，北京人文在线出资并组织实施学术资助基金项目评选活动，即由人文在线出资 50 万元人民币资助优秀学术著作出版。据了解，此次评选很规范，为保证评审权威性和公平性，采用匿名评审的形式，聘请国内哲学社会科学界著名学者担任基金评议委员。我校林惠生老师的著作《"语文学习学"的研究与实践——让"学习"也科学起来》，系参选作品之一，最终脱颖而出，获得评委会专家评审的高度好评与通过，列为全额资助项目。我作为学校校长、林老师的同事和朋友，除了祝贺，更多的是为他深感欣慰和自豪——德胜学校老师做学问也可以做出国内一流水平。现在，林老师约我写序，再感荣幸，特写下以下的话。

　　据书中介绍，这本书的起名，源自他 25 年前的一篇论文。1990 年第10 期的山西师大《语文教学通讯》"封面人物"杂志将他列为封面人物，并对他作长文报道，还刊发了一篇论文，题为《"语文学习学"的构想及其尝试》，他第一次向世人宣布他开创并已潜心研究了 10 余年的一项课题成果——"语文学习学"。经查证，也是迄今为止国内外最先（也是至今唯一）提出而创立的一门新学科，并且以此发展到成立了一个全国性的学术组织——全国语文学习科学专业委员会，现在有成千上万的师生和专家、学者参与研究。这就是林惠生，他既是"语文学习学"这一新学科的创立者，也是"全国语文学习科学专业委员会"的筹建人之一，曾任首届副理事长，以东北师大著名教授朱绍禹先生任理事长为代表的一大批大学教授、中小学名师纷纷加盟，至今还有许多学术活动。

从那篇文章发表以来又有 25 年了，他一直在用不懈的研究行动及其丰硕成果在告诉人们：让"学习也科学起来"完全可以成为一种新的教学理念。为此，他 30 多年来一直坚守一个不变的教研主题："语文学习学"的研究与实践。让学习科学走进语文课程与语文教学，用"语文学习学"重建语文教学新体系——学习型语文课程和"学"语文教学。现在这种研究已越来理性化、系统化和适用化。在我们学校，他多次举办有关"学习科学"讲座，发表论文，在听课评课及教学督导中积极宣传推广"学习科学"理论，为推行基于"学习科学"的"以学为本、为学而教"的新理念而无怨无悔地工作。

这本书，是关于"语文学习学"的系列化研究文集。虽非有常见的专著编写体系，但却有其基于"语文学习学"的自成体系——系列化。全书共九章，前三章，侧重于关于"语文学习学"的创建与拓展研究，涉及"语文学习学"的创建背景、过程、概念、功能、特征等通用性理论构想；四至八章，分别进行了基于"语文学习学"的应用开发和实践行动探索，如：语文的学习心理、学情调查、科学指导、学习模式、学习案例等，第九章是缘于"语文学习学"的"学导法"教学初期实验和"学语文"教学的发展性实验的有关成果展示。

这本书，给我的感受是——

首先，在选题上充满前沿特色。它是在讨论一个既古老但又永远年青，既是近乎"空白"却又在"空白"中走向创造的切实的学术问题——"语文学习学"的创建及其运用于实践的研究课题。本书会让你知道，"语文学习学"是个什么东西？语文学习方法及其指导怎么样进行？特别是从"虚实结合"角度，用"思辨＋实证"的研究方法探讨了让"语文学习学"走进语文课程，走进师生共有的语文课堂，实现从教语文教学走向学语文教学的教育转型，以渴望与体现新的语文教学价值而尽他的一份研究之力，读者肯定从中得到启发与帮助。

其次，在成书结构上反映了作者的研究轨迹及其有"事理"的内在逻辑特色。也就是将他几十年来有关"语文学习学"研究的成果（包括其研究过程与结论的全部），经过一定的体系化处理而编成本书——因于"语文学习学"的研究，作者则以语文学科为载体、将新兴的学习科学理论，创造性地应用于一门学科之中而成功实施的成果之书，集理论研究（论文）、行动探索、课题实验等为一体，全方位地系统展示了"语文学习学"开创及其发展与应用的真实面貌和轨迹。从而表明：当时的研究本身就具有系统性和可操作性，即"从实践走向理论，用理论指导实践，在实践中产生理论，又在理论指导下科学地实践"，形成了"思辨＋实证"的教育科学研究特色和风格。

总之，本书虽然是一本语文学科的书，但由于是运用通用的学习科学理论作指导，不仅对语文教师有用，也对其他学科教师、学生家长及教育管理乃至科研工作者，都会起到一定的参考与借鉴作用，还可以作为教师校本教研、课题实验、继续教育或者对学生进行学法指导、学习心理辅导的重要教材。

在此，谨祝林惠生老师做出更多更好的研究成果，也祝愿德胜学校涌现更多做学问、出成果、有影响的名师大家。权为序。

胡华生 2015 年 7 月于广东顺德德胜学校

序 言 二

前不久，林惠生老师发微信给我，说要把自己的研究成果选编成书，让我写序言。我一时既欣然又懵然，欣然的是这位退休老名人又出新作，让我感动；懵然的是，林老师是我们汕尾市的语文泰斗和教研名人，又是在广东省及国内有影响的学者和名师，我哪里配得上这一神圣任务的完成人？他说：你是我的知己，知己者乃知音，更何况你也是名人嘛（广东省语文特级教师）。说实话，我俩因工作在汕尾结识 20 年，现在还是亲密的"微信发烧友"，既然如此，虽是诚惶诚恐，但我还是欣然从命了。

我们知道，林惠生老师出过很多书，这次却不同，他将以前已发表或作过讲座以及会议交流的文章，整理为一套文集即《林惠生教育文选》（五卷本），而今天要出版的是文选之一：《"语文学习学"的研究与实践——让"学习"也科学起来》。这是他一直在走"由散趋整、立学立言、自成一家"的学术研究特色之路的又一成果，真是可喜可贺，也更让我心生敬意。我经常说：你还书耕不止，宝刀不老，成果不断，真是一棵"教改常青树"。

我们也知道，从 20 世纪 80 年代初开始，我国语文教学界即开始关注学生学习的研究及其指导，并形成了一支有关学习研究的新生力量。林惠生老师便是其中的一位突出代表。当初，《语文教学通讯》1990 年第 10 期刊登他为"封面人物"、配发长篇报道和论文《"语文学习学"的构想及其尝试》，1991 年 7—12 期连载他的《全程式学习方法讲座》之后，更使他奠定了在全国语文界的学术地位。1993 年，他以"学法指导的开拓者和成功者"，入选由朱绍禹先生作序、成都出版社出版的《当代中国语文教育改革名家评介》一书，成为"十大名家"之一，而且是其中最年轻的一位富有学术思想和探究精神的语文学者。

几十年以来，林老师用敏锐的眼光和创新的思维，针对语文教学中长期存在"重教轻学"的问题，先是展开了一系列关于"学法指导"的实践探索，后又进行了系统而深刻的理性概括，形成了具有指导意义的新颖、独特的学术观点和科学做法。如："让学习也科学起来"；"让学习科学走进语文教学之中"；"以学为本，为学而教"；"学法指导，教中之教"；构建"学习型语文教育"新体系和"学语文"新课堂；以及"课堂预习法、全程式学习方法及其指导、素质型学习方法及其指导；三级学法指导、三观学法指导、渗透式学法指导、目录教学法，三点阅读法教学、读写一体化研究性学习，经纬网络型语文学习方法系统指导"等一批新方法和新模式。为此，他本人迄今已发表了论文 100 余篇，出书 20 余种，获全国、省、市教研成果奖 50 项次。这些成果中有 10 余项为国内首创或具有先进意义，为国内同行所公认。

现在，他把第一本文集定名为《"语文学习学"的研究与实践》，这说明他很看重"语文学习学"，而且把这本书从理论到实践已形成一个具有完整的科学体系：既有关于"语文学习科学理论探究"，也有"语文学习方法实践探索"。我从书中深深感受到，这是一部反映了新理念和富有实效的优秀文集。有论文、有案例、有经验体会和数据统计分析，让人一看就知道他对"语文学习学"这一门科学有比较清晰和完整的认识与了解。比如，对"语文学习学"的思考，对学生"学习压力"、"学习能力"、"学习病态心理"、"学习素质"等研究，都有许多独特的见解，特别是"语文学习方法及其指导"中对学习方法的再认识，对学法指导的原则、体系、模式、技巧与过程等方面，均形成了一套理论体系。这使我们对语文的"学"与"教"又有了新的启发和方向。

　　据我所知，林老师还在努力研究与实践，仍在攻克一个又一个教研高地。更新、更高水平的研究成果将在《林惠生教育文选》的一本本新文集中陆续推出。我们致以衷心的祝福和热诚期待。

陈友雄 **2015** 年 **7** 月

于广东省汕尾市林伟华中学

自　序　"语文学习学"：创建与发展

25年以前，我提出了"语文学习学"；25年以来，我一直在不懈地为之努力研究和实践，与"语文学习学"结下了不解之缘。现在，让我为有关三个问题作出思考和回答。

一、为什么要提出并研究"语文学习学"？

大家知道，对于语文的学习，人们从来都没有放弃过对它的琢磨，都为之感叹过、述说过、苦思过，甚至怨恨过……然而奇怪的是，虽然有经验一大摞，但问题还是有一大堆。一说经验或秘诀，就自然想到的是"刻苦认真、苦学蛮学、多读多写、多练多考"等等；一说到语文的学习，一大堆古训也就来了，如："书读百遍，其义自现"，"书山有路勤为径，学海无涯苦作舟"……等等，但是，这些千古遗训在真正解决语文学习的问题的时候也往往碰到障碍，处于尴尬。现实，的确是让人难堪的，不是还有更多人在为"学好语文"而苦恼？又有更多人在为怎样"教好语文"而苦思？

当然，我们强调学习要"认真、勤奋、刻苦、努力"，这是对的。但是如果只强调这一面也未免太片面了，因为这只是学习的一个方面，要知道它还是有另一面的。也就是说，学习光靠苦学、蛮学并不是完全可以学好的，甚至让那些蛮不讲理的学和超负荷的学反而会摧残身心，降低兴趣，丧失信心，失去效果。学习是一件有科学规律可循、有其方法技巧而

1

使变得轻松、高效、优质的事，还可以通过想办法而找到"窍门、捷径、金点子"，这就是规律、策略、方法、招数。世间万事万物皆然，学习亦然，学习语文也皆如此。

比如，一直奉为语文学习之"圣经"的多读多写，但是从科学的角度来看，未免失之"科学"与"合理"了。人们要问：多读多写，到底要"多"读到多少、"多"写到多少，才算有效和恰当，这总得有一个度吗？这个度就是一种科学、一种规律。如果用最恰当的时间、精力和资源，来获取更有效果、更轻松愉快的语文读写本领，不是更好吗？何必一味"多"呢？从某种意义上说，一味拿"多读多写"来说教的，其本身就是一种不负责任的表现，是不懂学与教的客观规律和科学方法之后所表现出的一种无奈、无助甚至虚伪。教育学理论中有个"有效时间"概念，这也充分表明了一种读书写作不仅在于多，而且在于真学、会学有效学的时效观。

有人说：能使人愉快的学习，才是学与教的终极目标，也才是学与教的最高境界："巧学""轻松地学""高效率地学""幸福地学"。

有人还说："学习好就是找对了方法"，这不无道理。学习是有路子可循、有窍门可找的，懂点规律和方法，学起来就感觉很顺、很快，也颇有愉悦感和成就感。

所以，学习同样存在一个科学性的问题，让"学习"也科学起来，建立一门"学习科学"实在很有必要，由此延伸而建立一门"语文学习学"也在情理之中。

概括起来，建立一门"语文学习学"是因为：

首先，教育即学习。从"学习"出发的教育才是本真的教育。置于教育背景之下的语文教育本就是做"语文学习学"的事。让学习成为教育，让教育回归学习，在古今中外本都如此——

我国古代最早的教育学著作是《学记》，而没有被命名为《教记》，而且文中的内容也主要是从"学"的角度进行论述的。我国自古至今把教育的地方都称为"学校""学堂"或"书院"，可见这本来就是人学习的地方，教师只在这个场所为学生学习而教。

我国现代著名教育家陶行知于 20 世纪 20 年代任南京师范专修科主任时，主张把当时的"教授法"改为"教学法"。从"教授法"到"教学法"，一字之变，表明教育活动中对于学生学习主动性的重视，变单向的传授为更重视双向互动，充分体现教师的主导作用与学生的主体作用的统一。他在《教学合一》中也指出：先生的责任不在教，而在教学生学。

国外也是如此。比如，2009 年 3 月，日本文部科学省颁布了相当于我国"课程标准"或"教学大纲"的新的《学习指导要领》。强调"学习多少知识不是最重要的，学习被意义化才是有价值的"。概言之，就是突出了"学"。他们把"课程"和"教学"从来都看成是"学习"和"学习指导"。

其次，哲学和教学论都表明，学习是受教育者的必然需要，也是教育者的应然需要，故二者需要的交汇点都是"学"——所以，教学，即为教"学"，教之以学，也就是以学教之。看来"教是为了学"，才能让"教是为了不教"和"教是为了不需要教"成为可能与现实，"教是为了学"是"教是为了不教"的产生乃至发展的实然基础和当然前提。为了受教育者的学习而教，则是天经地义的教之责任。这样，才能改变学校教育的畸形现象，才能使我们的教学实现源远流长、健康发达，以至建立"以学为本，为学而教"的新常态。

再次，学习科学理论认为，只有当学习也成为一门科学，以至成为教学者掌握和运用新的学习科学理论来进行教学，才能改变人的学习习惯和生活，让学习的科学性成就教育事业的发展，实现教学价值的最大化。因此，研究教育就应该首先研究学习，研究学习者，研究出"学习"到底是什么、干什么、为什么和怎么学。

二、什么叫"语文学习学"？

"语文学习学"，是指研究语文的学习现象、学习问题和学习活动及其揭示规律、提高效率、形成能力、发展智力和语文素养、以解决语文学习问题的行为学科。它是一门关于"科学的语文学习"与"科学地学习语文"相统一的特别学问,是一门基于"学习科学"且融教育学、心理学、思维学、哲学方法论及语文教学论于语文学习中的应用型学科,既可以成为"学习科学"的一个分支学科,也可以成为"教育学"的一个新的拓展性分支学科,还可以与"语文教育学"形成姐妹学科。

基于此,"语文学习学"就在于:一是在于把人们司空见惯的"语文学习"也作为科学来研究,让人的学习也科学起来,不再只靠"勤奋、认真、刻苦、蛮干",还要关注其他多种因素,尤其是学习的规律、策略、手段和方法技巧等;二是将"语文学习学"走进现行语文教学之中,以改造过去通过对语文学习的全过程研究和学习方法指导的全面探索与尝试,让学生学会学习、主动学习,变苦学为乐学,变蛮学为会学、巧学,彻底改变千百年来"重教不重学"单一化的语文教学局面,提高语文学习效率,为突破中小学语文教改的徘徊局面而开拓一条新途径,为指导与推动新形势下语文教改的"全方位、高效率"而提供一条新思路。

"语文学习学"的内涵并非在于本身,并不是为了刻意建立一门新学科,而在于为了学生的语文学习及其学的质效,为了语文教育及其教的质量,为了语文学科建设及其发展的质性。与其说研究"语文学习学",不如说研究另一种"语文教育学":用"语文学习学"来改造语文课程与语文教学,重建语文教学新思维:基于"学生"而不是基于"学科",基于"学"而不是基于"教",这是一种现代教学转型的学习型语文课程和学习型语文课堂,即"学"语文教学。所以,"语文学习学"的内涵,既有自己关于"学习科学"的思考,也充满了教育的元素和与教育相整合后的另一番风景:学与教的和谐——"教在学中,在学中教",让语文课成为"有学的教和有教的学"。

三、"语文学习学"怎样研究?

第一,对"语文学习学"的创建。

由于本项目是全新的前瞻性研究,的确缺乏前人的研究成果,又加之本人长期处于中小学一线教学、教研岗位，一直未能也难以形成学术的理论成果体系，只能结合繁重的本职工作，做了大量的关于"语文学习学"的研究、基于"语文学习学"的研究。关于"语文学习学"的研究，即围绕"语文学习学"这一课题而开展通识性理论探究，即"语文学习学"的创建和拓展，突出"语文学习学"在语文学科建设中的创造性作用。重点是对"语文学习学"这一门全新的学科所作出的理性思考及其学科建设。这些，确为一种全新的创造。"语文学习学"的创建，将"语文"与"学习学"相结合而形成了新学科，既有语文的特点，即以"语文"为载体，立足于语文；也有用"学习学"进行分析与解释以及对其规律的发现与运用等。这样二者融为一体后所形成的新学科，其目的是回避过去只站在"语文学科"这单一的传统的角度，而是转变为站在人的角度，站在学生"学"的角度，以人为本，让学生学会在"学语文"的过程中认识语文、学好语文乃至用好语文和会学语文。

第二，关于"语文学习学"的发展。

主要是抓住尚未开发与涉猎的方面进行发展性研究。比如：还有哪些地方值得研究，或者还有许多应引向深入与完善的发展，或者干脆打破常规、打破前人经验的界定，换一个视角、换一种说法、换一条路子进行研究……，这样也许就有了许多具体的"创新发展"。

发展性研究就是抓住关节点，以及抓住人们容易忽略、不太经意的却又重要的地方来进行一种拓展的研究。"语文学习学"的发展就是这样。它把大家司空见惯而又整天烦之困之却又不能避之的语文学习与运用的问题，拿到学术的角度来形成一门学问来思考、来探索。这一门学科的创建与发展，不敢说"填补空白"，但至少是"填了空穴"，是第一个做了前人从未这样正经地郑重地系统地把语文学习问题作为一门"语文学习学"来构建并进行研究的事情。特别是在"为什么学语文，语文学什么，语文如何学"等问题上作出了一些科学的回答。

积数十年研究之体会，我得出如下观点：能让学习走出"苦"与"勤"，提升"质"与"效"的，是规律、方法、技巧，那叫"学习科学"；

能把语文从"多读多写"中走出来而变成"巧读会写"和"高效优质"的，也是规律、方法、技巧，那叫"语文学习学"。——学习需要科学，学习可以科学，让学习也科学起来。

有人说：爱因斯坦是个百年的科学家，千年的思想家。这就说明，科研成果的价值与意义，不仅在于成果本身，而且在于它所形成的思想和所给予人的思想比成果走得更远，影响更深。所以，"语文学习学"也能够如此的话，除了使我顿感欣慰外，我也更加认同了这句话的含义。

第三，关于"语文学习学"的成果。

而今的"语文学习学"研究，仍处于基于"语文学习学"的研究，即依据"语文学习学"基本理念而开展应用开发型、实践操作型研究，突出"语文学习学"在语文学科活动中的实效性作用。我把这种研究自趣地称为"亚研究"，其成果称为"亚理论"，还未形成书店里那些这"学"那"论"的"专"著。本人也列了一个"语文学习学"的"研究纲要"，待条件成熟时也许会让《语文学习学》登上学术大厦，走进新学科之林。

目前，我能够做的，就是将我的研究及其相关成果做个总结与梳理，权当以《"语文学习学"的研究与实践》一书，来投"石"问路，抢占"新"地，起一个抛"砖"引"玉"的作用；也是为了用历史启迪后人，用经验指导未来，奉献给读者，奉献给有志于"语文学习学"研究的同仁。

此时的我，既欣慰，又惶恐，还敬请你——亲爱的读者：对本书给予鼓励与批评，尤其希望提出宝贵的建设性意见，使"语文学习学"这棵新苗茁壮成长。

林惠生于 2015 年 6 月

目　录

第一章 让"语文学习成为科学"的研究

【引言】

　　本章属于全书的"前奏"部分。是对"语文学习学"开展了有关研究的总括性介绍,对"语文学习成为科学"这一命题展开了初创性研究。

　　这里共展示四篇文章,主要是探讨和回答了为什么要将"语文学习成为科学"的研究课题,分别从二十世纪八九十年代的初期研究和二十一世纪的发展性研究等不同角度,对"语文学习学"开展了相关构想和探讨,回顾总结了关于"语文学习学"、基于"语文学习学"的有关研究经历及其成果。可以说,其观点新颖独特,做法切实有效,在国内产生了较大影响。

　　在这里特别值得一提的是,初步进行了关于"语文学习学"研究的整体设计:一份是"语文学习学的学科体系构建示意表",一份是《"语文学习学"研究纲要》,旨在抛砖引玉。

让"学习"也科学起来

——对"语文学习学"开展科学研究

关于将"语文学习学"作为一个课题来研究，是我从二十世纪八十年代开始，到现在一直矢志不渝的科研行为，从初创研究、拓展研究到近段的创新研究，已展开了三轮滚动式研究，走上了一条"三十年如一日，三十年磨一题"的课题人生之路。让"语文学习学"研究成为一个常研常新、永不落后的"长效课题"。此间，我将运用理论研究法、文献研究法、问卷调查法、行动研究法、个案研究法和实验研究等方法，采取以"顶层设计——大胆尝试——科学反思——有效生成"而形成系列化研究思路，力图在创新中构想，在探究中尝试；在发展中反思，在滚动式研究中而生成"语文学习学"的系列化研究成果。

一、为什么要把"语文学习学"作为一个课题来研究

1. 在语文教学实践中发现学生学不好语文的一些实际问题，引发了我对"语文学习学"的思考与研究。

关于教育教学的"研究课题"的产生，可以有很多渠道。尤其是选题，并非凭空臆造，往往是对教育教学的新现象、新情况、新问题、新困惑中所作出的思考而获得，或者是在教育教学实践中发现的。语文教学也是如此。只有在语文教学中不断发现问题，思考问题，才会对语文教学产生问题意识和研究动因。过去，许多人并不是不这样做，但效果并不理想。为什么？

我在百思不得其解中终于获得一"解"：教学教学，不能只从"教"的角度来开展，而更要从学生"学"的角度来研究。因为教学应该是教学生学。那么，从语文学习的角度去思考与研究，才能对语文发现和产生有意

义的需要研究的教学问题，也才能产生为学生学好语文而下决心解决这些教学问题的研究意识和研究冲动。为此，我从走上教学工作岗位那天起，便对语文教学时常"发呆"，对学生的"学"语文问题时常琢磨。不琢磨不知道，一琢磨便吓一跳：学生"学"语文的情况十分不妙，处处都充满着问题，需要研究，也就是说，"学语文"的问题比"教语文"的问题更严重，"学语文"比"教语文"更值得研究。所以，我便开始自觉不自觉地把我所上的每一堂课都当成研究性的课来上，将教学中的每一个问题都作为一个研究课题来研究并解决（现在俗称"小课题"）。

可以说，是因为学生学不好语文的一些实际问题而引发我思考与研究语文教学的。我便带着一种课题意识和行为来面对语文的"学"与"教"——不是对教学发现与分析问题，就是在教学中解决问题，最终通过研究、指导和帮助来让学生学好语文。长此以往，又将这些研究上升为一种带专业性和系统性的"语文学习学"研究，于是一门关于"语文学习"研究的新的学科"语文学习学"顺势而诞生了。

2. 事实表明：语文教学改革，靠课题研究得以成功和发展，那么以"语文学习学"为主题的教学改革，也同样可以需要课题研究来实现。

语文教学改革，和全国各项改革一样，是对其本身不适合新形势发展需要而作出的变革，既有阵痛，也有意义。因此，在课题研究中，首先认识语文教学改革的意义显得十分重要。

诚然，要有意义地开展语文教学改革的研究，使语文教学更趋合理性、合规律性以及实效性，就必须坚持人本主义，从学生学习语文的实际出发，使语文教学发生多方面的转型：由学科型向学习型转变，由师授生听型向生学师导型转变，由重教法轻学法向重学法教法并重转变，切实加强对学生学语文的学习指导。这种教学转型的核心，在本人 1990 年发表《"语文学习学"的构想与尝试》一文中得到体现。其中一个核心观点，就是"学"语文教学。所以，从"教"语文教学走向"学"语文教学，便成为我一直以来矢志不弃地研究"语文学习学"的基本主题。我至今仍然认为，这是目前乃至今后最有意义、永不过时的语文教学改革的研究课题。

所以,"语文学习学"研究之所以几十年来经久不衰、永葆改革生命力,而且成为让语文教学改革的研究赖以形成创造性成果的主要动力。

3. 为了让"语文学习学"置于更加科学性而需要课题研究。

"语文学习学"不是只在于抛出一个概念,弄出一个名字,而是要为建立一门饱含"学习是科学的""科学地学习"和"学习起来真有科学"的科学感觉、科技含量和科技元素的"语文学习学"学科。所以,提出"语文学习学"这个概念的初衷,就是要对它开展研究,而且是进行尽可能规范的课题研究。这些虽然一时难以系统性,但可以系列化;虽然一时难以进入学术大厦,但能为解决目前"有教无学""重教轻学""学教分离"等实践中的难题寻找一些出路,实现真正的语文教"学"而不仅仅是语文"教"学,从而促进改变语文学科形态、加强语文学科建设、提升语文教学质量。

由于课题研究一般是对教育理念的实验,要与落实先进教育理念相结合,要用先进的恰当的教育科学理论和其他先进的哲学、思维科学、教育学、心理学以及语文学科发展的理论来作课题研究的基础支撑或指导,所以在教学中开展课题研究,除了要掌握本学科的专业知识以外,还要掌握相关的教育学心理学、哲学、学习科学的知识,以及树立课题研究的意识,才能做出较为规范的有意义的研究课题,真正达到研究有价值和有效果的目的。

有关"语文学习学"的课题研究,我有一个明确定位:首先不全在于务"虚"的理论探究,不急于构建"语文学习学"的科学理论体系,而是要根据当时的教学改革背景和语文学科特点及教学发展的实际需要,尤其是学生对语文学习所产生的问题、困惑和需求,找到一些研究的切入口和突破点,形成务"实"研究,并且由实到虚,最终形成既务实又务虚的虚实结合型的"语文学习学"研究的科学思路。研究的切入口和突破点是什么?每个时期每个地方的师生都有其不同。于是,我经过对国内外相关研究现状的分析与反思并加以预测,认为将以"语文学法指导"为主题而开展集中攻关探索,作为"学文学习学"的前期研究重点,让"语文学法指导"如何更科学、更有效,从而使"语文学习学"课题研究第一阶段终于取得最务实的成果,也成为最值得发力的突破点。这也为后面的第二、三阶段的综合研究和深度研究、以及虚实结合研究打下了基础，并提供了经验，所以也使该课题一直经久不衰，越做越有意义，越做越被欢迎和好评。

二、关于"语文学习学"的学科体系构建

"语文学习学"的学科体系构建，主要是体现在以下两份资料。一是"语文学习学的学科体系构建示意表"，初步地描述了"语文学习学"的学科体系框架，还很粗糙，不一定准确和全面；二是《"语文学习学"研究纲要》，为以后的研究设计了一份蓝图或者是开列了一份清单，也可以叫"备忘录"吧。

（一）语文学习学的学科体系构建示意表

"语文学习学"的学科体系

学科	学科领域	学科模块
语文学习学	"学理型"语文学习	1. 语文学习：是什么 2. 语文学习：干什么 3. 语文学习：为什么
		1. 语文学习：学什么 2. 语文学习：怎么学 3. 语文学习：学得怎么样
	"学科型"语文学习	1. 语言学习学 2. 言语学习学 3. 文章学习学 4. 文学学习学
	"学知型"语文学习	1. 识字学习学 2. 阅读学习学 3. 写作学习学 4. 口语交际学习学
		1. 现代文学习学（白话文） 2. 古诗文学习学（文言文） 3. 外国文学习学（外语） 4. 外族文学习学（外民族语）
	"学能型"语文学习	1. 认知型语文学习（感知、积累） 2. 理解型语文学习（解读、思考、分析） 3. 感悟型语文学习（感受、领悟、概括、综合） 4. 审美型语文学习（熏陶、鉴赏型） 5. 探究型语文学习（探索、拓展、创新）

学科	学科领域	学科模块
语文学习学	"学法型"语文学习	1. 单元语文学习法 2. 发现语文学习法 3. 自学语文学习法 4. 大语文学习法 5. 生活语文学习法 6. 玩味语文学习法
	"学程型"语文学习	1. 预习 2. 听课 3. 复习 4. 作业 5. 考试

（二）《"语文学习学"研究纲要》简介（"语文学习学"研究纲要）

绪论：关于"语文学习学"的创立

一、"语文学习学"的产生背景

二、"语文学习学"的概念与特征

三、"语文学习学"的理论基础与实践要求

四、"语文学习学"与其他学科的关系

五、"语文学习学"研究的意义与方法

第一编：关于语文学习"是什么"的研究

第一章：语文学习本体论

一、我是谁：人与语文（是什么）

二、我从哪里来：生活与语文（凭什么）

三、我往何处去：社会与语文（干什么）

第二编：关于语文"学什么"的研究

第二章：语文学习对象论

一、本位语文（语言、文章、文学）

二、合作式

三、互动式

四、探究式

五、发现式

六、综合式

七、合理选用恰当的语文学习方式

第十二章：语文学习方法论

一、常规型学习方法

二、学科型学习方法

三、思维型学习方法

四、技巧型学习方法

五、综合型学习方法

六、适切型学习方法

七、选用科学的方法，用对学习方法

第十三章：语文学习艺术论

一、语文学习可以艺术化

二、在语文学习内容中寻找艺术

三、让语文学习过程充满艺术

四、与语文学习方法结缘艺术

五、感受语文学习艺术，在艺术化中学习语文

第十四章：语文学习指导论（一）

一、语文学习指导的意义与目的

二、语文学习指导与语文教学的关系

三、语文学习指导与德育、智育、美育的关系

四、语文学习指导的设计与活动

第十五章：语文学习指导论（二）

一、学习指导的操作

二、学习指导的原则

三、学习指导的模式

四、学习指导的方法与艺术

1. 辩证性指导

2. 问题式指导

3. 全程式指导

4. 整体性指导

5. 个性化指导

6. 渗透性指导

7. 体验型指导

8. 多元性指导

9. 反思性指导

10. 案例指导

第十六章：语文学习指导论（三）

一、学习理想指导

二、学习内容指导

三、学习过程与方法指导

四、学习问题指导

1. 学习困难

2. 学习挫折

3. 学习高原期

4. 学习压力

五、学习案例指导

1. 古代名人学习成功的典型案例分析及引导

2. 现代名人学习成功的典型案例分析及引导

3. 目前学习失误的典型案例分析及纠正

第五编：关于语文"学得怎么样"的研究

第十七章：语文学习评价论

一、语文学习评价的意义与功能

二、语文学习评价的内容与方式

三、语文学习评价的标准与方法

四、语文学习评价的实践操作

五、拿起评价的武器，让评价促进语文学习的发展

三、关于"语文学习学"的课题研究体会及思考

回顾我几十年来的研究工作，虽有辛酸苦辣，但也确实获得不少体会，产生许多思考，这才是财富，我将十分珍惜。现在借此，愿与大家交流我的一些研究思考与体会。

1. 课题研究要与学习前沿教育理论相结合。

做好关于语文"学"的课题研究，除了要掌握语文本学科的专业知识以外，还要接受和应用具有前瞻性的先进的恰当的教育科学理论和其他先进的科学的哲学、思维科学、教育学心理学、学习科学等以及语文学科发展的理论来作课题研究的基础或指导，使有意义的研究课题真正做到研究得有意义和有意义地研究。比如：《学会生存—教育世界的今天和明天》，联合国教科文组织、国际教育发展委员会编著；《陶行知教育名著选讲》；《当代认知心理学在教学中的应用—如何教学生学会学习和思维》，张庆林主编；《学与教的心理学》，邵瑞珍主编；《教育科研操作指南》，林焕章、林惠生主编；《语文教育学》，张隆华主编；《当代语文教法学法辞典》（修订版），吴发珩主编；《学习科学大辞典》，《学习科学大辞典》编委会编；《学习的科学与科学的学习》，乔炳臣、白应东编著；《中外最佳学习方法》，林明榕主编；《和青年朋友谈谈学习中的几个问题》，如潜著；《论学习科学》，马千里编；《论学习》，谢德民编；《简明学习方法词典》，王松泉主编、林惠生等副主编；《语文学习方法学》，王光龙主编；《学习学概论》，叶瑞祥著；《中学生心理与调适》，王世清编；《学习心理学》，燕国材著；《学习策略》，蒯超英著；《学习理论》，张奇著。

2. 课题研究要与落实先进教育理念相结合。

做好关于语文"学"的课题研究，必须坚持"学生的学习与发展高于一切"的先进理念，必须悉心了解和研究学生的情况、特点，知之准，识之深，才能指导到点子上，即建立在准确的"学情调查"基础之上。只有在知"学生之彼"，才可知"教师之己"且二者相统一的情况下才能实现其正的"以学定教""为学而教"。

教学，则教之以学，以"学"教学，给"学"者以启发、点拨、开导，真正地引导学生做自主学习的明白之人，教师也教明白之书，才能做到明明白白地学，明明白白地教。这才是本课题的核心理念。

3. 课题研究要与学生发展相结合。

做好关于语文"学"的课题研究，必须将"凡是学生学习的就是我们所要研究的"研究观置于课题研究的全过程。目中有人，心中有"学"，手中才有"学法指导"成功的课题。成功在于在语文教学中把"学"真正教在学生学习的心坎上，教在学生学习的过程中和关键处。对于学生以及学生的学习，其关键在于将有"学"之教和有"教"之学二者的有机统一。著名教育家苏霍姆林斯基说过：教师不仅要想到所教的学科，而且要注意到学生；注意到学生的感知、思维、注意力和脑力劳动的积极性。此外，课题研究的实践还表明，在注意学生发展的过程中要特别关注学生个性差异的特点存在，要学会抓住个性差异的"这一个"独特点，来进行促进每一个学生"学"的发展与进步。

4. 课题研究要与语文学科特点相结合。

做好关于语文"学"的课题研究，还必须遵循语文学科特点和语文学习规律。为此，本课题研究，抓住了语文学科教学的两大基本特点：一是语文不同于知识系统性较强的其他学科，教材是由"文选型"组成的，缺乏其内在系统性，因此把非系统性语文教得让学生学出有系统性；二是在语文教学中坚持以"读书为本"，不是教书，而是"教学生读书"为主线，以言语学习与体验感悟为途径，以学会听说、学会读写为目标，展开从"语文之术"到"语文之道"的全语文学习指导，让学生"道而弗牵，学贵自得。"实践证明,凡"自得"者才会有"自得之道",在语文"自得"中走向语文自觉、语文自能。

（写于 1992 年 3 月,修改于 2001 年 8 月）

学习：将成为一门科学
——"语文学习学"的构建与发展

"语文学习学",是作者提出的一个新概念。它是以发表于山西《语文教学通讯》1990 年第 10 期"封面人物"专栏论文——《"语文学习学"的构想与尝试》为标志和起点,并由此走上了漫长的"语文学习学"构建与发展之路。

一、在渴望"学习"成为科学中而开创了一门"语文学习学"

在人们的传统视眼里,学习从来就是与"认真、勤奋、刻苦、努力"等词语连在一起的。比如,一说到语文的学习,就自然想到的是苦学蛮学、多读多写、多练多考。同时,一大堆古训也就来了,如:"书读百遍,其义自现","书山有路勤为径,学海无涯苦作舟"等等。这是最典型的苦学、蛮学,甚至叫蛮不讲理的学和超负荷的学,久而久之,既摧残身心,又效果并不好。学习应该是一件愉快的事,是有其科学规律可循的事。是可以走"捷径"的,是能够"巧学""轻松地学""高效率地学""幸福地学"的。这就是学习的规律、策略、方法、招数。有人说:"学习好就是找对方法",这不无道理。学习是有快路可循、有窍门可找的,懂点规律和方法,学起来就感觉很顺、很快,也颇很有愉悦感和成就感。

我们还常常发现,当一位孩子学习一些简单、容易的东西时,或者学习尚感兴趣的时候,或许还有积极性,也还能适应并可以取得较好的效果，但是，随着学习时空的延长、学习知识任务的难度和深度不断加大，或者学习要求更高了的时候，就开始丧失信心、无所适从了。这时候，如果光靠非智力因素那就显得力不能支了，再怎么样进行鼓劲加油，叫学生再怎么样苦干、蛮学，也有的不愿意了，也有的再也无法鼓起干劲了，于是"加班、加点、加油"的情商型的励志名言也起不了多大作用和效果了。尤其是那些十分听话、天天捧着一本书守着一堆作业的认真乖巧的学生们，更因学习效果不好显得无比痛苦与无奈。

望着这些无奈、无助的苦学而又低效或无效的学子们，怎么办？看来我们就不能再吊死在"情商"努力的一棵树上，而是要有"此路不通，另走一路"的意识，及时反思学习问题，对学习进行调整思路，采取更有科学意义的办法，找规律、用方法、求策略、出智慧，才会越过这道上不去的学习坎。这就是一种关于"学习是什么、学习从哪里来、学习要往哪里去"和"学习要学什么、怎么样学习、学得怎么样"的一连串叩问、思考、探究和求证：这就是一种关于学会学习的"学习科学"——让学习也从此科学起来，而不仅仅是靠苦干和蛮干。

诚然，我们不反对也不否认"苦干和蛮干"对于学习的重要性，但是，无数事实和研究成果表明：仅有这些还远远不够，毕竟这只是学习的"情商"问题，是"非智力因素"问题，还有更重要的是关于学习的"智商"即"智力因素"问题，进一步地说，是关于学习的规律问题，关于学习的科学性问题，即学习的策略和学习方式、学习方法、学习手段、学习技术、学习技巧及学习生理、学习心理等一系列的科学技术问题。又回到上面的语文学习问题上来说，人们提倡多读多写则无可厚非，但是到底要多"读"到多少，多"写"到多少，总得有一个度吗？我们试想一下：如果用最少的时间、精力和资源，来获取更有效果、更轻松愉快的语文读写本领，不是更好吗？这也是关于语文"学习情商"的研究。人们常说："科学技术是第一生产力"，那么，学习上的科学技术，也同样会成为学习上的第一生产力，还非得承袭传统意义上的书读"百遍"才能让"其义自现"不可吗？所以，学习也同样存在一个科学性的问题。看来让"学习"

也科学起来，建立一门"学习科学"实在很有必要，由此延伸并发展而建立一门"语文学习学"自然也就在情理之中。

二、"语文学习学"的基本概念及所追求的主要观点

1. 概念含义：

"语文学习学"，是指研究语文的学习现象、学习问题和学习活动及其揭示规律、提高效率、形成能力、发展智力和语文素养、用以解决语文学习问题的行为学科。它是一门关于"科学的语文学习"与"科学地学习语文"相统一的特别学问，是一门基于"学习科学"且融教育学、心理学、思维学、哲学方法论及语文教学论于语文学习之中的应用型学科。它既可以成为"学习科学"的一个分支学科，也可以成为"教育学"的一个新的拓展性分支学科，还可以与"语文教育学"形成姐妹学科。

2. 基本观点：

（1）语文教学改革必须回到"学"的原点上，只有基于"学"的语文教学改革和发展，才是根本的改革和发展，教学教学，教之以学，以学教之。

（2）创建"语文学习学"，不是为"纯学习"而作"纯研究"，而在于树立"以学为本、为学而教"的新主张，运用"语文学习学"的理念、规律、策略和方法，重建一种立于"学"、基于"学"的"学习型语文教育"新体系，形成一批"学语文"教学新模式。如："目录学习法教学""课堂预习法教学""三点阅读法教学""读写一体化教学""单元化作文教学""全程式学习方法及其指导""经纬网络型学习方法及其指导""素质型学习方法及其指导"等。

（3）目前各地盛行的"以学定教、先学后教"，仍然是一种形式上的"重学"观，不免有些偏颇，再一次人为地将"学"与"教"割裂或对立起来，难免导致因过分强调或单方面强求"学"的重要性而失去教的被动性进而失去教的主导性。我认为：基于"学"的语文教学，应该是"以学为本、为学而教"，呈现一种"教在学中、在学中教，学在教中、在教中

学"的和谐状态。教与学没有"以谁定谁、谁先谁后"之类的形式之分，而应该将学与教真正融于一体，让语文教学成为有教的"学"和有学的"教"。这才是教"学"观的本位追求：教的科学发展与质的飞跃。

（4）运用哲学上的"一分为三论"，构建学习上的"1＋1＝3 或＞3"的三元辩证法，将语文的"情商"与"智商"相加而形成第三种即"情智结合型"学习模式（努力地学＋科学地学＝学会了与会学了），这里不再是原有数量加法意义上的2，而是经过复合后产生了"第三"现象，即更为完整、高效、优质的第3种（含以上）或第3类（含以上）的"多元学习"新内涵、新结构、新常态。

3. 追求目标：

（1）要让司空见惯的"学习"及其"语文学习"也成为一种学问、一门学科，不再只是把它看作一种情商之物，只强调其非智力因素——认真、努力、刻苦、勤奋。

（2）学习，支撑其成功和高效优质的是以下"双重因素＋一个必须"："双重因素"——既要有学习之范、学习之观，如良好的学习态度、习惯、兴趣、责任等，又要有学习之道、学习之术，如科学的学习规律、内容、心理和习惯，合理的学习条件、策略、环境、手段、方式方法和技巧等；"一个必须"——必须做到使二者的有效结合和科学应用，从而树立"学习有科学""学习需要科学""学习是可以且和能够科学的"等学习科学意识，以形成一种"科学的学习"和"科学地学习"的学习新形态、新行为。

（3）用初步构建的"学习科学"（即"语文学习学"等），运用于语文活动之中，让"语文学习学"改造目前语文学与教的"有知识而无学习能力、有学习而不会学习"的高耗低效局面，尤其是改变教学中"有教无学""重教轻学""教与学脱节"的问题，重建一套立于"学"、基于"学"和利于"学"的语文教学新体系（新理念、新课程、新课堂、新教材、新教法等），即"学语文"教学的新模式和新机制，让学与教真正联姻，让学真正走进教，让课堂真正成为学堂，让课堂形成"教在学中，在学中教"的新生态，让语文教学真正成为"有学的教"和"有教的学"，真正实现"以学为本，为学而教"。

三、"语文学习学"研究呈现的创新之处

基于"语文学习学"的课题研究，已经形成一批成功案例和模式。如：学导法教学、题导法教学、法教学论、三点阅读法教学、读写一体化教学、单元化作文指导、开放式作文教学等，以及目录学习法教学、课程预习法教学、形象体会式学习、素质型学法指导、全程式学法指导、经纬网络型学法指导，还有有关学习病态矫正、学习压力消除、学习力培养、三元学习辩证法、三通变异学习法等。呈现了许多创新亮点。

1. "语文学习学"于 25 年前首次提出以来，一直处于国内领先位置，影响较大。其专门研究成果发表 30 余篇次，且多次被评奖、被评介和推广，其中有 3 篇论文被人大资料中心转载或收录。并且引发、推动而创建了全国语文学习科学专业委员会（民政部备案的国家二级学术团体，隶属于中国高教学会，1995 年成立，东北师大教授朱绍禹先生任首届理事长，本人曾先后担任副理事长、学术委员会副主任及学术顾问）。

2. 超越了目前普遍存在的单一性和碎片化的学法指导低层次、低效益甚至形式化的水平。我国学法指导从二十世纪八十年代就陆续开始，但是一直处于徘徊和断续的地步。为此，我们特针对以下几种情况做了创造性的改变、纠正、完善和提升，创造了一个"五改五变为"的科学方法指导新思路。

（1）改单一型方法指导变为复合型方法指导。目前普遍存在为方法而方法的单一指导的现象，未能与具体学习环境、内容和手段等因素结合起来，尤其是未与教师的教统一起来，或者只用自己感兴趣、自认为很重要而并未适合学生学习的方法来进行一厢情愿的指导，结果难以发挥实现导于"学"的整体长效。为此，我们提出了学法指导的"整体构建、系列操作"的新观点，设计了"三级学法指导""三观（宏观、中观、微观）学法指导"、全程式"学法指导""经纬网络型"学法指导、"一体化"语文

学习指导等，实践效果很好。

（2）改蝇头小利型方法指导变为从长计议的深层次方法指导。目前，普遍存在只进行一些关于应试方法技巧、常见解题方法或答题技巧等功利型指导的现象，即"吹糠见米"的肤浅、实惠型的学法指导，但真正的导学意义不大，未能真正体现学法指导的大价值和深远作用，未能从根本上让学生获得终生受益的最大值的长效性学法教育效果。

（3）改短暂性局部性的形式指导变为可持续发展的整体系统性指导。目前，我们发现一些学校和老师，虽然也搞了一些好的学法指导，或者搞了一段时间、一个内容领域的较好的学法指导，但缺乏可持续发展的整体学法指导观。要知道，学习是在发展的，知识在变化和增加，人的认知水平也在不断提高，所以学法指导也要与时俱进，不断发现、总结和创造更新、更有用的好方法，如果只满足于一时一事的或初步型、统一型、局部型的学法指导，无疑是"前功尽弃"或者是误入歧途的（因为那些方法往往在起不好的误导作用）。

（4）改不分良莠、新旧、对错而跟风盲目指导变为科学扬弃和针对性指导。目前，有些人不问方法使用的对象，不看方法的真正科学与否，一味地盲目地随意地一哄而起地搞学法指导，结果也是得不偿失。为此我们提出了学习方法具有"二重性"特征的观点，并提出"什么是最好的学习方法"的命题，其答案是最适合自己学习的才是最好的方法，于是提出了"素质型学习方法"指导以区别于"应试"等急功近利型学法指导，提出了让每一位学生建立自己的"方法场"或学法体系的做法，并要求随时更新方法，扬弃固有方法，发现、接受和运用更有价值的新方法。

（5）改"交"方法变为"教"方法。过去，不少人只一味地将一些方法"拿"出来，交给学生而不是教给学生，也就是只起到一种介绍方法的推销员作用，未能科学有效地指导学生认识方法、掌握方法、内化方法、选择方法、运用方法、总结反思和创造方法等一系列关于方法指导的"方法教育"，于是，我们提出了"方法教育课"的新概念，用课程开设的方式来强化"教"方法而不是"交"方法。这种"教"方法的"教"，就是

"教中之教",即寻求和讲究关于方法指导的方法,就是让学法指导也有"法",这是本人新时期关于学法指导研究的新思考。为此,我们提出改革这种推销式方法指导的低端水平,大胆地提出了学法指导有"法"的观点及做法,效果很好,还被中国教育报在"特级教师特色"专栏作了重点报道和推广(2000 年 7 月 23 日,《林惠生:学法指导有"法"》一文)。

(写于 2010 年 4 月)

我的"语文学习学及其学习方法指导"

——在邵阳市第二届教学改革成果颁奖及经验交流大会上的发言

(一九九三年七月二十日)

一、研究背景及过程

"语文学习学及其学习方法指导",是我在中国学习科学学会(筹)的直接领导下,在省、市、县、校有关领导和教研单位的热情支持与指导下,在理论上依据教育学、心理学、思维学、学习学、"新三论"和联合国教科文组织关于《学会生存》(即学会学习)等重要的先进的理念,在实践中根据我国社会主义现代化建设对人才素质的新需求,针对我国目前教育中学生学习现状的种种弊端而大胆地创立的一项教改科研课题。其目的在于,通过对语文学习的全过程研究和学习方法指导的全面探索与尝试,让学生学会学习、主动学习,变苦学为乐学,变蛮学为会学、巧学,彻底改变千百年来"重教不重学"单一化的语文教学局面,提高语文学习效率,为突破目前中小学语文教改的徘徊局面而开拓一条新途径,为指导与推动新形势下语文教改的"全方位、高效率"而提供一条新思路。十年来潜心探索的实践证明,能够达到这一目的,这项课题研究已成为在当地乃至全国范围内产生较大影响的教研成果。

此项课题研究，是本人 1979 年的一项教学中发现农村学生的预习，由于种种原因变成空话以后而率先尝试"课堂预习法"时开始的。当初所开展的"课堂预习法"，在地、县评奖和全区印发推广，影响很大。于是，我的学法研究从此开始并经过了三个阶段：

1979—1985 年，调查研究，发现与归纳问题，分析原因，并对症下药地进行一些学习方法指导。如"作文中的一题多练法""鉴赏与写作结合法""目标读书法""非智力因素全面指导法"等等。此时的语文学法指导，往往是经验型的和局部型的，而且多半是以语文学习中所出现的解题技能、答题方法或应试技巧等为主要内容，虽有一定立竿见影的实效，但未能持久而长效。

1985—1987 年，根据调查后的思考以及初步性、零散性学法指导的经验与成果，为总结与寻找系统而高效的语文学习方法及其学法指导体系及模式而开始主攻理论研究。首先，我阅读上百种教与学的论文、专著，并将感性材料进行理性思考和学术概括；接着，在寻求规律中，终于找到并确定了以学习方法指导为中心，以"讲座式""渗透式"等为学法指导主要手段，以"课堂预习法""目录教学法"和作文中"求异思维法"等为突破口，以剖析和消除"学习病态心理"为结合点，而进行着全程、全面、全员的学法指导，从此使语文学习学及其学法指导走上了有针对性、开创性、计划性和有效益性的探索尝试阶段。

1987—1991 年，根据第二阶段的探索与尝试，不断完善课题成果，并结合理论与实践的思考，撰写系列研究文章，接受社会评价和检测（主要是会议、报刊等）。同时在中国学习科学学会（等）的主要领导人林明榕、张笛梅等先生的指导下，我积极尝试将"学习学"理论与语文学科结合，着手创建由这二者结合而成的"语文学习学"的创建工作。集中研究了以下问题：(1) 什么叫"语文学习学"？(2)"语文学习学"与"学法指导"是什么关系？如：是并列关系吗？即语文学习学与学法指导。是领属关系吗？即语文学习学及其学法指导。最后确定了是领属关系，并从此以

"语文学习学"为统摄，用"语文学习学"来统领和指导开展学法指导，使语文学习的研究与指导开始走进了内容更宽广、形式更多样的体系化、长效化的态势。

这样，终于在 1990 年 10 月的《语文教学通讯》上正式推出了"语文学习学"这一全新的学科概念，并在文中介绍了初步的研究情况，1991年 7—12 期的《语文教学通讯》上连载了有关学法指导的系列论文等。

二、研究成果及影响

现在，这三个阶段已全面完成。在研究中由零散走向综合，由局部走向整体，由实践走向理论，最后创立了"语文学习学"和"三级学法指导"的科学体系，产生了"渗透式"学法指导、目录教学法、"学习病态心理研究"，对预习问题反思及预习方法指导等成功经验，这些均属在当地乃至全国首创，并获得广泛承认和推广运用。表现这些成果的主要论文一组共 10 余篇，均在省级以上报刊发表，其中有 5 篇在全国性学术会议上交流或宣读，有 3 篇在全国有关学会获奖。

这一组论文，在"语文学习学"总的理论体系统摄下，从不同角度进行探讨，充分显示了独立见解和创新意义，有许多新的学术观点均属全国首创。例如，研究学习心理，一反正面研究，专从影响学习的心理病态研究入手，分析了病态心理的现象、原因，并提出了消除病态心理的对策，从而在 1987 年 6 月南京第一届全国学习科学学术讨论会上大胆地提出了要开展"学习病态学"的研究主张，引起了广泛的反响，为后来西安第四军医大王山青教授创立的"学习伤病学"也提供了参考，论文不仅被《学习报》摘编，还被鉴定为"有一定的学术价值"。又如研究学习方法，即联系中学生不会读书、不会预习、不会作文等实际问题，认真深入地探讨学法指导的意义、内容、途径、形式、原则、步骤等等，并结合教学实际，第一次在全国完整地提出了"三级学法指导"的系列化过程："启始年级常规性学法指导→中间年级分科分类特殊性学法指导→毕业年级创造性学法指导"。认真总结和提出了学习方法指导的五种形式：班级授课、专题讲座、资料传播、讲座交流、教学渗透。特别是联系实际，着重在"教学渗透"这种形式上下苦功，狠抓了以"通过教目录进行学习方法指导"为突破口，从理论和实践的结合上透辟地阐述了"渗透式"学法指导的实施过程、要求及其理论指导意义，在全国范围内多次引起强烈反响，首先在《中国教育报》披露，尔后又应邀在桂林、成都等全国性学术会议上宣读，并获优秀论文奖，得到了北京工大张树森研究员和北京特级中学语文教师连树声的书面荐评："这种探讨有创造性，效果显著，值得推广，文章论述有一定深度，也比较全面……"还先后以不同篇幅被四家全国性或省级刊物发表、转载或摘登，邵阳市教育学会曾于 1989 年给予一等奖并荐报省教育学会；最近，又被市教科室中语组推荐给省《八十年代语文教改经验选萃》一书。这些研究成果，都已经在自己的教学实践中产生明显效益，所教班语文人平成绩和及格率名列前茅（达 95％以上）；特别是在作文教学中由于选用"下水法""多练法""求异法""寻根法""思维调控法"等等，使这所生源差、办学条件低劣的农村中学，竟有 12 名学生在全国各类作文竞赛中获奖，有 20 余名学生的习作公开发表，还有《晨曲》手抄报在 1988 年获全国三等奖……这些连重点中学都兴叹不止、非重点学校望尘莫及的成绩，却成为该校史上的最高荣誉。所教学生都认为我"只教方法，不教教条，终生有用"，毕业后考上大学或走上工作岗位的学生，都还经常登门或来信讨教，要求继续谈及学习问题和给予学法指导。

前几年，《语文教学通讯》连续刊发了集中体现我的语文学习学及其学法指导研究成果的多篇论文和"封面人物"照片及专栏报道，尤其是 1991年 7—12 期的《全程式学习方法讲座》连载以后，收到了各地大学、中学教师和学生以及科研单位专家等读者来信近 200 封，来信均给予了高度评价。中国学习科学学会（筹）主任、山西大学师院林明榕教授最近在推荐书中说："林惠生同志是新兴学科——学习学研究队伍中的一名骨干。近几年，他积极参加了学习学的理论与实验研究，在报刊上发表了一系列有关学习学研究的文章，如……这些论文均有一定独立见解，对于建立语文学习学作出了贡献,他还就在中小学进行语文学法指导教学发表了一系列的见解,这些想法有一定理论高度,对于改进中小学语文教学和提高学生的语文学习能力有理论指导作用……建议有关部门予以表彰和奖励。"

此项成果在我省语文教学法研究会第九届年会上交流和市、县教改研讨会重点介绍后,也被广大教育行政领导和教师所肯定与推广运用,湖南省教科所、湖南教育杂志社、湖南师大语文教学法研究室等单位的专家、领导多次给以鼓励和指导,邵阳市教委和教科室将其列为主要教研课题,市教委贾定宇副主任还在教改研讨大会上进行表扬;武冈县教委、县教研室一直在热情支持和指导,在县教改工作计划和重要报告中每次都提出推广"学法指导"这一教改科研成果。因而在县一、二、三、七中和实验小学等单位由语文推及其他学科,都在进行学法指导实验,并也取得了显著成绩。

由于"语文学习学及其学习方法指导"这一研究成果显著,我从1978年以来年年被评为县先进个人,其中有三次立功,1989年被评为省优秀教师,《武冈教研》《邵阳日报》、河北师院《语文周报》均对我作了专门报道,更有幸的是列为山西师大《语文教学通讯》1990年第10期的"封面人物",在头版头条以《词源倒倾三江水,笔阵独扫千人军》为题作了3600字的专栏报道,最近此项成果又收进《全国语文教改百家简介》一书。

三、研究的初步体会及其经验

(一)基于"语文学习学"的语文学法指导,必须树立自己的一套观点和做法

1. 语文学法指导必须坚持唯物主义观点和辩证法,必须悉心了解和研究学生的情况、特点,知之准,识之深,才能指导到点子上。

一般语文教师备课,往往集中精力钻研课文,寻找参考资料,着眼于怎样把字、词、句、篇"讲深讲透",而很少考虑或根本不考虑学生怎样学才有益处。这种见物不见人的教学思路不可能进行学法指导,而只会形成以教师为主体的"满堂灌",还以为灌得越多,教师讲得越"精彩",学生学得越扎实。众所周知,教学活动中存在着这种矛盾:教与学,已知与未知,知识与能力,内因与外因,智力因素与非智力因素等等,而这些矛盾都是统一在学生的认识活动之中的。因此,如果教师看不到学生既是教学的对象,又是教学的主体,不了解外因必须通过内因才能发挥作用,不想方设法引导、诱发、刺激学生学习的积极性和主动性,而以教师的活动为主,包办代替,肯定地说,这样的教学效果是不会好的。我理顺了上述矛盾关系,摆正了教学的立足点和出发点,即由立足于教转为立足于学从"教"出发而转换到从"学"出发。因为"教"不是统治"学",代替"学",而是教之以学,给"学"以启发、点拨、开窍,在学习方法上给以具体真切的指导,做学生学习的引路者。

2. 语文学法指导,必须目中有人,手中有法。

对于学生以及学生的学习,其关键在于导。著名教育家苏霍姆林斯基说过这样发人深省的话:"在课堂上,教师不仅要想到所教的学科,而且要注意到学生;注意到学生的感知、思维、注意力和脑力劳动的积极性。教师在自己的关于教材的思考上使用的精力越少,则学生的脑力劳动的效率越高。如果教师把全副注意力都用在自己的关于教材的思考上,那么学生感知所教的东西就费力,甚至听不懂教师的讲述。"(《给教师的建议》下册,第86页)我在平时大量的教学实践活动中,十分注意与学生的交往接触,细心观察,深入了解,不仅注意他们的过去与现在,而且力求敏锐地从观察他们的变化与发展中预测未来,这样指导他们的学习则更有前瞻性和针对性。因为每个学生的语文基础、语言环境、接受能力、兴趣爱好是千差万别的,另外,还要注意接触每一位学生,接触学生的每一个方面乃至被认为"一般"的学生,因为通常的情况是:冒尖的,比较差的,容易在教师心目中形成清晰的印象,轮廓比较分明,而一般的则似乎难以区别,也难以形成印象而失去教师的"导"。尤其是班级制的学法指导,应该是针对大多数人而不能只兼顾两头。实践证明只要稍加深入,就可以发现在差不多的现象背后颇有差得多的特点存在,因此学法指导要学会透过"差不多"现象而抓住有差异的"特点"。人们都说我的学法指导在这一点上有突破性的创举和颇有深度的研究。

3. 语文学法指导，还要遵循语文学科特点和学习规律。

大家知道，语文不同于知识系统性较强的其他学科，语文教材不是知识的解说形式，而是知识的使用形式。学习语文，其目的不在于教材本身，而是要向教材索取知识，凭借教材培养能力。语文教学之所以应该开展学法指导，我自己归纳了四条很有说服力的理由（见另文）。古人云："道而弗牵，学贵自得。"凡是有丰富经验、有志于改革开拓的教师都十分重视学生的"自得"。"君子深造之以道，欲其自得之也"，孟子这句话说的"自得之道"，就是自学的方法。但是，"自得"不是自然而得；自学，也不是一件件、一桩桩全让学生自己去摸索。虽说自学也能成才，但若是有人给以指点，就可能少走一些弯路，自学的效率会更高，"所得"也会更多些。我们教师的学法指导的价值恐怕就在于此。

叶圣陶先生主张："'讲'都是为了达到用不着'讲'"，"语文教学的最终目的为：自能读书，不待老师讲；自能作文，不待老师改。"凡为教，目的在于达到不需要教。"这些主张反映了叶老对语文教学的基本观点，就是说，老师教的最终目的是努力达到"不需要教"，叶老开始曾说过"教是为了不教"，后来改为"教是为了达到不需要教"，这里虽然是一词之差，但意思迥异，"不教"是着眼于教师，"不需要教"才是着眼于学生。"不教"之境确实可以达到，只要学生转个班或毕业离校了，或者教师不去教，那么这位教师自然而然就成为"不教"。可是要想达到"不需要教"之境，却非花大力气不可；教师的教，使学生"能自为研索，自求解决"，学会"自得"的本领，那他们将终生受益无穷，教师的"不需要教"才得以达到。

由此看来，教给学生学习的方法，开展学法指导，确实是一个十分重要的问题，也是一门深刻的学问，值得我们认真研究。我之所以这样想，关键在于把握学法指导的"学法"和"方法"之间的规律及其科学应用的技能。

（二）基于"语文学习学"的语文学法指导，真功夫下在培养自学能力上

我们知道，语文水平从某种意义上说不是教出来的，而是靠自学培养而提高的。因此，教学生自学，培养自学能力乃语文学法指导的关键，也是语文教学改革的重心，完全符合语文这一学科特点和学习规律。

怎样培养学生的自学能力？关键是教师充分相信学生，而且能大胆地有指导地放手让学生自学。比如花朵盛开的草原，春天里，东风吹拂，草原上的野花争相怒放，这时的辽阔草原成了鲜花的海洋，色彩的海洋，芳香的海洋，那么培养学生自学能力，就要求教师放手把学生引到花的草原中去，让他们自己去充分领略草原的春光，而不是把他们关在封闭的小屋里，单一地靠教师采回几朵零星的小花塞到他们手中，单一地靠教师向他们转述草原春色的美妙。这样学生就缺少对生活的体验，缺乏自我感悟、自我内化的本领。须知缺乏体验的学习是被动的，缺乏"自悟、自能"的学习是没有"自得"而无真实收获的，更何况学生通过体验，既收获知识，又收获能力。

开展学法指导，培养自学习惯，发展自学能力，使学生跳离被动学习的局面，走出教师为他们设置的狭小的知识天地，主动涉足知识鲜花遍开的草原，积极主动地采撷丰硕的知识果实，饱尝到求知、获知的欢乐。这样，用于他们身上的束缚解除了，学生视野开阔了，做了学习的主人，于是在吸取知识、锻炼能力的过程中更加勤于思考，勇于探求，更加大胆质疑，热心研讨，其结果必然更加促进智力的发展和能力的提高。

在具体教学活动中，一般不用预先设计好的问题问学生，更不用"先入法"或"暗示法"来支配学生的思维，也力避用牵引手段让学生"入我彀中"的"请君入瓮"教学法。教师对教学的内容无疑要烂熟于心，但却要谨慎于口，准用于学生。由于语文教材结构的特殊性，一篇课文应以理解到怎样完善的程度似乎不是最主要的，最主要的是应该让学生从自己的学和教师的导中逐步悟出读书作文的"道"与"法"来。古往今来，人们无不以"读书"为学习语文的主要形式。那么，怎样通过"读书"提高语文水平呢？"口诵心惟"便是前人总结出来的学习方法。朱熹曾说过："观书须先熟读，使其言皆若出于吾之口。继以精思，使其意皆若出于吾之心，然后可以有得尔。"他还说过："读书无疑者须教有疑，有疑者却要无疑，到这时方是长进。"把朱熹的话综合起来看，读书的过程就是"熟读——精思——有得"的过程，而"精思"的过程，则是从无疑到有疑，最后释然又无疑的过程。这样看来，学习语文离不开"读、思、练"这几个环节。谁来读、思、练呢？当然是学习者自己。也就是说，在学习语文的过程中，要以学生的实践活动为主，在教师的指导下，由学生自己进行读、思、练的实践。具体说，就是文章要由学生自己读懂，疑问要由学生自己提出，问题要由学生分析解决；知识要由学生自己总结；规律要由学生自己找到。这样，便可以实现"道而弗牵，学贵自得"的目的了。当然，这里的"练"，不要窄化理解为"练习题"，应视为广泛的实践活动和语文修练等。

（三）基于"语文学习学"的语文学法指导的成功，还在于要学会找准"最佳结合点"

我在语文学法指导上之所以获得成功，其中一个重要原因就是找准了"教师、学生、内容、方法"这四要素的"最佳结合点"。

1. "最佳结合点"是什么

开展教学活动，构成教学活动环节和活动体系，离不开教师、学生、教学内容和教学方法。作为其中最活跃因素的教师与学生各自的地位作用怎样，这四要素怎样完善地结合，是至关重要的问题。解决这个问题的科学结论便是：学生为主体，教师为主导，修练为主线。这也就是语文学法指导的"最佳结合点"。为什么叫"修练"而非"修炼"，意在区别于过去一直流行自"训练"为主线之说法，提倡"修"之练而为"训之练"。

以"学生为主体"和"教师为主导"来进行学法指导，整个教学过程必然成为教师指导下学生主动求知的过程。这里所说的求知，并不单纯是求索语言文字方面的知识，而着重是求索"自能读书""自能作文"所需要的听读说写能力形成的途径和方法，当然这也可以说是知识。知识的获得，要练；能力的培养，要练；智力的发展，要练；同时思想教育、审美教育无不需要通过练，才能解决问题。当然，这些的"练"，既有训练，也有修练，包括学生的大量的语文实践活动（也叫"实练"）。这样，以"修练为主线"便成为"学生为主体""教师为主导"的必然归宿了。学法指导的精髓是练，而"修练为主线"的含义就是将练贯穿于教学全过程，那么，"修练为主线"作为教学活动四要素的结合点是再恰当不过的了。不过强调一点，"修练"是在于学生的"练"和"教师主导"的"导"实现有机结合。所以"导练统一"也是我的成功点之一。

2."最佳结合点"的科学应用

以上"三主"如何并主而做到科学应用，对教师来说，最重要的莫过于树立正确的整体的教学观念。主体、主导、主线三者明确，操作起来会大不一样。而学法指导却是把这三者紧密相联，使之成为有机的"三合一"，辩证地统一于一个完整的教学构思之中，并以之为指导思想而切实地运用于教学实践。

教师在教学中如果不"以学生为主体"，势必唯我独尊，我讲，你听；我给，你收。学生成了装知识的容器，没有主动权，没有发言权。这样教师就不是"主导"，而是"主宰"了。再者，教师如果借口"以学生为主体"而放弃了对学生的正确引导，听之任之，学生难免要走弯路甚至摔跤。所以，只有真正认识到"以学生为主体"，才不至于包办代替；只有切实明确"以教师为主导"，才不会放任自流。总之，只有教师"善导"，才会出现学生"善学"，而"善导"和"善学"都必须通过"练"这条长河来贯穿。因此，"学生为主体"和"教师为主导"必然归结于"学导为主线"上来。这就是我的学法指导中的辩证法，因而创立了学导法教学这一新的教学方式。

当然，确立学生的主体地位，并不是否定教师的作用。恰恰相反，在教与学这一对矛盾中，在课堂教学这特定的条件下，矛盾的主要方面还应该是教，次要方面是学，教学的成败和质量高低在很大程度上还应该决定于教师的教。所谓调动学生学习的自觉性和积极性，当然不是仅靠学生自己调动自己，而是教师必须发挥主导作用。

我在学法指导上是从四个方面体现着教师的主导作用：①教师是整个学法指导的组织者；②教师是学生探索学习方法的启发者；③教师是学生掌握学习方法的指导者；④教师是学习方法知识的传授者。

所以，从这四方面的"主导"中，找准了师生之间的最佳结合点，让语文学法指导在教师"主导"作用的正确、妥当发挥之中走向成功。

回顾我几年来关于"语文学习学"的研究工作，虽然有辛酸苦辣，但也确实获得不少体会，产生许多思考，这是一笔财富，我将十分珍惜。现在借此与大家交流了我的一些研究思考与体会，敬请指教。

（本文系在湖南邵阳市第二届社会科学成果交流大会上的发言稿，并以《"语文学习学"的系列研究》于 1994 年 1 月获邵阳市第二届社会科学成果一等奖，后有改动。）

学习科学：带来"语文学习学"

——我的教"学"研究与主张

一、关于"学习科学"及其"语文学习学"产生的背景

由于本人对学习的酷爱，对讲求学习效益和方法的敏感，在二十世纪80 年代初期一次偶然的机会，我从《国内外教育文摘》上看到一篇关于"学习学"的研究文章以及召开有关"学习学"研讨会的信息，就怀着试试看的心情，写了一篇《试论影响学习的病态心理》投过去，结果竟收到了会议论文录用及参加会议的通知，便于 1987 年 6 月出席了在南京举行的全国第一届学习科学研讨会，一不小心便成为全国首批 126 位学习科学研究骨干之一，从此便踏上了学习科学研究的不懈之路……

现在，我在几十年来对学习科学研究的一个重要体会，就是将"学习科学"与"语文"学科整合起来，产生了一门学科性的"学习科学"——"语文学习学"。可以说，因"学习科学"而带来了"语文学习学"，以形成了我独特的教"学"研究领域及其主张——以学为本，为学而教，创建基于"学"的学语文教学新思维、新构想，让学习科学走进教学之中，成为促进教学改革与发展、提高教学质量的又一重要平台和途径。

学习应该是一件愉快的事，是有其科学规律可循的事。美国未来学家阿尔文·托夫斯说得好："未来的文盲不再是不识字的人，而是没有学会学习的人。"

学习也同样存在一个科学性的问题，让"学习"也科学起来，建立一门"学习科学"实在很有必要，由此延伸而建立一门"语文学习学"也在情理之中。

二、关于目前"学习科学"的概念及其研究成果概述

(一) 什么是"学习科学"

据国内外研究成果表明，学习科学具有以下概念含义和功能特征。

1. 学习科学 (Learning Sciences)，是指以"学习"作为研究对象而形成的一门学科，即在反思认知科学等学科关于学习的研究方法和观点的基础上新近兴起的一门科学。它将学习科学的相关学术领域进行整合而发展为相对独立的"学习科学"体系。

2. 它主要借鉴建构主义、认知科学、信息技术、社会文化研究和关于知识工作等相关领域的研究成果，汇集和整合关于脑的研究和内隐学习、非正式学习、正式学习等已有对于学习的研究，采用多种现场研究的方法，对不同情境脉络中的学习发生机制进行分析和探索，提出的若干关于学习的科学观点，并通过创新性项目的实践和基于设计的研究，创设新型学习环境，革新学习实践。

3. 学习科学是国内外近几十年发展起来的交叉学科，并且已成为当今最活跃的研究领域之一。该学科目前主要由生物学和教育学交叉而成，

涉及生物医学工程、信息科学、脑科学、认知科学、心理学及教育学等众多研究领域，通过心智成长而应用于教育和学习过程。

4. 学习科学的研究旨在探索与人类（特别是儿童）学习能力相关的生物学、心理学和社会学机制，研究影响人类学习能力的生物学、心理学和社会学因素及其客观的评价方法和技术。

（二）学习科学兴起的背景：由认知科学诞生

认知科学理论指出：学习是基本的认知活动，是经验与知识的积累过程，也是对外部事物前后关联地把握和理解的过程，以便改善系统行为的性能。于是，国内外一些认知科学家们，便站在认知科学的肩膀上开始了以"学习"作为一门新兴学科的专门研究。

比如，达菲明确表述："学习科学是认知科学的一部分，它重点关注真实世界境脉中的思维"。学习科学最初是一门认知科学，它是站在认知科学的肩膀上发展起来的新兴学科。在 20 世纪 80 年代，一些在认知科学领域卓有建树的科学家，普遍感到"对当时的认知科学感到沮丧"。沮丧的原因来自于认知科学的关注对象和研究方法过于远离人在真实世界中认知发展的实际状况。于是学习科学家们在有关学习的一些基本事实上达成一致：深度的概念理解诸如聚焦于学而非教、创建学习环境、在学习者先前知识上建构知识的重要性，以及反思的重要性。这样，"学习科学"便逐渐明晰而呈现出来。

（三）学习科学的产生与发展：三个阶段

1. 萌发于 20 世纪 70 年代末以来对于人类学习本质的多学科深究，产生了一些著名论断和个案行为成果；

2. 从 20 世纪 80 年代以来，学习科学作为一个独立的学科领域脱颖而出，各领域中有关学习的科学假设达成一致，形成了一些相对独特的方法论，并且积累了若干设计及其实践经验；

3. 在 20 世纪 90 年代后开始走向成熟，这一新兴学科已经开始影响课堂教学、校外教育、学习产品设计、学习组织设计、教师教育、职业培训等一系列诸多方面的变革与创新。

可以说，从近四十年的发展来看，学习科学体系的结构和内容等日渐清晰，在建构主义哲学认识论基础上，由脑科学、心理学、机器学习和教育研究四大学科领域共同构筑了学习科学的关键基础。

（四）学习科学的目标和主要关注点

1. 学习科学的目标是：

将围绕人的真实学习的多个研究领域的相关成果，力求建构旨在获取有组织的知识和技能、促进理解教与学的结构和过程的科学模式，建构新的学习与教学环境，更好地理解产生最有效的学习的认知和社会过程，并运用这方面的知识去重新设计课堂和其他学习环境，以让人们更深入、更有效地进行学习。

2. 学习科学目前的主要关注点是：

（1）学习的本质是什么，学习的功能及意义是什么；

（2）人与学习的关系如何，人是如何学习的；

（3）如何设计有效的学习环境、创造有利的学习条件、采取有用的学习策略和方法，促进学习者的深层学习、高效学习和创新学习。

（五）用学习科学理论来重新认识"学习"究竟是什么

1. 在学习科学理论指引下，通过对学习的观察、体验与反思，让每个学习者对发生在自己身上和周边的一切司空见惯的"学习现象"给予分析，寻求必要的答案即解。

2. 乔纳森对于学习的种种观念有以下较为完整而深刻的总结：

学习是社会协商。……学习是思维技能。……学习是知识建构。……学习是概念的转变。……学习是境脉的变化。……学习是活动。……学习分布在共同体中间。……学习是根据环境给养调试感知。……

（六）我国有关"学习科学"研究概况

1. 从20世纪80年代开始，我国一批有识之士，强烈感到在信息时代"学习"的重要性，分别从各自研究的角度提出了建立学习科学的设想，在有关报刊上展开了讨论。代表人物有徐惟诚、王通讯、张笛梅、林明榕等。

2. 1987年6月"全国第一届学习科学学术研讨会"在南京市鼓楼饭

店召开。这是我国学习科学史上第一次具有里程碑意义的重要会议。这次会议完成了三项工作：

（1）来自国内 24 个省、市、自治区的 126 名代表汇聚一堂，第一次就学习科学的有关问题进行了讨论和交流；

（2）举办了第一期学习科学理论讲习班，培养了第一批学习科学研究骨干分子；

（3）成立了"全国学习科学研究会筹委会"（后因形势发展需要改名为"中国学习科学学会筹委会"，现正式为"全国学习科学研究会"）。

3. 这次会议发出了向学习科学进军的动员令，拉开了国内研究学习科学的序幕，标志着学习科学研究由自发的、分散的研究走上了自觉的、有组织的研究阶段。学习科学研究会创建以后，先后承担过教育部的重点课题（八五、九五、十五、十一五期间都有）。

4. 在国内近 30 个省、市、自治区的数万所大、中、小学进行了"学习指导教学实验"（即教学生"学会学习"的实验），取得了很多很好的经验和成绩，在教育教学改革中产生了较大的影响和作用。大量实践证明：学习指导教学是当代世界教育发展的趋势，是教育教学改革 的一个新的突破口，是教学生"学会学习"的有效办法。

5. 在多年的学习指导教学实验中，科研工作者和第一线的教师们创造出了不少优秀的学习指导教学方法，总结出许多行之有效的教学模式。如：课程开设式学习指导、诊断咨询式学习指导、学科渗透式学习指导等。渗透式学习指导，即指结合本学科内容教学的学习特点和学习方法把学习指导渗透到学科教学中去。渗透式学习指导课形式多样，生动活泼，兴趣盎然。教师们在教学实践中已总结出了很多学习指导的好方法，如教授式、转换式、点拨式、内化式、领悟式。

6. 从二十世纪九十年代起，我国在许多大学和科研所相继建立了一批学习科学的研究实体机构，还开设了学习科学的研究生专业，出了不少研究成果。目前已呈现蓬勃发展之势。

三、学习科学：给教育带来什么

(一) 学习科学为教育带来六大变化

1. 学习科学作为一个独立的学科领域脱颖而出，至新世纪来临之际，这一新兴学科已经开始影响课堂教学、校外教育、学习产品设计、学习组织设计、教师教育、职业培训等诸多领域的变革与创新。

2. 学习科学的基本研究指向真实世界的需要，在深刻理解"人是如何学习的"基础上，全方位地展开了对当前的学与教的研究，让"学"悄悄地改变着原有课堂重教轻学、为教而教的"失学"局面。

3. 近年来，欧美发达国家所推进的课程改革与发展，很多都运用了学习科学中关于知识与技能学习的新成果。

4. 学习科学的发展正在改变传统的学与教，有利于学习和教学方式的创新。学习科学的引入给传统教育教学研究带来了新气象，使研究增加了科学验证的可能。学习科学的研究正在使教育理想的实现成为可能，为教育促进社会发展与进步提供了解决方案。

5. 以面向学习者的教学设计，将成为一种全新的教学设计。如："学案式"教学设计、"自学辅导法"教学设计、"学导法"教学设计等，这无不表明：学习科学已经开始走进以课程改革为主体标志的教学之中。

6. 教学活动中心转变与视角多元的学习共同体——新型的学习与教学组织形式也已经逐渐形成。"学习共同体"，作为一种促进知识创生的载体，也已开始成为学校学习的一种重要特征：构建基于素质教育和学习进程的"学习型课堂"教学体系及其教学模式。

7. 实现教学评价，重心的转型，即用学习的学习发展来评价教师的教是否恰当，正确与有效，这里的重要理念是"以学议题，以学促教"。基于学习科学的教学评价，研究重点即"如何获得学生应知和能做的表现证据？"

(二) 现代学习理论为教育带来基于"学"的全新转型

1. 现代学习理论的主要流派？主要观点？如何支持教学设计？

2. 我们用现代学习理论分析教学设计中的什么？（1）教学设计流程各要素：学习需要分析、学习内容的分析、学习者分析、教学目标的设计、教学策略的设计、教学方案的设计、教学设计的评价；（2）着重分析"教学过程设计"（教学模式、不同课型的教学过程）进行理论依据的；（3）分析课堂教学主要环节：导入阶段、新授课阶段、巩固练习阶段、结课阶段。

（三）目前教学的三种"基于"取向

1. 基于教科书的教学：即教科书是教师教学的权威，是教学方案的心脏；没有教科书就没有学校，应该教什么和如何教，几乎完全取决于教科书（还有教参书）。

2. 基于教师个人经验的教学：即教师凭经验教学，结果所能教给学生的只有自我（王尚文，2007）

3. 基于课程的教学：即教学必须遵循课程标准，但是并不等于所有教师的教学标准化，至于用哪些教学策略和具体的教学方法，如何将教学内容和课程标准对应等，是必须具有个性化的。这种基于课程标准的教学，主要是指学习结果/教学目标源于课程标准，评价设计先于教学设计，指向学生学习结果的质量标准与教学、评价必须具有一致性。

因此，我们认为，立足于第三种，合理取用第一、二种，再建构出一种基于"学习"的复合型教学设计，才是适于学的最佳取向：

（1）选择评价任务/确定标准，即"证明学生达到应知和能做的最好途径是什么？"

（2）选择内容与设计教学，即"怎样组织内容与课程资源才能帮助学生在完成评价任务时表现出？"

（3）"什么方法和策略才能最好地促进学生的学习？"

（四）教育新主张：构建基于学的学习型教育

我们主张：教育多思考学生，教育要从学生出发——

1. 他们已经知道什么？他们最想知道什么？

2. 如何将学生的问题转化为教学的问题？

3. 学生的认识及认识方式与科学的之间的差异、学生的问题发展脉络（关键点和障碍点）是什么？

4. 我们能改变学生什么？学生需要我们帮助什么？

5. 我们怎样帮助学生？哪些问题要通过学生活动来解决（需要什么活动，解决什么问题，怎样开展活动，什么地方需要教师提供什么帮助）？

6. 找出一些什么样的教学方法，使教师因此可以少教，但是学生可以多学；使学校因此可以少些喧嚣、厌恶和无益的劳苦，享受学习的快乐、进步的幸福。

真情告白：我有这样的一个教学主张：

我主张，教育即学习，让学习成为教育，让教育回归学习，构建学习型教育体系和学习型课堂教学模式。

1. 让教基于"学"，还教于"学"，实现教学转型：由学科型转为学生型，由师授型转为学导型，由训练型转为养育型。

2. 既从学生出发（立足点），又向学生出发（归宿点），实现"让学生学，教学生学"的全效学习的教"学"过程：学生要学的就教，不需学的不教；学不会或有学困的就教，学懂了或能学会的就不教。

3. 建立和谐互动的师生关系，让教与学不是简单相加，而是有机相融：教在学中，在学中教，使课堂教学成"有学"的教和"有教"的学。

为什么要建立基于"学"的教学主张——古今中外本即如此：

1. 我国自古至今把教育的地方都称为"学校""学堂"，可见这本来就是人学习的地方，教师只在这个场所为学生学习而教；我国古代最早且影响至今的教育学著作《论语》和《学记》，而没有被命名为《教语》和《教记》，而且文中的内容也主要是从"学"的角度进行论述的。

2. 我国著名教育家陶行知于 20 世纪 20 年代任南京师范专修科主任时，主张把当时的"教授法"改为"教学法"。从"教授法"到"教学法"，一字之变，表明教育活动中对于学生学习主动性的重视，变单向传授为双向互动，充分体现教师的主导作用与学生的主体作用的统一。现代教育理论认为，教育应以学生为中心，教学的目的是教会学生学习，所以只重视传授的"教授法"显然已经过时。表面看，这只是一字之差，实际却相差万里。陶行知在《教学做合一》中也指出，先生的责任不在教，而在教学生学。

3. 国外也如此。比如，2009 年 3 月，日本文部科学省颁布《学习指导要领》，而我国相类文件则以前称"教学大纲"现在叫"课程标准"，从标题看，就知道他们订"课标"，不是从"教"出发，也不是从"课"出发，而是"从学出发，为学而教"，他们强调"精选学习内容的过程是重构学科学习逻辑的过程"，还强调"学习多少知识不是最重要的，学习被意义化才是有价值的"。

美国的"语文课程标准"即明写为《英语语言艺术标准》，指出英语课程要把"语言学习"放在课程的核心位置，以"提高语言表达能力"为课程的中心任务。教科书更是如此。有一套《美国语文》有完整的助学系统：（1）文本之前——阅读指导、背景知识、文学与生活、文学聚焦；（2）文本之后——问题指南、作品积累。

概言之，他们的课程标准和教科书都是突出了"学"。积极倡导以学生发展为本，以学生为主体和学会学习为核心的新的教学改革观，培养学生的学习能力、实践能力和创新能力，提高教育教学质量。

策划："基于学的教学主张和措施"大教研活动

教研主题：以学为本，为学而教的教学主张和措施

教研目的：

（1）将"我对以学为本，为学而教的教学主张和措施"作为教研组教师专业发展的一个校本教研项目，让每一位教师都得到教学专业成长和教学研究水平的提高，体现一种全员性校本大教研活动，并使教师能有个性化的教研内容及特色。

（2）让教师积极参与大教研，充分表达自己的意见，体现一种教研民主和新的教学管理形式，广取智慧集大成，增加教师责任感和成就感。

（3）为课程改革的深入推进而寻找新的突破点——如何将通识性的课改理念有机地化在具体的教学行为，首先要让新课改理念化为相应的教学

主张，并用恰当的教学措施和模式予以落实，产生可持续发展的效果，这是课改新阶段（今后）的主攻方向和主要任务。因此，这种活动很有必要，也大有可为。

"我的教学主张和措施"教研活动步骤

1. 广泛动员，让教师明确活动目的和内容；

2. 组织学习研讨有关学习科学理论及其他教育理论，进一步理解有关"教学主张""教学措施"及"教学范式"等专业理论，明确其功能与操作要领；

3. 下发有关对构建基于学的一些教学主张、教学措施、教学范式（模式）和教学案例等资料，引导教师结合自己的教学主张、教学范式（措施）和教学案例进行思考（含反思与总结及设计等）；

4. 开展问卷调查和召开各种座谈会：

（1）你对"教学主张""教学措施"及"教学范式"有何认识？

（2）你对学校目前所开展的教改活动及课堂教学措施及范式等规定有何看法？还有哪些改进建议？尤其是对一些教研机制、内容和活动方式及研究方向等有何意见？

（3）谈谈你的教学主张、教学措施和教学案例等，哪些是好的，哪些是需要改进或完善发展的，还有没有打算设计出更好的教学主张、教学模式？（以上均应有详细的书面材料）

5. 开展"最佳教学主张和教学措施"的评选、推广活动，并举办全校讨论报告会，为形成学校的共性的"教学主张""教学范式"以及"教学措施"而做准备；

6. 再次多方论证和修改，最终形成学校的一些"教学主张""教学策略"以及"教学措施"，并积极推行以求产生效果。

（五）教学的含义：将产生新的诠释

教学，常被指教师传授给学生知识、技能，即在确定的时间、地点、场合下向学习者传授知识、经验、方法等。

基于教育哲学和"学习科学"的真正意义上的教学，应该是指"教学生学"。也就是说，教学，教学，教之以学，以学教之；教学，要进行的是教"学"，即让语文教学成为有学的教和有教的学，在学中教，在教中学。至于那些"先学后教""以学定教"等说法，虽然重了学，却又轻了教。在逻辑推理上用"先"与"后"以及"定"，来人为地割裂教与学的本来意义上的和谐关系，让教与学对立着，把"教"推到了次要位置或被动位置，其教的主导性被大大淡化。

作为"以学为本，为学而教"的教师来讲，教授过程是重要的，但更重要的是教会学生学。作为学生来讲，知识是重要的，但是比知识更重要的是获得知识的方法和能力。

（六）学习型教育：三大特定研究意义

1. 系统优化：系统思维的最主要表现就是整体优化、循序操作。整体优化强调关注整体，站得高，看得远；循序操作倡导从行动上突出教学的程序化和计划性，使教学的各项外部条件环环相扣、层层落实。

2. 以学促教：学不等于教，但教也不能代替学，教必须促进学，要以学习者为教的出发点，让教为学习者服务，即以学为本、为学而教，以教导学、以教促学。从而为学生精心创设有效的教学系统或学习环境，善用教学资源和教学策略，走一条内涵增长的教学现代化之路。

3. 提高学能：通过学习型教学将使学生的学习：目标更明确（知道要做什么）、程序更清晰（知道怎样去做）、针对性更强（知道为什么这样做）和灵活性更大（知道在什么样的情况下做什么和怎样去做）。正像著名教学设计理论家兰达曾经说的"使以前天才才能达到的水平让一般人也能达到"。

（七）学习型教育：三大特定研究内容

1. 研究不同人群或者不同生长发育阶段儿童的学习能力，研究相应的教育、教学规律和技术方法。

抓住国际上"学习科学"这一新兴学科发展的机遇，研究儿童发展与人类学习机制；探索人类学习过程的微观机制和宏观规律；研究不同生长阶段的儿童学习过程的特点；研究和开发用于儿童学习过程的评价方法和技术手段；并对于儿童学习和科学教育提供方案。

2. 从基因、神经递质、脑功能和脑结构、生理、心理，及其行为等多个层次研究儿童情绪能力和学习能力发展，构建与学习科学和儿童科学教育相关的文理工医多学科大跨度交叉的研究平台，为我国儿童发展和科学教育领域的科学研究、人才培养等提供依据。

3. 通过知识工程与学习科学相结合研究，主要探索学习科学特别是儿童发展的规律，实现对儿童情绪能力、学习能力，以及社会行为能力及其发展状态的正确和有效的评估和分析；探讨人类基因型与情绪、认知和学习等表型的关系；运用行为手段研究人类认知的基本规律，包括情绪、语言、注意、记忆、思维和学习等。同时，也对认知障碍和学习问题等开展研究。

（八）学习型教育的两级学科知识

由于学习型教育是以学习者的学习进程为主轴的动态生成的"活"教育，所以它需要对学习的知识内容也会有所变化，变得更加丰富、完整和科学。经过研究，我们发现学习型教育主要由两级学科知识组成：呈现型知识、建构型知识，而且逐级发展、循序推进，二者相辅相成，不可缺一。

1. 呈现型知识

呈现，本义是指"显现、展示"或"显露、出现"，它着重于直接看到的、事物本身的现实的情况。呈现型知识，即指文本自然显示或直接感知的知识，它的特点是自然性、随机性、零散性。我们将呈现型知识一般分为五类：概念、事实、程序、过程和原理。它常常与发现型知识相对（相对并非对立或对抗）。

（1）概念，用单一的词或条款对一组对象、符号、观念想法或事件来进行定义，其相关特征是可以共享的，无关特征是不同的。

（2）事实，以陈述、数据或图表等方式对具体事物进行唯一、明确的信息描述。

（3）程序，个人为完成一个任务或作出一项决定所需遵循的一系列步骤，程序包括指导说明、程序目标和每一次执行相同步骤的行为。

（4）过程，描述事件的工作流程，事件不一定是由单个人完成的，可以是许多人或是一个组织。

（5）原理，进行判断与决策的依据，为学习者提供不同情境下的指导方针，通过各种实例和非实例的具体应用来培养学习者的思维能力。

2. 建构型知识

建构，本义是指"建筑起一种构造"，它着重在系统的建立，是一种对结构和建造（构件的相应布置）逻辑的表现形式。建构型知识，就是指包括"设计、构建、实施"等三位一体的集合且形成一个全过程综合反映的知识，概言之，即重在系统建立的形成知识结构的体系性知识。这样的知识才有份量、才有力量。它在知识上具有全方位、多角度、深层次地建立的结构性、复合性特点。它常常与解构型知识相对（相对并非对立或对抗）。

（1）课程不仅仅是传递知识，更重要的是培养学生的能力，增强师生之间的互动。如何通过课程组织学生协作和探究的知识建构活动，是目前课程开发所需要突破的重点。给学习者选定主题，激发学习者的学习兴趣，提供相关的学习资源。

（2）根据教学内容，选择与当前学习主题密切相关的真实性事件或问题作为学习的中心内容，让学习者面临一个需要立即去解决的现实问题。确定学习目标和学习主题，围绕已确定的主题设计能引起争论的初始问题。

（3）设计能将讨论一步步引向深入的后续问题；要选择那些在学习者最邻近发展区的问题，这样激发学习者的学习兴趣和思考潜力，从而培养其创新能力。切忌不能代替学习者思维。

（4）提供一种可供学习者体验和观测的环境，产生各种与现实世界相类似的现象，供学习者观察，帮助学习者认识（发现）和理解这些规律与现象的本质。

（5）学习者参与模拟活动，熟练掌握某些操作技能技巧，"发现"其规律，并认识和理解这些规律与现象的本质。

3. 小结

（1）呈现型和建构型，同属于学习型教育主要学科知识组成范围，它与教育心理学所做出最权威的"陈述性和程序性"两种知识的分类，只是分类角度的不同而已，并没有谁是谁非的问题：前者是按照知识产生的方式及其性质划分，后者是按照知识形成的功能及其性质划分。

（2）呈现型和建构型，虽然同属于学习型教育主要学科知识组成范围，但是二者又有其明显的区别：前者是一种关于知识的静态性表现与积累，在语文学与教的过程中偏重于"文面意义"为主，往往看重一种解构性的文本解读；后者是一种关于知识的动态性发现与生成，在语文学与教的过程中偏重于"深层含义"（或只可意会而难以言传的"言外之意"——靠体会、玩味、品赏等）为主，往往看重一种建构性的文本研读。

结束语：

通过对学习科学的研究，我目前至少有以下三点体会：

1. 学习科学的产生与发展，首先就在于：使认知科学变为真实情境化和载体化，使教育科学趋向学习进程化和实操化。

2. 学习科学带来"语文学习学"：让我有了全新的教"学"研究与教"学"主张，改变了我的教育生态，让我此生为"学"的科学而忙活，一点也不后悔和怨恨，还时而增添些许乐趣。

3. 学习科学走进语文教学：使语文的学习和教学"不仅和谐，而且科学；不仅科学，而且更有意义、更有意思"——让我们在"学习"中快乐地学，幸福地教，不再为学而苦、为教而累。

愿"学习科学"来得更猛烈些吧！

（写于2012年8月，本文系讲座稿，曾在校内及被邀各地作多次讲座）

第二章 "语文学习学"的创建研究

【引言】

本章属于对"语文学习学"创建与发展的初始化研究，也是关于"语文学习学"的本位研究。

它将告诉你：什么叫"语文学习学"？为什么要构建"语文学习学"？"语文学习学"要研究什么？它还将告诉你："语文学习学"研究的方向与主要问题——如何解决目前普遍存在的"重教轻学""有教无学"的"失学症"，树立"以学为本，为学而教"的新理念；如何实现教学转型，让语文教学成为有"学"的教和有"教"的学。倡导站在学的角度，从学生出发，让"语文学习学"走进语文课程、重建"学语文"新课程的理念，构建教基于"学"的学习型语文教育新体系。

这里原貌展示了三个不同时段的研究成果（5篇文章），分别从不同角度探讨和回答了以上问题。开始阶段的文章可能不太成熟（后来的也已经不断走向成熟），但其观点、主张和做法却具有独到的前瞻性和深远的启导性，到现在乃至未来都不会过时，而且在那个时代的语文界，曾经产生了具有开创价值的引领性作用，在国内影响较大，获得同行专家学者及广大教师的高度认可和广泛好评。

"语文学习学"的构想及其尝试

一、为什么要建立"语文学习学"

那是 1979 年一天放学时，我为教初中课本文言文《李顺》向学生布置了三道预习题，要他们放学后预习。第二天我上课检查预习情况时，浑身凉了半截：竟有百分之八十的学生根本没预习，那些已预习的也只是粗览了一遍课文，当堂调查的反馈信息告诉我，原来是他们地处偏僻乡村的千家万户，预习时间少，预习的工具书和参考资料奇缺，更谈不上还有什么预习习惯、预习技能和方法。当即我只好改变计划，临时采取"急救"办法，要学生重新预习，并针对他们不会预习的问题随堂辅导，把学生和我的工具书集中轮流使用，并允许讨论，结果学生的积极性大大高涨，既掌握了该课文的内容，又学会了预习方法，有很多连教师都未布置和考虑的问题，都通过工具书和讨论得到了解决，从表面看去耽误了一节课，但后面的讲课就快多了，后来又尝试多次，学生很欢迎，于是预习就正式进了课堂。

我由此联想到，教语文再不研究学生学语文看来是"教"不好语文了。所以语文教育思想必须坚决改革：改过去单一的"教"语文为在语文教学中兼重如何预习、如何听课、如何归纳总结、如何记忆、如何联想、如何复习、如何应考的"学"语文教学。于是，"语文学习学"便应运而生了。

随着对"语文学习学"感性认识的不断发展，对为什么要建立"语文学习学"的理论思考也自然成熟得多。也就是说，从理论上看建立"语文学习学"也是一种必然。

第一，是语文教学"多、慢、差、费"的现状反思的结果。通览我们的语文教学，从小学到中学，辛辛苦苦地花了几千个课时，教了几百篇课文，俨然乎洋洋洒洒，津津乐道，但结果怎样——仍然有百分之七十的毕业生不能正确地读、写、听、说。这样看来，倒不如让学生买几本工具书，查一些参考资料，教他们自己去识字、解词、析句、理解课文结构和怎样朗读、听说、写作等等，并帮助学生学会在实践中如何由挫折到成功……，这些不就成了"语文学习学"的的内容么？

第二，是高速度的经济建设步伐和科技发展水平与低效率的教改现状之间的矛盾，直接决定着语文教学改革要寻找"突破口"。而"语文学习学"的建立，正是这种"突破口"中的一个"突破点"。因为多年来语文教学改革的实践表明：总在"教"（教材、教法）的圈子里变着戏法兜来兜去，重教不重学，结果像拐着跛脚跳舞——费力不讨好。只有把视角放宽，将"学"也放进来与"教"相结合，进行全方位的"教——学"双线改革，才能变教师一个积极性为教师、学生两个积极性，致力培养学生的独立思考和主动学习的习惯，培养其在语文方面的各种能力。

第三，是中学生所特有的生理心理特征和不断变化的学习活动所需要的。因为学生一般好奇、好动、依赖性强、兴趣易有易去，自理、自控能力较差，自我分析总结远远不够，每变换一个新的学习环境或学习阶段（如初一、高一），就往往不适应新的学习生活，在新的学习环境和学习内容及教师不同的教学方法等方面均无所适从，还拿过去的经验运用于已经变化了的学习活动，结果学习效率降低，整日苦恼，一筹莫展。这时候，指导一些与语文有关的"学习学"常识，特别是如何掌握新的学习方法，形成新的"学习能力系统"，是学生尤其是新生所迫切需要的。

第四，是个别、零散、局部和自发的学习经验不断向理论升华而使之更加发挥效益的需要，也是学习经验的自身淘汰与完善的需要。现在，虽然有优秀学生总结出来不少的学习经验，也有不少优秀教师经常向学生介绍学习方法，也强调让学生研究学习态度和方法，但上升到理论高度的却很少，自觉地有意识地联系实际指导和运用的很少，系统地指导和运用的更少。为了克服这种随意性、盲目性，也有必要建立"语文学习学"，让学生较系统地接受"语文学习学"的理论熏陶。

二、"语文学习学"的基本建构

1. "学习学"和"语文学习学"的基本概念。

什么是"学习学"？根据目前国内外研究成果表明，简单地说，"学习学"就是一门以人们的一切学习现象及其学习活动做为研究对象并竭力揭示其规律以提高学习效率为宗旨的综合性很强的基础行为科学。它主要解决在宏观上"学什么"，在微观上"怎么学"两大问题。"学什么"，包括学习内容、学习对象、学习战略、学习环境、学习条件和学习要素等等，偏重于"学习现象"。

"怎么学"，则牵涉学习规律、学习的生理机制、学习的心理、学习的阶段、学习的最优过程、学习的原则和学习方法等等，偏重于"学习活动"。

"语文学习学"，就是研究语文学科中的学习现象和学习活动及其揭示规律、提高效率、形成能力、发展智力，融教育学、心理学、思维学、哲学方法论及语文教学法等于语文学习中的应用型行为学科。

2. "语文学习学"的科学体系。

第一部分：总论。即"语文学习学"的一般原理。包括——

①语文的学习内容：涉及范围如大纲、教材、参考书，也涉及与社会的关系和选择，还涉及学习的"量""度""质"等等。

②语文的学习特点：除了共性之外，主要通过与其他学科横向比较而显示出来的自身的学习特点，正如数学重于"计算"、理化重于"实践"，而语文却重于"读写"和语文思维等等。

③语文的学习阶段：主要指学习进程中按照一定规律组织的相对独立的学习层次。包括时间上的，也包括内容和方法上的。

④语文的学习规律：在通用的学习规律前提下再找出语文本身的学习法则。

⑤语文的学习生理、心理：主要是一般性生理心理特征在语文学习中

的具体表现，以及如何把握和合理运用。

⑥语文的学习类型：一是宏观上把握校内外学习、课内外学习、学历学习、终身学习、有意学习、无意学习等不同角度的学习类型；二是微观上弄清自学、讨论、请教、听说、阅读、写作等等具体的学习类型。

⑦语文的学习过程：分一般过程和最优化过程以及各种环境和不同内容的不同过程等。

⑧语文的学习原则：可以从教育学原则中移植一部分与语文学习有关的，再总结其自身的学习标准及其规则。

第二部分：方法论。主要包括内容和指导。

A．学法内容——

①常规学习方法：主要指那些带约束性、层次性和必然性的学习方法。

②基础性学习方法：体现语文学科专业特点的最基本的学习方法（如听、说、读、写等）。

③通用学习方法：即用于正常性学习的普通学习方法，包括哲学方法论，着重于观察、认识、思维以及系统论、控制论、信息论等科学方法。

④特殊学习方法：主要指那些分领域、分类型、分项目而渗透于语文学习之中的具体学习方法，以及个人的学习方法。

⑤创造性学习方法：主要是指近年来国内外兴盛的以启发创造性思维，培养创造能力为主的崭新的学习方法。

B．学法指导——

学法指导的形式：班级授课、专题讲座、教学渗透、资料传播、讨论交流。

三、尝试及其效果

"语文学习学"的主要实施途径是学习理论熏陶和学法指导。而学法指导又是最主要最广阔的尝试途径。我主要坚持以"教学渗透"为主，并结合其他形式，有针对性地传授"学习学"的基本理论和学习方法指导，让学生真正懂得什么是学习和怎样学习。

例如我每教一届新班，给学生的第一堂课就是"我是怎样学语文的"。即以"教目录"为载体，以自己的切身体会，结合"学习学"知识进行有血有肉的生动的指导，让学生感到亲切和易于接受，自然也就适应了新的学习生活，并明确了新的学习内容和学习方法，学起来便主动自觉。所以，每个学期的第一堂课，我也不急于上新课，而是教目录，通过目录来进行学法指导，如"怎样选书、读书、制定学习计划"等等。我还经常结合语文知识进行相应的学法指导，使所教学生都有一套良好的学习方法，有较高的学习能力，终于呈现一种"合格＋特色"的语文教学的新局面。

（原载山西师大《语文教学通讯》1990 年第 10 期）

"语文学习学"发展之断想

从"语文学习学"的构建初探，到"语文学习科学"研究的全面深入，这是一个发展的过程，而且发展必然引起我们对"语文学习学"等一系列课题不懈的探究，以获得新的发展。基于此，我产生了六种"断想"，以作为对"语文学习学"的发展之探究。

断想一："语文学习学"的科学定位到底是什么？

1. "语文学习学"与"语文学习科学"的关系。

简单地说，"语文学习学"是语文学习科学体系中的主体学科和基础学科，而"语文学习科学"则是指关于语文学习科学研究的全部学科的群体总和。因此，我们在整个语文学习科学研究中，首先要抓住"语文学习学"这一基础学科和主体学科的研究。我想，只要"语文学习学"研究好了，那么"语文学习科学"这座大厦也就能够支撑与稳立了。

2. "语文学习学"与"语文学习方法"的关系。

根据"语文学习学"的本来概念与含义，"语文学习学"理所当然地涵盖与包容语文学习方法在内。当然，语文学习方法除了它自身必然成为"语文学习学"中的一部分以外，还由于它的自身地位与职能作用（属于方法论范畴），也可以再发展为"语文学习学"中的一个重要分支学科，如现在已经出版的《语文学习方法学》《语文学习方法论》等著作。因此，我们在研究"语文学习学"时，要特别注重对语文学习方法的研究，那才是最富有实际意义，也足以表现"语文学习学"的蓬勃生命力的关键所在。

3. "语文学习学"与"语文教育学"的关系。

可以这样说：它们是一对姐妹学科。二者之间，既有独立的平行性，又有相互依存、互为兼容的交叉性。还可以从某种意义上说，"语文学习"学是"语文教育学"的基础。因为世界上是有了学生需要对语文的学习，才会产生教师对学生学习语文的教育，所以，当学生对语文学习的目的、内容、规律、过程、手段与方法等有了全面的了解以后，教师的语文教育才会更有针对性、启发性和实效性。看来，如果"语文教育学"的研究能建立在"语文学习学"的基础之上，那么它的前景会产生一种突破性的改观；当然，"语文学习学"也会因"语文教育学"的促进而得到发展。

断想二："语文学习学"的研究思路怎样

根据目前国内研究动态，我认为，"语文学习学"至少有三条研究思路：

1. 一般原理的研究。主要包括对"语文学习学"的概念、涵义、特征、内容和研究意义、研究方法等方面的研究，以及它的发展与其他学科比较的研究等。

2. 对"语文和语文学习现象"的研究。主要包括"什么是语文""什么是语文学习""什么是科学的语文学习""什么是消极被动的语文学习"等，这一般以对静态性的"语文学习现象"调查分析和归纳、总结、思考等为主。

3. 对"语文学习活动和语文学习行为"的动态性研究。主要包括学生和学习态度、学习习惯、学习过程、学习方法、学习手段及学习的内外部环境；教师对学生学习活动与行为的指导（俗称"学法指导"或"学习指导"）。

断想三："语文学习学"的研究怎样才能深入？怎样才能产生"高速、优质、持久"的突破性成效

1. 要加强层次性。

（1）在研究内容上，既要有基础理论研究，也要有应用理论研究，而更多的应是关于实验总结和优秀教案、课例和设计的收集、整理等。

（2）在研究形式上，既要突出常规性研究，又要突出专题性研究；既要有以大学为主体的理论研究，更要注重广大中小学的学习实践研究。

（3）在研究方法上，既要有调查分析法，又要有观察法、实验法等。

2. 要加强实践性。

（1）在目的上要有针对性；

（2）在手段上要有可操作性；

（3）在过程上要有始终性；

（4）在方法上要贯彻"全面展开、全程推进、全员参与"的系统综合性。

3. 要加强突破性。

（1）要明确"突破性"的内涵："发展、求新、创造"。

（2）要以学习学研究的最终效果有所突破为核心，并在相应的研究内容、研究形式、研究方法与手段等全过程中的各个环节上找到突破点。

（3）要勤于积累，善于总结，多做一些突破性的思考、分析、研讨，不要只停留在一些表面上的工作和短期行为。

4. 要加强协作性。

（1）团结互助，集团攻关，课题牵线，会刊交友，是学术组织保持旺盛生命力的关键要素。要抓住机遇，群策群力，搞好全国教育科学"九五"规划课题"语文学习方法的理论研究与实践指导"的集体攻关，要抓住一批重点子课题，积极组织编写和使用好实验教材，总结与鉴定实验成果。

（2）要讲求协作技巧。如：研究内容相同的、研究形式相似的、项目相关的可以兼并或者联合；性格、爱好、兴趣相似的也可以协作；还可以在一定地方区域内组织协作；也可以在相关系统、行业和学校之间组织协作等等。

断想四：学习方法、教学方法、学法指导三者的辩证关系怎样？

1. 学习方法与教学方法的关系。

二者显然都属于"方法"的范畴，然而它们却是两个相对独立的不同方法概念，二者之间既不可替代，也不可包容。学习方法，通常是指学习者在学习上所采取的一定的途径、程序、方式、手段与艺术的总和。尽管学生使用语文学习方法，一般离不开学校和整个语文学习活动，但仍然是学生自己在能动地使用方法与技巧，而且这些方法与技巧仅仅是学生个人学习所用。教学方法则指教师指导学生为完成教学任务而进行理论和实践的认识活动的途径。这里虽然强调学生参与学习活动，也要求发挥学生学习方法的作用，但它依然只作一种辅助行为或者受教师的"教"所支配的"配套行为"而被教师所利用。

2. 学习方法与学法指导的关系。

学习方法是学习者在学习上所使用的方法，而学法指导是在学习方法的基础上加上了"指导"两个字，因而一边受着学习方法的直接制约，另一边是由指导者采取对学习者如何运用学习方法而给予恰当的引导、咨询、矫正等方面的一些带教育性的行为。这种带教育性的行为，当然不是学习方法所能包容的了，已经变成一种教育教学活动。

3. 学法指导与教学方法的关系。

学法指导的基本涵义落在"指导"二字上，这种"指导"理所当然地成了一种教学行为。作为教学中的学法指导，它已成为现代教学方法体系中的一种最新颖、最先进的教学方法，而且是一种较高层次的综合型教学方法。又由于其本身已形成一种有独立内容、能独立操作、可以独立收到成效的指导体系，所以它又不同于一般的教学方法。一般的教学方法是以教学内容为出发点和载体。我们提出"学法指导是一教学方法"的观点，既是对原有教学方法概念的突破，也是对现代教学方法（体系）涵义的发展。

因此，学习方法与教学方法是两个相对独立又相互联系的不同概念。从某种意义上说，学是教的基础，教是学的提高。有什么样的"学"就决定着有什么样的"教"，反过来，"教"又是帮助和促进"学"的基本动力因素。学法指导，正好成为上述二者之间的重要纽带，它一边靠学习方法作为指导的基础与前提，一边又融进教学方法体系范畴，和其他教学方法一起共同作用于教学活动之中。

断想五：关于学习方法的二重性特征的探讨。

马克思主义唯物辩证法告诉我们：事物都是具有二重性的。学习方法也是如此，它的二重性形态可划分成下面 10 个类型：

①现代型与传统型；

②先进型与陈旧型；

③积极型与消极型；

④素质型与应试型；

⑤实用（适用）型与豪华（理想）型；

⑥主体型与次要型；

⑦基本型与特殊型；

⑧大众（普通）型与个体（局部）型；

⑨综合型与单一型；

⑩常规型与创造型（含发展型）等等。

区分学习方法的二重性，重要的是树立这种"二重性"方法意识，合理地科学地运用这种"二重性"，使这种"二重性"为我们的学法指导共同发生作用。由于"二重性"并不都是对立的相反性，所以我们在实践中对学习方法的运用除了取舍式以外，还有合并式、参照式、兼顾式和扬弃式等等。可以说，学习方法没有好坏之分，只有用对否的区别。

以前，我们由于没有引起对学习方法二重性特征的认识，结果在学习方法指导中出现了不少误区：如分不清哪些学习方法还要不要指导，哪些学习方法还该不该指导等。为了清除误区，我们首先要运用学习方法二重性的特征，对我们平常所接触到或所使用的学习方法进行"二重性"分析，然后选取其中最科学、最先进、最对路，也便于使学生接受和操作的最为成功的学习方法进行指导。在指导时，既要从正面指导，让学生正确掌握与运用那些科学的学习方法，同时也要从反面告诉学生哪些是不科学、不先进、不适合、操作不简便的学习方法，并怎样去克服或纠正它，这才应该是学法指导的全部内涵。这样一来，不仅是学习方法具有二重性，连学法指导也同样具有二重性特征。

那么，科学的学习方法到底是怎么样的？科学的学习方法并不等于"超前"的理想型或"豪华型"，也不等于最新出现的带潮流色彩的"流行型"；它应该是一种既符合社会发展进步和人类认识世界规律的最新成果与方法，又符合学习者本体的个性特征最优化（即简便、灵活、生动且易于操作），并能最大限度地发挥学习效益的和最能为学习者所适用的先进的学习方法，即最符合学习者个性特征，使学习者获得最佳效益的方法。

要使学生掌握与运用科学的学习方法，关键在于教师的科学指导。教师要根据学校目前教与学的实际情况进行"有形、有神、有序、有效"的指导。目前实施科学的学习方法指导的一个重要课题，就是要紧密配合素质教育的深入开展，给学生以素质型的学习方法指导。在由"应试教育"向素质教育转轨的今天，我们将学生现行的学习方法也不妨作一个特定角度的"二重性"调查分析。这样便发现了学生现行的大多数学习方法因受"应试教育"的影响而基本上是"应试型"的。为了实现"转轨"，加强与推进素质教育，那么学生的学习方法也理所当然地要由"应试型"向"素质型"转轨，这才能全面实现素质教育的伟大目标。为此，我们应该鲜明地提出"要给学生以素质型的学习方法指导"的新主张，并具体阐述素质型学习方法的定义、基本内容、表现形式、特点和它所追求的目标，以及素质型学习方法的科学指导的基本操作原则、过程、形式、方法与技巧。

断想六：当前学法指导教材的编写怎样才能走出困境？

据不完全统计，到目前为止，我国已经出版、使用的各类学法指导教材已近百种。这些教材作为学习学初创时期的产物，当然是难能可贵，在我国大规模的学法指导实验中发挥了重要作用。但是也不容乐观、不可忽视的是，随着学法指导的不断深入，它也越来越暴露着其幼稚与不足，结果使学法指导陷入一种"高原期"型的困境。其主要问题：一是编写内容过于学术性、理论性即以纯学法知识的介绍为主；二是编写形式过于单一化、程式化和说教化；三是可操作性不强，缺乏配套辅导资料，缺乏相应的评估标准与方法保证。用这样的教材进行指导，结果使学生仅仅懂得一些学习方法的名词术语或基本理论常识，或者是一些书本化了的学法操作步骤，效果多半不够理想。必须首先抓住教材编写这个关键，用好的教材去带动或促进学习条件的改变、指导方法的改进和学习者个体因素均向好的方面转化，以最终实现学习指导的最佳效果。

那么，好的教材标准是什么？根据我们多年的调查分析和实验研究表明，改目前流行的过于学术性、系统性和理论说教型为通俗性、可读性和可操作性，使未来的学习指导教材尽力朝着"素质化、学习化、方法化"的方向发展。其理由如下：

首先，学习指导教材的编写要充分考虑人的因素。在考虑人的因素中，由于教育的最终目的是促进人的素质的提高，因此学习指导的教材就不能单以纯方法知识的传授为中心，而应以人的自主培养为中心，以人的素质培养时所需要的学习方法为主要内容。一句话，就是要体现人的"素质化"。

其次，新型的学习指导教材在编写时要从学生的"学习"出发，要遵循学生的学习规律，符合他们的生理、心理特征，满足他们的学习需要，适应他们的学习过程，激发他们的学习兴趣，尽力增强其感悟性和自我修练性。要强调"修练"在培养学习习惯、提高学习技能等方面的特有作用。

另外，大家也知道，学习方法这东西，其本身也应该是"方法性"的。那么，方法性就常常与艺术性、技巧性、灵活性和简便性等连在一起，带方法性的东西一般通俗、形象、有趣味、可操作，而呆板、单调、繁杂、玄妙与深奥，绝不是"方法"的含义所能包容的。所以说，我们所追求的新型学法指导教材，应该是形式多样、灵活有趣的，也就是说"方法化"了的。

为此，我们在原有教材基础上构建了一种新的教材体系（即称为学法指导"第二代教材"）。这个体系可由两部分组成。

第一部分：编写一份"学习指导纲要"。

这份"纲要"，既是教学大纲，又要超出教学大纲而更趋向于具体、全面的介绍与指导，要求有一定的学习科学的理论性和系统性。这种"纲要"式的教材确实为"教"材，主要为负责或担任学习指导工作的学校领导、教师以及教育行政部门干部所使用。有阅读能力和学习基础的高年级学生也可参阅。其主要内容包括：（1）学习方法的基本概念、内涵、意义、特征、基本要求和做法等；（2）学生应该掌握的学习方法和培养学生应该达到的各种具体阐述或者作出相应的规范；（3）教师进行学习指导的基本原则、过程、形式、手段、方法以及评估标准、评估办法、检查和落实措施等。

第二部分：根据"纲要"规定，组织编写为学生好懂、有用的《学法指导读本》，使之真正成为我国学法指导的第二代教材。

这种教材要编成"学"材型的读本形式，有利于学生读。在读本中，要尽力将学习方法的理论常识深入浅出，用生动通俗的文字、清新活泼的形式来体现"素质化、学习化、方法化"的发展方向。这样的课本一般有两种类型：第一种是以介绍基本的学习方法（含常规性学习法、通用性学习法、基础性学习法和常见的创造性学习法等）为主的综合型普及读本；第二种是以介绍专类、单项、个案性的学习发的单列型通俗读本。

它可以分为：

①学科知识型的，即以学科知识点或能力点为内容及其线索来呈现学

法指导。如"语文阅读法""语文听说法""语文写作法""散文学习法""词语解释法""拼音练习法""作文修改法"等。

②方法类别型的，按照学习方法分类而进行有针对性的指导。如"观察法""讨论法""分析法""思考法""记忆法""概括法""总结法"等。

③方法技能技巧型的，以学习的技能技巧为主体的学法指导。如"发现学习法""目标读书法""目录学习法""特征记忆法""读写结合法""三点阅读法""反写式学习法"等。

④学习过程环节型的，按学习的不同阶段或常见过程的环节而开展学法指导。如"预习法""听课法""作业法""复习法""应试法"和"制订计划法"等。

⑤咨询型的，即把在学习中出现的问题、疑惑或者失误（含失败、挫折、困难等）分别集中起来进行分析、解释、讨论或纠正等方面的答问式指导。

当然，也可以编成把上述内容与形式融为一体的"复合型"学法指导读本。

现在，我们特根据小学生、初中生、高中生等不同的三个学段对象，均应给予不同内容程度、不同形式层次的指导要求，来对这种新型教材进行具体设计。

①小学生 ——其指导重点不是传授系统的学法理论和系统地传授学法操作知识，而应该集中对于良好的学习习惯和基本的学习方法、学习技能的培养与训练。其教材形式应以"歌谣式""图画式"和"故事式"为宜。这样便于学生诵读、识记与运用。

②初中生——其指导重点应是将学法知识与操作要领相结合指导为主，从正反比较和优劣比较中获得最科学、最实用的学习方法和操作本领。所以，其教材形式应以"故事式""活动式"和"条文式"为宜。这样便于学生理解、积累与运用。

③高中生——其指导重点应是将较高层次的学法知识与学生个体的领悟内化相结合为主，从综合比较与反复体验中掌握最科学、最为成功的学

习方法。所以，其教材形式应以"答问式""讨论式""渗透式"为宜。

（三个不同学段综合型课本的初步设计从略）………

（原载全国语文学习科学专业委员会《语文学习科学通讯》1998 年 3 期，后发表在河北教育出版社《教育教学论坛》总第 1 期）

构建与发展基于"学"的语文教学新理念
——对"语文学习学"的再认识

作为语文学习科学的核心学科、作为一门连接语文教与学的新学科——"语文学习学"，在跨进新世纪、走进新课程改革之中，又应该有哪些新的发展、新的作为，又将怎样与新课程融进一起，为构建现代语文教学新体系而做出新的追求……这不能不让我在反思中，对"语文学习学"产生再认识：要努力构建与发展基于"学"的语文教学新理念，形成基于"学"的语文教学新体系。这将是"语文学习学"研究和发展的新阶段、新课题。

一、"语文学习学"的产生及其意义

早在 1990 年 10 月，我被列为山西师大《语文教学通讯》1990 年第 10 期的"封面人物"，编辑部除了在封面上刊发我的照片和一篇长达 3600 字的《词源倒倾三江水，笔阵独扫千人军》的通讯报道以外，还发表了我的论文《"语文学习学"的构想及其尝试》。从此，标志着一门新的学科"语文学习学"在我国学术界正式诞生，也表明我们对语文学科的研究又有了新的突破，又找到了一个新的角度，即在"语文教育科学"研究的同时又有了"语文学习科学"的研究。现将当时论文的开头部分原文照录如下：

为什么要建立"语文学习学"？

那是 1979 年一天放学时，我为教文言文《李顺》向学生布置了三道预习题，要他们放学后预习。第二天我上课检查预习情况时，浑身凉了半截：竟有百分之八十的学生根本没预习，那些已预习的也只是粗览了一遍课文，当堂调查的反馈信息告诉我，原来是他们地处偏僻乡村的千家万户，预习时间少，预习的工具书和参考资料奇缺，更谈不上还有什么预习习惯、预习技能和方法。当即我只好改变计划，临时采取"急救"办法，要学生重新预习，并针对他们不会预习的问题随堂辅导，把学生和我的工具书集中轮流使用，并允许讨论，结果学生的积极性大大高涨，既掌握了该课文的内容，又学会了预习方法，有很多连教师都未布置和考虑的问题，都通过工具书和讨论得到了解决，从表面看去耽误了一节课，但后面的上课就快多了，后来又尝试多次，学生很欢迎，于是预习就正式进了课堂。

我由此联想到，教语文再不研究学生学语文看来是"教"不好语文了。所以语文教育思想必须坚决改革：改过去单一的"教"语文为在语文教学中兼重如何预习、如何听课、如何归纳总结、如何记忆、如何联想、如何复习、如何应考的"学"语文教学。于是，"语文学习学"便应运而生了。

……

以上的话，既为我们提供一种对目前普遍存在的重教轻学现象批判的实例，也为纠正这种现象作出了具有针对性对策的探索。它可以集中体现在以下三个方面：

第一，传统的以"学科教学"为中心的教学模式，已经受到"以学生为本"现代教学理念的严重挑战，从"学科知识"出发的教学已远远不适应现代学生的身心特征、认知心理和学习需求，因此要给"教学"赋予新的内涵与功能，也就是要在贯彻实施以人为本的理念下如何着眼于从学生的"学"出发，根据学生的学情、学趣、学需来确立教师的教学行为（即教学目标设计、教学内容安排、教学过程与方法的策划、教学活动实施与评价等），创设"让学生学，让学生自主学、自觉学、自能学"的良好课堂状态，使学生学到的不仅是学科知识，还有与学科知识相应的方法、技能与习惯等。这种遵循从学生出发来进行"让学生学与学会学"的学习型教学，则打破了学科中心的学科型教学的固有模式，使学生既获得真正自主学习的成功体验与享受，又能掌握学习方法，培养学习能力，发展人生素质。

第二，这种以学为本的"学语文"教学方式，将一些优秀的传统的学习方式方法也引进课堂，使这些学习方式方法正式成为课堂教学过程中的必备内容和必要环节，以形成了一种新的课堂结构模式，使教学方法和学习方法在得到统一中发挥作用，进而创建了一系列学习型课堂教学模式。如："课堂预习法"及其"课堂预习法教学"（也称"目录教学法"或"预习教学法"）；学导法教学；题导法教学；三级学法指导；全程式学习方法指导；渗透式学习方法指导；素质型学习方法指导；经纬网络型学习方法指导；读写一体法学习指导；三点阅读法教学；反思型学习指导；开放性作文学习指导等。这些均是以"语文学习学"作为统摄理念而构成学习型语文教育的重要内容和应用模式。

第三，正式推出"语文学习学"及其"学语文"教学的全新理念，让"语文学习学"走进语文课程教学，从而构建"学语文"课程，这不仅为寻找从传统走向创新，将传统与继承相统一的新的教学模式与方法而作出了可喜的探索，也为语文学科建设的自身改革与发展打开了新的思路和提供了新的途径。

论文发表后不久，就在国内产生较大影响。湖南师大中文系语文教学法教授周庆元先生曾说，国内不少专家、老师都在打听和关注你的《语文学习学》的详细情况。同时如林明榕先生、张笛梅先生、朱绍禹先生、庄文中先生等也来函给予鼓励与指导。于是我在构想与尝试的基础上又走上更深入更全面的研究：一是发起创建了国内语文界第一个学习型科研机构——全国语文学习科学专业委员会，后来，相继在朱绍禹、卫灿金、王光龙、程顺之、黄沧海、曹明海、陈建伟等一大批专家教授的支持与领导下得到了长足的发展；二是本人一如既往地为此探索了三十年，开展了十余项课题研究，取得了一系列成果。这些课题都以"语文学习学"为核心理念，从"以学为本，为学而教"出发，以让"语文学习学"走进语文教学为主线，终于打造出了在国内产生一定影响的"学语文教学"流派，或者说是"学习型语文教育"。

以上三点，十分清晰地呈现着一个基本事实和教学规律：教育本来就是在为学而教的，因为有了学才有教。在语文教学中只有充分体现"语文学习学"的意识和做法，将"语文教育学"与"语文学习学"融成一体，以形成一种全新的语文教学新体系，即让"语文学习学"走进以至改造语文课程，构建具有"学习型语文教育"理念下的"学语文"教学模式和"学语文"课程。使教学成为有"教"的学和有"学"的教，这才是一种体现教育本质、使教育回归本色的学本型教育。

二、语文学习学：能够实现让语文教学走向"学"语文教学

在我国，提出关于"学习型社会"理念，对现代基础教育的影响与指导，可以说是一个创新的研究领域与实践课题。因为"学习型社会"理念，原来发生和一直活跃在终身教育和社区教育范畴以及"学习科学"的研究之中。在终身教育理念刚刚兴起以及其终身教育体系构建的实践中，最受其影响的应该是基础教育。"学习型社会"理论必然会对为人生发展与进步、人格促进完美打基础的中小学教育起着导向性影响（如基础教育社区化、基础教育终身化、"三个面向"即是），基础教育学习化。目前，影响"学习型社会"的现象较为严重，比如，新的读书无用论，弃学经商、打工，辍学率高，厌学、逃学等等，表为上显是不接受教育，其实质是逃避学习与构建"学习型社会""学习型人生"等等。

目前我国语文一般处于以下三种功能阶段或类型的教学形态：

1. 作为社会的语文，大众性，交流使用型；

2. 作为专家的语文，学科性，体系研究型；

3. 作为教育的语文，学习性，课程功能型。

如果将以上三大语文教学形态进行有互补、有扬弃、有发展的有机整合，即以第三种为主体、将第一、二种融入其中后再构成一种全新的"学习的语文"，强调学习性，体现学生学习发展型特征，这将是语文教学改革与发展的一大重要突破。按照学习者的学习发展与进步的观点来看，这种新的教学形态叫做学习型语文教育，可以成为"学习型社会"教育理念的重要组成部分。

学习型语文教育的基本特征和内涵，旨在将学生如何学与教师如何教有机统一，从"教语文"教学走向"学语文"教学，让语文教学成为关于"学"的教学，而不只是关于"学科"的教学。二者的共同点虽然都在"语文"，但一个是在为语文而"教"语文，一个是为学生而"用"语文来教学生"学"语文。二者的教学立意也不同：一个语文是什么就教什么，语文有什么就教什么，以学科为中心，以师授为中心；一个是让学生"学语文"，立足于学生对语文需要的或者还未掌握的，也就是学生想学的还未学到的，及其以后有用的等而开展语文学习指导，也就是想方设法让学生学到自己的语文。只有帮助学生学到了语文，教师才有可能说教学任务的完成和教学的成功。否则，就会永远陷入"我都讲了不知多少遍，学生还是不会"的为"教语文"而教学的苦恼、无奈和悲剧。因为你不问学生是否想学、会学和学得怎么样，只一味地把"语文"讲完就以为大功告成，这能不悲哀吗？

我几十年来都一直在感悟：教学教学，教之以学；教基于学，教在于学。什么叫"教学"？考虑其概念意义的界定起点与指向，应该是因于制造其概念定义的前提。可以这样说，站在教的立场和角度，还是站在学的立场和角度，或者是站在教与学相结合、相一致性发展的立场和角度，那么其"教学"概念的含义则必然不同。于是，也自然会产生相应不同的三种教学方式：（1）先教后学；（2）先学后教；（3）教与学统一（即亦学亦教与亦教亦学和"教在学中、在学中教"等）。而我们倡导的从"教语文"教学走向"学语文"教学，则已经脱离了第一种，超越了第二种，走进或已经属于第三种了。

三、"学习型社会"理论：为"语文学习学"创造了条件

1. 为构建学习型社会而必需构建相应的"学习型教育"

我们要构建"学习型社会"，就必需让培育现代高素质的社会人的"教育"，也要成其为"学习型"的，也就是说，构建与实施"学习型教育"，是构建与实施"学习型社会"的重要内容之一，也是教育促进自身回归育人本质、提升学习能力和学习素质的改革发展的需要。否则，要开展与实现"学习型社会"的建设目标，将失去"基础性"保障条件。这因为：

（1）"学习型社会"，是一种以体现"学习"为社会形态特征和功能特征的社会发展理念，那么，在体现"学习型社会"这一重要理念的时候，首先要弄清楚"学习型社会"的内涵，尤其要明白什么样的"学习""学习"什么内容、怎样"学习"等等，这里就有必要对"学习"进行研究，以建立一门学习学，让人们把学习也看成是有学问的学习，也是有规律、有策略、有方法、有程序、有技巧和科学手段的。建立"科学学习论"，可以说也是学习实践"科学发展观"的重要内容之一。作为教育者来说，还要懂得与从事怎么样给学生以学习指导（即"学习的教育"），于是关于"学习的教育"也就是"学习型教育"便应运而生。教育者，如果不适应这种"学习型社会"需要而进行"学习型教育"，那么受过教育的学生不就难以用"学习的眼光"和"学习"的意识、学习的科学和学习的行为来投向和参与"学习型社会"的构建及其实践活动。

（2）教育是培养人才，尤其是培养具有现代高素质的社会人为己任，如果还是按过去以"学科型"教育为中心，忽略以人为本的新教育理念，不迅速构建以学生学习与发展为主题的"学习型教育"的科学体系，就使教育自然滞后于"学习型社会"的构建。

2. 为构建"学习型教育"而期待"语文学习学"的出现

目前，全世界在争论着这样一个问题：学校应该教什么？在我们看来，最重要的应当是两个"科目"：学习怎样学习和学习怎样思考。看来，我们

所倡导的"语文学习学"教学，就正是落实这两个科目的最佳操作载体。

国内外也有一个关于学习目的"三重论"的著名论述，即学习通常应该具有三重目的：（1）学习技能和有关特定科目的知识——并学习你如何能够做得更快、更好、更轻松；（2）培养综合概念技能——你如何能够学会将同一或类似概念应用到其他地方；（3）培养能轻易应用于你所做一切事情的个人技能和态度。那么，基于"语文学习学"理念的"学语文"教学，也正是为落实这样的学习目的"三重论"而提供了一个平台。

综上所述，我们可以明白一个结论：以人为本的教育，其最终是以学生的学为本，那么在教学中，我们就必然要实现：学有所教，学有其教；以学施教，为学而教。这才是教育的本真——开展有教的学和有学的教，构建"学习型教育"的教学体系。当下，我国要构建"学习型社会"，那么体现"学习型社会"的重要内涵与手段，也都必须靠一门门具体的学科课程教学来实施，而语文教学则责无旁贷。为此，我们特做出了相应的探索，让"语文学习学"改造目前的语文教学，即从过去的"教语文"教学走向新时期的"学语文"教学，既不是"有教无学"或"重教轻学"，也不是"以学定教，教被学牵"，而是"以学立教，教之以学"，"以学为本，为学而教"，实现教与学的融合、教与学的互动双赢。实践表明，这确实已经成为一种历史发展的必然，而且这种必然完全可以走向更为广泛的现实。

总之，"语文学习学"的出现，并非只是一门新学科的自我发展，而是将其置于"学习型社会"这种大的背景之下，并且积极融进新世纪的新课程改革之中，让语文教学在新的发展中具有新的作为，构建与发展基于"学"的语文教学新理念以及现代语文教学新体系：既呈现学语文课程，又具有学语文的教学活动，产生学好语文的最佳境界和最优效果。

（本文写于2001年7月，系当时参加广东省普教系统"百千万人才工程"首批教育专家班学习的研究汇报成果材料。）

让"语文学习学"走进语文教学之中

——构建"以学为本，为学而教"的语文教学新体系

在语文教学中，如何真正体现与实现语文教学的最佳境界和最佳效益，是当今语文教学改革与发展的基本课题。本人试图将"语文教育学"与"语文学习学"融成一体，即让"语文学习学"走进语文课程，让"语文学习学"重建基于"学"的语文教学新体系，构建具有"学习型教育"特色的"学语文"教学的新模式。这种"学语文"教学模式的基本理念就是教基于学的"以学为本，为学而教"。本人为之三十年的研究成果表明：从"教语文"教学走向"学语文"教学是一种语文学科素养发展的必然。它既有深远的改革意义，也有可为的广阔前景。

一、对目前语文教学的反思：缺少哲学指导，缺乏基于"学"的语文学习科学、语文学习哲学

纵观我国十多年来的语文学习科学研究工作及其成果，虽然有很大的发展，也取得可喜的变化，但是概括起来还存在以下几点不足：

一是有关语文学习科学的主体核心的研究还很不够，成果也不多见。我们发现，不少专家和教师的研究，仍然只满足于外延的、非主体的、边缘性的研究，尤其是对以"语文学习学"为标志的主体核心的理论研究更不重视，因此语文学习科学的"科学性"也就无法得到表现，用一些局部的、零散的、甚至与学习科学并无关系或关系不大的研究成果，来充斥语文学习科学研究领域，以干扰或混淆真正的语文学习科学。其原因之一，就是这些人本来就不是学习科学专家或学习科学研究人员，后来加入研究时也很少进修有关学习科学理论，也不去了解学习科学尤其是"语文学习学"这一新兴学科所产生的背景及相关成果，想当然地将自己手头上的一

些研究及其成果，很随便地搬进来，贴一块"语文学习科学"的标签。比如，目前有不少的课例比赛、论文评选、课题实验项目等，再怎么看下去也没有多少含有"学习科学"成分的，但又明明标示与"学习科学"有关的活动名称或者研究课题。

二是为"学习研究"而一味开展"研究学习"活动，与语文教学相脱离或联系不紧密。大家知道，我们作为教育工作者来研究语文学习科学，其目的很明确，就是要通过开展基于"学"的语文教"学"的研究，发现学生，了解学情，明确学需，指导学习，让学生在教中学，让教师在学中教。也就是说，将语文学习科学的研究成果服务或渗透于语文教学之中，改变当前语文教学普遍存在"重教轻学、教脱离于学"的现象，让语文教学成为有学之教，最终构建从教语文教学走向"学"语文教学的新体系。这也是"语文学习科学"当初创建的良好愿景。如果诚如目前一些不伦不类的非语文学习科学的成果，或者是一些与教学相脱节的"纯学习研究"，都不是学生所需要的，也不是教师所追求的，更不是"语文学习学"创建者的初衷。

三是目前为"教语文"而教学的堡垒仍很顽固，语文学习科学的研究风气仍不浓厚，其成果也难以得到大面积推广应用。其原因之一，就是传统的"师训式"教学已经在师生中根深蒂固、积重难返。我们发现不少教师，上课一开口就是"今天我来讲第 1 课……"一闭口就是"我给你 3 分钟练习"……总是以"我讲"为主，用"语文"而教语文，不是从学生出发。这样的语文课尽管教师教得很累，但学生却苦无收获，还导致畏学、厌学现象时有发生。

四是过分强调"学"的口号或做法，反而破坏了教与学之间互动、合作、和谐的关系，削弱了教师的教学积极性，否定了教师的主导性教学地位。比如，前几年流行的"以学定教"，对倡导"学"的重要性，纠正教师的以教代学、重教轻学等问题，无疑起到了积极作用，但是一个"定"字，就把教师应有的地位与作用抹杀得干干净净了，把教师的教学积极性和主动性也剥夺得荡然无存。可以说，这种说法既不科学，不符合辩证法；也脱离了"师之主导"者作用永远发挥而不可削弱的现实，抹杀了千百年来教师教书育人的历史功勋。首先，它虽然突出了"学"，但忽视了教的主导地位，人为地将教与学二者的关系对立起来，过于片面和绝对化；其次，世上任何事物都是有相互依存联系和互为因果关系的。教与学也同样如此。课堂本来就是一个生命共同体，是一个师生间教学相长、共享共进的良好和谐生态，不可能也绝对不允许由甲决定乙、或由乙决定甲的这样一种教学理念与行为。

二、语文学习哲学＋语文学习科学：让语文教学建构与发展"基于学"的新型语文教学理念

（一）让语文教学建构与发展"会于学"的"会学"型语文教学新理念

由于语文学习哲学的介入，用"语文学习学"构建基于"学"的语文教学新理念，当今语文教学则可以成为强调的是其前瞻性与传统性相统一、发展性与继承性相统一、创新性与可行性相统一、主体与主导的统一，也就是教与学的科学协调与互动共进。一句话，要积极构建基于"学"的会学型语文教学新理念。

要下决心坚决克服"失学症"教学现象，把目前语文教学的缺"学"问题解决好。

由于"师授生听"的教学现象长期存在，目前师生们都习惯于这样的照本宣科式教学，学生往往依赖于老师讲，缺乏自主学习、自能学习的能力和习惯，一旦脱离教师的讲便一下子落入束手无策、学不得法的低效局面，教师也因为用"非灌输式"的方法反而让学生接受不了或学习不好作为理由，不愿意改变原来用习惯了的照本宣科式的"灌输"教学行为，而继续被捆绑在一种因长期缺失学生学习的"失学症"教学病态之中。比如，学生想学的和不想学的都不加区分地教，学生会的和不会的也不加思考地一起教，教不会的也不变变法子让学生能学会，更没有教学生如何"懂学、会学、能学"的学习策略和学习进程及学习方法等。概言之，教学却无"学"。教学生如何"懂学、会学、能学"的核心是"会学"，它是

在体现"学习进程"和"学习方法",连缀"懂学"与"能学":会学了还不懂学、不能学吗?

要解决好教学失学的问题,必须讲究以下三大教"学"策略:一是学生因人生发展、进步而必需具有的却还未具备而需要学的,所以要"教其所需";二是学生由于学习中发生困惑、有问题而请求教师教的,所以要"教其所困";三是学生在学习中由于某种原因而存在缺陷还可以补教的,所以要"教其所缺"。

(二) 让语文教学形成有"适于学"的"适学"型教育新理念

1. 要不要构建一种"教学适应论"

在"基于学"的背景下构建学习型语文教育的全新教学理念,为追求"教基于学"的语文教学新模式,而必须进行更加科学的"适于学"的"学语文"教学的探索。在这里要着重指出的是,我们的教学到底要不要构建且落实运用一种"教学适应论"的问题。比如:

(1) 有了教学适应才会有教学和谐,也才会促进教学发展;

(2) 教与学之间的适应:是学适于教,是教适于学,是教与学彼此适应;

(3) 教学内容与教学形式(模式)之间的适应,教学活动与教学环境(条件)之间的适应;

(4) 教育过程与教育设计的适应,教育结果与教学目标的适应等。

如果教师都为了自己的某种意愿,用自己的既有经验和要求来强加于课程教学及学生,而不考虑学生学的实际和需求,或者一味热恋于自己酷爱的某种学科与专业,演示其知识才华,或者在训练一批"小动物"似地在训练学生,那么这样的教育会对学生有效、有用吗?还可以称得上是以学生为本的教育吗?所以说,只有用"教学适应论"来改变这种状况,才能有"基于学"的学生自主创新和优质发展的教育教学。

我们已讨论了教学适应论的问题。如果真正有效落实推行教学适应论,那么就要在语文学习哲学指引下,努力地把语文教学构建而变成有适于学的"适学型"语文教学新体系。

2. 教学适学，就是要适应儿童，即适合于儿童，适用于儿童。

世界著名教育家尼尔有一句名言："使学校适合儿童——而不是使儿童适合学校"。（见《萨默希尔学校》一文……）

我想，这句话揭示了这样一个道理：只有适应儿童的教学才是以学生为本的教学，才是和谐的教学，也才是有成效和有意义的教学，当然也才会是受学生欢迎的教学。这种教学也许不是最成熟的，但是，它是最具针对性和个性化，也就是最适合学生的。为此，我们倡导：教学要"适学"，要把教学变成"适于学"的教与也"适于教"的学。我们要教最适合学生发展的语文，用最适合每一位学生的学习进步和素养提升的方式方法来教语文。

凡教非为教，则教因为学；凡教成于学，则教应适于学。只有为适应儿童的学习与发展而教，才是真正的教育——适学型语文教育。如果不适合学生的学，学生不学了，厌学了，学了也没用，把学生教怕了、教厌了、教走了，教到都在看课外书、做其他练习题、想其他事情了，也就是把学生教得都"没"了，即使你有满腹才华，把文本解读出七层含义、八个典故、九大技巧等等，那又算什么样的成功呢？只有当我们的教学适合了学生，对不同水平、领域、层级和类型的学生，给不同量和值的含义、典故、技巧的"适学"之教，那么，学生就学得对路、解渴，状态好、收获大，自然就得到了发展与进步。其实这也是一个常理：教育是因为有学生而存在，教育其实是在做学生"学"的事。学校学校，乃"学"之校。也就是说，学校应该是学生的学校，应该是学生学习的场地，教师在这里是为了帮助、指导学生学习而施展一切教育活动，是"让"学生自我发展，在个体学习与体验中寻找需求，发现与掌握知识，学会本领，成为"四有"新人。

3. 教学适学，还要适应儿童的发展因素和生长环境。

教学适应儿童，还有一个重要任务，就是要不断适应，在与时俱进地适应，这也叫科学发展观。否则，只适应了学生的现状。而当学生发展、进步或变化了，如果这种适应不变时，那么这种适应就不再是适应，将变成一种阻碍或者强制了。因此，教学适应儿童，还要树立"不断适应"意识和讲求"不断适应"策略与方法。也就是说，既要适应学生的"目前"，也要适应学生的"长远"，既要为适应学生的现实而教，更要为适应学生的发展而教。所以，不断适应学生发展不断采取"新适应"的教学，才是科学的、有意义的适应，这样与其说适应了儿童，不如说，适应了儿童的发展与进步。所以，教育十分需要一种"适应"理念，每个教育者必须认真面对和研究"教学有学""教学适学"等这样一些"教学适应科学"理论。

另外也要注意它与外部环境的适应。即与社会发展，人类文明进步的需要相适应，与办学者的意志和条件相适应，与教育所处的客观环境和条件相适应；所以，教学适应，是十分注重它的内部适应和内涵适应。即在学校教学之中，如果能用科学发展观并根据学生实际及需求，采取相适应的某种方式方法顺势而教，那么才是真正在进行"教学适应"。

4. 教学适学，最关键的是如何进行教育调适。

在这里，教学调适主要是指对一种教育成果和问题或案例现象等，经评价、检查或者总结反思乃至再认识以后所做出的一种整改、调整等，以适应新的要求、标准或所期望达到新的理想境界。调适，顾名思义，就是调整适应。在教学调适中，既包括制订方案、措施，也包括采取具体的行动过程，也就是包括对教育调控旳咨询、论证、整合、协调，以至付出相应的具体活动（行动）。

（三）让构建与发展基于"学"的"学导型"语文教学成为教学中最有意义的事业

教学，本是一件具有意义的事业。但是现在许多地方或许多人却把它教成没有意义，甚至，用"应试型"的高分高耗来作为所谓的"有效"教学来评价，以替代乃至掩饰其教学失误甚至教学失败。这就更加没有意义了。可以说，这是一种十分可悲的教育教学现象！本人不免发出感叹：教学还要不要追求意义？教学的意义到底在哪里？

基于此，我一直在做着"为教学寻找意义"的苦苦探索。那么，为教学寻找一种什么样的意义？我认为，教学的意义是"育人"，而"以人为本，以学生的学习与发展为本"应该是最基本的意义，"从学出发，为学而教"则是实现这一教学意义的基本主题和最本质的行为。为教学寻找意义，就要积极思考作为成长与发展中的学生最需要什么，要首先思考：学生学什么而不是教师教什么。然后才要整体地设计学生在学习进程中关于知识、技能、观念的学习所需要的教学内容和教学策略等，所以说，"学习多少知识不是最重要的，学习被意义化才是有价值的"（赵亚夫语）。因此，树立有意义教学的理念，其前提就是要构建与发展基于"学"的语文教学新理念，让它成为教学中最有意义的事业。可以说，为教学寻找意义，要把本来是具有意义教学的目标、内容与过程、方法及评价手段赋予意义化。

要构建与发展基于"学"的语文教学新理念，就要立足于"从学出发，为学而教"，就要学会用"学习进程"来进行教学。即以学生的学习发展为基点，以学生的学习进程为手段，使学科教学成为"知识展现"的学和"思维活动"的学相统一。本人曾在《语文教学通讯》1990 年第 10 期发表的《"语文学习学"的构想及其尝试》一文中提出了"学"语文教学的观点，也就是在为教学寻找意义、重在"学习进程"教学的大胆探索。本人为寻找这种"教学意义"而努力研究了数十个问题，并将每个问题置于一种有意义的教学立意下进行基于解决问题的教学设计，让其都在表明一种教学意义，并为追求这种教学意义而开展有具体学习过程、方法及其成果的学习指导型教学。如：教学生如何"用目录学习法学语文"、用"三点阅读法学语文"、如何体现"全程式学法指导""三级学法指导""素质型学习方法指导""经纬网络型学习方法指导""读写一体法学习指导""单元化写作学习指导""'读开放书，写开心文'学习指导"等等。

这些以学生学习进程与发展为基点和主旋律而开展的"学导型"教学，终于冲破应试教育的短视化误区，并且告诉人们：教育还可以做得如此有意义，还可以教出比应试"分数"更有价值和效果的东西。只有当教学朝着更有意义的方向发展时，这种教学才更有创意，更有生命力。请那些单靠考试"上线人数"与"应试分数"来标明教学有效、办学有为的人，认真地搞一次跟踪调查，问一问昔日的高分者今日又有多少成大器者？现实已经证明：那些在拼命进行"考试教育"的人，也常常为其结果而感到惭愧与迷惑。

（本文系 2006—2009 年承担省中小学教学研究的课题成果之一）

让语文教学成为有教的学和有学的教
——关于"学语文"教学理念的构建研究

关于"学语文"教学这一概念的提出，最早见于本人发表在山西师大《语文教学通讯》1990 年第 10 期的《"语文学习学"的构想及其尝试》一文之中。近二十年来，本人一直为"学语文"教学而进行了一系列的滚动性研究与实验，也产生了一批在国内影响较大的成果。到了新课程改革的今天，"学语文"教学则越来越显示出强大的生命力。现在已经到了要对"学语文"教学理论构建进行深度研究的时候。为此，我们特提出"学语文"教学的核心理念就是：让语文教学成为有教的学和有学的教。可以说，这一核心理念将集中体现在以下语文教学的"三学"之中。

一、"学"语文教学：是一种"有学"的教学

我国语文教学，几十年来一直在改革，在发展，也取得许多成就。但由于众所周知的原因，语文学科自身的改革与发展总是在走着曲折的道路，使语文教学仍未能产生突破性成果，而且有不少问题经常被人们批评和讨论。如：工具性与人文性如何统一，传统与创新如何结合，基础与发展如何协调，教与学的关系如何处理等等。又加上多年来许多名之改革的成果如各种新名词、新概念、新教法层出不穷，竟使语文教师目前无所适

从，使本来就较模糊的语文教学越来越不清晰了。

产生这些问题的一个重要原因，恐怕是传统的单一的"师授生听"教学模式所造成的。这种重教轻学、重讲轻练、重灌轻导的"三重三轻"现象，说到底，就是一种"有教"而"无学"现象。它已严重干扰与影响着语文教学的发展，让教师只在"教"语文上下功夫，而看不到学生是怎样"学"语文的，更没有在学生"学语文"方面做研究和指导。这种现象的产生，不能全怪教师。

多年来，我国的语文教材、教法等都是"无学"或"缺学"的，包括许多专家的"语文教学法"理论和优秀教师的成功经验，往往都是定格在"教"字上，而很少有关于学生"学"的考虑。学生在这个学段上、在这节课里，到底要学什么、为什么学、怎么样学等等，往往被教师忽略，或者想得不清晰、不彻底。这些"缺学"或"无学"的教师，是没有站在学生的立场和角度，针对他们的"学"来设计教案和进行教学。更有甚者，在评课或教学总结时，都在大谈特谈我教得如何如何，而很少谈学生到底学得如何、是怎样学的、还会学得更好吗等等。如果一旦教糟了，就大怪"学生不配合""学生基础差"等等。殊不知，如果学生基础不差，那还要来学、要你教吗？至于"学生不配合"之说，更是一语道破"无学之教"的无奈，是一种不尊重学生主体、缺乏教学责任的"唯教独尊"的表现，在他的全部教学之中，学生的地位和功能就只是为他作配合的附属物或者陪衬品、应声虫，哪还何谈以学生为主体？不要凡是语文书里有的我都讲，凡是我老师喜欢的、自感重要的或者一时来劲想讲的，就滔滔不绝地大讲特讲。结果"讲"得学生既劳累又无收获，因为这不是为学生而上的课。须知，我们的语文书是编给学生学的，语文课是为学生的学而上的。如果学生学懂了就不要教，还学不懂、学不好的就教，而且要想方设法变着路子而让他们学懂学好才放手。这就是为学生"学语文"而教！当然，我们也在这里呼吁：语文教材也尽可能编成"学材"，以体现和引导学生的"学语文"，让学生想学，学有所得；语文教师尽可能教出有学生"学"的课，为学而教，教之有学，再不要提让学生来配合我们了，倒是需要我们老师在必要的时候，也去"配合"一下那些正需要帮助的学生。

我国当代著名语文教育家吕叔湘先生在《要下功夫研究如何指导学生学》一文中说道："教学、教学，就是教学生'学'，主要不是把现成的知识教给学生，而是把学习的方法教给学生，学生就可以备用一辈子。"

我国全面启动的新课程实验，也相继提出一批教学新理念，要求改变教师的教学方式和学生的学习方式。但如何深化、细化和强化，形成模式，产生效果，这才是我们每一个投身于课改的当务之急。特别是"以学生为本""以学生的发展为本""让学生自主地学习"等，如果只停留在口号上，只是为人们洗洗脑而起点"感动而无行动"的作用，那就完全失去了课改的意义。要让新理念、新教法变成在教学中如何形成具体、生动、实效的操作行为或操作模式，以及产生一批运用成果与范例等，让语文教学真正成为有"学"的教和有"教"的学，以切实解决教学中所碰到的许多困惑或问题。

二、"学语文"教学：是一种"为学"的教学

随着人们对"语文与人"的认识越来越深刻，语文教学的人本化也越加凸显出来。也就是说，人们把语文看成是生活的一部分，进而产生了"生活语文"和"语文生活"的提法。因此，学生"学语文"再不仅是一种学习活动或学习任务，而且也是一种生活，即语文化了的生活。于是，在人们的生活活动中，学语文和"用语文"便成了一种重要的生活内容。人们常说语文是"用来在社会上进行交流的工具，是人们表达思想、抒发情感的平台，是人类传承文化、发展文明的载体"。这些都足以说明，人是离不开"语文生活"和"社会语文活动"的。

由此可见，人们为了这些语文生活而需要掌握语文、发展语文。那么，"掌握语文"就是指要获取语文，掌握运用语文的本领；"发展语文"，就是指学习语文，提升语文素养和能力，而掌握语文和发展语文的基本途径就是"学语文"。而教师就要帮助和指导学生"学语文"，于是，为了学生的"学语文"而进行的教学，就成了一种"为学"之教。正是这种为

了学生的学而展开的教学活动，体现着"以学为本，为学而教"的基本含义和特征。应该说，这种新的教学模式有可能成为今后语文教学改革的出发点、着力点和归宿。所以，为学生"学语文"而教，便成了语文教师新时期教学的基本理念和必然任务。

"为学"的语文教学，既构造了"语文生活"的社会环境，也创造了"生活语文"的现代教育理念和"学语文"教学模式，还丰富了教师的语文教学生活。这与建设"学习型社会"的现代理念也十分吻合。大家知道，作为社会的一员，学生是处于凭一种以学习为主要特征的生活而存在于社会的，那么学生的"学语文"也就理所当然地成为"学习型社会"建设内容的一部分。那么，为学生的这项重要生活内容而教学生"学语文"，也就等于将学生带入社会，将语文教学融入社会生活之中，这也完全符合社会发展和人生规律。

但是，目前，我们有许多教师整天为"书"而教，完全只凭自己的意愿，却忘记了为"学"而教，心中无学生，只教书，不教"学"。结果是书里有什么便教什么，书里没有的便不教——哪管你学生是哭是笑，有用没用？"唯书教学"、大搞"见物不见人"的教学或"非学习型"教学。这样，教师只热衷于把自己对语文课本的理解单方面地硬塞给学生，让学生"跟着"或"陪着"老师来上课，其实已经完全剥夺了学生自主学习的权利，完全忽视了学生的学习基础和学习需要，这就是大家经常说的"教师讲学生听"，教师为充分表演自己的"语文才华"或"教学职责"，没有考虑学生的学习意愿和感受。不要说这样的教"书"学生很累，连教师也辛苦，与新课程理念相违背，导致多年来教学效果欠佳、学生不欢迎的现实，让教师自己也对其给予了否定或者质疑。

三、"学语文"教学：是一种"让学"的教学

在"学语文"教学的基本理念中，"有学"是前提，"为学"是关键，"让学"是行动。"学语文"教学不仅提倡这种理念，更是把它作为一种可操作的具体途径或手段。

"让学"这一概念，据说最早提出的是德国哲学家海德格尔。他在《人，诗意地安居》一书中写道："教所要求的是：让学。"他认为"称职的教师要求学生去学的东西首先是学本身，而非旁的什么东西"。意思是说，教师要关注学生的学习及其过程。（海德格尔著，郜元宝译《人，诗意地安居》，上海远东出版社，2004年版，第28页）"让学"之义是什么？先看"让"字，是指"谦让、给予"，有一种"位置变化、重点转移"之意。那么，"让学"则可以是指"把课堂的时间、场所、机会等尽可能让位给学生的学习，由学生在教师指导下自主地、自能地学习"。但是，它还不仅包含这些，应该还有更广阔、更深层次的含义。具体说有以下几层：

一是从教学思想来看，教师要树立"让学观"，要明确教学的出发点与归宿不是教师，也不是学科，而是我们的教学对象——学生。因此，"让学"则正是一种正本清源、回归教学本质的科学理念。这样，就必然导致教师和学生关系的调整。也就是说，教师则应更多地尊重学生的主体地位，把课堂的主宰权让位于学生（其实应是还给学生），让学生成为学习的主人，让师生共同成为课堂的主体（即共同体，也叫主体二元论下的"双元主体"或"双主体"），师生之间将成为一种合作、互动、共享和教学相长的和谐关系。

二是从教学形式来看，教室功能发生了变化，将一向由教师统治的讲堂变成让位于学的"学堂"。即将"师授型"教学形式变成一种可感可触的具体的"让学"形态，尽力构建与展示以学习进程为主线的全新的"让学型"教学形式，打造"学习指导型"的新教学模式。

三是从教学过程来看，"让学"要求教师树立学习过程意识，而不是教的过程意识，课堂教学尽可能体现"为学而教、以学施教，教在学中、在学中教"的"让学型"教学原则，注意引导学生反思学习过程，优化学习过程。我们强调学习过程，目的是为了构建与落实"让学型"的教学过程。让学型的教学过程要突出"学习进程"，至少有以下三个主要环节：（1）师生共同确立学习目标，或由学生在教师引导下确立学习目标；（2）

在教师合作下开展自主学习活动；（3）在教师帮助下搞好自我学习总结、评价。

四是从课堂活动状态来看，要关注学生学习的"主动性""独立性""异步性"。具体展开来讲，要注意激发语文学习的兴趣，明确语文学习的责任，变"要我学"为"我要学"，还要变"我要学"为"我能学"，教师应尽可能让学生自己主动、深入地会学语文。正如浙江教育学院汪潮教授所指出的："以学生'学'的起点为起点，以学生'学'的状态为状态，以学生'学'的进度为进度，以学生'学'的发展为发展。"

过去，我国也有过一些关于语文学法指导的研究，在一定程度上体现了以学为本的"让学"理念及"让学型"教学形式，但仅仅是在某些局部上的粗浅的尝试，不系统、不全面，不深刻，更未能从"以学生为本"这一根本性的教学理念上来对学生进行"让学"的全过程指导。因此要通过构建一种学习型教育即"学导型"语文教学，来对学生进行"学什么、为什么学、怎样学、学得怎样"等全方位的整体的科学的指导。大家都知道，以人为本的语文教学不能不思考：到底学生要学什么样的语文和怎样学语文，以及学生学语文到底学得怎么样，等等。

基于此，教师就要对"教"重新定位：即对学生以上"四学"即"学什么、为什么学、怎样学、学得怎样"等，作出相应的教学对策以及采取相应的教学行为，以从过去只停留在如何"教语文"的教学层面脱离出来。也就是说，只有用"学"来研究"教"，才能教出"学"；不是教"语文书"，而是教学生"学语文"。现在，大多数教师仍然还在为"教语文"而教语文，并不是为学生"学语文"而教语文，没有让学生自主地、自动地、自能地学语文，所以学生学不好语文，也不可能学好语文。这就是目前发生在语文教学中主要的问题与困惑。这不能不引起我们的深思与探究。

当然，教师教语文本是天经地义的事，但是教得学生什么也没学会，什么也不会学，更不想学语文了，这难道还是语文教学吗？因此，为学生"学语文"而教语文，这不仅是一种教学的学术问题，而且是一种教学责任！如果教师只顾拿着一本语文书教，拿着自己固有的经验和想法去教，心中无"人"，手中无"学"，那么教不好语文，学生不欢迎是难免的了。为什么？道理很简单。最基本的常识：学校是学生读书的地方，不断成长和发展的地方。当语文课堂失去了"人"和人的成长与发展，而只关注"语文"这些学科的书被"教"完，那的确是语文教学的悲哀。因为这些"书"虽然被教完，但是学生并未有所"学"得，那语文书教了也是白教了。当然，"学语文"教学也离不开教师的"教"，但这种"教"的意义和功能已超出过去那种"教语文书"的范围和层次了。

大家知道，教师"教语文"，往往所遵循的是"教理"，即教规、教律、教法；而学生"学语文"则应遵循的是学理，即学规、学律、学法。而"学语文教学"，恰好将教与学连接一起，融成一体，即要求教师从"学理"出发，遵循学理而思考教、设计教和实施教，把教理融进学理之中，把教融进学生的学之中，再不是过去传统的"讲语文"。另外，"语文"确实是不能只靠"讲"就能让学生学好的，因为语文本身是一种客观的社会语言和文化的综合载体，是由于有人要学要教才成其为教科书的语文，因"学"而成就了语文，也正因为有学生要学语文，才产生"学语文"教学的职业行为。

总之，在为实现"人"的转型这一新世纪教育主题的统摄下，教学也要实现转型。那么，从过去传统的"教语文"教学，走向具有以学为本特征的"学语文"教学，将成为当今教学改革与发展的必由之路。因此，现在要以新课程实验为契机，首先要搞好"转型"实验，即从教师的"教语文"教学转向让学生"学语文"教学。这也被许多有识之士的研究成果所证明："学语文"教学大有可为，也势在必行！

（本文系 2006—2009 年承担省中小学教学研究的课题成果之一）

第三章 "语文学习学"的发展研究

【引言】

本章是对"语文学习学"的"拓位"研究部分。即围绕"语文学习学"发展理念而进行有关开发性研究。

这里展示了6篇文章，做了如下三方面的探索：一是基于"语文学习学"理念的新型的语文课程建设、语文学习内容研究、课堂构建及教学模式改造等，推出了"学语文"教学的学习型课程、"学习型"课堂及"学导法教学"模式等，让"语文学习学"走进语文课程、重建"学语文"课程的新理念，构建教基于"学"的学习型语文教育新体系；二是关于因"语文学习学"理念的"学习型"教育而使语文课堂实现三大转型；三是对当前语文"学案"设计及运用、对"教"与"学"的关系等问题作了深层次的反思和讨论。

本章不仅分别探讨了有关敏感的学术问题，还提出了许多具有前瞻性和启导性的观点和做法，在国内一直影响较大，被同行们广泛认可和推广应用，或者引发新的研究。

也谈语文到底"学"什么

——语文学习内容的研究

这是一个一直纠缠人们的老大难问题：语文学什么？我们时常听到不少"雷人"的言论，先是说语文"教什么"比"怎么教"更重要，后来又依此类推出：语文"学什么"比"怎么学"更重要，于是语文"学什么"的问题又被炒作起来了。置于"语文学习学"理念下的语文到底要学什么，倒是还真成了一个可以值得研究的问题。

我认为，这个问题应该拆开分为两问：一问到底"要学"什么，二问到底"能学"什么。同时还要明白："什么是语文"，语文可以"是什么"。

我们对此，既要做出本位思考，又要完成末位思辨。也就是要从学生"要学什么、能学什么"二者统一来确定语文学习内容。因为"要学什么"，是时代需要和课程标准的规定，"能学什么"，是学生的学习现状和学习能力及学习环境条件等。

一、语文学什么：渴望语文学科及教学的本性回归

1. 要将语文课回归"我是谁""我从哪里来""我在何方（我要去哪里）"等三个维面的系统思考，也就是作出关于"一分为三论"的哲学思考。

只有缘于此，语文课才会成为真正的语文、真实的语文、人的语文。为此，我们提出以下"三问"：

一是叩问语文：我是谁，为什么叫我"语文"，与其他哪些名称相关却又不相同，平时彼此会不会混淆；你心目中认为语文是什么样的，你知道语文的真实面目和本涵吗，你对语文有何期待……

二是追问语文：我从哪里来，即语文的来源和组织结构、内容成分的

背景。

三是再问语文：我要去何方，即语文是干什么的，对人有何作用，对社会、对生活会产生哪些影响……

对此，我有一个基本答案：语文就是汉语，即汉民族语言。就现有的"语文"来说，它是一门课程的名称，不是一个专业学术名字，无需做出"语＋文"的望文生义的解释。更确切地说，它是中华民族语言，可以简称为"华语""华文"，甚至中文。这样其概念的内涵性和指向性则更加明确、清晰，不会再争吵中纠缠不休。因为我们要的是逻辑解释，而不是感性判断，更不要作专家个人推断。如果还有争议，就把"语文"二字换掉。

当然，这是就特定条件下的当下而言，也就是目前我国"语文"的真实情况和本质定位：一是中华民族使用人口最多、历史最久、内容最丰富、影响最大的一种语言；二是被我国官方确定为人际交流的主要国民语言，已形成其被广泛接受运用和不可或缺的母语性、基础性、普适性、生活性、交流性语言；三是一直被我国列为学校教育的主要课程之一（如古代的"说文解字"、现代的"国语""国文"①、当代的"语文"等等）；四是以区别于世界范围内人类的各种语言（如汉语、英语、日语、俄语等）而必需做出如此界定，同时它也已列为联合国六种工作语言之一（联合国工作语言也称之为"汉语"）。

此外，我们还要做到"三个明白"：

要明白语文与关于"母语"的关系。语文是母语，就一位国民而言，是指所使用的本国的官方语言（国民语言）及本民族的传统语言。所谓母语，应指给自己生命且与生带来的语言。

要明白"语文学科""语文课程""语文课"这"三个语文"的概念含义异同点。

要明白将语文置于语文"课程标准"、学生"学情"和教师"教情"三位一体来作出上位思考及顶层设计，并内化为恰切的语文教学主张及教

---

① 此处的"国语""国文"指的是民国时期和台湾当局的语文课程名称。

学立意。只有基于此，语文课才会有关于"学什么"和"教什么"的正确定位与起点，才会产生准确判断和应当内容指向，才会避免众说纷纭、随意盲目、肤浅重复、因小失大、据微轻重、大起大落等非常态教学现象。

因此，要明确建立语文学科的思想标志：（1）母语意识、言语规范、文道统一。（2）音形义结合、读写说互动、心智美兼修。（3）选文呈现、主题组元、类化习得。要真正把握语文学科教学思想的主题：语文教育、语文教学、语文教养的三教统筹；语境、语感、语义的三语共进，言、文、意的三元素并重。（4）语文知识是语文学科课程的基础。学语文，就是学语言知识，学"语文是什么"的知识，学语文"怎么做"的知识，前者是陈述性知识（概念），后者是程序性知识（方法）。

2. 要把语文课置于国家的语文"课程标准"之下，并结合学生"学情"和教师"教情"等作出三位一体 的"上位思考"。

搞语文教育的要坚持上位思考，学会上位思考，既务实又务虚，虚实兼备。这样才有可能对语文有一种整体的系统的看法，才有清晰的本质的看法，才有扬弃语文的优劣势和驾驭语文课程的勇气、能力和效果。

上位思考，可以说是一种哲学思维。即站在理论的层面，就一些带根本性的问题（如理念、原则等），进行起主导性或决定性作用的理性思考，以弥补一线教师往往只关注技术和细节层面的缺陷，不仅"埋头拉车"，也"抬头看路"，否则"只见树木而未见森林"，在局部地方较劲而感性用事，犯以偏概全的错误，缺乏从高从远看问题的理性智慧。

上位思考的一项重要内容是顶层设计。为了做出"课情""学情""教情"三情统一的语文教学顶层设计，首先必须对非系统性语文作出系统思维，然后对以上"三情"的各自特点予以整合，再在语文课标中寻找依据，并且经过内化而产生如下顶层设计：是否有先进而恰切的语文教学主张及教学立意，是否已经将语文课标的要求一一分解并科学地呈现于每个模块、每个单元、每篇课文乃至每一节课和每一个知识点。只有这样做，语文课的"学什么"与"教什么"才有真正落实的可能。

同时，还要基于此来思考语文课的"怎么学"和"怎么教"，因为这是一个紧接的不可割裂的问题。试想：一门语文课乃至一篇课文、一节课，对其"学什么"与"教什么"再明白，如果不去通过"怎么学"和"怎么教"来实现，那还只是一个漂亮的"画饼"。同时关注"怎么学"和"怎么教"，也才会让语文课的"学什么"与"教什么"找到相辅相成的正确定位和实施起点，产生准确判断和应当指向。这样，才会避免众说纷纭、随意盲目、肤浅重复、因小失大、据微轻重、大起大落等非常态教学现象。

3. 要为语文找到鲜明的正确定位和实施起点

（1）语文应该回到本色性的定位

语文的本色性，即语文原有的颜色、性质或品质。语文的本色是什么？是语言的载体，是语言的传承、积累、感悟与应用，是人的思索（思维）的外壳和交流的工具。所以，语文学习就要基于这一点，才有真正的语文学习。只有让语文回到本色性的定位，语文课才会辩证发展、可持续发展，才会产生语文课合理、科学、适用的教学新常态；只有成于此，语文课才会让学生常学常新、教师常教常新。寻求并坚持语文课的"知识与技能"，应是课程的最基本的行动，也就是说，语文"知识与技能"将是语文最大的永恒的"学什么"和"教什么"。

这是本人反复思考之后所形成的基本常识，也是考虑语文教学的科学决策和重要策略或原则之一。所以，语学教学首先是带常识性的语文教学，是关于展开关于语文常识的认知、理解与应用，关于由语文常识而引发的常理、常规的感悟、深化与发展，这才是完整的、清醒的"语文教学本性"的回归。

语文教学的本性回归，还要弄明白的是，到底什么是语文教学的"常识性"，也就是它包括哪些东西。如果不明白这个前提性的最基本的"常识"问题，那么又等于白说了一通常识性问题，这也是和别人轰轰烈烈地抛出一个个主张一样，你的这一主张还是没能够解决多少问题。什么叫常识？《现代汉语词典》释义为"普通知识"，即一般的、最为基础的、常见和常用的知识。如果硬要搞"微言大义"的四层意思、七层意思的文本解读，硬要搞出"××语文"的话，那就自然会把语文引向政途，失去本真、失去常识和常态。

（2）语文应该回到本性化的教学原点

语文不仅回到语文学科本质，还要回到语文的本位、本体上来，回到语文课程特征、功能与应用上来。也就是本性化语文教学原点。

本性化的语文，有其语文学科思想的标志。就是前面所说的：母语意识、言语规范、文道统一，音形义结合、读写说互动、心智美兼修，选文呈现、主题组元、类化习得。

本性化的语文，既有其语文学科教学思想，还有一些本性化的教学主张，比如：以教学点"识字、读书、写作"为主轴的语文教学之基本，以培育学生的语文能力、语文素养、语文智慧的语文教学之强本，以语文知识、语文知识力、语文知识学的语文教学之务本等。

（3）语文应该回到学段性的定位

语文作为一门课程，是有学段之分的。不同的学段里有相应不同的语文目标、语文内容、语文学习手段与方法。作为基础教学阶段的语文课程，应该是基础性、发展性、综合性的。中小学语文不同于大学语文，也不同于专家语文。大学语文一般都由一些本已形成知识体系的分类学科组成，如"语言学""文字学""语法学""训诂学""修辞学""逻辑学"以及"阅读学""写作学""文章学"等等。由于受"文选性"影响，中小学语文课程目标与教学内容形成的是一种特殊体系，即以课程需要而重新组合的"非学科"教学内容，这就是语文的"基本教学"阶段性的特点定位。

大家知道，中小学学生正处在长身体学知识的初期阶段，有其感性、直观、分解型的学习特点，因而不能照搬大学已成体系的各类专业语文课本，却只能从中摘取符合中小学生身心特点、适合中小学生学习规律的语文基础知识和经典文章等，也就是人们常说的"大众化语文""基础性语文"，其主要表现为字、词、句、篇、语、修、逻、文和听、说、读、写等等，所以，这些语文学习内容自然就显得零散而无法形成体系，但又是基础教学阶段的中小学生所必经学习和掌握的。关键是如何正确定位，拿来的语文知识内容是否符合中小学生的认知特点和发展规律。

二、语文：到底要"学"什么

（一）本位思考：首先明确语文是什么才知道学什么

在这里不作系统的学理分析，只是就中小学基础教育阶段的语文课程而言，务必要明白处于这个层面的语文是什么。其实，社会上往往把这个带根本性的问题给忽略了，也有许多人把语文学科、语文课程、语文课这三个既同又不同的概念及其含义弄混淆了。那么，基础教育阶段的语文课程到底要学什么？我们将从三个方面做出讨论。

1. 从人类对"知识"的一般理解上来看关于"语文"内容。

内容，在《现代汉语词典》中的释义为："物件里面所包容的东西；事物内部所含的实质或意义"。现在，作为一门课程的内容，一般是指"学科知识"及"能力培养"等所包含的具体东西。那么，语文内容无疑就指"语文学科知识"及"语文能力培养"等。我们说语文是什么，其实就是说语文内容是什么，也就是指"知识"和"能力"的整合体。

为此，要真正了解和把握"语文学科知识"到底是什么和学什么，那么首先要从普遍意义的概念上，来完整地认识什么是"知识"，才可以知道处于特殊意义上的"语文学科"的知识。

"知识"，在《现代汉语词典》中的释义为："人们在改造世界的实践中所获得的认识和经验的总结。"其他有关"知识"的研究成果也表明：把识别万物实体与性质的是与不是，定义为知识。

具体地说，"知识"一词，其汉语的本来词义，是指学术、文化或学问。教育心理学上的"知识"又分为两类，即陈述性知识、程序性知识。

陈述性知识，主要是包括用来说明事物是什么、为什么、怎么样，是个人可以有意识地回忆出来的关于事物及其关系的知识。例如事实、原理、观点、概念等。陈述性知识主要以命题网络或图式来表征。

程序性知识，主要是指一套关于办事的操作步骤和过程，属于"用来解决做什么和怎么做的问题"的步骤性或过程性知识。现代认知心理学认为，程序性知识以产生式及产生式系统来表征的。程序性知识是个人在特定条件下可以使用的一系列操作步骤，是一种经过学习自动化了的关于行为步骤的知识，是关于"如何做"的知识，以产生式来表征，如造字规则、语法法则、阅读方法、写作技巧等。

基于陈述性知识和程序性知识相加后而形成了一种特有的知识力量，我们称之为"知识力"，这是人们最需要的东西。

就语文课程而言，语文知识的两类知识都有。既有语文的陈述性知识，也有语文的程序性知识，甚至二者已经有机地融合起来了。既包括目前被大家公认且约定俗成的字词句篇语修逻文等陈述性知识，也包括动态的语用层面的听说读写书思评赏等程序性知识即技能性知识。这也就是已经产生了"语文知识力"。这才是完整的最有意义的语文知道教学。有人把文本解读出四层、七层意思，仍然只在"是什么"的陈述性知识上下了功夫，再精彩也是不完整的语文知识教学。"方法"么即程序性知识，有时候比陈述性知识更重要、更有价值。

语文知识，可分成是常识性知识和特殊性知识。常识性知识，即指语文中最一般性的知识和基础性知识，常有、常见、常用的正常性知识，也指常理性知识、常规性知识，一句话，就是共性化的知识。如文字、词汇、句法、篇章结构、标点符号、修辞等。特殊性知识，即指语文因特定性文化的不同和学习者个性化认知的不同而形成的独特的拓展性知识，它在语文学习与运用中也常常发挥不可替代的作用。比如，语言艺术、语言哲学、语言文化、语言应用等。

语文内容（知识）的学习，从语文内涵意义上说，一般可分为：语方基础、语言规范、语言艺术、语言逻辑、语言创作与应用等。从信息论角度说，一般可以分为三个阶段：①新信息进入短时记忆，并与长时记忆中被激活的相关知识建立联系，继而出现新的意义的建构；②新建构的意义贮存于长时记忆中（如果没有复习或者进行重新学习，这些意义会随着时间的延长而出现遗忘）；③意义的提取和运用。

2. 从国家对《语文课程标准》的基本规定上来看关于"语文"内容。

教育部颁发的《语文课程标准》，可以说是我们语文教学的"金科玉律"和"尚方宝剑"，既制约又指挥和保障我们的语文教学。一般来说，语文课程标准的主件是语文内容，而语文内容的标志常常是"知识"和"能力"。

一是语文知识。大家知道，知识是形成能力的必要条件，没有语文知识，就谈不上形成语文能力。因此，《语文课程标准》从不同的角度明确提出语文学科的基本知识，比如"识字"部分：认识 3500 个左右常用汉字、掌握六种造字方法（重点是形声字）、汉字的基本笔画和常用的偏旁部首、笔顺规则、间架结构，等等；又如"说明文"，了解说明性文章的文体特征、结构特点和语言特色，掌握文章的基本说明方法，等等。

二是语文能力。语文能力是指一种专门能力，即正确理解和运用祖国语言（汉语言）的能力，培养这种能力是语文学科教学最基本的任务。语文能力，应包括语文学科能力和语文学习能力，前者是指学科专业基础知识所转化成的专业能力，后者是通向语文素养及如何学习的"会学"的能力。语文能力要突出其学科核心能力。《语文课程标准》对语文的核心能力提出了明确的要求。具体有：识字写字能力；阅读能力；写作能力；口语交际能力；语文研究能力。比如"识字"部分：能正确认识与书写 3500 个左右常用汉字，能正确掌握汉字的基本笔画、区分常用的偏旁部首，能按笔顺规则用硬笔写字，能较好地注意汉字间架结构，能从六种造字方法中了解我国丰富的汉语言文化，能指出并修改错别字，等等；又如"说明文"，则要求是：能在打乱了文体的若干文章中区分阅读说明性文章，能在阅读中抓住特点、要点，能给说明文的结构特点和语言特色进行分析，能解释且举例分析说明方法的运用，能写出规范的说明文，等等。

3. 从语文课"是什么"与"不是什么"的比较中明确语文学习内容。

即"要学到什么"与"不可以学什么""能学什么"与"不能学什么"等一并加以考量，进行比较性思辨。

（二）上位思考："学语文"能学什么——依据"学情"而定

这里的学情，一是指学习者的语文学习实情（基础和需要），二是指学习者所面对的语文大纲（课标）规定的或语文学科自身固有的常识性知识与技能的内容、方法等。我多年的认识有以下两点：

第一，我在 1990 年的论文《"语文学习学"的构想与尝试》已经提到：

语文学习要解决的其实就是两个问题：学什么和怎么学，它主要解决在宏观上"学什么"，在微观上"怎么学"两大问题。"学什么"，包括学习内容、学习对象、学习战略、学习环境、学习条件和学习要素等等，偏重于"学习现象"；"怎么学"，则牵涉到学习规律、学习的生理机制、学习的心理、学习的阶段、学习的最优过程、学习的原则和学习方法等等，偏重于"学习活动"。

同时还具体地说及语文的学习内容：涉及范围如大纲、教材、参考书，也涉及与社会的关系和选择，还涉及学习的"量""度""质"等等。……

第二，在我另一篇论文《关于语文学法指导的思考与尝试》（发表在山西《语文教学通讯》1990 年第 9 期）中，也说道：

……我们的语文教学就不能光满足于过去死啃"字词句篇语修逻文"这类知识，还要有针对性地为学生介绍科学的"学习学"常识，诸如学习的规律、学习的生理机制、学习心理、学习过程、学习原则，尤其是学习方法等等，让学生结合语文知识的学习，掌握一套用较少时间获取较多知识的规律和方法。

我认为，教学教学，教之以学。这个"学"，既包括"学识"，也包括"学法"。因为教师给学生的知识，就数量而言，总是有限的；而知识总是不断发展的，后来才发展起来的知识，教师不会也不可能提前传授学生，但如教之以方法，他们就能运用相应的方法去学教师未教的知识。有人说，他们没学过学法，也没听教师指导过学法，成绩也照样好，这并不能说明他们没有好的学习方法，只是没有主动意识到而已，不明白其中的成功奥秘。

......

（一）让学生明确什么是学习方法及其内容。解决"学什么"的问题。

学习方法，是指人们获取直接和间接的知识与技能的途径、方式、程序、手段、艺术等。既包括宏观的哲学方法论，也包括各科各类的通用学习法，也包括分工项分点的具体个别的特殊学习法，还包括激活思维，善于求新的创造性学习法。

于是，我根据上述宏观指控目标，结合语文知识结构和语文学习的任务、主体、环境等"双向"思想，确定了语文学法指导的内容，并做到从宏观到微观、有层次、全方位：先"类"——后"项"——再"点"。

"类"，即指语音类、字词句类、语法修辞类、阅读理解类、语文常识及文学欣赏类、作文类等等分类学习法。

"项"，即"类"中的单项学习法。例如"阅读类"，如果以能力为角度的，有查字典、解词、析句、概括段意、归纳主题、分析人物形象、总结艺术特点、把握各类文体的习作等；如果以学习过程为角度的，有怎样预习、怎样听课、怎样做作业、怎样复习、怎样应考、怎样选读课外书和参加课外活动等等。并且，"项"中有"项"称"子项"，如"作文系"中"议论文项"，又可分成"怎样审题""怎样构思""怎样选材""怎样表达""怎样修改"等等。又如"预习"项，按空间分，可分"课堂预习""课外预习""课内外结合预习"等；按内容容量和层次分，可分为"整册预习""单元预习""篇章预习"等。

"点"，即某"项"学习方法中的侧重点，也可称为学习技巧，如作文中的"审题"项，就有看标志词审题法、抓中心词审题法、对比审题法、同类题目的"求同""求异""寻根"审题法等，又如"读"可分为"默读""朗读""评读""唱读"等。

这就是我20多年前所做的上位思考，对语文"学什么"做出了初步探讨，我感觉至今还不落后。

（三）深度思考：语文到底是"大"语文，还是"全"语文

如果往深处思考，用哲学思维来看待语文，我们认为：语文，无所谓大与小之分，只有是与不是之分。语文就是语文，该有多大就有多大，不要人为地扩大而谓之"大语文"。如果把本不是语文的扩大化了，而使语文臃肿，最终使语文变形、变态、变味，让语文的教与学者无所适从，教者累，学者苦，反而教出了不是语文的语文，学生学的语文也不是真正的语文了。还有，语文之大，由于没有一个标准或标志，所以也就缺乏一个度：到底是"大"了的语文，还是本来就有的语文，也难以辨识和区分。如果本来就是语文的，只是有人窄化了、缩小了，后来有人通过"大语文"来使它恢复回到了本来的语文内涵及语文状态，如果是这样的大语文，实质上应该是指一种"使语文变大"的行为手段，而不是真实的语文内涵。如果硬要给语文一个"×语文"的说法，倒不如把语文称之为"全语文"还更为准确。否则就让大语文"大"到无边，结果是把语文变为不伦不类的语文、五花八门的语文，最终使语文失去了语文的本体、本质、本色，让语文教学走进无底洞，走进死胡同。现在，不是还出现了"××语文""××语文"么，也许就是受这种影响的产物。

国外就有"全语言"的说法，美国语言教育学者肯·古德曼出了一本书，叫《全语言的全全在那里》（李连珠译，南京师范大学出版社2005年8月出版）。那么，我们也可以借鉴而称之为"全语文"。什么是"全语文"？可能不一定下出一个令人满意的定义，但我们可以认定，即语文学科本质特征下所应有的完整的语文、完全的语文，是语文课程标准所赋予的应该具备的语文。当然，这种"全"也永远是相对的，正如企业大多只有"有限"公司而无"无限"公司一样。

4. 超级思考：语文"教什么"：到底是"教书"还是"教人读书"

现行的教育，大家都知道，它还属于工业经济社会的产物，它是为工业经济效劳又直接受工业经济特征与形式所影响的教育，比如它的班级授课制教育，就如同工业经济的车间作业，统一的教材和枯燥、单一的教学方法等，致使所获得的教育结果也是批量化生产的标准性人才，缺乏个性、缺乏创新，而这样的人才能够在知识经济时代推动社会转型、促进此时代语文人才培养与知识发展吗？我们知道，这种车间化的工业生产流程所面临的对象是产品，而教育所面临的是活生生的人，且需要帮助、指导、培育的"幼稚"的自然人，不能视教育对象（学生）为知识传授的容器。如果教师把整个"车间"（课堂）视为自己潇洒地展示知识才华、演示"教书"过程的场所，那么整个教学活动也就自然成为一种忽视生命、伤害精神、扼杀灵气、制造"工具"的落后、守旧、僵化的粗放型或简单再现式劳动。我把它称之为一种"人为的教育"，但是，我们需要的是"为人的教育"。请问：这种教育如不转型，又哪能适应以强调人本化、信息化、个性化等为特征的知识经济社会转型的需要呢？看来从"班级授课制"转为"课堂导学制"，是立足于人、基于学的教学转型的重心，也是知识经济时代语文教学的一大基本标志。

三、全面而有机地落实学校语文"十课"的相互关系

1. 课标。即语文课程标准，是语文学习内容产生的主源及主体，是学什么和教什么的基本依据和行为准则。

2. 课材。即"教学材料"，实施课程所利用的一切素材和手段。既是资源，又是工具，是课程与"教育（教学）"之间的媒介，是课程实施活动中学生与教师之间的媒介，是课程标准走向课程实践和语文学习内容主要呈现的媒介。

3. 课本。即"教科书"，是课材中的主件（但不是唯一的），是课程内容的具体化、形式化和操作化，是课程实施的一种学科体系的载体和语文学习内容呈现的主要载体。

4. 课堂。课程实施的重要场所与形式，是课程教学的活动载体，也是语文学习的课堂和主要途径。

5. 课题。课程实施的内容项目或专题，也包括教师上的每节课的题目。其实它也是语文"学什么和教什么"的内容性主题和导向性的总括。

6. 课型。课程实施的上课形式的类型，是由语文学什么和教什么的内容而决定的，同时又反作用于：有什么样的课型就承载和呈现有什么样的语文学习内容。

7. 课案。课程实施的方案，既包括课程计划，也包括教师的教学方案，也包括学生的学案（实为语文学习内容和学习过程的方案）。

8. 课业。本指功课、学业，在这里即指课程作业，为课程学习而展开的实践性行为，这是语文学习内容得以有效的巩固消化、自我内化和实用强化的学习活动。

9. 课研。课程研究的简称，即对课程开设、实施、发展的总结反思与研究等，这里与其说课程的研究，不如说是对语文学习内容的研究，只有在研究中懂得学什么和教什么，才能真实地、科学地、有效地进行学什么和教什么。

10. 课评。即课程评价的简称，不仅包含课程实施的情况评价和学生学业质量、课业水平的测试及评估等，而且包括对学生的语文学习内容的评价及其学习方法运用效果的评价。

"学语文"教学的学习型课程建设

从"教语文"教学走向"学语文"教学，有一个重要拓展研究内容，就是"学语文"教学的学习型课程建设，即"以学习者为中心的课程设计与开发"，这是"学语文"课程建设的核心理论及基本原则。从目前在国内新课程改革方案、课程标准制定和教科书编写来看，发现都已经被广泛关注与应用，乃至已得到充分体现，也在各地许多优秀教师的教学实践中也得到科学验证。

一、以人教版课标语文教科书为例：语文越来越走向"学习型"

（一）从新课标人教版语文教材编写来看："学语文"教学的课程编排形态已初步显现

我们将新课标义务教育人教版语文教科书与过去的语文教材版本一比

较，就不难发现：一种体现"学语文"教学理念随处可见，并已逐步演化为一种"学语文"课程、"学语文"教材（即"学材""学本"），也表明推行基于"学"的"学语文"教学理念和"学语文"课堂，已经成为今后语文教学改革与发展的趋势和重心。

1. 课本呈现形式的特点：

（1）语文课本的呈现形式，由过去的"教本"（教科书）将逐步变为"学本"（学科书）。现在，打开课本一看，能看到编者们能站在学生的立场上，用引导学生学习和向学生对话交流的形式，来展示学习内容，设计学习过程、学习方式与方法以及练习作业题等，即用学习进程来展示课本，让学生感受到：这是我要学的语文课本，不只是老师教书的范本。

（2）课本中有关"写在前面的话"、每个单元的"单元提示"，每篇课文的课前"阅读导语"和课后"研讨与练习"以及"单元学习活动"——更富有人本性、亲和力，初步显示了"学习型课程"和"学习型教材"的编写理念，突出了指导学生学习的启发性和自主学习发展的实践性。

2. 课本内容呈现的教"学"特色：

现以义务教育人教版语文七年级下册教材中的"写作教学体系"部分为例来看看它：已经充分体现基于"学"的"学语文"教学理念和"学语文"课程思路。

第一单元：

第 1 课：写一段话，用上系列动词叙述做某个游戏的过程，或描写蚂蚁搬家的经过。

第 2 课：讨论（口头）

第 3 课：联系自己的生活体验了，写片段作文：丑小鸭与我。

第 4 课：以"由方仲勇所想到的"为题，在课堂上即序发言，自定发言角度和观点。

综合性单元练习作文：

主题：成长的烦恼

方式：（一）说一说自己的烦恼。先论（交流）后写（写一篇日记）；

（二）妈妈（爸、师、友）少年时期的烦恼，以采访者身份采访：你在少年时期有过烦恼吗？是怎样对待烦恼……通过采访，做些交流，再写成一篇作文，题目自拟。

（三）替朋友化解烦恼……写一封信，帮助他化解烦恼，争取入情入理，使人信服。

第二单元：

第7课：改写：以第一人称（韩麦尔先生）从上课到下课的部分内容。

1. 以"我心中的黄河"为题，写一篇作文，抒发你对黄河的感情。

2. 材料作文：假如你目睹这种情况，会想些什么？自拟题目写一篇作文。

3. 写一则周记，总结一下参加本次活动的收获。

第三单元：

第11课：①为科学家写小传——出一期"星光闪光"的情报。

第12课：②补写——为闻一多先生的事迹补充一两个事例。

第13课：①概写——用几句话概括一下贝多芬的形象

②仿写——用写贝多芬穿着、外貌特征的方法，再描写你最熟悉的一个同学的外貌（几句话）

单元综合：读名人传记、讲名人故事、写名人

请以你最尊敬的名人为话题，写一篇作文。题目自拟，文体、字数不限。

第四单元：

综合训练：戏曲为主题写一篇作文：

1. 介绍你所自己的某一剧种（家乡戏）（说明文）；

2. 改写：将喜欢的一出戏改编写成一个小故事；

3. 观后感：把在看戏、听戏、学戏的过程中的感想或有趣的经历写出来。

第五单元：

    第21课：写一篇阅读笔记

    第22课：想象文写作：假如你像鲁滨逊一样被弃荒岛，你会怎样想？你将怎样做？

    第23课：①仿写：描写景物；

           ②写一则心得笔记；

综合性训练：以探险为话题，写一篇作文，题目自拟，体裁、自数不限；尽量写得生动、有意思。

第六单元：

    第27课：写信——动物是人类的朋友，试给狩猎队写一封信，谈谈你对这件事的看法。

    第29课：用比较的方法，描述一个自己养过或见过的小动物。

    第30课：改写——展开想象，把《狼》改写成一篇白话故事。

单元综合性练习：

    1. 从收集到的与马有关的资料中选一篇最感兴趣的改写成一个故事（500字）；

    2. 以"马，人类无言的朋友"或"马，我为你哭泣"为题，写一篇作文。

《名著导读》：仔细观察一种昆虫、模仿《昆虫记》的笔法写一篇短文（学仿写的写法）

从以上可以看出，人教版语文教材也在努力地朝着"学语文"教学思路发展，体现着"学语文"（在这里即"学写作"）教学的基于学生学的"写作教育"方向发展，这种从过去单一的"作文教学"到"学作文教学"，成为基于学生写作现状、写作需要和发展即"写情"而走向更宽广、更人性化、更生活化，也更具有"教育性"的多元化"写作教育"教学发展，无疑就是从"教语文"（教作文）而走向"学语文"（学写作）教学的新路子，这无不体现着"因生活（的人）而写，为（人的）学习而写，写人在成长中的写"——以人出发，突出"我"以成长过程为经、以学习发展为纬的这一"学习型"写作教学新理念。

（二）从新课标人教版语文八年级上册的"补白"中可以看到"学语文"教学的理念及思路已经得到进一步认可与实施

现在，我们从人教版《义务教育课程标准实验教科书·语文》（八年级上册）的"补白"中，也可以看到"学语文"教学的理念及思路已经得到进一步认可与全面实施。教科书中用"补白"的形式，来介绍"学语文"的知识及方法，已显示出一种更有意思和精心的设计。这既不影响课本的编排体系，也充分展示着让学生在"学语文"教学中获得一些必要的学习方法知识。这充分表明"学语文"教学已被人们所广泛运用而产生了实效的。

本册书的"补白"有以下 14 条，现抄录如下：

1. 测一测你的听力

2. 养成良好的听话态度和习惯

3. 学习阅读记叙文

4. 关注记叙中的议论和抒情

5. 学习阅读说明文

6. 注意说明文的科学性

7. 学习背诵

8. 学习猜读

9. 学习浏览

10. 学习扩展阅读

11. 学习缩写

12. 学习改写

13. 学习扩写

14. 学习续写

以上 1～2 条是关于口语交际的，3～6 条是关于记叙文、说明文阅读的，7～10 是关于读写方法的，11～14 条是关于写作的。你看，以上所有14 条有哪一条不是体现着为学生"学语文"而编排的，那么我们还哪有理由不进行"学语文"教学？

这种"补白",在其他年级语文教科书中也有。这种"补白",虽然在教材中好像"地位"不高,但已经体现了一种新理念和新追求,即让学生从"学语文"出发,解决"学什么"和"怎么样学"的问题,以及激发学习兴趣、讲究学习方法、增强学习效果,可以称之为一种新的教学法即"补白式导学法"。如七年级下册的"补白",就侧重于"学会读书"的"学语文"教学内容,即朗读的好处、要读出感情来、朗读要注意重音、学会快读、梁启超的"三步读书法"等等。过去乃至现在也有不少人在提学法指导,但是,他们不知道,学法指导其实就是一种"学语文"教学内容与形式的表现。因为学法指导,已经从学生的学习出发,以指导学生如何学为目的,在指导如何学的过程中加强了方法的教学。

当然,如果只拘泥于对掌握学习方法的理论知识的教,而并未让学生从具体学语文的过程及情境中去感悟学的方法,运用学的方法,以至体现学的过程中的方法的效用,那是作用不大的,因为最根本的是学生本人未得到"学"的体验,形成"学"的意愿,未从自己"学"语文的实践过程中获得真实的感受、个体的感悟。我们深深体会到,学生所接受的所谓"学法指导",如果不是学生在实践中自己体味、归纳和摸索出来的,光靠别人硬灌学法知识,那并不是"学语文"教学的真正含义和目的。

二、"学语文"教学的课程开设之设想

(一)联系学校和学生实际开设"学习课程"

目前,课程建设中有一个重要理论叫"学校课程",但我认为,与其说学校课程,说到底不如说是"学生课程",因为学校是在为学生而开设课程。同时,"学生课程"又实指为"学习课程",因为学生是由于学习而接受课程。既然是学校课程、"学生课程",那么,课程开设就应充分考虑学校和学生实际而开设好"学习型课程"。为此我们认为:

1. 学习型课程的开设,关于课程多少并无多大影响,也不在于课程设置和建设中动不动宽大求全,而更在于是不是学生的需要学和适合于学的课程,然后形成基于"学"的学习课程体系化、结构化、序列化,不要

再受"课程"惯有概念的制约而产生误弊。

2. 为了避免原有"课程"误弊，应该多设专题性、课题式的课程，将社会的、自然的常识形成一个个问题（专题），组织学生进行对问题探究的学习，这也许不像一门课，但也是一门真正属于学习的课。

3. 学习课程有人主张多设综合课程，但要注意处理如下几个问题：(1) 怎样综合，是将哪些课程综合起来，还是将哪些知识综合起来，其综合的课程依据是什么；(2) 综合课程的开课如何操作，由于社会发展进步科技发达到现在，是越来越趋向门类精细，目前难以有综合型的教师去实施课程。

（二）注重实施新课程的三大主体因素"课本·课案·课业"

1. 课本。课本课本，课程之本，即根据新课标写的，直接运用于学生的学习与教师的教学，比教科书更准确，因为它不仅是一种"教"之本，更重要的是一种"学"之本，一种课程实施之本。它将直接成为实施课程，落实课标的演绎与载体，也是实施教育教学，促进育人的目标实现。基于"学"的语文课本，可以形成"$1+x$"的课本体系（1，即为主学课本，是基础性课本；x，即为多样、多元的各种助学课本、辅读课本或自读课本，以真正实现语文学习的丰富性、多元性和个性化）。

这些课本，可以包括前言、目录、主体内容、练习、课外活动资料及有关附录等几大部分。

在"主体内容"中，又可包括单元导语（或章节提示），课文导语（课前预习、课前提示），课文（知识点）、研讨与练习（课后作业与实践活动、综合性学习等）、注释（文中、在下脚或课后）、卡片（学习卡片，知识性、方法性、总结或拓展）、附录（某些学科知识的系统呈现或其他有关学习资料，如语文的"名著导读""生字归类"、语法和修辞知识、标点符号知识……）。

由此可见，这样的"书"是用来教师帮助、指导学生学习的而不是单纯的教。

2. 课案。即课程实施方案，即包括教师教学方案，也包括学生学习方案，也就是教案和学案，并且已经将二者融为一体，将"教"与"学"

都体现在这一课案之中（本人已有尝试和例子）。

3. 课业。即课程实施之作业，或者叫课程学业。为什么要将作业定位为"学业"，因为要从教学实践活动上实现教学转型与创新。

作业，《现代汉语词典》释义为："教师给学生布置的功课"。各地教学实际也确是如此。教师给学生布置的作业，不仅有课堂作业，更多的是课外作业、家庭作业。这样，作业一多，就成了"题海"，使学生负担加重。而"学业"则不同。学业，即指学生学习的功课与作业。二者的各自含义也许没有本质的区别，但它立足点不同：目前所指的作业，通常是指教师"给学生布置的"，意即教师一方强加于学生的，不管学生愿否，也不管学生难否；如果是"学业"，那么所体现的是课程目标和课程流程之中的学习范围的事情，学生学习过程的一个必须环节，那么，学生就自然能够接受，从情感态度和学习能力上也都可以接受，因为他想到那不是教师强加于他的，而是学习课程所赋予他们应该掌握的学习任务（即学业）。

三、关于对语文学科课程"三级开发"的思考

（一）课程内容

第一级：基础语文（主学本）

它以打好语文基础为目的，以进行知识掌握与传承为主旨，重在"掌握"好语文，掌握语文的"规则、规律、规范"的语文三规意识和语文行为准则。且通过汉语言文字、词汇、语法、章法、修辞和语用等为主要内容，形成一种每个国民务必掌握的"母语"型语文教材。

它可以借鉴我国古代语文课本及民国时期语文课本，再在二十世纪八九十年代人教版统编语文教材的基础上，进行整合和重构，以形成当代新型语文课程教材体系。过去那种以文选型和文体组元型为编写体系，仍然是值得参考或采用的。语文课还是要以工具性带动人文性，在语言中学文化，长见识，培素养，强智慧。

主要包括以下八个方面：

1. 文字：识字写字、说文解字、汉字文化等；

2．词汇：构词、词语解释与积累、词汇应用与规范、词义发展与辨析、词汇发展与创新等；

3．语法：语言（句子）基本结构、造句常识、句式异用、语法品析等；

4．修辞：修辞格的掌握与应用、炼字炼句、大修辞意识、修辞品析等；

5．语言运用：选词组词、造句用句、连段成文（逻辑段、语义段）、语段压缩与扩充、语言概括与发展等；

6．表达：一是表达形式，如口头表达、书面表达等；二是表达方式，如记叙、描写、抒情、议论、说明等；三是表达过程，如说话与倾听、写作与思维等；四是表达效果，如表情达意（简练、准确、到位、传神、流畅）等。

7．篇章：关于文章章法及成文结构的概念、意义、特点、要求、文体范式等；篇章思维与语言等。

8．逻辑：关于逻辑常识及其概念、意义、特点、要求、文体范式，语言与逻辑等。

第二级：拓展语文（助学本）

它将基础语文所呈现的知识如何运用于实践的应用型语文，重在"应用"好语文，提升语文学科能力和学习能力。它以语文知识和技能为主题，以汉语言的规范和常识以及规律等为依托，以能力修练为主线，以语文实用活动为载体，科学地展开以听说读写四大能力贯穿其中的系列化语文实践活动。这样，可以开发以形成促进某种语文专业特长发展、语文兴趣发挥为目的的若干语文拓展课程和辅助课程（即语文 CCA 课程，本人已有特别研究）。

总之，第一级语文与第二级语文是"知识与技能""理论与应用"的互存互动关系，起相互促进与转化的作用。

第三级：发散语文（拓学本）

它是将在第一、二级语文的基础上，拓开语文，再重建语文综合发展、深度发展和个性化发展的发散型升级版语文。重在"创造"好语文，以提升学生文学素养及审美、智力、思想德育水平等。它主要是以佳作选读为主，精选古今中外名家名作，将"审美熏陶、智力开发、思想教育"融为一体，这样便可以让学生语文素养得到真正发展。

它类似于过去的课外选读本（物）和近期出现的专题或专门模块选修课本，还有课改的语文实验教材（以主题组元为特色的人文性主导型课本），是用人文带动语言（含文字、词汇、语法、章法、修辞、文句）。它是对第一级"基础语文"课程及其教材的发散，即"基础十发散"的相辅相成的关系。

（二）课程形态

1.《语文》主学本

（1）内容份量：以上三部分在每一册课文中均要出现，内容比例分配如下：

初一：5∶3∶2（90节每册）　高一：3∶3∶4　（75节每册）

初二：5∶3∶2（90节每册）　高二：2∶3∶5　（60节每册）

初三：3∶3∶4（75节每册）　高三：2∶3∶5　（60节每册）

（2）编写体系：以上三项内容是螺旋式编排，纵横交叉（编写方式）。

仍为单元，形成小体系，再合成大体系。每个单元及文本的体系一般应满足以下四个方面的要求：

①学什么（知识呈现、内容铺展）；

②为什么学（学习背景及目的、课程要求与意义）；

③怎样学（过程展示、方法运用、结论反馈等）；

④学得怎样（作业、练习及实践，单项基础型→综合提高型）。

（3）编排方式：拟编两种教材，一是主修本，即"普及型"学习语文的文本，以呈现或落实第一、二级语文的内容为主，类似于目前已有的教科书（但要有根本性改变）；二是助修本，类似于目前已有的学案本（但也要有改变），助修型语文又分指导性助修和自由性助修两种。

2.《语文》拓学本。

主要包括：经典名著读本、时文读本、名言读本、专题文本阅读、名家文说等。

（本文写于1993年3月，修改于2001年5月，曾在汕尾市中语会交流）

学习型语文课堂教学的理念与实践

一、"学习型"课堂：旨在构建一种"教人读书"课堂而非"教书"课堂

过去，受"应试教育"的干扰，许多教师只把"应试"的知识（即"书"）教给学生，便大功告成，他们心目中只有"书"，只有本学科的 A、B、C、D，而没有读书"人"的一、二、三、四，更不去看读书"人"的学与思、学与行、学与能等等。正因为这样，就可能是"满堂灌"，热衷于将本学科的知识越来越多、越来越难、越来越玄乎地教下去，于是也就洋洋洒洒、淋漓尽致地"注入"给学生更多并非期待的东西，这样，注入得越多，越表明他们似乎有本领。

现在，我们要回过头来反思一下：这种教学到底是面对"人"的还是面对"知识"的？是发展了人还是发展了知识？学生辛辛苦苦地听老师讲的知识是他们每个人都需要的吗？其答案无疑是否定的。所以，我们一定要树立"以人为本"的课堂教学新观念：课堂是人的课堂，而不是书的课堂；学生是课堂知识的主人，而不是知识的容器；课堂教学一定要以人为本，以学生的学习为本，以学生的发展为本。我们还必须明白：我们的教师走进课堂，不是去教书，而是去教人读书；是上"育人"课，而不是上"教书"课。如果真有这样明白的教学观了，那么就自然会做到，在课前认真想一想：学生的学习基础怎么样，这一堂课要让学生学什么，怎么去学，会学到什么结果……上课中也就会始终贯彻这一思路，有效地展开以学习过程的推进为主这样的教学过程；下课后也会想一想：我这一堂课让学生到底学得了什么，是怎么样学得的，还有没有更好的方法让学生去学，还有哪些地方不成功，为什么不成功，下一堂课该怎样教才会更好

呢？等等，经常带着一种反思性的意识去教"人"课，而不教"书"课，那么就会使素质教育真正到位于课堂。

二、基于学习者的"学习型"课堂的科学建构

（一）"学习型"课堂：根据学生认知特点和实际来构建

1. 必须依据学生的实际情况，一切从学生的发展需要出发，有利于引导学生利用已有的知识和经验，主动探索知识的发生和发展，着眼和着力于"最近发展区"的建构；同时也有利于教师创造性地进行教学，做到用教材教而不是教教材。

2. 采取"循序渐进，化整为散"的教学策略，即从学生有序地学习知识、接触课程内容开始，又把普通概念和核心知识陆续地交替出现，让学生多见多学，边学边练，并通过有效的反复出现等手段，引领学生从学习过程环节上先对新知识有一个最初步的熟悉和了解，为最后形成知识结构和语文能力打下基础。

（二）关注学习者的两种有效学习形式的构建

1. 做反思记录

其主要做法是：学习者对自己的学习状况及行为进行自我评估，让学习者写下对学习的感受、体会等，记下学到了什么，自己是如何进步的，还有哪些问题、困惑、疑点，还有哪些新的发现与建议，以促使学生更广泛和全面地了解自己和发展自己。

2. 建学习档案

其主要做法是：能够自动收集学习者学习的各种相关信息，包括学习者的个人简历、书签、重要成绩和错题集等，最好形成用来记录学习结果管理的学习档案袋等。这样，也可以帮助教师全面评价学生，并为学习者提供更有针对性、更有效的反馈，让学生及时调整自己的学习。

（三）"学习型"课堂构建的五大标志

1. 学习型课堂是一种"有学"的教学。它坚决克服教学"失学症"现象，把目前课堂教学的缺"学"问题解决好。

2. 学习型课堂是一种"为学"的教学。它让教学为了真正有意义的育人事业，为教学寻找已经失去的意义，即为成长与发展中的学生的"学"而教。

3. 学习型课堂是一种"让学"的教学。只有树立"让学生学，不包办也不取代学生的学习"的教学新理念，还教于学，这才是教"学"之本。把"让学"做为教师改变观念的重要行为。

4. 学习型课堂是一种"适学"的教学。课堂因学而建，自古至今俗称"学堂"，如果不变成"适学型"课堂也不合常理。让著名教育家尼尔关于"使学校适合儿童——而不是使儿童适合学校"的理念能落到实处。

5. 学习型课堂是一种"促学"的教学。这样，才能通过构建促进学生学的课堂，使"有学""为学""让学""适学"的课堂形态得以实现，学习型课堂教学效果得以发展。

三、基于学习进程的"学习型"课堂的科学设计

（一）系统化：为促进学生的有效学习而设计

1. 学是教的基础，教是为学服务的。只有依据学生的学习规律，才能设计出高效的教学活动，才能最大限度地促进学生的有效学习。教学设计是极其复杂的，需要综合多种理论观点为指导，把教学过程看成是一个系统而设计。

2. 现代学习型教学设计的系统理论运用：

（1）系统论的科学设计（系统思维、系统条件、系统建模）；

（2）最优化的科学设计（问题解决、最优决策、综合权衡）；

（3）将"为学习者而设计"和"为学习而设计"相统一（前者是学习的人，后者是其学习过程）。

3. 这个系统由以下要素构成

（1）学习需要、学习内容、学习者的特征等方面的分析；

（2）教学目标、教学策略及教学媒体的确定和选择；

（3）教学活动的展开和教学效果评价等。

（二）"学习型"课堂：基于课程标准的教学设计五大要点

1. 用宽容的态度和多元的方法评价学生——科学地制定教学标准和进行教学标准陈述，充分发挥教学标准的导向功能。

（1）教学标准陈述的是学生的学习结果，而不应该陈述教师做什么。

（2）教学标准的陈述应力求明确具体，可以观察和测量，尽可能避免使用含糊的和不切实际的语言陈述教学标准。

（3）教学标准的陈述应反映学习结果的层次性。

2. 为学生的发展而选好教学内容——深刻理解教材，分析和挖掘教材内容的价值。

（1）切实改变以传授知识为中心的教材观，再不能将教科书视为预先确定、至高无上的、不能随意更改的东西，更不能让它控制和规范着教师的教和学生的学。否则，教学过程就只能是教师将教科书规定的知识内容简单机械地传递给学生，学生也只能是盲目被动地接受这些知识信息并把它机械地储存在自己的头脑中，以至成为一只"书柜"。

（2）要真正实施以学生发展为本的教材编制。教科书内容不再被视为预先建构好的现成知识，它只是为教师的教和学生的学提供基本的信息，成为教师和学生交流的媒介和工具，成为促进学生学习和发展的资源和手段。

（3）要始终坚持教师和学生处于平等地位的意识。师生共同借助教科书所提供的信息进行交流与对话。教师的任务不是怎样去传授教科书的内容，而是思考如何利用教科书促进学生的主动学习；学生则是在教师的启发下，积极主动地对教科书提供的信息进行加工和建构，从而获得自我智慧的发展和学习上的真正意义的生成。

3. 从学生立场解读文本——深入了解学生，全面探查学生的真实学情，确定让学生受用的教学目标。不要过分放大文本知识，不要过高估计学生学习基础，不要做教师一厢情愿的过度的精彩表演。

4. 从学生已知出发——指好知识对接，而且是无缝对接，实现无痕教学。

奥苏贝尔在《教育心理学：一种认知观》中说："如果我不得不把教育心理学的所有内容简约成一条原理的话，我会说：影响学习的最重要因素是学生已知的内容。弄清了这一点后，据此进行相应的教学。"如何探查学生的已有知识经验？主要方式有：诊断性测试、开放性试题（自由作答）、限制性试题（选择题）。

5. 让学生亲历学习过程——设计有思考价值的问题，增进学生对知识的发展性理解和创造性发挥。

（1）对知识形成深层理解，这是建构性学习和教学的核心目标。"为理解而学习"是建构主义的重要理念。

（2）问题是思维的源泉和动力。不同的问题所引起的学生的思维参与程度是不同的，在促进学生对知识理解方面的作用也不相同。

（3）教学中应尽量设计有思考价值的问题，引导学生在积极思维的过程中深刻理解所学知识。

（4）有思考价值的问题的特征是：具有一定的思维容量，具有适宜的难度，具有合适的梯度，具有思维创新性。

（三）学习型课堂的教学设计要素组成

1. 学习需要的分析。即教师"为何教"，学生"为何学"；

2. 学习内容的分析。即教师"教什么"，学生"学什么"；

3. 学生情况的分析。即解决"谁学"的问题（学情、学需、学困、学趣等）；

4. 教学目标的设计。即目标应说明学习结果（三维目标的整合）；

5. 教学策略的设计。即教师"如何教"，学生"如何学"；

6. 教学媒体的设计。即根据学习内容需要、学生特征、教学目标的要求、教学策略的安排来选择恰当的教学媒体。

7. 教学过程的设计。即把教学的流程通过不同的方式表现出来，简明扼要地表达各要素之间的相互关系，直观地表示教学过程，给大家提供一个可供参考的教学设计方案（图表式、框格式、文字式等）。

8. 教学设计的评价。即对教学方案的评价和调整，对学生学习的评价，对课堂教学的评价等。

四、学习型课堂的教学实施

（一）学习型课堂的"三环节"教学过程

1. 生态化课堂的启动建构

（1）理论要求：导入新课的开始，是一堂课的首要环节，它没有固定模式，也无所谓最好模式，但它是教师组织课堂教学的基本技能，所以，导入必须成为教学最自然、最恰当和最精彩的开端，必须声声击到学生的心扉上，迅速吸引学生注意，撞击学生思维火花，产生共鸣。

（2）设计导入方式要求：①开门见山式；②以旧导新式；③故设悬念式；④启发诱导式；⑤情景诱导式。

2. 动态生动课堂的流畅展开

（1）理论要求：学习过程是学习方法、学习程序、情感活动和意志活动整合的过程，经历学习过程比学习结果更重要，教师在教学中要把学习主动权交给学生，不能为学生考虑太周到、太完善，更不能代替学生探索，要留有余地，有弹性，要让学生自主探索和学会发现。

（2）设计过程方法要求：①教学方式新颖有越，引起学生学习兴趣；②激发学生积极学习情绪，让学生主动参学习过程；③营造民主和谐氛围，为学生主动参与学习创造条件。④善于捕捉生成资源，以教育机智促成教学生成的优化。

3. 新常态课堂的有效形成

（1）理论要求：课堂教学结束阶段是课堂教学的总结环节，但是要变成发展创新的环节，教师要使学生通过"巩固和应用"提炼主题，概括要旨，灵活运用，建构新知识结构，解决新问题，获得新创意。

（2）设计结课方法要求：①归纳法；②迁移法；③点拨法；④前后呼应法；⑤设疑激趣法；⑥情感升华法；⑦拓展延伸法；⑧新论展望。

（二）学习型课堂的一种有效操作模式："学创式"教学

1. "学创式"教学的概念含义

"学创式"教学是基于国内外"创新"理论和实践的成果，以学习创新为平台，让"创新性学习"在师生中的积极行动。用"学为主体、创为主导、疑为主轴、思为主线"的"四为教学"思想，杨建"创新学习"的开放课堂、问题课堂、创意课堂。

"学创式"教学，在于让广大学生动手、动脑，多方进行实践操作，把学习中的"问题"贯穿于整个教与学的过程中，体现其发现性、发展性、探究性和创造性课堂的价值取向。

2. "学创式"教学的基本操作步骤

★老师和我说。即用对话的学习方式，从创新育人的课程目标出发，组织相应的学生主题学习活动，用兴趣以激发，用知识以提示，用方法以渗透，并着力于良好习惯态度的培养。

★创新伴我行。即不追求知识的再现，而追求能力的迁移，获取创意的体验。更是在学生喜爱与熟知、疑与探究的情境体验中，让学生紧密结合创新主题，进行学科内部整合，和整体思维历练，以求给课堂学习的拓展和延伸。或者在比较与借鉴中链接课外，进行超越教材和教师指导的"超水平发挥"的创造性个性化学习。并注重课内知识的积累与课外知识的积累，以促进学生课外学习习惯的养成，分解落实课标规定的课外阅读总量，以全面促进学生的文化素养形成。

★创新任我练。即用主题的方式，任由学习进行自我需要、自我体验、自我收获的"自能学习"活动。比如：主题阅读式、主题体验式、主题探究式、主题操作式、主题设计式、主题展示式等多种学习方式，并尽可能结合自己的优势和学科的特点，拓宽学习领域，实现完整意义上的学习。

★创新大盘点。改变单一的学习评价观，不可用"评价"影响或束缚学生的学习积极性和多元化学习的结果。为此，将"评价"改为"收获、盘点"，将显得更为灵活、多样和创意。这里既包含"评价"，也包括"整理、总结、反思"等，无疑对学生的学习有更好的促进意义。

总之，"学创式"教学，是基于"学"的创新，关于"学"的创新，学习中的创新方式方法，使学习不再是一种简单的知识再现式劳动，不再是一种被动接受的没有问题和思辨及探究的学习或教学。

（三）学习型课堂的又一模式：语文学程课案

1. 语文"学程课案"简介

我们所说的语文"学程课案"，是指在语文学习过程的推进中实施课程所形成的方案和实施过程及其结果等一系列的综合形式体。

"课案"，即关于语文课程的课堂实施方案。课案不等同教案，也不是学案，而是基于课程理念和课程实践相统一后而融教案和学案于一体且区别于它们的新型方案。可以说，它发展与丰富了教案和学案。

2. 语文学程课案设计表

课 题		类 型	
课程目标			
课程设想与准备			
课程活动展示或记载	学生活动 （学什么、怎样学、学得怎样）	教师活动 （组织、引导）	
［活动一］			
［活动二］			
［活动三］			
［活动四］			

▲现场讨论之一

1. 案例展示：

一位老师用"我知道"来对教"学"进行这样的表白——

（1）我知道该把什么写在黑板上（教什么，即对教材的把握）；

（2）我知道学生在学习中会出现什么问题，我还会让学生整理错题集，开错题诊所；

（3）我知道本节课教学内容的重点难点是什么；

（4）我知道用什么例子、打什么比方来教懂学生，有时候还说几句笑话，让学生开开心；

（5）我知道用哪些作业来让学生巩固所学知识，还会把作业分成有难易不同的层次梯度等；

（6）我知道用怎样的方式方法让学生快速答题、答对题，还能为学生估计考试分数等。

2. 反思发言：

这些"我知道"，叫经验，但它却是一些现象，一些个案体会，如何将这些经验在理性思考以后变为一些体现学生认知心理学规律的教学策略、教学原则和教学方式方法等，那么就会由"我知道"上升为"应该这样"。

为此，开展由"我知道"上升为"应该这样"的教学经验研究，则是目前开展教"学"研究的重点内容之一。

（1）为什么你知道要这样做，理论依据是什么，你还知道这样做了之后学生学的效果怎样吗；

（2）如果不这样做，学生又会学得怎样，还有没有比这些经验更好的；

（3）如果把这些经验拿给别人用，效果又将如何，你将如何告诉人家，如果人家不信或者学不会用不好怎么办等等。

3. 讨论：

我想，这也许就是对经验的一种研究：假如都能把这些问题回答好，并且把答案写出来，不就是研究成果了吗？

▲现场讨论之二

1. 例析：基于学生学的课堂教学对话艺术

这是我们在听课时常碰到的一种情况。

当学生回答问题的时候，有老师总是说："你错了!""不对!"等等。显然，这种处理，偶然一次尚可，如果老是这样说，效果不一定好。

2. 反思讨论

我们可以用一些激发聪明智慧和蕴含分析辩证、思维深刻的道理的方法及其语句，来帮助学生在学习过程中有所领悟，获得不同一般的启发，产生顿悟，形成新的知识与能力。

3. 讨论

看来如何发展与创造语言，丰富和调动自己的语言词汇，时刻根据时代的进步与社会的发展而改变自己的说话习惯，提高语言质量，让教师在课堂上说话不要常说一些没水平的话，也是教师专业发展的内容！也就是说，本来这样说的话，通过改造和发展，创造出一种新的说法，变成了另外一句话，这样就新颖、别致、富有活力，使学生在一种新的语言环境中常听常新，收到特殊的教学效果。

4. 基于"学"——请你不妨改成这样说：

★ "来，再做一次，让我们都看看你为什么会遇到了麻烦。"

★ "我知道不容易，不过你会答对的。"

★ "啊哟，你差点儿全对了，再想下去吧！"

★ "嗯，还不完美，但已非常非常接近了。"

★ "这，不太像，但不过……"

★ "是，是……就这样下去，肯定会全对的。"

★ "还要不要我给你一点小小的提示呢?"

★ "呵，我还有一个绝招未传给你，难怪……"

★ "唔，我觉得还有一个方法比这个好，"或"我觉得这个方法（即要出示的）可能比较好些。"

★ "你还记得我们上次是用什么方法成功的吗?"

★ "你一定会知道，下一步该怎么了！"

★ "我们能不能用另外一种方法，请你试试看。"

（四）例示：学习型课堂的一些成功模式（本人创立应用）

1. 目录学习法教学模式

就是指通过"教学生学会读目录"来进行学习，让学生既获得知识，又掌握某种学习方法的一种指导模式。

2."三点阅读法"教学模式

就是指导学生学会对所阅读的材料（课本）进行"认识特点——突出重点——攻破难点"的整体感知、分"点"阅读的全程式阅读方法的一种指导模式。

3."形象体会式"教学模式

就是把所学课文用一个可认、可感、可悟的"形象"生动、简练、准确地表示出来，并结合学习的阅读、认知、理解、运用、探究等过程来认识"形象"、化解"形象"、创造"形象"，以至让学生获得知识，学会阅读方法的指导模式。

4."反馈式学习法"教学模式

就是通过对学生进行"反馈法"指导，让学生将学习结果与学习过程相统一，用结果对自己学习的全过程进行评价，也叫评价型学导法教学，从而不断优化学习进程，促进学习的高效、快速、优质化。

5."题导法教学"模式

就是指通过用"问题"来"指导"学生获取知识、形成触力而掌握"方法"的一种教学方法。它以学习"问题"为中心，以"点拨·点评·点化"的"三点引导"为教学手段和方法，以获取知识与学习的"方法"作为学生学习的目的与结果，不断地教会学生用"问题"来学得"方法"，即用对"问题"的发现、提出、解决等一系列环节与方法的学习，来培养学生的方法意识与创新精神。

6."读写一体法"教学模式

就是指导抓住有典型意义的"特色"文段，按照一定的学习目标与要求，对学生进行一体化的联读悟写、品读迁写、创读新写等一体化读写的指导。

7.语文"法"教学

（1）从识字教学法到识字法教学；从阅读教学法到阅读法教学。

（2）三点阅读法教学；读写一体法教学；题导法教学；

（3）单元法作文教学；开放式作文教学；读开心书、写开心文全程学习指导。

总之，学习型语文课堂教学，不仅有理念上的重构，也有实践上的笃行，还应有二者结合上的整体策划和系统操作，既有对经验合理吸收，又有将感性变为理性的科学探究，已经产生了不可忽略的建设性作用。

"学习型"教育的语文课堂教学转型

目前，在我国社会转型的大背景下所开展的新课程改革实验，实际上也就是为实现"教育转型"而进行的一次伟大尝试。"教育转型"势在必行，那么其中一个重要的着力点和具体突破口，就是课堂教学转型。课堂教学转型的一大基本标志，就是要从"讲课型"课堂走向"学习型"课堂。那么，怎样实现教学转型？现以语文学科为例，我认为，构建从"教语文"教学走向"学语文教学"的"学习型"课堂，是可取之路。概括起来有三大"教学转型"。

转型一：在教学立意上由"学科型"变为"学本型"

我国近 30 年来语文教学改革的特征，可用三大发展里程碑来概括，第一是 80 年代的"双基训练"，第二是 90 年代的"能力训练"，现在是"语文素养教育"。

对于"学科型"教学，在这里我不是有否定之意，而是根据作为基础教育的中小学在课程设置的目的、内容和形式以及呈现载体来看，没有也不可能是"学科型"的，而只是将目前在大学或社会上所已经形成的关于"学科"的相关内容，经过必要的"课程处理"，以形成符合中小学教育特征及其需要的特定"学科课程"——基础性课程。比如，语文课程，通过《语文课程标准》便可看出：它是一门课程而不是一门学科；所以平时往往就有"语文课""数学课""美术课"之说，如果有"语文科""数学科""美术科"之说，也是关于课程领域中的"学科"之说。

大家知道，学科是与知识相联系的一个学术概念，是自然科学、社会科学两大知识系统（也有自然、社会、人文之三分说）内知识子系统的集合概念，学科是分化的科学领域，是自然科学、社会科学概念的下位概念。学科是科学知识体系的分类，不同的学科就是不同的科学知识体系；学科发展的目标是知识的发现和创新。学科以知识形态的成果服务于社会，第一种含义是：学术的分类。指一定科学领域或一门科学的分支。如自然科学中的化学、生物学、物理学；社会科学中的法学、社会学等。学科是与知识相联系的一个学术概念，是自然科学、社会科学两大知识系统（也有自然、社会、人文之三分说）内知识子系统的集合概念，学科是分化的科学领域，是自然科学、社会科学概念的下位概念。学科的第二种含义：指高校教学、科研等的功能单位，是对高校人才培养、教师教学、科研业务隶属范围的相对界定。学科建设中"学科"的含义侧重后者，但与第一个含义也有关联。

关于"学本型"的提法，我在 2003 年发表的《新课程"两课一为"教学转型初探》中首次提出，如何实现从传统基础教育走向现代基础教育，即教学转型与创新，这是取得课程改革成功的一大关键。为此，我们根据新课标的新理念，针对当前教学实际中与新课标精神和新理念相违背或不相适应的问题，特提出了一些改革和探索。如"两课一为"教学转型与创新的研究。"两课一为"，即"将教科书改为课本，将教案改为课案，让新课程紧密地为学生的学习与发展服务"。这种全新的"新课程育人"模式及教学策略，旨在真正改变过去"书牵人、教牵人、考牵人"的学生被动性"三牵教学"现象，即"教师讲、学生听，考什么、教什么"的"教本型""考本型"教学模式，以重新构建"人为本、学为本、发展与创新为本"的"学本型"教学模式。这种"以课本为载体，以课案为途径"的新课程育人模式，在我国尚属首次提出。经过近几年来的研究与实践，均取得了显著的成效。……

语文课程标准把"语文素养"，通过教学目标的三个维度设计来予以表述，即"知识与能力、过程与方法、情感态度与价值观"，这本身就是一种在教学立意上的转型：即由过去的教学目标单一性向现在的多元性或整体性过渡。这里的"单一性"，说到底指的是语文教育工作者以语文学科为核心，以语文学科知识传授为基本出发点而进行的语文知识及读写能力训练，是一种纯学科的知识"肢解式"或"标准件式"的简单达成教学，这是多年来受"工具语文"影响所造成的。因此，过去的语文教学与其说是单一型，还不如明白地说是单纯的工具型（即学科型）。这里的"多元性"，指的是教师运用多元智能理论，冲破学科知识体系即"专家语文"和"学科语文"的束缚，形成"大众语文"和学生"学习语文"的意识，站在学生学语文的立场，帮助学生认识语文，学习语文，掌握语文和运用语文，也就是教学生在"综合性、多元性、发展性"的学习型教学状态中学好语文，以帮助学生形成有意义的语文能力和高尚的语文素养。所以，这才是真正的语文教育和真实的有用的语文。

也就是说，不是拿着一本教科书就教，凡是书中的东西，不管三七二十一都讲个遍，都要辛苦地"塞"给学生，或者是拿着一本教参书，不加消化和内化，盲目地生搬硬套，将教参书上的内容用"告诉式"的方法讲给学生听，讲完则万事大吉，结果学生还是学不会、考不好，还责怪说：哎呀，我不知讲了多少遍了……有些甚至是老师想教什么就教什么，备课不备学、教学没有"学"——心中无学生、手上无学情、课上无学态，课后无学效。一句话，就是一心只琢磨课而不好好琢磨人：不看学生的需要如何、实际基础如何、对他的学习发展和未来成才有何意义等。所以，教学要转型很有必要。要从过去"教师中心"转变为"学生主体"，实现由"以书为本，为考而教；学科至上，唯分数而教"走向"以学为本，为学而教；教为不教，学为会学"的教学立意。

作为语文教育工作者应该坚信：如果没有以民主教育为内核的"学本型"教学理念，就没有素质教育的真正成功，就不可能培养出一大批具有深厚语文素养的、未来可持续发展的语文人才。反过来，民主教育的特征实现也要以坚持"学本型"教育这一现代教育理念才会完成，从而为语文素质教育成功而打好基础。现在，许多语文教育工作者都已经注意到并把它放在教学的第一位，在这个"教学转型"点上下了功夫，做出了富有成效的探索。

语文课标已经明确：语文是一门具有丰富的言语交际内容，负载人类优秀文化的基础性、综合性很强的行为学科；它是一门工具性和人文性相统一的学科。所以语文教育务必既要注意学科的基础性、工具性和人文性，也要注意学生学习语文的学习性、综合性、多元性以及生活性、实效性等特点。也就是说尽力把语文变成让学生想学、能学和学得好的"学习型"课程；把语文教成语文素质发展课，所以，寻求语文教学的转型，即把"学科型"转变为"学本型"，这是语文"教学转型"成功的根本之所在。因此，我们必须狠下功夫，把目前学生在语文素养方面的缺陷弥补上去，把素质教育落到实处，让学生自身完善，全面发展。不然，即使我们提出再多的语文素质教育的口号，也无法抵挡因"教语文"教学给语文教育所带来的负面影响，也无法让学生在"为实现人的转型"这一世纪性主题的教育中成为学会学习、学会发展的新人。

转型二：在教学方式上由"师授型"变为"学导型"

几千年来，我国的传统教育结构经历了不同的变化阶段，但最基本的特点还是"教师讲，学生听"（即"师授型"）。学生在这种近乎禁锢式的教学环境中学习，能有学习的主动性和积极性吗？新中国诞生以后，体现在语文教育方面的进步，就是要求教学摈弃注入式，提倡讲练式等。但是，它仍然没有跳出"师授型"的圈子，无法与素质教育相协调。

现在，我们实施素质教育，首先必须改变这种顽固的教学理念与僵死的课堂教学结构，坚决从"教语文"教学的"师授型"教学的误区走出来，树立以学生和学生学习为本的"学本教育观"，构建以学生发展为本的"学语文"教学新理念和新方法。只有这样，学生的语文学习积极性才能得到调动和提升，学生的语文素质才能健全发展和全面提高。笔者所说的"学本型"教学除了是一种教学理念之外，更是一种教学结构模式与方法：它在于语文教师以学生的学习与发展为教育的本体，以学生的"学语文"作为"教语文"的出发点和归宿。学生发展靠什么？靠学习。因此让学生在教学中成为学习的主人（即主体），以学习为本，自我激发求知欲，自我主宰学习的进程和学习方法，自我探究与合作（互动）学习，让学生这个"主体"在学习中自觉释疑解难，"愤"时即"启"，"悱"时而"发"，形成新的课堂生态与师生互动、生生互动的积极型学习氛围，这也许就是以学为本，以学生的发展为本的主要内容。

我们说，这种"学语文教学"的生态与氛围，能够发展学生潜在的语文素质，因为它形成和突出了以学生学习为本的课堂主体的"二元性"。诚然课堂教学的出发点和归宿是以学生为本和以学生学习为本，但在课堂教学上实施的主体应是师生共同体，也就是说，这个共同体则是教师和学生这两个元素组成，即"主体二元"（学生和教师共同组成为主体，"学"与"教"是其主体的两个元素）。当然，也有人说教师和学生是课堂教学的两个主体，我们认为此说有道理但仍有欠妥之处。试问，照此说法，如果一个课堂真有两个主体，那就变成多主体，而客观事物往往多主体实则无主体。为什么？因为现实中一个事物不可能有两个主体，只能说起主体作用维度或处于主体地位的元素可能有多个，或者有多种元素成分，或者有元素的多个侧面和多种因素，但不能说成两个主体。如果真有两个主体，那么它们之间又会因教学活动过程的变化而产生矛盾，甚至产生内耗而丧失掉主体，结果可能谁也当不了主体，谁也无法发挥主体作用。置于教学实施过程中的主体，是有指向性、偏重性的，有时是教师在起主体作用，有时是学生在起主体作用，不可能同时有两个主体起作用，否则就会产生"主体冲突论"。事实也证明：当一个"主体"在起作用时，另一个"主体"实际上在被动着，处于"被主体"的地位。我们再来看看实际中的语文课堂教学。诚然，学生是一种主体成分，而教师也不能不是主体中的一部分，有时候其主体作用还是很关键的，所以才出现后来流行的"教师为主导"的说法，教师"主导"论，则说明教师主体性因素已经在发挥了作用，要不然，这个"主导"说法，便缺乏逻辑关系和科学背景依据，这实际上就是一种"主体二元论"的一元性作用所致。所以，笔者运用辩证法和整体理论提出了课堂教学主体"二元论"这一观点。

在课堂教学主体二元论的具体运作中，将师生这二元之间如何相互促进而整体地和谐地存在着与发展着，并视其各自的作用而发挥各自如在时间、空间、手段、方式等地方不一样的作用。可见这种"新主体论"可以和谐地处理和发挥教师和学生的作用，既多元、多源地调动师生饱满的语文智能，也充分发挥他们教与学的能动性。这种"二元性主体"的课堂形态，让师生共搭一台，同唱一戏，彼此既是"主角"，又是"副角"，这时候所演出的戏才是实意真情的，都在尽情、尽责地"干"好自己的"事"。换句话说，这种主体二元生态，还可起"教学相长"作用，既有情绪抒发的空间（"说"），又有形象表达的空间（"写"）；既有登临知识的高山（"读"），又有遨游思维的海洋（"思"）。将这种变化融入了整个语文教学过程，那么，学生的未来时空更显自由无量，迎来的是学生语文素养的全面发展，换来的是教学质量的惊人提高。

基于此，我们认为，语文课程的教学立意转型，就应该既包括在教育目标、教育内容上实现教学立意的转型，也包括在教学方法、教学手段和教学过程上，从具体地说，过去是讲究"教什么"和"怎样教"，而现在，更要讲究在学生"学什么，怎样学"的前提下来研究"教师怎样指导学生学什么和怎样学"的问题，同时还要将其各种教与学因素进行相融，要求教与学环节之间的连缀性与发展性相整合。在这里，我们首先强调的是教学目标的学习性和教学过程的学导性的转型：与其说是关于语文的"教学"，还不如说是学生学语文的"学教"（因学而教，由学施教），这就是从"教语文"教学走向"学语文"教学的教学转型的基本特点和内涵。

反思我国当代的语文教学，是"部件肢解式"教学把语文肢解得不伦不类，是教师"讲"出来的语文课，是教师将自己（也是一个读者）对文本的个体理解，洋洋洒洒地大讲一通以后而强加给学生，不管学生有否体验与愿意接受，或是否赞同这种体验与理解而一厢情愿地灌。要知道教师是成年人，是受了教育的教育人，如果不站在尚不成熟的青少年学生的立场、角度和层次上，而大谈"语文"里有什么和自己所津津乐道的"微言大义"，岂不剥夺学生的学习权和学习的个体自主性吗？这不是"为教而教"或"为语文而教"又是什么？所以，这就是过去以师为本，"教语文"教学所造成的弊端。这种完全忽略了或不在意学生及其学生的学的"教"语文教学，其教学立意可以概括为：一是课文里有什么就教什么，即书本中心论；二是教师想教什么就教什么，即教师中心论；三是上边要考什么就教什么，即考试中心论。

可以说，这三种教学立意，已严重影响了素质教育，干扰了课改，如果再不转型，那么贯彻"以学生为本"的现代教学理念则成为一句空话。更有甚者，那语文教学变成了"见物不见人"的车间批量生产型活动。比如，把语文知识点进行"知识树"或"题海作战型"训练，另外，还有进行大量的烦琐的"范文背诵""词语抄写""日记""周记"和"课文读后感"的写作训练等，其实这不是真正意义上的阅读、写作的教学，而是一种忽略了适应儿童却只注意适应课本和适应教师的教学，为什么？因为"阅读、写作"均本是学生自己的事，但却被教师强行包办代替和强求一致，不管学生有无真正想写日记、周记和有无日记、周记的写作内容而作全班（车间）的统一（批量）规定，也不问学生是否对课文阅读真正有体会和感想。这样导致了许多学生对语文学习的厌倦、逆反心理和在语文能力上的虚拟，也自然导致学生学习主体作用和学习兴趣、学习愿景的缺失。

可以想象，这种以教语文教学为出发点的教学，把学生教成连起码的语文能力和文化常识都难以过关，更在"课本中心、教师中心、考试中心"等"三中心"的教学立意中越来越丧失其学习的积极性，越来越爱不起语文。为此，我们必须倡导学语文教学，坚持在语文教学中讲求三个结合，即结合语文学科内容，结合学生学习需要，结合教师教学特长，以进行一种"学语文教学"的教学立意。

转型三：在教学活动上由"训练型"变为"发育型"

过去，语文教学的主要任务一般被认定为"语言训练"，于是以"训练"为主的语文教学充斥着整个语文课堂，一大堆这种训练、那种训练遍地开花；于是以"训练为主线"、以"语文训练为核心的语文教学"等理论也一时影响着语文教学的方方面面甚至中考、高考等。可以说，训练成了语文教学的代名词，好像语文教学一离开"训练"就无法教下去，学生一离开"训练"就学不到东西。

"训练"，《现代汉语词典》释义为"有计划、有步骤地使具有某种特长或技能"。由此可见，以"使"为内核的训练，是一种由此对彼的强加性行为和驱使性动作、训者与受训者之间处于不平等的少有商量余地的关系。所以语文课的训练教学，则充分体现了是一种教师的"教语文"教学。学生处于被动的、盲从的学习地位，无自主性。当然，我们并不否定训练，也不愿在这里过多地讨论"训练"的重要性如何等，只是想一再强调，恰当的训练仍然需要，但在目前"训练"之风盛行的特定时刻，不妨降降温，变变调，淡化一下"训练"，或者优化一下"训练"，倡导和强化与"训练"相对的"发育型"教育。发育型教学，实际上就是运用"学语文"教学理念而创造的一种教学活动形式。由训练型转为发育型，这一来体现了素质教育的特点，二来力求在提高学生的整体语文素养上多动脑筋，让学生在"发育型"教学中学语文和学好语文。

发育，《现代汉语词典》释义为："生物体成熟之前，机能和构造发生变化，如植物开花结果，动物的性腺逐渐成熟"。这里表明：发育的主体是"生物"，发育的过程中均为"自我行为的发生变化"，虽然依靠外界条件如阳光、水分、土壤等等才能发生变化，但这种"发生"体现了主体的自主性特征。学生的学习诚然如此，也应该像田里的庄稼一样，教师只是种庄稼的农夫，教室、课本、教学方法、教学资源等均像土壤、阳光、水分、空气一样，教师只是恰当地提供上述条件、施展得体的方法，让学生（庄稼）自主地成长，发生变化乃至成熟（开花结果）。这种教学，我把它称为"种树式"教学，也叫"发育式"教学，充分体现了一种科学的、新型的"教"与"学"的关系。"学语文"教学，就是以这种"发育式教学"为主要理念的教学，通过"学习型"课堂的活动方式，展开有效的乃至有意义的教学。

这无疑是一种最优秀的教学转型。发育型语文教学，主要是指导学生在"积累、感悟、熏陶"中学习语文，并多角度、多层面地发现和发展学习语文的科学方法，着眼于自发，着力于内化，走自我发育与教师培育相结合的道路。发育型教学，实际上就是教师在起组织者、引导者和帮助者的作用，让学生在充分发挥自主、自动、自创的学习作用的状态中进行习得与发展。无数事实也充分证实了这一点，由于语言的工具性和复杂性、文学的丰富性和综合性，再加上语文课程承载的人文性等功能特点，语文教学光靠"训练"是远远不行的。特别是那些"只可意会而不能言传的东西"，岂能让学生在"训练"中掌握呢？而只能代之以在积累、感悟、熏陶和形成语感、学会诵读和鉴赏等一系列发育型的学习语文的教学活动中去习得，从而达到提高语文能力的目的。

由于语文发育式教学的内容、形式和方法，与"训练型"截然不同，所以目前广大语文教师并未能完全认识与掌握"发育型"的教学方式与方法，也未能完全从"训练型"的固有活动模式中走出来。因此，当前只能从强化教学活动中找到与"发育型"教学相吻合的"培育型"教学这一方式。"培育型"教学，即以学生的发育为目标，充分发挥教师的教学指导和培植作用，让学生更好更快地发育。近几年，我们特别注重指导课题实验教师开展这一教学活动；即从学生的"思维培育"与"心灵感悟"等方面入手，抓住与语文培育直接相关且对语文学习起导向性作用的"两种思维"（即"形象思维"和"逻辑思维"）而进行了发育型教学。

首先，结合语文教材和语文教育特征进行形象思维培育。因为形象思维培育是语文素质教育的重要内容，是中学生进一步学习、鉴赏优秀文学作品，努力展现多姿多彩的大千世界，生动塑造各种形象的基础思维培育，它比简单地教给学生阅读与写作的方法更有可感性与可操作性，因此也能更快地发展学生在语文意义上的形象思维与语文悟性。如在指导学生学习语文课本中那些优美散文、诗歌、戏剧与小说时，教师就特别注意利用这些课文在景物刻画、人物塑造和抒发感情等方面的特色优势，既努力教好写作方法，也适度引导学生鉴赏学习，同时渗透语文形象思维培育，让学生的形象思维在读写欣赏与感悟、熏陶中得到培育发展，有了这种长期的良性培育，学生的语文素养自然就可以提高。

其次，结合学生实际和语文教育特征进行情感思维培育。由于情感思维是有别于逻辑思维和形象思维的一种情绪感受思维，在语文教学中因为往往忽视学生主体而被忽视或丢弃了。作为一种思维，情感思维的确存在。它主要是通过外界事物的刺激或形象的触发，引起与之相对应的喜怒哀乐、爱憎褒贬等方面的情绪感受而思考、联想甚至想象，这种情绪感受既是理性的，又是具体的。语文素养教育重视了情感思维的培育与感悟，就可以不断丰富学生内心世界，多方调动学生对世界、对社会、对人生的情绪感受，发展他们的健康情感思维，弥补他们在形象思维中的不完整性和单调性，同时帮助他们在作文实践时更好地塑造出有血有肉的各种形象。

由此可知，语文素养教育不能只靠"知识训练"和"能力训练"，也不能不重视对学生丰富的形象思维和情感思维的培育。当然，教师如果能将"发育"与"训练"二者巧妙地结合起来，那么，语文素养教育也许是一种更加完整的教育。因此，我们要继续研究和探索，让学生受到的语文教育，不仅是"训练型"的，而更多的是"发育型"的（即积累、感悟、熏陶型等），以至完善和发展语文素养教育。

综上所述，发生在语文"教学转型"的以上三大变点，是语文教育改革史上的一大进步。由此而产生的许多教学变化，确是语文素质教育的成功亮点。而且这种变化会带来更深刻的语文教学改革。这种变化的核心，就是从"教语文"教学走向了"学语文"教学。总之，学语文教学旨在对学生进行语文学习能力的综合教育，特别注重挖掘潜能、调动智能、教给技能、培育创能的多能教育的整合，这些将成为以语文素质综合发展为核心的语文教育的方向，这也许是一个世纪性教育主题。让教学"转型"，带给我们每个语文教育工作者的是新理念、新主张、新教法、新面貌和新效果，这也是"学习型"教学努力追求的目标。

冠之以"学",却无真"学"

——对当前语文"失学症"的反思

一、现象:课堂教学却缺"学",教的"失学症"仍然严重

目前我国的语文教学改革,虽然轰轰烈烈,但我们不难发现有一种"流行病",即教学非学的"缺学症"。我把这种现象称为"不良教学"。比如,其中有一种现象,尤其是教学研究中也见"教"不见"学",犯了教研"失学症"。在学科教学研究中,看来也要讲究科学,讲究学理,构建与发展基于"学"的教学研究新理念。这显得越来越重要,因为新课程改革理念和学科教学规律告诉我们:教学,教学,是教之以学,即"以学教之(学生)"。那么,如果缺乏对"学"的研究,也就是缺乏基于"学"的为"教"而研的所谓教学研究,由于缺乏或失去"学"这个前提,那么就等于"无源之水、无本之木",成了一种无的放矢的片面型教研。因此,我们倡导:要用科学的精神和方法,在构建与发展基于"学"的教学研究新理念下,大力开展"有学"的教学研究,即真正的教"学"研究。

目前,在各地呈现的语文教研活动及其成果,大多数停留于"教"的范围里,都在为"教语文"而研究,如教材、教法研究等,而对语文学科教学的"学"的研究很不够,比如研究项目少、研究风气不浓,研究成果也难以得到大面积推广应用。目前有关"学案"的兴起,虽然有"学"的口号和形式,却又变回"教"的行为。我们经常碰到这样的教学现象:

1. 开口闭口都是"我来讲,你好好听……";"这个地方很重要,多次考过,要给我听好记好。"……

2. "我提三个问题让你们思考,给你1分钟时间,"……

3. "学生就是不配合我,一个知识点不知讲了多少遍了,学生还是没

有掌握,就是基础差、能力低"。……

这种种现象可以表明,表面看去,似乎没有错,但实际上仍是传统教育观念的体现,即以教师为本,以"我教语文"为出发点,而不是从学生出发,不是以"学生学语文"为教学思路,也就是说,不在"教学"语文,而是在"教授"语文,或者是"讲语文",缺乏有"学"的教,或者是"学语文"的教学,更没有考虑"让学"于学生。当下书店里那一本本《名师讲语文》《教书授课记》等,都可以看到这种"教"语文而"学语文教学"的势力还较为强大和普遍的。

大家知道,学生的学习,光靠教师"讲"就能讲出成绩吗?实践证明很难。这就要靠教师去"让学"——让学生自主学习、自愿学习、自能学习、自动学习;要靠教师去"导学"——开展"因学而导、为学而导"的学导型教学。

基于此,本人曾于1990年开创了一门新学科叫"语文学习学",以此启动关于"语文学习科学"的研究。其目的就是要通过开展基于"学"的语文教学及其教学研究,让教师在学生"学"中教,让学生在有"学"的教中学,以改变当前语文教学普遍存在的无"学"之教、"重教轻学、教脱离于学"的现象,这样,也可以整治为"教"而研的语文教研"失学症",最终构建从"教"语文教学走向"学"语文教学的教学教研新体系。

二、思辨:有了"学"的口号,却又走进了歪曲"学"、糟蹋"教"的行为

现在,由于新课程改革强调了学生主体地位和"自主学习",国内许多地方和学校于是一时间出现了不少关于"学"的口号或者做法。比如:"以学定教","先学后教、当堂训练",以及"学案""导学案"和"学案式教学"等等。这对倡导"学"的重要性,纠正教师的以教代学、重教轻学等问题,无疑起到了积极作用,但是,也暴露了这些改革的不成熟甚至有可能走向误区的问题。

其一,"以学定教"。其中的一个"定"字,就把教师应有的地位与作

用抹杀得干干净净了，把教师的教学积极性和主动性也剥夺得荡然无存，反而破坏了教与学之间互动、合作、和谐的关系，削弱了教师的教学积极性，忽视了教的主导功能，否定了教师的主导性教学地位。可以说，这种说法是不太科学的，不符合辩证法，教学不可能也绝对不允许由甲决定乙或由乙决定甲的。一些偏激行为的盛行，同时，实践也不容许这些走向两端的过激做法。因为这样一种教学理念与行为，脱离了"师之主导者"作用，抹杀了千百年来教师教书育人的历史功勋。教育的行何改革，都不可能改掉教师的教学职责"教书育人"，"传道授业解惑"，"教学相长"，"因材施教"，"教是为了不教"，"教学即教学生学"等，当然，那些无学之教，失学之教，不为学生所学的教，也是缺乏生命力而必须改掉的。

其二，"先学后教、当堂训练"。其中的一"先"一"后"，虽然突出了"学"，但人为地削弱了"教"，曲解了"教"，将"教"与"学"二者的关系对立起来，将本来就是"教之以学"的完整教学过程作了过于片面和绝对化的切割。世上任何事物，都有其相互依存联系和互为因果关系的统一体。教学也同样如此。课堂教学本来就是一个共同体，是一个师生间教学相长、共享共进的良好的和谐生态，教与学的真正和谐与统一，其实是分不清、也分不开谁"先"谁"后"的，没有必然的"学在先"而"教在后"的规定。更何况还把它作为一种教学模式，让教师在课堂教学实施中因"先""后"失当而常常处于尴尬、无奈的地位。这里，不在乎"先"学与"后"教，能体现了学生主体地位和"自主学习"，就是最合理的教学，关键在于教师是否教了"学"，是在教人、教"学"，还是在教书、教"课"。如果整堂课都充满了"学"的元素价值及其效果，即使教师教在先、学生学在后又有何妨害呢？

其三，"学案""导学案"和"学案式教学"等。在这里要特别指出的是，当前盛行所谓"学案"或"学案式教学"，也是一种"穿新鞋走老路"的做法。从表面看去，注重了学生的学，无疑比那种教师"一味脱离学"地教是有了进步，但是，从"学案"的产生及目前已有的概念界定及"学案导学"的实施情况来看，就不难看出"穿新鞋走老路"的痕迹。"学案"

一词，据可查资料得知，在我国历史上出现较早的，要算是黄宗羲的宋元学案、明儒学案、徐世昌的清儒学案。这里的学案是指：记述学派内容、师弟传授、学说发展的书。现在所出现的"学案"，可以说，是被后人所引申、发展了的"异常学案"。当然，它对推进新课程改革、倡导以学生为本的理念、构建新的教学方式和学生学习形式，也起到一定的促进作用。但是，由于在对学案的理解与运用上却是千差万别，效果也很不一样，甚至有些还产生了副作用，走进了误区，有必要引起我们开展反思。

顾名思义，学案学案，是学习之方案，是学生自己的学习方案。但目前较为流行而又被广泛运用的却是这样的学案，即"学案是教师为学生设计的有目标、有程序、有题例的课堂学习活动的方案"。还说"学案是教师为指导学生编写的讲义，不是教师教案的浓缩"等等。我们认为，这是穿了"学案"的新鞋却走了教师"包办教学"老路，说到底却还是"教案"的学案。

在这里必须明确一个前提，就是到底谁是学案的主体，什么才是真正学案的设计与运用？如果仍然先由"教师为学生设计"，是教师"编写的讲义"，再要学生去运用，那么，这样的学案的设计其主体本是学生却被教师替代了，这与教师过去一厢情愿的"包办教学"又有什么区别？我们认为，学案设计与运用的主体应该是学生，而不应该是教师。否则，又从"以学定教"变成了"以教定学"。当然，我们也不否认教师"主导"作用的发挥，尽可能让学生在教师指导下进行学案设计与运用。目前还有把学案说成是"教学案"或"导学案"的。这也未必妥当。因为目前所实际出现的"教学案"和"导学案"，说到底都属于教师的"教案"，只不过是在其中贴了一个"学"字的标签而已。其实，作为真正有价值意义的教案，本来就是一个种教学之案的"教案"，本来就应该是"教学案"或"导学案"。请问：无学之教还成其为教吗？更糟糕的是，目前因学案设计主体本是学生而被替代的误导，社会上竟大量出现把本是"教辅资料""练习题"也换名为"学案""学案导学册"之类的怪现象。这给学生造成了更大的危害。

基于此，我们可以给作为真正意义上的学案下个定义，就是指学生在教师指导下，用来制订学习计划、记述学习内容和学习过程及方法，展示学习成果（含作业）和开展实练活动、进行学习总结反思的一种"学习方案"和"学习记录"。这样的学案，由学生自己"制订""记述"以及操作运用，从而变成学生的一种学习形式或学习载体，才会真正体现"以学为本、为学而教"的现代教学理念，也才能促进学生的自主学习和自能学习得到落实。

要解决这些问题，当然有很多途径与办法。在这里，我认为，加强对"语文学习学"乃至整个语文学习科学的再认识、再实践的工作，显得十分重要。尤其要加强在哲学论指导下，在语文学习科学理论大厦建设中，对"语文学习哲学"的研究及其应用又是重中之重。因为语文学习哲学，是哲学论在指导语文学习科学研究的主要理论武器，也是在语文学习科学研究中的一种具体体现。为了强化语文学习科学构建的理论基础和科学背景，要大力开展关于语文学习哲学的研究与运用。在语文学习哲学的研究中，目前要突出开展对基于"学"的语文教学科学理念的构建，这将是今后语文学习科学发展的主要内容，也是"语文学习学"贯穿始终的研究课题的关键。

三、出路：在于真正建构与发展既"基于学"又融"教与学"于一体的语文教学新理念

由于语文学习哲学的介入，用"语文学习学"构建基于"学"的语文教学新理念，当今语文教学则可以成为其前瞻性与传统性相统一、发展性与继承性相统一、创新性与可行性相统一、主体与主导的统一，也就是教与学的科学协调与互动共进。一句话，要积极构建基于"学"的语文教学新理念。

1. 要下决心坚决克服"失学症"教学现象，把目前语文教学的缺"学"问题解决好。

由于"师授生听"的教学现象长期存在，目前师生们都习惯于这样的

照本宣科式教学，学生往往依赖于老师讲，缺乏自主学习、自能学习的能力和习惯，一旦脱离教师的讲也一下子落入束手无策、学不得法的低效局面，教师也因为用"非灌输式"的方法反而让学生接受不了或学习不好为理由，不愿意改变原来用习惯了的照本宣科式的"灌输"教学行为，而继续被捆绑在一种因长期缺失学生学习的"失学症"教学病态之中。比如，学生想学的和不想学的都不加区分地教，学生会的和不会的也不加思考地一起教，教不会的也不变变法子让学生能学会，更没有教学生如何"懂学、会学、能学"的学习策略和学习进程及学习方法等。概言之，教学却无"学"。

要解决好"教学缺学"的问题，必须讲究以下三大策略：一是学生因人生发展、进步而必需具有的却还具备而需要学的，所以要教其所需；二是学生由于学习中发生困惑、有问题而请求教师教的，所以要教其所困；三是学生在学习中由于某种原因而存在缺陷还可以补教的，所以要教其所缺。

2. 在"基于学"的背景下构建学习型语文教育的全新教学理念，为追求"教基于学"的语文教学新模式，而进行更加科学的"思辨＋实证"型的探索。

从我国二十世纪八十年代起，关于"学"的指导和研究不断兴起，在对"学"的指导方面又以学法指导为主体。在后来十几年里，随着学法指导与研究的不断成熟，国内逐渐形成了两种主要的学法指导模式（或叫两大流派）。即"导学式"和"学导式"（后来又发展为"学导法"）。可以说，它们二者虽然只有一个字序变换，其目的也都指向了"学"，但其教学方式的呈现是不相同的，体现着完全不同的教学理念：前者是"重于学"，后者是"基于学"。由于教学理念的不同，使二者的教学出发点和功能特征不一样，所采取的行为方式和作法也随之不一样。

比如，"导学式"虽然也注重于学，"导"也在起较大的作用，但它仍是从教师出发，仍是教师的一厢情愿，不是因为针对学生需要的学而导，或者说适合学生的学或来源于学生的学，否则，看上去你也在导学，但导不到学生的心坎上，导不到学生的实效处（不符合学生实际），那么，这种"导"完全有可能与过去的灌输式教学没有区别。这种导也有可能只是导了一些学生并不需要的学，或者是教师想当然地认为是学生需要的学，可以说，这种导不是因学而导，还是因教而导。当然，这种学法指导如果能够从"重于学"走向"基于学"，那就大不一样。这就是后来发展起来的"学导式"即"学导法"（本人特称之为"学导型"教学）。这种"学导型"教学，则无疑比"导学式"要进步得多。这主要是因为它已经完全立足于"学"，成为了一种"教基于学，教之以学"的教学思想和教学行为。可以说，"学导型"教学，才真正地站在学的角度来设计教，来实施教，来评价教，既从学生出发，又向学生出发，为适应学生的学而导，即因学而导，为学而教，以学导教，以教适学，比较彻底地体现着以学生为本的教学理念：教学，教学，教之以学。

《学习的革命》一书作者认为：我们怎样学习比我们学习什么要重要得多。学会快五倍、更好、更轻松地学习，你就能把各个原则应用到任何一个科目的学习。我的体会是，这里的"怎样学习"，其学习的科学和学习方法应该是最主要的内容之一，而关于对"怎样学习"的指导，即"学习方法指导"也应该成为教师的重要教学内容和"会学型"教学活动之一。

总之，构建与发展基于"学"的语文教学新理念，以及由此产生相应的"学习型语文教育"新体系：既为创立"学语文"课程，开展"学语文"教学而进行教学改革，也为开展基于"学"的语文教研而寻找新思路、新内容、新途径，无疑会产生让教师教好语文、学生学好语文的最佳境界和最优效果。

"教"与"学"：能走到一起吗

新课改以来，"教师讲、学生听"的教学曾经人人喊打。以学生学习为中心的观念和自主、合作、探究的学习方式，得到了广泛的欢迎，中小学教师为此开展了积极探索。广东汕尾的林惠生老师就组织实施了"学语文"教学实验，并且形成了一定的影响。我们（以下简称"记"）特意对林老师（以下简称"林"）进行了访谈，希望借助他的经验智慧帮助大家进一步认识"教"与"学"的关系，思考一个共同的问题——"教"与"学"：到底能走到一起吗？

记：林老师，您从教约有四十年吧，作为一名老教师，又做过教研部门的领导，对新世纪启动的基础教育课程改革，您有什么看法？课改下一步的重点应该放在哪些方面？

林：基础教育课程改革，是现代基础教育整体改革的一部分，对推进基础教育发展、提升基础教育水平和质量，做出了大胆的尝试。但由于准备不足，它仍然存在着许多有待整改或者完善的问题，大家都应积极反思，认真总结经验，让课改产生新成果。至于课改的下一步重点，我认为可以先放在以下三个方面：一是国家应迅速完成"课改方案"和各学科"课程标准"的修订，以尽可能体现课改（含课标）的先进性与科学性相统一、实效性与可操作性相结合；二是进一步修订或完善配套教科书，以解决目前普遍认为教材编写质量不高、品种配套不齐、师生不好用的问题；三是科学总结并构建与之相应的教学活动机制和方法体系，尤其需要新的教学模式和教学质量评价方案，以拉近先进理念与教学现实的距离，防止"穿新鞋走老路"，防止课改因"流于形式"而告终。

在这里要特别指出，我国从"教学大纲"走向"课程标准"，无疑是本次课改所"改"出的一大亮点，为落实"以学生为本"理念走出了可喜的一步，但国际课改比我们走得更远、更扎实有效。2009年3月，日本文部科学省颁布了新的《学习指导要领》，从标题看，就知道他们制订的不是从"教"出发，也不是从"课"出发，而是"从学出发，为学而教"的学习型教育"课标"，他们强调"精选学习内容的过程就是重构学科学习逻辑的过程"，还强调"学习多少知识不是最重要的，学习被意义化才是有价值的"。概言之，就是突出了"学"，突出了"学导"。我从二十世纪八九十年代开始探索的"学语文"教学，就被人归纳为"学导法"教学流派。我希望，我们的课程标准可以向学生的"学"及"学导"走得更近些。

另外，不要因强调"要给师生留下创造的空间"，而把教科书编得支离破碎，让师生不好用。要尽可能使教材的目标有体系，知识点连贯，学习过程指导化，思考与练习呈现新颖、层次性、可为性。在教学实施中，要将"教什么""怎么教"以及"教得怎样"等三位一体地统一考量和操作，而且要关注并建立在学生"学什么""怎么学""学得怎样"的基础之上。

记：您提出的"学语文"教学很符合新课改的思想，这可以说是新课改的一个部分、一个成果吗？您何时开始形成这种想法？

林：可以这样说。但是，"学语文"教学这一概念，最早提出是在我1990年发表的一篇论文《"语文学习学"的构想及其尝试》之中，近20年来一直为之滚动研究，也出了不少成果。恰逢新世纪的课程改革，它与新课改思想相符合，能成为新课改的一个部分、一个成果，则能说明两点：第一，从某种意义上说，新课改的思想或者理念并非从天而降，而是吸收、采纳或植根于像"学语文"教学这样一大批国内外较优秀的成果；第二，也说明了"学语文"教学这一成果的生命力强，其理念的前瞻性与操作的科学性不断得到认可，对它的研究也已经产生了深远意义和普遍推广应用价值。

记：您领导从"教语文"教学转变到"学语文"教学的实验在汕尾已经开展四五年了，能阐述一下您如何理解"教"与"学"的关系？

答：关于"教"与"学"的关系，我认为，应该既是一种相辅相成的和谐关系，也是一种亦合亦离的矛盾关系。正确对待和科学处理这两种关系，有利于教学发展，这将是教学研究的永恒主题。目前教与学的关系概括起来有三种情况：一是教与学的对立，或者教与学相脱离，重教轻学，甚至有教忽学、有教无学，也就是没有"学"的教；二是将"学"强调过了头，使"教"处于被动，处于尴尬，最终学与教还是被割裂，比如"以学定教""先学后教"，显然这比"重教轻学"有进步，但这样被一"定"、一"后"，教还有积极性和主动性吗？三是教与学的和谐，将教与学形成一个"有机体"，这种关系的表现形式是：师生合作互动、共为教学主体，教基于学、教学相长。我们的"学语文"教学就体现了这第三种关系——以学施教、亦学亦教，教在学中、学在教中，也就是"让学生学""帮学生学"，使语文教学成为"有学的教"和"有教的学"。

"教"与"学"的关系，说到底是一种师生关系。过去，我也跟着说"以学生为主体、以教师为主导"，但后来总感觉不对劲，于是提出了"以学为本、为学而教"和"师生共为一个教学共同体"等观点，还提出了"师生也并非双主体，而只是一个主体的二元即'主体二元论'"。

记：当前，对放任学生自主学习现象，有不少人提出批评，认为这导致教学效率低下，学生基础不扎实。您如何看这个问题？

林：在教师的"职业词典"里，是不应该有"放任"一词的。从这一点说，如果对教师的"放任"提出批评，则无可厚非。但是，所作推论因"放任学生自由学习现象"而"导致教学效率低下，学生基础不扎实"的说法，是不太科学的，其逻辑推理显得有些武断、偏激、偏面。首先，"教学效率"是一个综合性指标，其具体内含也是动态的、多元的。"教学效率低下，学生基础不扎实"到底能否与"放任学生自由学习现象"构成必然联系，或者成正比例关系，也无法考证。缺乏必然的因果关系的批判是不科学的。另外，"学生自由学习现象"也很难说就有问题。要从学习的特定环境、特定时间、特定要求与任务等来进行具体情况具体分析。作为学习方式之一——自由学习也未尝不可。说实在的，现在学生的学习自由度是不高的，统一得太多，限束得太多，选择性不够，自主性不强，自觉力差。如果从学习自由再走向学习自觉、学习自能，那该多好啊。

记：按您说的，教与学是一个有机体，在这个有机体中教师的"教"究竟要如何发挥作用呢？

林：关于教师"教"的作用的发挥，首先要明确对象，还是要与"学"联系起来，实现学本型教学，将"教"的作用发挥在"学"之中。有"学"才有"教"，让"教"走进"学"中，这是一个最朴实的命题。

如果脱离学的教，再怎么样发挥作用都是没有意义的，甚至还起副作用。因为这种作用"发挥"不是站在学生的立场，没有针对学生的学。有些教师在课堂上天马行空、滔滔不绝的，的确发挥得好，但只是一种对教科书的宣讲、自己才华的演示和哗众取"悦"的师本型教学。此外，教的作用发挥，还需要依赖于教学系统工程的整体作用的发挥。大家知道，教学系统工程包括教学理念确立、教学内容处理、教学过程设计、教学策略安排、教学方法运用、教学状态调控、教学效果评价等一系列教学活动的整体优化和科学到位。当然，当教学有了整体优化以后，教学发挥还是要讲究一些微观因素和具体招式。国内就涌现了不少关于这方面的成果（本人也创立了"法"教学论等），这都成为对"教的作用发挥"研究的一种特色。

记：你前面提出，要尽可能使教材有体系，知识点连贯，学习过程指导化，刚才也说教学的发挥要讲究方法，要引导学生，这是不是表明对于学什么以及如何学，施教者其实心中有谱？这与让学生自主学习有没有矛盾？是否意味着学生最好在老师（及政府）规定的圈圈内学习？

林：施教者之所以为师，也就是因为"心中有谱"，这与让学生自主学习并没有矛盾。关键是看你的"心中有谱"，"谱"在哪里？如果"谱"在学生和学生的自主学习上，而不是教师一厢情愿地包办教学的"规定的圈圈"里，并形成一种为"能够让学生自主学习"而起引导、保证作用的责任与措施，体现着"让学生学"的理念，这又何妨不可以？在这里我要重申两点：第一，要将施教者必要的科学管理、引导与违背学生意愿及其学习规律的"圈圈"加以严格区分；第二，要从教与学在形式上的简单结合和消极平等，真正走向教与学在精神上的彼此融洽、在行为上的积极融合、在效果上的共同发展。

记：你们探索的"学语文"教学十大模式，与常规的语文教学、与其他语文教学模式最大的区别在哪里？这些教学活动当中多大程度上需要"讲授法"？

林：这没有绝对的可比性。因为其他（也含常规的）语文教学模式，都有优劣之分，各有特色，其中也不乏与"学语文"教学同类的。"学语文"教学的十大模式，有自创的，也有对其他教学模式扬弃而发展的，还要借来进行完善与提升后以赋予新的含义的。要说"学语文"教学模式的最大区别：就在于它突出了一个"学"字，比较注重进行"有学"的教。另外，还形成了一个置于"学语文"教学理念下的操作模式体系——每个模式都各有其功能，发挥各自的作用。

这里有一个问题值得讨论：教学有必要弄那么多的模式吗？我们先不回答这个问题，可以看看现实中的情况。有的人一辈子就守着一个观点或一个模式，总想用它搞所有的教学教研，把它变成"万能理论"或"万能模式"，套用或硬搬进一切教学之中，结果弄得不伦不类，适得其反，难以自圆其说，连最初的本来有的那点成果价值也被"套"掉了。其实，教学与生活一样，都是丰富多彩的，因此也都呈现着各式各样的模式，为此也应该总结形成并科学选用不同的教学模式。要想用一把钥匙开一万把锁，在当今世上还是很难的。更何况教学要面临不同的学生对象、不同的学习内容、不同的学习目标要求、不同的学情和环境等，再加上教师不同的素质、教学特长及风格，又怎么能不需要更多更好的教学模式呢？如果老是用一个或一套模式"模"下去，那就真的是模式化了。

讲授法，作为一种教学方法，无褒贬之分，关键看你用得好不好。它不是一种教学模式，但任何一种教学模式都不可能不用到它，包括我们的"学语文"教学。我认为，那些用绝对时间规定教师一节课只能讲多少分钟的做法，既不科学，也不人道。还是根据需要来讲，"有话则长，无话则短"。

记：我们现在探索的多种教学模式是否适应现行的考试选拔制度？您如何看待教学与考试之间的关系？

林：本来，我们探索教学模式，只是为教学服务的，是为了更好、更有效地教学，并不是冲着考试去的。从理论上讲，教学模式是属于教学的，与考试选拔制度没有构成必然联系，是无所谓"适应"与否的，即使适应，那不是偶然相碰，也是"应试教育惹的祸"。我们提倡的是二者能彼此适应，和谐互动。但从现实上说，现行的许多教学模式特别是那些备考教学模式，如果不适应现行的考试选拔制度，那也无法交差。

　　教与考的关系，可以说二者之间具有必然的关系，因为它们同属于教学活动过程中的两个必有的环节或者要素：有教就有考，关键是看怎么个考法、考什么、是不是与教构成了相辅相成的和谐关系。比如，近年来高考不断改革，在命题上由"知识立意"走向"能力立意"，并规定了相应的能力层级体系。如果我们平时的教学也立足于"能力立意"，在学科能力、学习能力的培养上下功夫，让学生既学会学习，也学会考试，再加上考试命题也确实做到了"能力立意"，那么，这样的教与考之间又有什么矛盾呢？

　　　　　　　　　　（本文发表在广东《课程教学研究》2012 年第 1 期·创刊号）

第四章　语文学习情况的调查研究

【引言】

本章是基于"语文学习学"的基础工程即"学情"调查的研究部分。

如果对学生的整体学习及其语文学习的情况不了解、不把握、不研究，那么这样的教学便无"的"放矢，即使有再好的语文学习科学的理论和做法，也只能是一场空谈和白费功夫。所以，开展学情调查，是"语文学习学"的基础工程，是基于"语文学习学"的学语文教学的首要研究内容和任务。

本章展示了关于"学情"调查的三篇文章，旨在从三个方面发现与了解学生的语文学习情况，并作出相应分析和对策的研究。一是从整体上最基本的语文学习情况作综合调查，二是就一个地区（汕尾市）的学生的语文学习情况作专项调查，二是就某种区域内（农村）学生的学习过程环节（预习）上有关语文学习情况作专题调查。这样就可以较为真实和全面地了解学情、把握学情、研究学情，从而采取更为科学、合理和针对性的学习指导对策。

对学生语文学习情况调查的思考与分析

学生的语文学习情况调查，简称"学情调查"。这是"语文学习学"所十分注重的一项内容。它充分体现了"以学生的学为本"的人本思想和"学本式教育"理念，也符合"准备赢得一切"的现代思维方式以及古代"知己知彼，百战不殆"的策略思想。"语文学习学"注重"学情调查"，就在于倡导"语文教学是一种有教的学"的理念，就在于认定语文教学是以学生学习语文为出发点，即"以学立教，为学而教，因学施教，教有所学"的全新语文教学观。

由于"语文学习学"提倡"教是为了学"的思想，所以就把学生的学情调查作为语文教学工作者第一位的教学任务。怎样开展"语文学情调查"呢？主要可分三个步骤：第一、明确调查目的，并设计一份切实可行的学情调查计划（含问题、程序等）和调查提纲；第二、实施调查活动，如确立调查对象，发放调查资料（表格等），与被调查人谈话、交流，收集和整理有关资料；第三、根据调查资料分析研究，提出教学的对策与措施，或者回答学生问题以及召开学生调查报告会等等。

现在，我们就曾经通常操作使用的学生语文学情调查提纲展示如下，以供参考。

一、关于语文学习的基本情况调查：

1. 关于语文课程，你是（　　）

A. 认识模糊，不知道是学了之后有什么作用。

B. 了解到语文是学好语言文字，便于以后生活与工作的需要。

C. 语言是培养学生听说读写能力和接受祖国文化、提高人文审美素养的综合性课程。

D. 其他：

2. 对语文课程，你认为（　　）

A. 不好学，太难。

B. 天天在学，还是学不好，效果不明显。

C. 学语文好玩，十天半月不学，也能跟得上，再怎么样也不会得零分。

D. 语文学好不容易，但只要多读多写，多观察，多积累，多实践，还是能学好的。"勤奋＋会学"是学好语文的基本途径。

E. 其他：

3. 对语文教师，你喜欢哪种类型（　　）

A. 朴实型，严谨治学，不善言谈。

B. 豪放型，性格外向，能言善辩。

C. 综合型，既朴实认真、平易近人又活跃健谈等。

D. 其他：

4. 对语文学习的方式，你赞成（　　）

A. 接受式，以听为主。

B. 探究式，以合作讨论和师生互动为主。

C. 多元化、综合型，以根据语文学习内容需要为主。

D. 其他：

5. 关于学习计划，你是（　　）

A. 未定学习计划。

B. 有时定，有时未定；有的地方定，有的地方未定。

C. 定有日计划、周计划，月计划。

D. 开学之初，升入高一个年级之初，能根据自己的志向和发展计划来安排自己的学习；学习中有学段规划，年度计划，学期计划和月段学习计划和周学习计划。不仅有计划，而严格执行计划，计划观念强。

6. 关于时间的安排与使用，你是（　　）

A. 没有时间观念，想学就学，不想学就无所事事，盲目消遣。

B. 随波逐流，杂乱无序，学到哪算到哪，时间浪费多，利用效率低。

C. 认为时间投入越多而学习效果越差，不会合理安排时间。

D. 具有很强的时间观念，把每天要学的课，要做的事（包括吃喝穿睡）按轻重缓急统筹安排，寻找最佳学习方案和程序，在规定时间内完成规定的学习内容，养成了良好的用时习惯。

E. 在 D 的基础上，摸准自己的生物钟，根据自己生命活动内在节奏的周期性安排时间，决定程序和方案。在高峰期攻重点，办大事、要事，对休息、闲暇时间也能积极、科学的运用，在紧张的学习过程中，或调节坐与行、躺、动脑与动眼、动口、动手的姿势，或调节学习内容，交换文理科目，或插入文体活动。

F. 其他：

7. 关于学习方法，你是（　　）

A. 心目中没有，学习处于盲目、机械、死板的状态。

B. 认为无所谓，信奉"书山有路勤为径，学海无涯苦作舟"。

C. 认为管用，但在学习过程中，自觉不自觉地忙作业、赶进度，忽略了学法的总结、积累、掌握和使用。欢迎开设学法指导课。

D. 认为方法比知识更重要。在学习过程中自觉地不断探索、总结、掌握、运用学法。

E. 认为方法比知识更重要。不仅在学习过程中总结、运用学法，还向老师、同学学习学法，购买学法指导书籍，掌握了较为系统的学法并能活用，形成了良好的学习品质和习惯。

8. 关于阅读方法，你是（　　）

A. 机械性阅读，漫无目的，泛泛而读。消遣性阅读，为消磨时光而读。

B. 积累性阅读，能按照既定方向感知，辨识文字符号，积累储备词汇、精彩句子、段落，丰富语感，具有识字、释词、析句的认读能力和语言感悟能力。

C. 理解性阅读。能把阅读的材料联系起来，利用原有的知识和经验，经过想象与联想、分析与综合、归纳与概括、判断与推理等思维活动，理解材料和精神实质，具有一定广度、深度和速度。

D. 评价性阅读。能对阅读材料的思想内容、表现形式、风格特点等进行科学评价和艺术鉴赏，体味深究其先进与落后、是与非、好与坏、美与丑。

E. 活用性阅读。能根据一定的创新目的去阅读。一方面能从阅读中去吸取、整理和储存知识，另一方面又能灵活地提取和运用这些知识。在阅读中能引起触发，得出创造性的新设想或新认识，训练变通性，形成创造性的智慧和力量。

F. 其他：

9. 关于记忆，你是（　　）

A. 缺乏有意识地记忆知识和事物的习惯，记忆力差。

B. 认为记忆重要，但记忆方法少，多停留在经验记忆、机械记忆上，死记硬背。

C. 认为记忆重要，不仅在理解的基础上记忆，同时随时随地总结寻找记忆的方法。

D. 掌握了及时记忆法、背诵法、书写记忆法、归类记忆法、列表对比记忆法、提纲默写记忆法、直观形象记忆法等等记忆方法，记忆力强。

E. 不仅掌握了一定的记忆方法，且能运用这些方法，并且养成了良好的记忆习惯。

F. 其他：

10. 关于思维类型，你是（　　）

A. 单线型思维，对研究对象只用一种思维方式，用了正向思维就不用逆向思维，用了纵向思维就不用横向思维。

B. 系统性思维，又叫文体思维。把研究对象放在系统范畴上加以思考，将其各个部分各个方面的因素联结起来，纵横联想，多向思索，博采广选，达到对事物、习题的最佳处理，促进思维的严密。

C. 定量性思维。在系统性思维的基础上，把数学方法用于系统研究之中，进行数量思维，促进思维的数量化、精确化。

D. 创造性思维。不受传统观念的束缚，从新的途径思考和发现科学真谛。在被有忽视的无人区中，思索解决问题的最佳方案，或遇事反过来想一想，通过逆向思维开辟创造的通道。

E. 预测性思维。即超前思维。在听课、看书时，尝试着设想下面要说什么，在办事时，能进行动态分析，提出有关事物发展方向的假设、预见、有"运筹帷幄，决胜千里"的战略头脑。

F. 其他：

11. 关于思维方法，你是（　　）

A. 只顾吸取知识，未想到学习和总结思维方法。

B. 想掌握一些思维方法，但教材上没有，不知思维方法的内涵与外延。渴望老师指导。

C. 基本上能运用抽象与概括，分析与综合，比较与分类，求同与求异等整理感性材料的逻辑思维方法。

D. 能从理论和实践的结合上运用逻辑思维方式方法，包括判断、推理（归纳法、演绎法、类比法）论证。

E. 不仅能运用逻辑思维方法，还能运用形象思维方法，直觉思维方法，辩证思维方法。

（注：凡有"有他"项的，可以用具体文字表达你认为的意见。）

二、关于语文学习过程五环节情况的调查：

（一）预习：

1. 关于课前预习，你是（　　）

A. 不预习。

B. 想预习，但没有预习的时间。有时预习，有时不预习，有的内容预习，有的内容不预习。

C. 经常预习第二天要学的新课，还在课前三分钟预习。

D. 在C的基础上，利用星期天预习下一周的课。

E. 开学之初，一得到新教材就读教材目录、教材说明，通读教材，粗知教材结构，上某项内容之前预习这项内容（章、单元），星期天预习下周课程，头天预习第二天的课程。

F. 其他：

2. 关于预习方法，你是（　　）

A. 把要学的内容看一遍。

B. 阅读要学的内容，并划出不懂或有疑问的地方。

C. 阅读要学的内容，并找到重点难点。

D. 有目的、有针对性地预习并查阅资料，解决一些疑难的问题。

E. 阅读新课，找到重点、难点，复习有关课文内容，查阅资料，解决一些疑难，找到新旧知识接合点。

3. 关于预习笔记，你常用的是（　　）

A. 无预习笔记。

B. 记教材的重点部分和自己对重点部分的心得。

C. 记教材内容前后紧密联系的重点及其心得。

D. 在 B、C 的基础上，还摘抄查阅资料或工具书中有价值的内容。

E. 在 D 的基础上，还记有对摘抄内容的认识评价。

其他：

（二）听课：

1. 在听课前做好哪些准备（　　）

A. 是否做好课前预习。

B. 你是否带齐了上课用的课本、笔记本和练习本。

C. 你是否带好其它学习工具，如：新华字典、参考书等。

D. 你是否已经做好在精神上的听课准备，如：有充足的睡眠和休息，能否精力旺盛、头脑清醒等。

2. 关于听课注意力，你是（　　）

A. 好动、乱想，注意力很难集中。

B. 感兴趣的能引起注意，不感兴趣的就不注意。教师讲得好的能引起注意，讲得不好的就不注意。

C. 在纪律约束或外界压力因素下，注意力能集中，但不稳定，有分心现象。

D. 无论是感兴趣的还是不感兴趣的，老师讲课好还是不好，在纪律约束或外界压力下，均能集中注意力。

E. 能对外来的干扰或刺激保持镇静的态度，没有松弛或分心现象，上课注意力高度集中，稳定，持久。

3. 在听课中，你是怎样做听课笔记的（　　　）

A. 你是否处理好听和记的关系。

B. 你是否是边听边记，还是听了才记。

C. 你在听课时是否做到了以下五记：记纲领、记疑难、记思路、记问题、记补充。

D. 你是否有整理听课笔记的习惯。

（三）作业：

1. 你是经常喜欢并完成下面哪些层次的练习题（　　　）

A. 知识性习题。　　　　　B. 理解性习题。

C. 应用性习题。　　　　　D. 分析性习题。

E. 综合性习题。　　　　　F. 评价性习题。

2. 你是经常喜欢并完成下面哪些类型的练习题（　　　）

A. 问答题和说理题。　　　B. 阅读题和作文题。

C. 判断题和选择题。　　　D. 填充题和匹配题。

E. 排列题。

3. 你在解题时喜欢用下面哪些方法（　　　）

A、审题　　　　　　　　　B. 分析

C. 解答　　　　　　　　　D. 检验

E. 评价

（四）复习：

1. 关于经常性复习，你做到以下哪几种（　　　）

A. 当堂复习。着重回忆老师今天讲了哪些知识，这些新知识是怎样产生的，怎样使用新知识，有什么问题还没有听懂等等。

B. 课后复习。着重整理笔记，查漏补缺。

C. 课前复习。在 A 的基础上，带着问题看书，用自己熟悉的符号阅读课本的重点、难点、疑点，进一步消化和巩固教材。

D. 看参考书。将这堂课老师讲过的知识深化和拓宽。

2. 关于系统性复习，要求达到哪几个目的（　　　）

A. 掌握知识的完整结构。

B. 补缺补漏。

C. 纵横对比，前后串联。

D. 灵活运用，综合提高。

3. 在复习中，你采用哪些方法（　　　）

A. 合理分配复习时间。

B. 合理地处理和分配复习资料。

C. 读写做交错复习。

D. 进行循环复习。

E. 想复习哪就复习哪，完全凭自己的主观意识。

（五）应试：

1. 自己在编制试题时，你一般遵循的命题原则是（　　　）

A. 试题的形式要符合考试的目的，要能测出所欲测量的知识和能力。

B. 内容取样要有代表性，亦即覆盖面要大，各部分内容比例要适当。

C. 题目格式不要使答题者发生误解，要使答题者明白让他干什么、怎么干、答案应以什么形式出现。

D. 语意要清楚，文句要简明扼要（但不可遗漏解题所依据的必要条件）。

E. 各个试题必须彼此独立，不可互相牵连，不要使对一个题目的回答而影响另一个题目的回答。

2. 在解答选择题时，你一般用下面哪些方法（　　　）

A. 直接法　　　　　　　B. 筛选法

C. 特殊值法　　　　　　D. 图解法

E. 验证法

3. 在考试前，做好哪些准备（　　　）

A. 是否做好充足的复习。

B. 是否有足够的信心，是否放松了情绪。

C. 是否带齐考试用的学习用具，如准考证、考试专用笔等等。

D. 是否养好了精神，保持旺盛的精力。

三、从语文学习的识字写字、读书、写作、口语交际等四大要素的学习情况进行调查：

（一）识字写字：

1. 你到目前为止一共认识多少个汉字（　　　）

A. 3500 个字　　　　　　　B. 3000 个字

C. 2500 个字　　　　　　　D. 2000 个字以下

2. 你常用哪些识字法进行识字（　　　）

A. 拼音识字法　　　　　　　B. 偏旁部首识字法

C. 归类集中识字法　　　　　D. 口诀、歌谣识字法

E. 其它

3. 你写字能做到如下要求吗（　　　）

A. 规范，不写错别字　　　　B. 规范，很少写错别字

C. 工整，从不潦草　　　　　D. 有潦草，不够工整

E. 其它

（二）读书：

1. 你对读书的兴趣及读书结果如何（　　　）

A. 兴趣浓厚，读了很多书　　B. 兴趣一般，读了一些书

C. 缺乏兴趣，很少看书　　　D. 不看书，毫无兴趣

2. 你常常应用哪些有效的读书方法（　　　）

A. 默读法　　　　　　　　　B. 浏览法

C. 精读法　　　　　　　　　D. 研读法

E. 朗诵法　　　　　　　F. 其它

3. 你在读书时　（　　　）

A. 是否有做笔记的习惯　　B. 是否有与人交流的习惯

C. 是否有独立思考的习惯　D. 是否有写读后感的习惯

（三）写作：

1. 你有经常动笔写作的兴趣及结果如何　（　　　）

A. 有经常动笔写作的兴趣，写了不少作品，并勤写日记。

B. 有动笔写作的兴趣，写了一定量的作品，也时常写日记。

C. 偶尔动笔写作，课堂作文也不能及时完成，日记偶尔写。

D. 讨厌写作，很少写作或不写作。

2. 你在写作时，经常应用哪些有效的写作方法　（　　　）

A. 注重审题、素材和布局谋篇

B. 列提纲、打腹稿、注重修改

C. 学会读书借鉴法、读写一体法

D. 有个性化的创意写作

3. 你在写作时，有哪些特殊的成功经验和得意之作　（　　　）

A. 课堂习作　　　　　　B. 课外练笔

C. 文学创作　　　　　　D. 考试与竞赛的应试作文

E. 其它

（四）口语交际（听、说）

1. 你在口语交际活动中，能听能说吗　（　　　）

A. 能听出要点，并能表明自己的观点

B. 听不太明白，也无法表达自己的观点

C. 听不清楚对方的意思，也不好表达自己的观点

D. 能善于从对方的言谈中听出自己所要获得的信息

2. 在口语交际中，你经常应用以下方法吗　（　　　）

A. 提纲复述法　　　　　B. 问题简述法

C. 情境描述法　　　　　D. 悬念开讲法

E. 幽默结尾法

3. 在口语交际中，你认为下列方法是最成功的吗（　　　）

A. 归谬论辩法　　　　　　　B. 诱导否定法

C. 言语暗示法　　　　　　　D. 投石问路法

E. 直话曲说法　　　　　　　F. 答非所问法

（1989 年 10 月在邵阳市中学语文教学研讨会交流，后来有多次修改应用。）

对当前中学生语文学习现状的调查与思考

本课题从中学生掌握语文知识的现状入手，着重在语文学科的"字、词、句、篇"等基础知识及读、写等基本技能方面分别列项进行了调查。调查结果表明：过分而单纯地强调语文的知识性，是对学生语文素质的整体提高的阻碍，只有建立"素质语文"的概念及其教学体系，加强"素质型"语文学习指导，实现从语文知识到语文素质的转轨，才能真正提高语文教学效率。下面特从"调查""思考""建议"三方面来进行综述。

一、调查

表一　字（总分 12 分，人均得 7.72 分，占 64.3%）

检测项目	字　音		应得分	字　形		应得分
检测题	音节	辨多音字	6 分	书写工整	正字	应得分
人均得分	1.98	1.23	3.21	1.87	2.64	4.51
通过率	66%	41%	53.5%	62	88%	75.2%

由此可见：①学生对一般的语音识记水平较高，对特殊的语音现象（如多音字等）的识别确认能力则较低，这与教师为适应语音考试的需要而强调拼音的死记硬背而没有加强对学生说好普通话的方法指导有关。②学生对字形的识别能力较强，但书写能力较弱，尤其在常见错别字的辨改方面往往不是感觉模糊，就是一错再错，这与学生采用机械记忆的方法有关，还与他们缺乏严格训练和方法指导所形成的不良习惯和态度（书写马虎等）有关。

表二　词（总分 20 分，人均得 14.32 分，占 71.6%）

检测项目	现代汉语词汇（12 分，得 7.49 分）					文言词汇（8 分，得 6.83 分）			
检测内容或题目	释词		析词		用词	释词		用词填空	
	书本上已学过的	书本上未学过的	构词	近义词	造句	实词	虚词	用刚学的填	用已学的填
人均得分	1.9 分	0.8 分	1.68 分	1.32 分	1.79 分	1.94 分	1.25 分	1.95 分	1.42 分
通过率	95%	40%	84%	66%	45%	97%	76%	97.5%	71%

　　测试结果表明：学生大都能把常用字组成词语，而运用词语的能力则很差；对书本上注释的词语基本上能准确解释，但对学过的词语，因为需要推敲推敲，通过率就相对低了。这就说明学生仍然习惯于孤立地理解和识记词义，不习惯于根据"字不离词，词不离句"的原则选词、释义、构词，从而增加词汇积累，更不习惯在一定的语言环境中揣摩如何准确、鲜明、生动地使用词语，由此可见，他们的学习迁移能力较差，知识的系统结构没有建立，全凭自己的经验与感觉去被动地接受知识。

　　文言文词语知识的通过率高于现代汉语，这主要与文言文教学的目标比较明确、知识内容比较确定和相对稳定有关，但是从文言虚词的掌握情况来看，学生并没有养成课后归纳综合的习惯，对知识没有融会贯通，因此遗忘速度快，"学后即忘"的现象目前比较普遍。这也是不会科学地学习、不会运用与所学知识要求相适应的学习方法的缘故。

表三　句（总分 21 分，人均得 13.37 分，通过率 63.2%）

检测项目与内容	句意理解（得 6.24 分，8 分）			含义表达（3.72 分，7 分）		句子结构（提 3.86 分，6 分）	
	对"朦胧"的理解	文言句子今译	破折号的用法	两个"好了"各指什么	"小桔灯"作用	单句成分划分	复句层次分析
人均得分	1.86 分	2.48 分	1.9 分	1.73 分	1.54 分	2.21 分	1.65 分
通过率	93%	83%	63%	43.2%	51.2%	73.7%	53%

（注：以测试初中课文《小橘灯》中的内容为主）。

从以上句子知识测试中可知：

1."句意理解"强于"含义表达"；在句意理解方面，对标点符号的理解与运用较差。这说明，学生一碰上灵活运用的题目就不能"灵活运用"，缺乏整体把握的能力，没有具备"具体问题对待""此处不通，另走一方"的思想方法。

2.对文言文的整句理解翻译能力很差，原来的对某个实词虚词能掌握的优势渐渐消失。这说明了两点：一是将文言句子译成现代汉语，单靠死记硬背不行了。在这里需要准确掌握关键词语在句子中的意思，也要有相应的现代汉语的表达能力；二是文言文接触太少，又不能由此及彼，把学过的文言文梳理成知识系统，然后形成一种语感和文言文学习情境，这也反映了课堂教学的断层现象，缺乏前后相连、循序渐进的功能。

3.对句子结构等有一定难度的问题的分析能力较差。学生占有并运用原有知识要付出很大的力气才有所新的获得，才会对一项较难的知识有新的理解。

表四　篇（总分 32 分，人均实得分 12.1 分，占 38%）

检测项目与内容	讲读课文（16 分，得 7.47 分）				自读课文（16 分，得 5.63 分）			
	分析层次	概括主要内容等	分析写作方法与特点	修辞、文学常识等	分析层次	概括主要内容等	分析写作方法与特点	修辞、文学常识等
具体得分	1.3 分	1.67 分	0.9 分	3.6 分	1.2 分	1.03 分	0.4 分	3 分
得分率	32.5%	41.7%	22.5%	90%	30%	26%	10%	75%
满分者				56 人				10 人
0 分者	15 人		20 人		20 人	3 人	51 人	

从以上阅读理解检测中可见：

① 对两类课文的理解能力前者比后者强，说明学生的自学能力较差，即使是讲读课，也明显地反映出学生真正听懂弄懂的甚少，对整篇的理解不如对零散的一个词、一句话、一段文章的理解，储存在他们脑子里的只有教师讲的几个抽象概念和一些答题的套式。这里主要是学生学得被动，学得盲目和死板。尤其是在学习方法上还没入门，不知道到底怎样去学习、去理解、去分析。

②教师讲读课文未能起示范作用，教师讲得过多，学生活动太少，教师包办代替，学生不能独立地读懂课文，更不能把读和写联结起来，待他们自己再去阅读理解其他新课文时往往一筹莫展。经过调查，我们发现有65％的语文教师上课常常一讲到底，有些公开课也是如此。这势必影响学生的主动学习精神和自觉摸索或运用好的学习方法。

③近几年高考、中考也充分表明，学生对现代文的阅读理解普遍得分最低，阅读理解成了目前语文学习中的"高难度"活动。这种现状告诉我们，再不改革语文教学，再不对学生进行全方位、多角度的方法指导和能力训练，那么，学生对现代文阅读理解这块语文学习中的顽固堡垒将会继续望而生畏，攻而不破。

表五　作文（题目：《温暖》，总分 40 分，人均得分 20.5 分，占 51.2％）

统计内容	差	一般水平	作文有特色	错别字 5 个以上	病句 3 个以上	结构混乱	选材不当	无中心
所占人数	28 人	75 人	7 人	87 人	92 人	11 人	48 人	14 人
百分比	23.3％	62.5％	5.8％	72.5％	76.7％	9.1％	40％	11.8％

从表五可知，学生作文水平拉开的档次很大，大多数学生的写作基本功不过关，更不会运用什么好方法去获取新意，不会进行脱俗的构思和语言润色等等。同时，另据调查，教师安排作文训练也缺乏系统性和目的性，更没有从学生到底怎样突破作文关上找到最佳方法，使学生年年写文章，仍然写不出好文章。

二、思考

通过对上述调查情况的统计分析，我们发现，目前中学生语文学习问题严重。越来越令人头痛的语文学习现状，严重地困扰着学生，也困扰着教师及社会，越学越不会读写，越学越感到复杂、玄乎、模糊，不想学、不敢学、不会学的人比比皆是，这就无法提高学生的整体素质，从而也无法为经济建设及社会发展进步服务。其主要问题归纳起来有如下几个方面：

1. 学生已成为知识的"盲视者"，看不到知识的来路（即知识发生的过程），而一股脑儿硬着头皮全盘接受；只学知识，而不懂"学路"（即学习知识的过程与方法）。例如，学生对记叙文的六要素、议论文的三要素、说明文的基本特征、应用文的行款格式、文学作品的赏析要领等，答起来头头是道，但一放在具体的语言环境去分析，去理解，去运用，就"懵"了，什么也搞不清了。这些学生只学"知识"，而不问怎样学"方法"；只求知识的最终答案，而不问知识发生的过程及其理解学习的过程。结果，学死而不"活"，遇变而无"法"了。

2. 学生已成为知识的"斜视者"，看不到知识的整体结构而只在一些局部的、分散的、并非关键的知识上"小敲小打"，或者只在自己所偏爱的或与自己专长相吻合的某些知识部位上作努力，结果导致学科知识面不宽，知识结构不全的"畸形"学习状态；反之，那些不喜欢的，或自认为不重要的知识就丢弃了，就忽视了，或者被迫学得囫囵吞枣，不伦不类，结果造成许多漏洞和错误，而他们却反而去怪"语文真难学"。

3. 学生已经成为知识的"短视者"，看不到知识的基本特征而只在表面上下功夫，学一些脱离社会需要、脱离生活实践、脱离学科实际的并非体现语文学科的"工具性、基础性、人文性"等基本特征的所谓"知识"，而是"书院式"气氛十分浓厚，缺乏社会意义与使用价值，就是体现语文工具性特征的"听、说、读、写"能力也很差。调查表明，绝大部分学生写不好一篇规范、简明的应用文，不能在公开场合准确自如地说一段话或叙述一件事情，不能写出一手标准、正确的钢笔字、毛笔字，甚至错别字连篇，标点符号也常常错用。如某初中一年级班 60 名学生作文，平均每篇错别字 7 个，只有一篇没有错别字，最多的 1 篇错别字达 32 个，只有两篇文章的字写得较为规范，竟有 10 篇文章的字根本认不得。

三、几点建议：

1. 建议教育行政部门在制定教学计划、大纲和教材编写及教师在课堂教学上，都要从学科知识特点出发，在课时安排、教材内容上将开堂课专设为"学科简介与学习指导"课，让学生从学科的知识及其学习的基本思路、方法等，做好心理准备。

2. 建议从学科特点出发加强学生基本功训练，加强方法指导。基本功训练实际上就是一种素质教育。每个学科都有其体现自身特点的基础知识、基本技能和基本方法，如语文的听、说、读、写，数学的计算与运用，理化的实验与操作，政史地的识记与阐述等。在进行语文学法指导时，务必充分考虑语文学科的特色并选择相应的方法，加强针对性、务实性指导。

3. 建议从学科知识的结构出发，加强对学生在学科学习中的全程式学习方法指导，防止知识断层和重复，以形成整体能力。全程式学习方法指导，包括"常规性学法——基础性学法——通用性学法——特殊性学生——创造性学法"这一全过程的指导。例如，在"常规性学法"指导中，着重抓住学习的五个环节即"预习、听课、作业、复习、考试"及订计划、做笔记、翻查工具书等一些常规来指导学习，使学法指导形成一种程序和网络，从而促进学法指导持久有效地发展。

4. 建议站在素质教育的高度，以学法指导为手段，从语文学科的特征出发，彻底改革语文教材与教法，从而提高语文教学质量，使"语文"这门"国语"（即国民性语言）真正成为服务社会、服务人民的"国人之语"。笔者认为可以拟定"语文课程三级开发"：第一级，基础语文；第二级，实用语文；第三级，特用语文等。至于具体内容将另文专门阐述。

（原载《广东教学研究》1997 年 3 期）

附录：

北师大附中学生学习规程

一、重视课前预习

1. 要充分认识预习的意义。预习可以提高课堂听讲的针对性和效率，也是培养自学能力的重要途径。

2. 预习时要争取出不理解新课的基本内容和思路。

3. 预习时要注意和新课有关的知识，找出其中的联系。

4. 预习时要找出重点和不懂之处。

5. 预习时要边看书，边思考，边记录，做好预习笔记。

6. 根据学习计划安排预习所用的时间，如果时间紧张，可以重点预习薄弱科目。

二、提高课堂学习效率

1. 课间休息时不要做剧烈的活动。

2. 不做与学习无关的事情。

3. 要克服走神的毛病。

4. 当听与记发生矛盾时要以听懂为主。

5. 重点要听分析解决问题的过程，要理清思路，不能满足直接的结论。

6. 遇到卡壳现象时，可以用笔及时记下，不要停下来找原因，以免影响后面的听讲。

7. 要特别注意听两头，即开头和结尾。

8. 要积极思考，积极回答老师提出的问题。

9. 听讲时不要只从个人兴趣出发，要多考虑学习的需要。

10. 要争取当堂掌握所学内容，即弄懂、记住、能讲、会用。

三、做好课堂笔记

1. 要记讲授的重点和要点，以理清思路。

2. 要记得到的启发和新得，以加深理解。

3. 要记不懂之处，以便及时提问或课下钻研。

4. 应将笔记分为正页和副页，正页记老师讲授的重点、难点，副页记疑点、体会、易混易错点。

四、课后及时复习

1. 要按课堂笔记的线索复习，重点放在解决疑点上，同时在书上划出重点、难点。

2. 要整理课堂笔记，把课上没记下得补上，尝试整理知识结构图表。

3. 可以阅读主要参考书的相关部分，进一步加深理解和解决疑点。

4. 要反思听课效果，以便及时纠正。

5. 要及时向老师请教课堂上没有听懂的问题。

五、做好作业

1. 一定要先看书后做作业。

2. 要认真、独立、按时完成作业。既要保证质量，又要讲求速度，争取一遍做对。

3. 遇到困难先看书，独立思考，也可与同学讨论，但绝不可抄袭。要独立检查作业，不可匆忙做完，以来与同学互对答案。

4. 要时当选做课外练习题。

5. 作业要工整，条理清楚，合乎规范。

6. 作业发回后，要认真改正错误，并做出明显标志。

六、适时进行系统复习

1. 坚持每周有一小结，每章有总结，每个专题有复习，每门学科有总复习。

2. 要通过系统复习进一步巩固知识，通过查漏补缺，解决欠债现象。

3. 要把学过的知识穿成串，实现融会贯通，使知识系统化。

4. 通过做一定量的练习题，达到熟练掌握的程度。

七、正确对待考试

1. 要以积极的姿态对待考试。

2. 对于考试的后果应多在平时考虑，考前不要给自己增加精神负担，要保持适度紧张。

3. 接到试卷先浏览一遍，然后按先易后难的顺序答卷，想不起来的要先放一放。

4. 答题时审题要慢，书写要快。

5. 检查时要先检查省时的、错误率高的题目。

6. 坚决反对弄虚作假、自欺欺人的不良行为。

7. 试卷发回后，要认真改错和分析原因，总结考试命题的特点和自己学习的现状，确定今后的努力方向。

八、做好计划珍惜时间

1. 要明确常规学习时间（消化当天知识，完成老师当天布置的任务）和自由学习时间（归自己支配的时间）各有多少，对自由学习时间要做好计划安排，自由学习时间一般安排两件事：一是补习，二是提高。

2. 要有月计划和周计划，月计划要明确任务，周计划要安排到天。

3. 计划不要定得太满、太死，要留有机动时间，要根据效果及时调整计划。

4. 要提高时间的利用率，要善于利用零碎的时间。

九、学习材料的分类存放

1. 要保存好课本、参考书、笔记、练习、作业、试卷等学习材料。

2. 将各种学习材料分科、分专题、分时期存放，以便预习、复习时随时取用。

关于农村学生预习情况的调查与对策

预习，是学生学习中的第一个主要环节，它充分体现了"以学生为主体，以教师为主导"的现代教学改革思想。加强对学生预习的指导与管理，使学生养成预习习惯，提高预习能力，也是一项由"升学教育"过渡到"素质教育"的重要措施。关于"预习"的问题，早在二十世纪四十年代之初，我国语文教育家叶圣陶就大声疾呼过，八十年代初也有不少有识之士尝试过，而近几年又由"热"变"冷"了。为什么呢？笔者在承担国家教委"八五"重点科研课题"学生学习现状调查及学习指导研究"中，把它作为调查研究的第一项内容，发现农村学生的预习中的问题将更有代表性，更值得研究与思考。

一、农村学生预习的现状及原因

笔者以对农村初中学生的语文、外语、数学等学科的预习为例，进行了调查与分析。

表一　学生对预习的实施情况（被调查者：湖南省武冈县四所乡中学的 8 个班 50 名学生）：

被调查人数	认为预习重要的	认为不必要预习	认为预习重要没时间	常在教师指导下预习	自由预习的
50 人	15 人	9 人	26 人	8 人	35 人

完成预习并且效果好的	能基本预习内容但做不好预习作业的	只看看书不动笔预习的	不预习或不会预习的
5 人	14		

表二　教师对预习的处理情况（武冈县部分中学）：

被调查人数	以前搞过预习教学	现在			
		经常布置检查和指导预习的	只布置不指导或不检查预习	间歇性布置预习的	很少布置和安排预习或从未搞预习
25	21 人	2 人	14 人	6 人	3 人

下面是一个对比事例调查的记载。

甲乙两教师，都教初中语文第五册《藤野先生》。甲教师因故没有事先布置学生预习；乙教师却在头天放学前的自习课里，布置了有关的生字拼音、课文分段和理解中心思想等三道预习题，并进行了有十五分钟的预习指导发言。结果第二天的课堂教学实况表明：预习和不预习大不一样，

155

真预习和假预习也不一样。甲教师讲课吃力，学生仍然如入"五里云雾"，真是两败俱伤。而乙教师也并不很乐观，发现效果很不一样，经过当堂调查得知：只有百分之五的学生能在预习的基础上提出了不少问题，学出了新效果；还有百分之三十的学生没有预习，连书都没有翻一下；另有大部分只是象征性地读了一下……如此种种，也导致了教师对预习失去信心。

以上三则材料可见：目前农村中学的学生预习是"预而不习，习而无效"，学生并不把它看作一种求知手段，而教师也并非真正明确它是一项行之有效的教学环节。为什么会造成这种预习"口号化"的被动局面呢？笔者认为从以下几个方面引起反思是很有必要的。

1. 宏观失控（就影响预习的外部原因而言）：

（1）社会因素即"知识贬值""体脑倒挂"、新的"读书无用论"等对广大师生的影响。以前，农村学生把读书升大学当作唯一的跳"农"门、找出路的手段，而现在社会上读了书的没有不读书的收入高，于是厌学、辍学的越来越多，即使留读的也"身在曹营心在汉"，不思进取，哪里还有心思去预习课文，能坚持听课就了不得了。

（2）在办学体制上即重城轻乡、重重点而轻非重点学校所带来的学校内部机制的不协调，使农村学生在极其低陋的设备和师资等条件下患了一种通病——"学习营养不良症"：知识结构不全，知识面不广，漏洞多；无力适应"全国一盘棋"式的部颁教学大纲和统编教材的学习，于是自卑感越来越强，对学习失去信心和兴趣，想努力预习也不知从何下手。

（3）旧习惯势力的束缚，使教师不敢也不愿投身教学改革，讲课时总喜欢一讲到底，不相信学生，总以为叫学生课前预习是多此一举，反正在讲堂上还要"补火"的，不必先去麻烦自己和麻烦学生。

（4）教师缺乏改革精神的诸如"满堂灌"之类的旧教育思想，使学生普遍产生厌弃情绪或者依赖心理，错误地认为，老师上课要讲的，何必先去预习——多死几个脑细胞呢？于是懒于预习，疏于主动探究，像一只容器被动地接受教师洋洋洒洒的"课堂信息单向传播"。

2.微观失调（就影响预习的内部原因而言）：

（1）缺乏预习资料，尤其是工具书和帮助预习的参考读物，不能保证预习的最起码条件。有一批家长错误认为，读书就是读那几本教科书，要买字典词典干什么，生怕他们又是买武侠小说了。据调查，至今连一本工具书都没有的仍占百分之二十左右。另外，农村偏远，图书资料难得"下乡"，学生想买也"盼星星，盼月亮"，盼来一次也是几本武侠传奇。所以，可怜这些学生全凭"一张嘴，一支笔，一本教科书搞预习"。

（2）缺少预习时间，使学生无法完成预习任务。由于农活忙，学生一放学就被赶往地里的据统计约有百分之九十，晚上又缺乏照明和安适的学习场地，还加上劳累疲倦，能挤出时间完成当天的作业满不错了，根本就轮不上对新课的预习。

（3）缺少对预习的常规、步骤、方式、方法等基本技能的系统训练和掌握，不会预习，于是把教师的预习安排当成包袱或者"耳边风"——至多似懂非懂地"读"一次课文便了事。所以有人形容叫这些学生去预习是"瞎子戴眼镜——配相"。

（4）缺乏适当的"预习情境"，使分散在农村千家万户的学生各立门户搞"单干预习"，想讨论没有对象，碰到难题找不到帮教者，没有一种受集体力量的督促而形成的预习气氛，所以，绝大部分的农村学生的预习效率极其低下，无法完成起码的预习任务。

总起来说，农村中学学生的预习"学情"是"预习难，难预习"。"预习难"，即在客观上造成的外部困难，主要是社会因素所施加的学习压力与困难；"难预习"，即个体主观上难以应付和坚持高效预习，主要体现在预习资料、时间和预习能力、预习方法上等。据了解，这种情况其实在城里学校的学生也好不了多少，也同样存在程度不一的"预习难，难预习"问题。

二、怎样改变这种预习难，难预习的现状

我认为，必须根据目前学生实际和教学过程的自身规律，使学生重新

认识"预习",创高一种科学的"预习情境",从而迅速改变由"教师课堂喊预习,学生课外难预习"的形式主义所形成的"预习口号化"倾向。其基本措施是实行"四结合四为主"预习法。

"四结合四为主"预习法的基本内容是:课内外结合,以课堂预习为主;教师指导与学生自学结合,以学生自学为主;打基础与提高发展结合,以学基础知识和基本技能为主;学知识与学方法结合,以掌握预习方法,形成预习习惯为主。其中心点是:"以课堂预习为主",失去它,其余则随之而失去。所以,用"课堂预习"来强化预习过程,完善预习机制,保证预习时间,学会预习方法,培养预习能力和习惯,从而减弱预习难度,提高师生对预习的成功感,从而完成预习任务。

把预习引进课堂,并不是人们想象的那么容易,尤其是在目前学习内容多、时间紧、生源差、升学压头的非常时期,更是一项不同寻常的教学改革。有人问这是否打乱教学秩序、违背教学规律呢?我们的回答:否也!这主要因为:从教学过程看,课前预习并不就等于课外预习。这个观点国内外许多教育家早就提出过,只是未引起注意而已。例如德国莱因的"五段"教程和我国叶圣陶在《〈精读指导举隅〉前言》里,都明确地把"预习"作为教学过程的第一环节。如果大家都对此公认的话,那么,预习也就有一个完整的"教——学"双边活动的教学过程,体现知识信息的"双向传递"的规律,形成"以教师为主导,以学生为主体"的教学氛围。所以,把预习引进课堂则无可厚非了。湖南师大张隆华教授也认为"预习可以安排在课外,但它作为语文课堂教学的一种类型却是安排在课内的。"(《语文教育学》201页,重庆出版社一九八七年版。)

从教学改革实践活动来看,"预习"已完全走进了现代语文课堂(不管自觉或不自觉的都如此),从而形成了深受广大师生欢迎的"预习(自读)→讲读→练习→复习→考测与运用"的"五步教学法"(我多年运用如此,效果颇佳)。实践证明,上海育才中学的"读读"、魏书生的"定向"、钱梦龙的"自读"等等成功的教学经验,说到底都有大同小异地说明是"课堂预习"的表现,只是名称不同而已。我对此探索实践后而写的

《农村学生的预习应放在课堂上》早在一九八一年就获邵阳地区教学经验优胜奖，在我县部分地区推广试用后，都不同程度地大面积提高农村中学教学质量起到了"奠基"作用。

当然，把预习引进课堂并不意味着预习就成功了，如果不做预习示范指导，教学生会预习、愿预习，那么预习仍然只是流于形式，热闹一时。

预习指导应当内容丰富，形式多样。可以把预习要求、预习内容、预习方法等"三位一体"组成若干专题分类指导，也可将三者互为渗透进行，还可组织讨论会交流预习中的经验和教训。例如指导预习的步骤和方式：

（1）通读课文，读懂"预习提示"和每课的第一个注释；

（2）利用工具书扫除生字词障碍；

（3）根据"思考和练习"或其他预习题进行"尝试性解答"；

（4）整理预习笔记，书面完成预习题；

（5）再读课文，挖掘疑难点收集"问题"，待以后上课时听教师解答或向教师请教。

另外，还有"预习常规"指导，在此不一一列举了。

总之，我多年来以语文学科为阵地，致力于中学生预习的教学改革实验与探索，特别是近年来的调查与反思，更加坚定了我为突破预习"口号化"而必须坚持"四结合四为主"预习法这一改革思想。我认为，这不仅是实践叶老关于语文预习科学论述的有力途径，更是深化教学改革，加强学习指导的重要内容，学生通过课堂上教师一"点拨"，掌握了预习钥匙后再自学自研，表面上耽误一些课时，但由于预习使难点重点突破，解决问题的能力提高，反而加快了教学进度，提高了教学效果，这叫"磨刀不误砍柴工"。

（本文 1990 年在全国中语会青年教改新秀研讨会（厦门）交流宣读，获全国中语会青年教改新秀论文一等奖，发表在《湖南教育报》1992 年 4 月 4 日。）

第五章　语文学习心理现象的探解研究

【引言】

本章是基于"语文学习学"的"语文心智"研究。即对"语文学习学"中所涉及的学习心理因素及有关现象，开展具有思辨性和针对性的探讨。如果缺乏学习心智辅导、学习心理障碍清理、学习病态矫正，即使有再好的语文学习科学的理论和做法，也只能是"对牛弹琴"，走不进学生的心里，无法产生好的学习效果。

这里共展示五篇文章，主要是探讨和回答了以下三方面问题：一是学习心智辅导，我们把"知识力""学习力"和"学习能力"这三力融合，为学生良好的语文学习心智辅导的重要内容，语文学习心智辅导是我们提出的一个新概念；二是学习心理障碍清理，这里以"语文学习压力"的探析及其对策为突破点，也是从1988年开始至今一直不离不弃的研究课题；三是学习病态矫正（两篇文章），则从人的共性和语文载体来分别对学生所产生的"学习病态"作了矫正探讨。

总之，以上成果展示，尽可能给语文学习者以一个完整的升级版的学习心理指导，帮助他们形成一个大气、阳光、积极、健康的语文学习心智状态。

论"知识力""学习力"和学习能力

摘　要："知识力"是指有知识灌注其中、渗透其内的力，是由知识武装起来、为知识改造和训练并定向发展的力。是后天通过学习知识，由知识转化起来的能力，它比人类"本能"的自然力更具有力量性和创造性。在以"知识力"为基本动力的"知识经济"时代，推进人的知识力形成的能力应该是学习能力。也就是说，学习能力既是形成人类知识力的条件，又是获取人类知识力的基本因素。在学生的诸能力中可以称之为"元能力"的学习能力，无疑已成为学习者获取知识、培养能力的基本要素。因此在教学中不能只是单纯教知识，而是要把知识教成知识力，在这个"教"的过程中又以培养学习能力为基本要务。

关键词："知识经济"；知识；"知识力"；"学习力"；学习能力；自然力。

一、从人类推动自身发展进步的"力"中发现"知识力"

首先，让我们把目光定格在光辉灿烂而浩瀚不断的人类发展史上。人类之所以能不息繁衍、进步与繁荣，主要是因为它有一股永远不可战胜的而且在继续发展壮大的力量。有人把这种伟大的力量科学地分为两种力：自然力和知识力。众所周知，自然力，是人的能力的低级形式，其中绝大部分是一种人的本能或"原始能力"。人靠这种自身的自然力，也能对外界施加影响，获得劳动成果（比如原始人类就是这样），但它总是非常有限，而且只能从事粗陋的简单劳动，而一旦进入复杂特别是创造活动频繁的时代或者领域，尤其是"知识经济"时代的到来，它就显得"力"不从心、无"技"可施了。此时此境的人类，多么需要另外一种力，一种更具有力量性的"力"，这就是人们所科学地揭示出的"知识力"。知识力，在

161

这种人类文明高度发达的特定时代，就显得比自然力更有力量、更有价值了。

什么是知识力？我国学者章竟先生曾在中共中央《求是》杂志1993年第16期发表的《知识力：才能的内在本质》一文中作了这样的科学阐述："知识力是有知识灌注其中、渗透其内的力，是由知识武装起来、为知识改造和训练并定向发展的力。知识的作用，改变了肌体（四肢、五官、大脑、神经等）的质地和功能、运动方式和生活习性，使它们的力发达起来，由笨拙变灵巧，由粗陋变精细，由羸弱变强大，由世俗变神奇，因而就能登上创造的高峰，开创惊人的业绩。"简单而通俗地说，知识力就是后天通过学习知识，由知识转化起来的能力，它比人类"本能"的自然力更具有力量性和创造性，因此从某种意义上说，知识力就是人类特有的生产力、发展力、创造力。

章竟先生还说道：真正的文学作品，只有具备文学知识力的人才能完成。文学家的知识力，全在他的笔下。笔本身只是书写的工具，谈不到有什么力量。文学家并不自己造字，他所用的那些字，字典里都有。但在他的知识力的驱遣下，那笔似乎有了神奇的魔力；经过他的选择、组合、调遣和运用，那些普通的字仿佛活了起来，像一个个小精灵，不仅能"吐纳珠玉之声""卷舒风云之气"，而且能"笼"天地于无形内，挫万物于笔端。这就是知识力的作用，这就可见"对语文知识力"修炼与形成的重要性。

由此，我们常常想到这样一类问题：人是多么渴望需要有这种神奇的知识力！那么，寻找与获取这种知识力则成了人类文明建设的核心任务，促进人的知识力的养成则成了教育的基本功能。

二、从人们的学识进步和事业追求中得知"学习力"

现在，由于社会文明和科技进步的不断深化，人们的学识进步和事业追求也在与时俱进，这其中无疑是因为离不开"知识力"的引领作用，但是，促进"知识力"发挥引领作用的推动力是什么？其中必有数"力"，但"学习力"则不可或缺。

　　知识力如此重要，但是，知识力的最终养成或者获得，是不是还需要另一种力来助推呢？那么这又是什么力呢？我们经过分析研究发现：知识力，是通过对知识的学习获得，那么，推进人的知识力形成的能力应该是学习力。看来学习力既是形成人类知识力的条件，又是获取人类知识力的基本因素。由"力产生力"便成为学习力的特殊功能，前者是"学习力"，后者是"知识力"，这种能产生知识力的力也自然成为一种"创新力"，所以，学习力的获取也是对创新力的培养。因此，在以"知识力"为基本动力的"知识经济"时代，我们来对知识力产生"助推力"即学习力展开探究，将是一种不可回避的历史必然与神圣责任，尤其是如何使跨世纪的我国学生以最强的学习能力去形成"知识力"，显得何等及时与实在。这些，就是我们为什么要提出把学习力问题从人们司空见惯的"能力现象"中抽取出来作为专门课题研究的又一层思考。同时，学习力已经不全等同于"学习能力"了，大大超出了其内涵和功能。

　　研究成果已经表明：学习力是指一个人或一个企业、一个组织学习的动力、毅力和能力的综合体现，学习力是把知识资源转化为知识资本的能力。学习的动力、学习的毅力、学习的能力又统称为学习力的三个要素。学习的动力，体现了学习的目标；学习的毅力，反映了学习者的意志；学习的能力，则来源于学习者掌握的知识及其在实践中的应用。作为一个学识进步和事业追求的个人的学习力，不仅包含它的知识总量，即个人学习内容的宽广程度、组织与个人的开放程度；也包含它的知识质量，即学习者的综合素质、学习效率和学习品质；还包含它的学习流量，即学习的速度及吸纳和扩充知识的能力；更重要的是看它的知识增量，即学习成果的创新程度以及学习者把知识转化为价值的程度。

　　哈佛大学校长说，曾经有人给学习力下了这样一个定义：学习力，就是学习动力、学习态度和学习能力的总和。但我认为，如果非要给学习力下一个准确的定义的话，它应该是包括学习动力、学习态度、学习方法、学习效率、创新思维和创造能力的一个综合体。学习力应该是包括学习动力、学习态度、学习方法、学习效率、创新思维和创造能力的一个综合体。

学习力的几大构成要素不是孤立存在的，而是相互叠加，互相促进，有机联系的整体，是人们自我学习、自我变革、自我超越、自我发展的螺旋式上升的过程。就像我在前面所说的：学习力是一种学习的方式和解决问题的方法。

在有些人看来，似乎创新思维与创造能力与学习没什么太大的关系。他们认为，学习者只要记住老师教给他的知识就可以了，别的东西，对学习来说都不是主要的。

刘海峰的专著《学习力决定生存力》对学习力有更为具体的阐述：知道学习的重要性、明确学习的目标、提高学习的技能、找到最佳的学习方法、知识来源于实践。从这本书的"目录"便可进一步了解有关学习力的具体内含及如何培养学习力。

目录内容摘录如下：

内在的修养让你脱颖而出，知识是气质的来源，没有知识就没有能力，学习让你看得更远，知识让语言更有吸引力，修养让你区别于人，学习力成就一个人的竞争力，才子是知识的产物，学习可以快速缩小你与他人的差距，端正学习态度才能突破学习瓶颈，反省自己找到缺口，学生和当老师的差别很大，珍惜任何可以学习的时间，从小事做起，谦虚才能进步，以精深为目标，终身学习，勤奋是金，天才是怎样炼成的，专心才会有所得；

明确学习的目标，做一个优秀的人，通明世事，德才兼备，低调但不低俗，有能力改变自己的命运，无畏无惧，坚信自己，不卑不亢，能够宽容可以宽容的人，知道自己要学什么，问你自己到底喜欢什么，尽早看清自己的目标，将自己的目标实践到底，在了解自己的基础上作决定，跟从自己的兴趣，修补自己的缺陷，学好职业要求的技能；

提高学习的技能，我们的天赋是多少，我们的大脑，智力与遗传，了解你的智商，智商与情商决定我们的成就，增强记忆力，记忆力，了解你的记忆力，便于记忆的方法，注意生活细节增强记忆力，掌握记忆规律提高记忆质量，打开思维之门，坚持思维的独立性，成就优秀的思维，打开多项思维之门，突破思维定势，关注逻辑思维，走向思维巅峰，跳出束缚，不要让偏执扼杀了潜能，勇于推开一扇门，思维的巅峰是创新；

找到最佳的学习方法，借鉴一切好的方法，吸取精华，学不"择"法，收集和利用信息，从生活中学习，合理利用自己的时间，做时间的主人，改掉拖沓的坏习惯，掌握好自己的生物钟，增强自身的观察力，没有观察就没有收获，小事成就卓越；培养观察力，观察的最终目标是模仿，不要被假象迷惑；思考是人类最伟大的学习方法，改变世界从思考开始，灵感是开创新的知识领域的钥匙，深思熟虑才会大有收益；

知识来源于实践，走出书本的笼子，书本不是真理，避免眼高手低，会读书还要会实践，灵活运用，学的目的是为了用，有疑问才会有进步，勤于实践才会收获更多，从基础做起，亲口尝一尝梨子的味道，到大自然中寻找答案，在一点一滴中进步，在实践中历练生活的能力，合作能力，理财能力，处理压力的能力，交往能力，独立生活能力，让自己快乐的能力。

那么，学习力是如何培养和提高的呢？

一是强化培养和优化提高学习动力。作为一名学习者，要常常问问自己：我有没有学习动力，有什么样的学习动力？如果没有人管我，我还会不会学习？如果答案是肯定的，积极的，那么你的学习动力已经满足了。否则，你需要提高你的学习动力。作为学生，动力的源泉往往来自于他人而很少源自于内心，一个学生可能可以为了老师的一个表扬而学习，为了家长一个肯定的目光而学习，为了一个人的青睐而学习，这一些，也都可以成为学习动力，我们称之为外力。而真正提高学习动力，更需要从内心出发，你需要审视自己的内心，你学习是为了什么，你的未来你要怎么走，弄清楚这些，你的学习动力就来了，发自内心的学习动力。

二是强化培养和优化提高学习毅力。学习从来都不是一件简单而从满乐趣的事情，甚至于，在一些人的眼里，它很枯燥，而事实也是如此。学习没有毅力是一个常态的问题。提升学习毅力，需要我们做一个看起来不那么具体的计划。比如，你要看一本书，你就规定自己一天看多少页，在哪个时间段要完成，同时设定一个奖励，完成目标的时候奖励自己，这样，你就可以更大程度的静下心来完成自己的目标，而在这个过程中，你不知不觉的提升了自己的学习毅力。有一种理论叫做"21天习惯养成"，在每一个21天里，你兢兢业业，坚持下来，你就提升了学习毅力。

三是强化培养和优化提高学习能力。学习能力其实是学习力提升过程中最关键的一环，也是一个人核心竞争力的体现之处。学习能力的提高并非一朝一夕，而是长期积累下来的效果。以上说的两点，提高学习动力，提高学习毅力，都是为提高学习能力而作铺垫的，三者环环相扣，相辅相成。学习能力，指的是一个人面对新事物而学习乃至掌握的能力。进入社会，你会发现学习能力的差别造就了人与人之间的差别。想要提高学习能力，就要多实践，多动脑，多读书，其中，实践是很重要的一环。你需要在做各种事情当中寻找你所要的收获，为之思考，为之打量，从日积月累的角度来看，这才是提高学习能力的关键。

以上三点，是提高学习力的关键而并非全部，其着力点在强化培养和优化提高，其效益点在于这"三力"融合而成，相辅相成，缺一不可，最终真正在学习力的形成与发展上产生成果。

三、从人的心理学及其"学习力"研究中认识"学习能力"

既然学习力是不同于"学习能力"的，那么"学习能力"又做何种理解呢？

1. 学习能力的产生及其定义

"学习能力"一词，目前已使用得很普遍。但对这个司空见惯的名词，到底作何解释，来自哪里？虽然至今还没有一个完整的明确的定论，但我想，可以先从学习力的形成三要素之一和人的心理学常识中发现或者探讨。为此，特以"学习能力"产生的背景及渠道等方面进行探讨，很有可能会产生从凭感觉判断的规定性研究走向凭学理推导的阐述性研究的新成果。

　　根据国内外心理学研究成果表明：能力是一种稳定的心理特征，呈内隐性的，是人不可能直感的，也就是说看不见摸不着的，只有通过具体的人类活动才表现出"能"和"力"来。所以，一旦表现为在活动中的聪明、能干、有创造、有特长、效果好等，就往往被人们通常所称为"有能力"。这种能力，又往往与某种活动载体相依托而表现为一种种具体的能力。如：表现在工作上的就叫工作能力，表现在生活上的就叫生活能力，表现在学习上的就叫学习能力。学习能力，又可分成：表现在语文学习上的就叫语文学习能力，表现在音乐学习上的就叫音乐学习能力，表现在口语交际中的就叫口语交际能力，表现在解答题目上的就叫解题能力……然而这些带有某种特定事物或活动的能力，是由于这些学生在对它们学习过程中所表现出的学习能力，且在发生作用后才被所认可的。

　　由此可见，学习能力，是指学习者按照一定的学习目标顺利地完成学习任务以及参加学习活动所必需的稳定经常起作用的心理特征。也就是说，在即展开某一学习活动过程中所需知识和智力在实际操作中的具体体现。再通俗地说，就是指完成学习任务、获得最佳学习效果的本领，就是用来学习和学会学习的能力。为什么要这样说？当然，学习能力一般与综合能力同步增长，学习能力与相应的学习活动同步增长。

　　2. 学习能力的意义其功能

　　学习能力还有可能与具体学习对象中所形成的其他能力互相包容与交叉，但它们并不等于一回事，二者仍然是两个不同的概念及其功能。这种能力在学习角度上说是学习能力，它在其他活动（如生活、工作等）中表现出来叫其他活动能力。但二者的能力功能、因素和表现方式往往是不同的，所以不要因此而否定学习能力。比如，某位同学学绘画，通过学习他会画素描、会画国画、会画图案，这说明他有了绘画的能力，说明学校的美术学科教育在培养学生能力方面获得了成功。但是，我们要问：是怎样学会的呢？学生又是怎样而获得这种绘画能力的呢？这里就牵涉到一种学绘画中的学能力和通过"学能"而形成另一种绘画"技能"，于是"学能"

167

与"技能"则往往交叉融合在一起，而最终表现出来的只是"技能"，所以，我们就把这种形成技能或帮助产生技能的"学能"（学习能力）称之为"能力的能力"。

这种能力（即学习能力）在具体的学科学习中起的作用太大了，也很稳定因此，这种能力也可以称之为是"元能力"（原能力）。从功能上说它是一种"学习"的能力，产生其他学科能力的能力（也就是产生技能的能力）。由此看来，对于"学生能力"形成中的"元能力"——学习能力的重新认识和研究，将显得太有意义了。当然，过去对"学习能力"问题的研究并非没有人涉猎过，但是这些"涉猎"毕竟太粗浅、简单和零碎，往往只停留在局部的、零散的和个案的，而并非理性化的，也并非可实践的。今天，我们提出要对它做出关于概念的界定并超越概念而延伸至于实践应用，并寻求可操作性的体系与模式，将显得十分重要乃至为当务之急。

3. 学习能力的区别

学习能力，最初也许来源于人的一种潜能和"本能"。如，孩提时的儿童一、两岁时学说话，三、四岁学读唐诗和计算等，这时候的学习能力往往是要靠一种"天资"，或者自然的"本能"；然后就靠观察模仿和强化、训练（机械训练即无意义训练）和一种反复的学习策略；于是学习能力从量和范围上渐渐增加了，从质和程度上渐渐提高了。如果再用这种已经提高了的学习能力去从事新的学习，那么就进度更快、效果更好。这种学习能力如果及时经过一种"体验"而使概括和提升为一种起稳定调节作用的心理品质或个性心理特征（也就是说不能为再进行的学习起促进作用），那它就有可能成为了一种学习能力。

四、学习力培养：未来教学发展的重心

1. 学习力培养的意义

让学生自己决定学什么，正是培养他们主动学习精神的一种非常好的方式。就单个人来说，他行动的一切动力，都一定要转变为他自己的愿

望，才能使他行动起来。学习活动也一样，是否积极主动地去学习，喜欢学些什么，学习的效果如何，都取决于学生是否具有旺盛的学习动力。它是学习力中最具有激情的一种能力，可以说，没有学习动力，你就永远也不会具备学习力。

哈佛大学校长说，我曾经不止一次地说过：其实，哈佛并未教给学生些什么，我们只是创造了一个让他们学习的环境，来启发他们的危机意识、对未知的好奇心以及广泛的兴趣。对于按照自己的目标、兴趣等因素选定的课程，他们才能具有强烈的学习动力和学习欲望。即使在离开哈佛以后，也会自主地去学习使自己不断增值的新知识。

雅克·玛丽泰恩在他的《教育向何处去》一书中所指出的那样："学习的内容永远也不应当作为僵死的东西去消极地或机械地接受。这种僵死的知识只会使人的头脑变得呆板起来。相反地，学习的内容应当通过兴趣使之成为大脑的一部分，这会使大脑得到进一步的强化，就像扔进火炉中的木头，这块木头也会成为火焰，使炉火更旺。"

就像达尔文一样，他从小就对大自然充满了浓厚的兴趣，这种兴趣激发了他去探索大自然奥秘的极大热情。他开始到郊外收集各种动植物，然后认真地制作成标本。中学毕业后，达尔文应父亲的要求去了爱丁堡大学学习医学，因实在没兴趣而中断了学业，后来又转入剑桥大学学习神学。但达尔文仍然把大量的时间和精力花在了阅读生物学书籍和采集动植物标本上。他曾在自传中回忆说："在剑桥的时候，没有一项工作比收集甲虫使我更为热心，更感兴趣了。"后来，也正是这种对生物学的强烈兴趣驱使他在1883年登上"贝格尔"号军舰，开始了举世闻名的环球考察，最终出版了他的巨著《物种起源》。从这里，我们可以看出，达尔文所取得的成就与他对生物学的浓厚兴趣是分不开的。

从某种意义上来说，兴趣是最好的老师，学习兴趣促进了学习成功，学习上的成功又会提高学习兴趣，这是良性循环；反之，对学习厌腻，学习必然失败，学习失败又加重学习上的厌腻感，形成恶性循环。因此，我们有必要讨论如何打破这种怪圈，让学习形成良性循环。

2. 学习力培养的具体要求

（1）明确学生学习力培养的基本要素。

学习力的形成，必须靠以下几个重要因素：一是学习者的体验；二是学习活动过程及其氛围；三是在获取知识、技能和运用的学习中的策略与方法；四是能保证学习任务完成和促进学习发展创造的其他条件。在这里，要特别突出学习能力的习得性，即指在学习中获得学习能力。

（2）要考虑与学生具体的学科内容相结合，以满足他们的特定需要。

（3）要注重学科能力的培养。学生的学科能力，也称"学业能力"，是在某种学科、某项学业上所获得的能力，往往通过学科的知识转化为能力，通过各学科不同特点的学习手段、学习方法而获得。因此也就出现了学科学习能力的培养，比如，语文的读写听说能力，数学的计算能力和几何求证能力，物理、化学、生物的实验能力，政治、历史、地理的思辨能力等。只有在这些一个个具体的学科知识的学习活动中，才会相应形成其学科的特定的学习能力。

（4）要注重学生的学科学习能力的培养。

在学科学习能力培养中，还要尽可能满足他们的特定需要。比如，学生学习语文，由于语文是一门通用的国民母语，既有它对人类生活的重要性，也有它自身的学科特点，所以，学习语文也就形成了特定需要：一是语文学科能力决定着语文学习能力的完整与适用；二是学习语文的人的认知规律也影响着语文学习能力的培养途径与方法。那么就要因学生对语文学习的需要而开展必需的语文学习能力的培养。

3. 要科学认识与处理学习能力在学习力培养中的重要制约因素

大家知道，学习能力，在学生学习活动开展与完成学习任务甚至产生良好结果时成为基本要素之一，当然与之相应的学习条件与环境、学习目标与学习内容的安排也和学习能力一起发挥着重要作用。而且，它们互相渗透于学生学习的全过程，作用于学习的诸要素之间。如：学生的学习条件与环境不好或不适应学习者本人的话，那么这个学生的学习能力再强，也会无法施展而被削弱。但反过来，学习能力强了，也可以改造条件，适应环境，或者强化自己的非智力因素，甚至用超过正常的学习能力来弥补这一缺陷，同样"逆境成才""逆境成功"。所以，学习能力的培养，在某种时候，比学生的学科能力（学业能力）显得更重要。学生的学科能力，因为较长期地在具体学科、学业上培养而能获得，这种能力，让学生、教师和社会上较容易看到，也因知其重要性而被注重培养，社会上也往往关注对其评价，可以说，这也是一种能力的结果即学生的终端能力，或称"终端性能力"，但获得这种终端性能力的过程中，学生是如何获得这种能力的，也就是说又用什么能力去获得这些学科能力即学生发展成长的"终端性能力"呢？通俗地说，即获得学业能力的能力，这种由学生获得学业能力的能力应该是一种"元能"（原能力），我们就称之为"学习能力"，也它是一种学生学科学习活动、学习过程中所体现并使用的能力就自然可以界定为"学习能力"。

4. 对学习力的培养，还包括对学生创新精神与实践能力的培养

它既可以通过对一项项学习的活动、过程来获得，也通过对学科的常规性学习、探究性学习、实践性活动、综合性学习等多维、多元学习中获得。学习能力，可以由一个个能力点组合而成"能力场"，再由能力场合成"能力体"。学习能力的形成，不仅是学校学生学习的必备要素，也是学生走向社会，实现终身学习的终生受益的基本要素之一，一个人的学科能力（学业能力）往往走向社会以后因工作改变可能难以发挥多大的作用，但所形成的学习能力却永不褪废，相反而随着新的学习内容，面临新的事物和领域而只能越来越会加强与提高或者完善。

总之，在以"知识力"为基本动力的"知识经济"时代，推进人的知识力形成的能力应该是学习力。由"力产生力"是学习力的特殊功能及其重要表现形式。对于"学习者能力"的形成过程及要素来看，学习力便成为一种推动力即"元能力"。学习力一旦形成，它不能被替代，也不易遗传，随着学习过程的不断深入和学习经验的不断积累以及学习活动的不断丰富，而发展得越来越成熟和越来越有力量。目前，要克服"学生能力""学科能力"与"学习能力"混为一谈的现象，并且强化学习力在能力诸

因素中的"元能力"的特有地位与功能。构建以"学习力"为核心的课程教学新思路，就要从学校教与学的实践问题中发现学习力研究的重要性，要从学生学习的需要来积极开展学习力培养，要明确学生学习力培养的基本要素，要考虑与学生具体的学科内容相结合，要科学认识与处理学习力与其他制约性客观条件的关系。

还要特别重申的是，知识力与学习力是相辅相成的，知识力可以产生学习力，学习力为知识力的形成而创造着必备条件。也就是说，学习力既是形成人类知识力的条件，又是获取人类知识力的基本因素；能产生知识力的能力即学习力，这无疑已成为学习者获取知识、培养能力的基本要素。所以，我们在知识教学中，首先树立要把知识教成有知识力的意识，然后正确处理好将知识如何变成知识力，如何协调知识力与学习力之间的关系，发挥学习力在将知识如何变成知识力的过程中的重要作用，这已经为新时期的"知识教学"增添了新的内涵和新的任务，也是我们当今每个教师所要面临的严峻考验——必须迈过的一道坎：不能只是单纯教知识，而是要把知识教成知识力，在这个"教"的过程中又以培养学习力为基本要务。

论语文学习中的"学习能力"及其培养

目前，教育界用得较多的一个词是"学习能力"，语文教学也是如此。但是，由于人们对"学习能力"的认识仍然处于混顿、粗浅、零散的感性阶段，所以也就无法对学生"学习能力"的培养产生多大效果。为此，我们有必要对"学习能力"的价值、"学习能力"培养的意义、"学习能力"的形成与发展、"学习能力"培养的途径以及对"学习能力"培养的研究的重要性等问题，展开一些理性思考与讨论。

一、学习能力：只有在不断认识中才能发展其科学价值

1. 学习能力的学习价值：在于让学习者"学会和会学"知识

这是学习能力的基本价值，也是核心价值。培养和提高学习能力，主要是用来学习的。帮助学习者能学习、会学习、更好地学习和学习得更好。于是有了"学习能力"的概念，使学习者认识了学习能力，并进而培养和提高了学习能力，就可以从"混顿"学习状态中走出来，走向有信心、有能力的"高昂学习状态"，以至学得轻松、愉快和高效优质。

（1）学习能力的特点。

学习能力是解决一切学习者学习知识、培养技能、发展思维的能力。语文学习能力，就是帮助学语文的人在识字写字、阅读、写作、口语交际等语文学习活动获得积累，感悟和运用的能力。

学习能力必须通过学习活动来体现，只有在学习活动中才能形成和发展学习能力，也只有用具体的听说读写活动才能感受得到学习能力。所以学习能力往往是与学习活动相伴随的一种心理现象和心理特征。所以，学习能力既是一种个性心理特征，又是促进和保证顺利完成某种学习任务所必备的心理条件。

学习能力，是一种以"学习"为标志的能力，那么它也就自然成为一种既是"学生能力"，而且是"学生能力"的重要组成部分，即核心与基础能力，当然学生还需要其他能力如生存能力、运动能力等等，但是又不能是与生俱来的"学生能力"，不要以为一当上学生就有这种能力，只是表明：要当学生就应有这种能力。所以，培养学生能力，就得首先培养学生的学习能力，就得指导学生运用学习能力去获取其他能力，即用学习能力开展学习，获得语文能力，同时又通过学习来提高学习能力。

学习能力，一旦形成，它不能被替代，也就是别人拿不走，只能自己享用；也不易遗传，不要以为父亲会写诗，有文学创作能力，他儿子一生下来也就会写诗，也有文学创作的能力。但是，它随着学习过程的不断深入和学习经验的不断积累以及学习活动的不断丰富，而发展得越来越成熟

173

和越来越有力量。

（2）学习能力的分类。

由于分类的意义和角度不同，它的类型也不一样。以语文为例来看，从广义上分，学习能力可分为：①感受、理解知识产生和发展的过程的能力；②收集处理信息的能力；③获取新知识的能力；④分析和解决问题的能力；⑤语言文字表达能力。从学习过程层次和学习功能来分，可分为两大部分。第一部分：掌握知识和技能的能力，如阅读能力、理解能力、记忆能力、模仿能力、学科学习能力；第二部分：应用知识和技能的能力，如解决问题的能力、操作能力、表达能力、应试能力。另外，还可分自学能力、模仿能力、创造能力等等。在高考中，语文又被分为识记能力、理解能力、分析综合能力、鉴赏能力、表达运用能力和探究能力等"六能力层级"说。表面看去，考语文六项能力，实为考语文学习能力的六个方面。

2. 要正确认识和充分发挥潜能和本能在学生学习能力培养中的作用

学习能力，最初也许来源于人的一种潜能和"本能"。如，孩提时的儿童一、两岁时学说话，三、四岁学读唐诗和计算等，这时候的学习能力往往是要一种"天资"，自然的"本能"，然后就靠观察模仿和强化、训练（机械训练即无意义训练）和一种反复的学习策略，然后学习能力从量和范围上渐渐增加了，从质和程度上渐渐提高了，再用这种已经提高了的学习能力去从事新的学习就进度更快、效果更好。然后这种学习能力如果及时经过一种"体验"而使概括和提升为一种起稳定调节作用的心理品质或个性心理特征（也就是说不能为再进行的学习起促进作用），那它还不能成为一种学习能力。

3. 学习能力的创新价值：在于为学习而"发展和再生"

这里要充分认识学习能力的再生价值，也是最有意义的发展性价值。大家知道，学习能力，是学习者用来学习新知识、解决新问题、获得新能力、学会新本领和新方法的能力，其本身就在为追求一种"新"的高度而具有的武器，所以，学习能力也就具有相应的创新价值和创新功能。由此可见，学习能力在培养学生的创新精神和实践能力方面有直接的作用。因为世上任何一项创新活动或创新成果，都离不开分析、研讨、思考、探究、运用等学习能力，离不开对相关知识的处理和技能的运用，而这些对知识处理和技能运用的能力，也同样是一种学习能力。同时，创新与继承相统一，创新与扬弃相结合，那么这些"相统一""相结合"的能力也是一种学习能力。更何况，语文是一门母语学科，是基础工具"学科"，所以用语文学习能力来为创新服务是无可避免的"创新价值"的体现。

学习能力，由于它具有一种一旦形成则有较为稳定并起经常作用的心理特征，所以，一旦被学习者所获得学习能力，则可终生享用，而且在不断使用的过程中越用越强。俗话说："刀越用越锋利，脑子越用越灵活，"这大概也是同样的道理。由此看来，学习能力的培养，不仅为学生在校学习时所用，更为学生离开学校后一辈子所用。比如，在语文课里学到的字词句知识，就会让人终生运用，阅读能力、写作能力和口语交际能力也同样在每个人的一生中发挥作用，更何况还有隐含在语文能力中的有关思维能力、分析概括能力、鉴赏评价能力、探究运用能力等，这都是学习能力的内涵及其所体现的终生应用价值，所以，学习能力的培养与形成便有了它的终身教育价值。

二、从心理学层面来看学习能力的形成与发展

根据国内外心理学研究成果表明，学习能力，是指学习者按照一定的学习目标顺利地完成学习任务以及参加学习活动所必需的稳定经常起作用的心理特征。也就是说，在即展开某一学习活动过程中所需知识和智力在实际操作中的具体体现。再通俗地说，就是指完成学习任务、获得最佳学习效果的本领，就是用来学习和学会学习的能力。

为什么要这样说？由于能力是一种心理特征，呈内隐性的，人们是不可能直感的，也就是说看不见摸不着的，只有通过具体的人类活动才表现出"力"来。所以，表现为在学习活动中的聪明、能干、有创造力、有特长、效果好等，这也就是人们通常所说的"有能力"。这种能力表现在语

文上就叫语文能力，表现在音乐上就叫音乐能力，表现在口语交际中就叫口语交际能力，表现在解答题目上就叫解题能力……然而这些依托于某种特定事物或某项活动的能力，其实是由于这些学习者在对它们学习的过程中所表现出的学习能力在起作用。可以说，学习能力是学习者所获得能力的能力，对于"学习者能力"的形成过程及要素来看，学习能力便成为一种推动力即"元能力"。

诚然，由于学习能力是一种心理特征的表现，那么它与学习者的认知心理活动紧密相联，与相应的学习活动同步发展，其学习能力也会相应的心理发展相统一，同时也与学习者的综合能力呈同步培养的态势。

学习能力还有可能与具体学习对象中所形成的其他能力互相包容与交叉，但它们并不等于一回事，二者仍然是两个不同的概念及其功能。这种能力在学习角度上说是学习能力，它在其他活动（如生活、工作等）中表现出来叫其他活动能力。但二者的能力功能、因素和表现方式往往是不同的，所以不要因此而否定学习能力。比如，某位同学学绘画，通过学习他会画素描、会画国画、会画图案，这说明他有了绘画的能力，说明学校的美术学科教育在培养学生能力方面获得了成功。但是，我们要问：是怎样学会的呢？学生又是怎样而获得这种绘画能力的呢？这里就牵涉到一种学绘画中的学能力和通过"学能"而形成另一种绘画"技能"，于是"学能"与"技能"则往往交叉融合在一起，而最终表现出来的只是"技能"，所以，我们就把这种形成技能或帮助产生技能的"学能"（学习能力）称之为"能力的能力"。这种能力（即学习能力）在具体的学科学习中起的作用太大了，也很稳定。

三、从语文课程转型中看学习能力的培养

大家知道，课程改革的一大重要标志，就是要突出以学生为本。与其说突出以学生为本，不如说是突出以学生的学习为本。那么，学生学习的核心是知识还是能力，无疑是能力，而且是学习能力。因此，"学习能力"一词，目前已使用得很普遍。当下语文课程改革进入深水区的一大重要任

务，就是实现语文课程转型，构建新的语文课程体系——学习型语文课程。我想，要构建学习型语文课程，就要先研究语文学习，尤其是先抓住学习能力及其培养这一个关键，才能使语文课程真正实现转型。

学习能力是解决一切学习者学习知识、培养技能、发展思维的能力，是学习者所获得能力的一种基本能力，对于"学习者能力"的形成过程及要素来看，学习能力便成为一种推动力即"元能力"。由"力产生力"是学习能力的特殊功能及其重要表现形式。学习能力，一旦形成，它不能被替代，也不易遗传，随着学习过程的不断深入和学习经验的不断积累以及学习活动的不断丰富，而发展得越来越成熟和越来越有力量。但对这个司空见惯的名词，到底作何解释，至今却没有一个完整的明确的定论。为此，要从学习能力的形成或产生的背景、渠道及培养等方面进行探讨显得很有必要，也才有可能会产生从凭感觉判断的规定性研究走向凭学理推导的阐述性研究的新成果。

构建以"学习能力"为核心的课程教学新思路，是从学校教与学的实践问题中发现学习能力研究的重要性出发，从学生学习的需要来积极开展学习能力培养，明确学生学习能力培养的基本要素，考虑与学生具体的学科内容相结合，科学认识与处理学习能力与其他制约性客观条件的关系。为此，我特从构建以"学习能力"为核心的学习型语文课程教学新思路出发，做出了一些初步研究。

四、从学校教与学的实践问题中发现学习能力研究的重要性

近十年来，我国中小学校的教学实践中，有一句越来越响亮的口号，就是"培养能力，发展智力"。什么叫能力？培养能力中的"能力"内涵到底是什么？它在目前学生学习中起到了何种作用或产生了何种影响？等等。我们为此做了一番调查与思考。现实告诉我们，尽管大家天天在喊"培养能力"，但我们一问及到底什么是能力，怎样去培养，现在效果如何等等，大多数教师竟然答得支支吾吾，或者就是一句笼统的悲叹：唉，学生能力就是不强嘛！请问，一个竟然对"能力"的概念和基本内涵并不真

正弄懂的教师,又何谈对学生培养能力呢?目前广大学生的学习能力培养状况确实难以令人满意。由此我们发现在对"能力"含义理解不清的现状中,有一个非常严重的"能力"认识误区,就是把目前流行的"学生能力"和"学科能力""学习能力"等混为一谈,并且忽视了在能力诸因素中的一个基本能力——"元能力"即学习能力的特有地位与功能。

诚然,我们一讲培养能力,实际上是从整体意义上讲,是培养一种综合的"学生能力"。这种"能力",整体地反映于学生身上,并不可能将其一项项绝然划分的。但是为了培养的方便,就像体操教练教体操动作时先分解再综合一样,也把"学生能力"从不同角度而分成学科能力、学习能力、实践能力、思维能力和创新能力等等。一旦这些"学生能力"被具体物化和类型化以后,那么就有一个在这些能力体系中有没有一个核心能力?值得沉思的问题顿然产生了:我们认为,应该有!而且应该是"学习能力",也就是前面所说的"元能力"(也称"原能力")。那么,学习能力中的核心能力又是什么呢?我们认为,应该是掌握"过程与方法"的能力和科学思维的能力。我们只有认识和把握这些学习能力与学生能力的区别以及学习能力与学习能力中的核心能力的区别,才能有针对性地去培养学习能力,发挥学习能力的作用。那么,掌握"过程与方法"的能力,实际上是一种学会学习的能力,这将是核心能力的核心。它包含:从学习现象中发现学习规律和学习因素,从学习问题中寻找学习策略和学习手段,从学习过程中发现方法、奥秘和善于总结与获得结果的能力。

对学习能力的研究,应该首先明确研究的基本思路。简单地说,要把学习能力问题形成一个体系来研究。

第一,要认真全面地研究"学习能力"在学生学习中的意义、功能和内含;

第二,要调查分析广大学生的"学习能力"状况,寻找制约学习能力不强的原因和对策;

第三,调查分析教师在培养学生学习能力中的经验、教训及其带倾向性的问题;

第四，构建新时期学生"学习能力"的能力结构体系和操作运用体系以及培养方式等；

第五，进一步探讨"学习能力"与"学科能力"的关系；

第六，进一步探讨学习能力与自学能力的关系；

第七，进一步探讨学习能力与创新能力的关系；

第八，进一步探讨学习能力与知识、技能、智力的关系；

第九，进一步探讨学习能力的评价、检测问题；

第十，进一步探讨学习能力的发展与提升的问题。

……等等，还可列举一些。总之，"学习能力"问题的研究与尝试，其前景广阔，意义深远，是我们所必须清醒地看到的，也衷心希望，此项研究能得到更多的志士同仁的厚爱与合作。

总之，学习能力可以称之为是一种基础能力或核心能力。从功能上说它是一种"学习"的能力，产生其他学科能力的能力（也就是产生技能的能力）。由此看来，对于"学生能力"形成中的"元能力"——学习能力的重新认识和研究，将显得太有意义了。另外，从它的概念的界定和形成途径来说，明确其价值和做法，那么，其意义已经超越概念而延伸至于实践应用，并寻求可操作性的体系与模式，这已经是十分重要的语文学习能力培养的了当务之急了。

语文学习压力探析及其对策

本课题从 1988 年 3 月开始探讨，当时撰文《农村高中学生语文学习压力浅析》，于同年 8 月在桂林"漓江之秋语文教学周"大会上发言，曾引起了一场轰动。从此以后的十余年间，我又由语文学科转入既高于语文而找到普遍规律，又基于和走进"语文学习学"的"学习压力"系统探究，让语文学习者（学生）在对"学习压力"的了解、分析和解决问题的讨论中获得更为清醒的认识，寻找更为有效的方法与对策。本人于是做了较为全面、深入的调查与思考，比如对学习压力的内涵、产生途径、诱发因素和怎样处理等。

一、学习压力的定义与分类

（一）什么是学习压力

本课题所论及的学习压力，是借助于物理学压力，而专指的一种心理现象，即激发于学生学习需要或求知欲在学习过程中由心理活动所反映的刺激信号，这种刺激信号达到一定的程度以后，便对处于不同生理、心理状况以及学习、生活环境等诸因素之中的学生个体产生相应的影响即"作用力"，这便是本文所指的学习压力。可以说，学习压力的产生，是由于学生受到刺激以后，原有的心理平衡被打破，新的平衡与和谐还没有形成的时候的一种特殊的心理活动或心理状态。现在，广大青少年学生由于身心上的不稳定和思维品质上的不成熟而时时产生对自己学习的一种特别影响和干预，而且这种影响与干预越来越更直接，更强烈，也更普遍，最终形成一种无形的"制伏人的力量"。这种"力量"往往是学习压力。我感觉，作为一个人或者学生，有适当的、合理的压力在起促进催发作用是必要的，当然，过多的或不恰当的压力，则给学生也会带来某些损失和苦恼，并形成学习障碍。

我们研究学生学习压力的意义，在于通过对中学生学习中所产生的学习压力现象与形成原因进行调查分析，探寻对学习压力进行合理开发利用的对策，从而化压力为动力，让学生重新焕发学习积极性，重新调整学习心态，以求从另一个角度（即精神或心理上）来减轻学生学习负担。笔者认为，学生负担过重，有物质上与精神上的之分。我们既要减轻来自物质上看得见、摸得着的繁重学习任务的有形负担如题海作业、频繁考试、拖堂、加班补课等，又要注意减轻来自精神上的过多过重的学习压力的无形负担，研究其学习压力，就是研究如何合理利用以及清除精神上的无形负担。

（二）正确认识学习压力的特征

学习压力是客观存在的，并且在学生学习活动中起着举足轻重的作用，能够影响学习的各个方面。按照辩证唯物论"事物都是一分为二的"的观点，我们认为学习压力在作用于学生学习时也具有二重性特征。基于此，我们把在学习活动中产生积极作用的恰当的压力称为"正压力"，把起干扰破坏作用的过大过小的压力称为"负压力"。"正压力"和"负压力"就是学习压力二重性的表现。当然它们之间并没有一个固定的量化形式，而是就区分压力产生正反作用的二重性而言。区分学习压力二重性特征的目的，就在于教育我们的学生，不怕有压力，更重要的是在于我们如何正确对待它，决不能强调它只有利无害或有害无利。这里必须弄清楚两点：①压力本身是没有正负之分的。产生压力的本体也不会制造什么正压力和负压力的。只是在接受这种压力的人们（学生），能接受和接受后没有反感，起了好的帮助作用的就视为"正压力"，否则就视为"负压力"。②作为特定的施加学习压力的教育者一方，应该对学生有所了解，应该知道所给予学生压力的有效性，适当性，而不致于滥给压力，而使它成为学生"负压力"的施加者。"正压力"在积极作用于学习过程中，促进学习向好的方面发展并产生良好的学习效果，也称良性压力。它的特征就是将压力化为动力，化为一种激发学习需要和兴趣的能力。所以，有压力并不可怕，关键在于如何对待和利用。纵观古今中外的名人大家，有谁不是在压力之下成长起来的呢？"逆境成才"者比比皆是。

现在，关键的倒是如何认识"负压力"，处理"负压力"，化"负压力"为"正压力"，从"负压力"的沉重负荷中走出来，调整学习压力。一般说，"负压力"其表现为两个方面：压力过大和压力过小、压力过偏欠正当。

压力过大，即指压力超过学生的心理承受能力，使学生出现恐惧、压抑、瞎忙、自卑的心理状态，学习效率不高，学习效果不好。例如，教学过程所产生的压力过大，诸如课时过多、教材过难、作业过量、教法呆板、考试频繁，使学生学习起来不仅没兴趣，反而在沉重的压力下喘不过气来。听说有个教师一周布置学生写四篇作文，这肯定会把学生"压"得哭了。还有不少学生自己给自己制造无端的恐惧，自己折磨自己，越想越有压力，结果读不好书，索性不读了。学生的学习压力经常过大，其身体器官也将受到损害（如近视、神经衰弱和其他疾病），这也直接妨碍学习。另外，过大的学习压力，往往把过多的知识信息刺激信号都呈现出来，造成相互干扰，使学生造成识记困难，学习效果也不会好。学习效果一旦不好，又反过来刺激学生学习心理的情感过程发生伤害（如伤感、失意、一蹶不振，自暴自弃等），这种刺激又迁延到下一阶段的学习活动，直接影响着对新知识信息的感知和处理。

压力过小，也并不是好事，对提高学习效果也毫无益处。从生理上看，中学生正处在长知识、长身体的时候，而学习压力，正是起着在学习过程中首先由各种信息通过自己的机能，然后加速这些机能提高的作用。据科学家说，人的脑细胞多达100——150亿个，人的一生对其利用仅有12%左右，可见适当的学习压力能够较好地刺激机体活动，使人体本身蕴藏的巨大潜能尽量散发出来。如果压力过小，这些潜能始终只能做为被埋没的能量，亦不能产生对机体器官的进一步发展作用，不能让学生产生新的学习需要即求知欲。假如，一个学校连起码的课堂学习制度和规矩也没有，一个教师连起码的教学要求和作业也没有，那么学生则失去学习压力的常态，还能获得学习的进步吗？还能有健康的成长吗？

另外，压力过偏或欠正当，也会影响学生的正常学习，干扰学生的健康成长。比如，给学生发出错误信号的"兴奋点刺激点""垃圾信息"等。我们发现，某校有一部分"择校学生"，自恃"有个好爹娘，学不学无妨"的错误想法，把学校规章制度、把听课做作业都当成耍儿戏，毫无半点学习压力，于是心理空虚感渐渐加剧，其精力便在无聊中发泄，学习成绩越来越差，这就是压力偏欠正当而导致的结果。

前面已述，学习压力是一种刺激信号，那么，压力越小，刺激也就越小，如果没有压力也就没有刺激。但科学研究成果表明，只有刺激才能引起身体机能的变化和心理需要的变化，使这种变化促使在脑子里的前后信息自然地一同活跃起来，并彼此联系着产生刺激，然后又唤起记忆，促进记忆力、注意力的提高。可见，学生的学习是一种综合智力活动，尤需刺激，当然也是适当的正面的正常的学习压力，可见，我们在学习中十分需要有适当的学习压力。

（三）学习压力的表现形式

据调查资料分析，目前中学生学习压力的表现现象大致有四种形式（类型）：激动型、紧张型、郁闷型、懈怠型。

1. 激动型。由于作用于大脑兴奋区的刺激频繁，人的心灵也随之受到震动，马上作出一种亢奋性的心理反应，使人们纷纷调整已不适应外界刺激而产生的心理行为。这就是"激动型"的学习压力。其基本表现公式是："一刺则激，一激就动"。其基本特征是情绪过度兴奋积极，显得有些浮躁，欠稳定，言谈举止往往有些出人意料，大起大落。外向型性格者多属此类。久而久之，他们很愿意经常受到这样的"压力"而促使自己的学习、生活富有情趣和色彩，他们的口号就是"痛痛快快地学一会，痛痛快快地玩一阵——够刺激！"

但是，调查事实又告诉我们：这种"激动型"往往随受刺激者的出身、生活习性、修养和文明程度及当时的环境、情绪的不同而会产生不同的结果，甚至会有两种截然不同的结果，一般的是情绪正常，积极进取，发奋图强，不断总结经验，吸取教训，学会及时调整自己不适应新刺激后的新形势、任务、要求的学习计划、方式与行为。但也有的缺乏思想准备，一时难以接受或者不能理解外界的"刺激信号"，或对峙、或刁难、或破坏、或反抗等等，以寻求因刺激而失去的心理平衡。例如，某学校在开展爱国主义教育活动中让学生参观了几处德育基地，观看了五部革命战争影片，举办了爱国主义知识抢答赛等等，这无疑给广大中学生施加了心理"刺激"，赋予了强大的震动力（即压力），激起了广大学生的心理变化，有的跃跃欲试，争先恐后，积极投入，获得的教育也很大，但也有极少数人一见这些活动就"瞪眼"，认为这是形式主义的东西，是捉弄人的把戏，甚至还发些牢骚，挑唆其他同学不要参加。这些都是学习压力"激动型"的具体表现。

2. 紧张型。青少年学生由于身心稚嫩，知识面窄，社会阅历浅，一碰上某种心理上的刺激信号就全身绷得紧紧的，如临大敌，整日里慌慌张张，也由于心理压力所致，思维定势被打破，马上显得行为忙乱，一时间全身出汗，心跳加快，说话做事频率过急，缺乏了顺序，缺乏了主见。但这样紧张一阵以后，绝大多数学生又能恢复常态，带着由于"紧张型"压力的刺激，更加讲究学习节奏，抓紧学习时间，讲求学习方法，锻炼思维速度，提高学习效率。结果，由于一紧张，那些与学习无关、无用的事情也就都不去想，不去干了。由于一紧张，就会精力集中，学习效率提高，也就会尝到了学习的甜头，久而久之，还会喜欢上有这种"压力"的学习了，如果一旦失去压力或减轻了压力，倒还会感到有一点不习惯，自己还会主动去寻找一些紧张因素来给自己施加压力，促使自己集中全部精力，瞄准新的目标专心致志地学习，有些人说自己跟自己过不去，给自己经常提高学习目标，增加学习难度就是如此。也由于一紧张，就增强了学生思维的专注性，进而往往会产生"顿悟"的爆发性，连自己都意想不到创造力能如此"直蹦"出来。这也许就叫"急中生智"吧！但是，也有一些人由于思想准备不足，"紧张"之后就一直焦躁不安，难以恢复学习常态，不是视"紧张"为动力，而是视之为困难、挫折而陷入迷途，结果学习包袱很重，越紧张越不得法，越不得法就学习效率越低，并且马上又感到更紧张，压力更大，这就造成了一种"恶性循环"。

例如考试，无论考前、考中、考后都会给学生带来紧张感，造成压力，尤其是关于考前动员。我曾调查过 30 所高中学校，均在高考前夕的考生会上做过考前动员。其中有 15 所学校是关于"既不要过分紧张，也不要太随便大意"的"适度性应考"的动员，有 12 所学校是关于"尽力放松，任其自然，不带半点紧张感进考场"的动员，而另外 3 所学校则是关于"只许考好，不许失败，谁英雄谁好汉，高考场上比比看"的动员，结果"适度者"都发挥出最佳状态，学生普遍考出最佳水平，"放松者"里考好考不好的各占一半（会处理的考好了，太随意的没考好），而"只许考好者"的学校因学生个个带着枷锁进考场，越考越紧张，越紧张就越糟糕，最后的结果是大多数"没考好"。可见，三种不同的"紧张型"压力也会出现三种截然不同的结果。

3. 郁闷型。这主要是指性格内向者受到刺激信号作用后无所适从，以为只有自己一个人遭受此种际遇而苦闷彷徨，自作自受，自己在折磨、摧残自己。其表现过程是，在思维上首先开始突兀，然后陷入混乱，再就是茫然，最后是苦恼、惆怅；在行为上首先埋怨与责怪外界压力，再在苦无良策的情况下又转向责怪自己，痛咒自己无能，然后就自我孤闷忧虑起来，甚至不吃不喝，不声不响，即使有满腹心思、愁苦也不愿向别人诉说，也不相信人家会听，会同情，对自己实行全封闭。这种"郁闷型"压力导致学生在学习中长声短叹，尽说悲观丧气的话，做一些让常人难以理解的事。当然，也许偶尔能自行冒出一二个不错的主张和方法，使学习取得一些成功，但大多时候由于个人的力量有限而遭挫折，成绩不理想。如果此时又更加苦闷起来，更加消沉颓唐，那么，最后无疑退下阵来，害怕学习，厌恶学习，以致最后认为自己可能不是读书的"料子"，于是中途辍学。这在女同学中和"单亲"家庭的学生中较为普遍。

例如，我们曾经发现一批小学生，升上初中以后到新学校，开始一接触新环境、新课本、新教师、新同学和新的学习生活制度等，就不免有些新奇，但马上感到紧张起来，他们与小学一比较，课程多了，教材难了，要求更高了，来自各地的同学中的竞争对手也多了，心理就由紧张又转为忧虑和苦闷了：这么多又深又难的知识能学得好么？能不能听懂教师的讲课？还抢得到第一名么？等等，这样过多地郁闷下去，思路就模糊，神态就沮丧，以后再也振作不起来了。这就是"郁闷型"学习压力所造成的结果。

4. 懈怠型。由于心理刺激信号即"压力"的多次冲击或负面作用，使一部分青少年学生反而失去了"承压力"，也就是人们通俗地说的"压疲了"，或者产生了"抗压性"，在任何强烈的压力面前他们都无动于衷，再怎样刺激也毫无反应，对压力熟视无睹，在学习上渐渐地变得松散、倦怠起来，处处表现得无所谓，不思进取，得过且过。这表面看去好像与压力无关，实则仍然是因为压力达不到一种"制伏人的力量"而使他们学习懈怠的。我们在调查中就发现这样两种人。一是认为"已压得够呛了，该歇歇气了，你再压我也不理睬了"，人们戏称为"打不响，吹不叫"，结果是使自己成为一个泄了气的皮球，任何"压力"来，都是一团软绵绵的；二是受了某种自由化思想的影响，认为有压力的学习生活不潇洒，不自由，要"抗压"，还美其名曰："扼杀了自我"，"扼杀了个性"，于是不愿在具有学习压力的氛围中进行学习。总之，产生"懈怠型"压力的结果就是生活空虚、学习疲软，对学习缺乏责任心，缺乏成功感。这在男同学中有比较广阔的市场。

二、学习压力产生的途径与诱发因素

对于这个问题，可以从不同角度来分析得出不同的相应答案。也就是说，分析学习压力产生的原因，有内部的，也有外部的，有条件性的、背景性的、心理性的，也有政治性的、社会性的、经济性的和手段与方法性的等。本文即从学校内部这个角度为主，对学习压力所产生的四条基本途径（四条渠道）进行探讨。

（一）中学生学习压力产生的基本途径（渠道）

1. 教学过程是产生学习压力的主要途径。

大家知道，教学过程是一个适时的、连续不断地且相对封闭的大系统，同样，学生的学习也因之而成为相应的系统。所以，这个系统中的各个因素，如教学方针、教学思想、教学大纲与教材、教学手段与方法、考试与评估等等，都无不对学生这个学习系统产生压力。如果教学过程这个系统合理、和谐，体现了以学生为主体，以学生发展为本，与学生的求知现状和学习需要相吻合，那么这种所给予的"学习压力"就是通常的，适度的，人们反倒觉察不出有什么"压力"（其实是有"压力"的，只是和谐了，让人们没有感觉到），这样，就不仅能促进学生的全面发展，而且能激励其更大的学习兴趣，激发更新的学习需要。然而，目前，以片面追求升学率、加重学生课业负担等教学过程中的非正常现象，已经给中学生施加了超度的学习压力，给学生造成了较为严重的危害性，已到了非治不可的地步。由此可见，教学过程这一产生学习压力的主渠道如果不畅通，发生"误压"，就必然会给学生增加不必要的学习压力。

2. 教师是产生学习压力的重要途径。

教师是教学过程的具体实施者，也是学生学习过程的引导者和保证者，具有较强的主观能动性，并且直接参与学生的学习过程，所以，教师的作用无疑成为对学生的一种直接性学习压力。如果教师的这种主导作用发挥得好，学生积极性则进一步高涨，如果教师的主导作用达不到调动学生积极性的目的，反而会在某种程度上伤害和阻碍学生的学习。具体地说，教师在学生学习上直接造成压力的主要因素在两个方面：一是文化业务水平，二是工作态度和为人师表作用。

教师的文化业务水平，主要反映在知识储备的广度、深度、力度和知识结构的全面、合理上，以及执教素质和能力等方面。在学校学习中，学生总得要受教师影响、支配与指导，如果碰上水平高的，就自然学习兴趣高，学习效果好，良好的学习习惯也容易形成；但如果一旦碰上水平低的，学习起来就很吃力，久而久之效果不好，整天忧心忡忡，包袱重重，以后便慢慢地讨厌学习。所以，教师的水平高低，将直接决定给学生带来何种压力（是正压力，还是负压力），也要求每个教师务必提高文化业务水平，尽力给学生以充分的良好的正压力，促进学生的学习进步。

教师的工作态度、职业道德和为人师表作用，也同样是一种直接作用于学生学习的压力。如果教师有良好的师德和严谨治学的态度，对工作认真、负责，一丝不苟，就会给学生产生潜移默化的"催化剂"作用——因为中学生虽然已经从少年儿童过渡为具有一定思想、人生观、价值观的时代青年，但他们的盲从性、趋众性仍然严重，这时候他们学什么，怎样学，往往既有选择性，但又有模仿性，所以喜欢从学校和社会或者书本上找"模特儿"，作为崇拜的偶像，由于教与学的特殊原因，教师便首当其冲地成为模仿的"第一对象"。他们已经开始喜欢议论教师，品评教学情况，对认为"有水平"的教师往往产生一种不可名状的崇拜感，给自己形成一种良好的和谐的"威压"，无形之中催促着自己学习。这样，教师一定要当好楷模，以平易近人，积极正直，严谨治学的崇高形象来"感化"学生，催发学生的学习积极性，这种"催化剂"作用也是一种学习压力。反之，教师如果不堪为人师表，就会严重影响着学生的学习、生活，久而久之，学生在学习、生活上出问题，使学生无形之中接受了一种不好的影响，难怪现在不少学生成为"追星族"，无非就是失去了对教师的信任感和崇拜感，与教师形成了"代沟"，感到从教师身上找不到满足他们心理需要的东西。

3. 学生自身也不断地在学习过程中形成学习压力。

这主要表现在学生的知识智能结构、对学习活动的承受水平以及一些生理因素如身体健康条件等方面。

作为一般中学生，由于正处于生长期，各方面尚不成熟，所以，无论他们的认知水平、个性特征、思维层次和方式以及在语文学习中所表现出的种种能力，都会有一定的缺乏、漏洞，或者几者之间的不协调，所导致某种学习压力的产生。例如，注重形象思维的学生，喜欢交谈和写作，积极参加课外兴趣活动（如文学社团等）；而长于逻辑思维的，则往往在理解分析课文和数理化学习中狠下功夫，他们考虑的是科学"事理性"，而不是"人文思想性"。这两种情况，都有对培养学生知识的完整性带来一定限制，时间一长便形成某种学习压力。

对学习采取何种态度，是知难而进，化被动为主动，还是受到挫折便自暴自弃，背上更沉重的包袱，这是心理承受能力的两种表现。心理学的研究成果表明，良好的学习状态和心理水平，是人们从事学习并取得良好效果的重要保证。否则，自己给自己制造学习上的麻烦，形成不可解脱的学习压力，则是阻碍自己学习进步的最危险因素。

还有，学习是多种生理器官参与活动的认识过程，故身体体质状况也成为学生学习必备的物质基础。如果身体差，不能坚持正常的学习，压力当然很大，尤其是毕业班学生，如果不注意劳逸结合，加班加点上课，那么，由于压力而带来的恐惧感、紧迫感，致使不愿读到毕业而自动退学或因病休学的已经越来越多了，有的学校竟达10％－20％之间。

4. 校园文化也为产生学习压力提供了土壤。

校园文化，包括制度文化、精神文化和环境文化，这对学生有重要的心理导向和价值导向，这种导向就自然形成一种隐形的"压力"。现在，这种以"校风文化"为因素的"学习压力"，也对学生的影响也越来越直接，越来越明显。比如学校的各种规章制度、各种会议、各种标语口号等。所以对此不可疏忽与轻视。看来建立一种良好的教学秩序，树立一种良好的校风，将是今后校园文化建设的中心。校风好，对学生的学习有推动和强化作用，那些懒于学习的人也因受良好校风的影响而积极学习了。现在，特别是农村高中的大多数学生认为高考无望，"破罐子破摔"，上进心不足，学习不刻苦，懒散，无聊，不上课，做坏事，严重影响"群体学习"，使那些想学习的也无法找到一个安宁的学习环境，这也是校风成为学习压力后的恶性循环的结果。

以上是从学校内部角度来看，产生学习压力的途径。还有从外部环境因素上造成学习压力的其他渠道。它主要包括社会舆论、社会风气、家庭经济状况和家庭教育等等。现在，社会舆论对学生的学习产生压力更为强烈。例如农村高中学校，因考不起多少大学生，而被社会不分青红皂白评论得一无是处，使来到这些学校就读的学生抬不起头，校长和教师也抬不起头，自卑感日趋严重，本来学得并不太差的也无心学习，只"等"着毕业。据说有一学生到亲戚家拜年，就因为他是非重点中学学生而遭到嘲笑冷落，嗤之为"没出息"。

家庭经济状况和"家长意志"，也同样给学生产生学习压力。经济条件好，学生可以不为生活发愁；而那些经常缺衣少书的，自然难以维系积极而愉快的学习心理。有些家长望子成材心切，一味实行主观指导，以自己的意志来安排子女的学习目标、学习内容和份量，使这些学生带着为父母读书的被动心理，带着极大的压力在读"违心书"，结果连最简单的知识也没学好。

（二）中学生学生压力产生的诱发因素

由于学习压力的产生过程，不是一个有机的封闭系统，而是一个呈多角度、多形式的"散乱型"过程，所以它的诱发因素也是多种多样的。现在归纳起来至少有以下九种诱发因素：

1. 当走进一种庄重、严肃、出于自己意外的场合，如考场、教室、展览馆、建设工地、烈士陵园及风景胜地等，不免使自己心里产生一种震惊，以至逼迫自己作出某种反应，便形成某种压力。

2. 在回首往事看到时间过得很快时，心理突然紧张，甚至有些伤感、悲观，顿时产生"时不待人"的压力，逼迫自己抓紧学习。

3. 当看到教材又多又难，教师讲课时又听不懂，想问教师时，而教师又总是对自己似看非看时，自己也不免皱起眉头，哭丧着脸……这也是一种压力。

4. 当读了一本好书，看了一场富有感染力的电影电视，听了一次富有感召力的演讲以后，心灵有了冲动，不免产生相应的压力。

5. 当自己被落后的人赶上来或超过了自己的时候，深感愧疚，又特别不甘心输下来，决心迎头赶上，不免产生压力。

6. 当在老师经常加班加点地上课，布置一大堆作业，天天喊考试，而且一考就排队，心里老在嘀咕、担心考得不好，这样就自然产生一种恐怖感，甚至不敢继续学习了，也有了压力。

7. 当自己学习屡遭不顺，常碰钉子，或犯了某种过失，想赶又赶不上，想努力又求助无门的时候，又经常受到冷眼、恶语的时候，不免产生难以解脱的压力。

8. 当自己取得很大的成绩如何保持荣誉却又碰上"树大招风"的麻烦时，或真诚助人而遭到恶意时，不免产生压力。

9. 在其他生理疾病和心理不平衡产生时，也常常产生学习压力。

三、怎样合理开发和利用学习压力

由于学习压力是客观存在的，也是学生适当需要的，那么学习压力看来只可利用与开发，而不可忽视、排弃或摆脱。其关键在于"怎样地""合理地"利用与开发。这里，"怎样地"是指方式与方法，侧重于过程。"合理地"是指一种科学的标准和要求，侧重于结果。努力使产生学习压力的各种途径、渠道畅通无阻，使产生学习压力的各种诱发因素能成为学生在学习上获得崇高理想、良好习惯、科学方法和最佳效果的"催化剂"与正确动力，将是"利用与开发"的基本对策。

（一）积极改造教学过程

在这里特别要改革教育体制，努力建造一种有利于以人为本，以学生发展为本的教育管理机制和教学体系，也就是在教学观念、教学内容、课程技能和教学方法上，都要保障学生在一种轻松而又确有发展的情境（压力）下学习。如果"应试教育"仍然猖獗，看不到素质教育的具体内容、措施以及方法，看不到课业负担的真正减轻，看不到考试改革的真正变化，那么，所施加给学生的学习压力应仍然是"负压力"。在"负压力"下学习的学生，也永远是最痛苦的，也永远只是一种"负成长"。

（二）进一步提高教师素质

要求教师不断更新知识，加强理论修养，注重教学实验研究，处处为人师表，要树立"不是教书，而是教人"的新的教学观念，树立对学生"教今天，想明天"的工作责任感，对学生要有永远的爱、全面的爱和爱永远、爱全部，做到"严中有爱、刚中带柔"，负责任地为学生建立和谐的学习环境和学习秩序，使学生有充裕的精力和良好的心态去进行高效优质、快乐轻松的学习，使学生隐隐约约地感到有点压力，但不能让学生惶恐不安、精神失常而痛苦于压力之下。还要随时观察、了解学生的学习压力，善于指导学生把学习压力调节到适当位置，如果大了就稀释过量的压力，过小了就帮助寻找或施加一些学习的适当压力。

(三)教育学生提高心理素质,加强心理锻炼,搞好"心态建设",随时注意控制由于自身因素而带来的学习压力

首先要让学生对压力有所认识,有所思想准备,然后让他们积极锻炼生理上、心理上对压力的承受能力,并在意识、情感、行为上努力提高自控力,掌握学习的主动权。例如,某校高中一年级学生,学校按升学成绩编了"快""慢"班,其教材、教师、教学思想、教学方法、家庭经济状况等能够作用于学生压力的因素都基本相同,仅仅是学生自身因素和部分环境因素(编班)有所不同,待一个学期以后,表现出来的学习效果却迥然不同:快班因班风好,学生们都友好竞争,主观上都努力刻苦,结果学习成绩普遍良好;另两个"慢"班学生,都自卑于"慢",学习不起劲,听课随便,作业马虎,致使成绩相差一大截。后来,学校领导和教师运用"学习压力"的二重性原理,积极变"负压力"为"正压力",抓住压力变换的关键因素即班风因素,认真整顿班风,实施分层教学和个别转导,加强了教学的心理疏导和个性化引导,结果这两个"慢"班学生,把学习压力转化为急起直追、奋发向上的动力,不出一个月果然出现好的势头,听课、作业判若两样。

(四)积极改造校内外环境,加强校园文化建设

要排除外部因素中的消极面,形成和谐的社会空气,让学生在合理的"教育观""人才观""学习观"等社会舆论和积极向上、健康大方的校园文化气息中努力学习,使他们不断认识其学习的社会价值,不断刺激他们向美好的未来发展。

(五)诸种诱发因素要通力合作和有效控制,使之成为产生学习压力的正常因素

首先要求它们相互间尽量抵消或排弃那些一时很难消除的"老大难压力"。并且,善于指导学生运用压力来克服压力,保证学习过程畅通无阻。比如,素质教育思想和现阶段的教材、教学技能、学生实际脱节,教育的时效性不强等问题,这给学生造成的"压力"恐怕一时难以根本改变,那么,就得用"教师的积极教学"和"学生自我调节"以及"社会不断改进与理解"等诸种压力因素的合作来共同调控，以致消除无效压力。

总而言之，对于学生学习压力的研究，要着力注意处理三个问题：一是要从学习压力的表现现象和表象形式上来认识与了解，以明确学习压力到底是什么，施加于学生身上的学习压力有哪些？二是要注重了解学习压力产生的原因分析，以明确学生学习压力来自何方，从而采用"解铃还须系铃人"的方法，有针对性地解决学习压力问题；三是要加大科学研究与实验力度，一个个专题、一个个项目地探索如何合理利用学习压力，化压力为动力，化负压力（恶性压力）为近压力（良性压力），化压力的单一克服渠道为多元化综合治理。这样，就可以让学生在一个宽松、愉悦、充满感性与理性相统一的高效优质的学习压力环境下学习得更快更好。

（1988 年 8 月在桂林"漓江之秋语文教学周"大会上发言，获全国农村中学语文教改研究会 1991 年度优秀论文一等奖，原文题为《农村高中学生语文学习压力浅析》，后有改动。）

论影响学习的病态心理

自从一八八五年由艾宾浩斯关于"记忆"的研究以及稍后不久由桑代克关于"联想过程"的实验研究以后，"学习学"便作为一项科学研究日益活跃起来。本文旨在在我国刚刚兴起的学习科学研究中凑上一点浅见，试从病态心理在学习中的种种影响以及消除方法来谈点探索性的意见。

（一）

人的学习，是在社会生活实践中，以语言为中介，自觉地、有目的、有计划、积极主动地认识和掌握一切知识的过程。特别是学校里学生的学习，是在教师的组织领导下按照年龄和心理特点，遵循"由浅入深、由简到繁、由单一到复杂、由被动到主动、由自发到自觉"等原则，以掌握一定的系统的科学知识、技能，形成科学的先进的世界观和道德品质为主要任务的。因此，学生的学习相对而言是带有"指令性"或者"定向性"的，与学生千差万别的心理状态有密切的关系。心理状态良好，学习兴趣激增，学习方法对路，学习效率也就相应提高；心理状态发生异常，即出现疾病，学习就难以维系，或者产生厌恶、怀疑、自卑等影响学习的不利心理因素，使学习效率大大降低，长此下去，削弱学习机能甚至中止学习，我们把这种影响学习的心理因素通常称为"病态心理"。

病态心理，即异常心理，也就是心理活动发生障碍，在不断变化着的客观现实面前，不会调整自己的认识和行为，导致行为失调，破坏个体与周围环境的平衡和统一，给社会和个体都将带来严重的危害。

病态心理总的表现为：

不能坚持正常的学习、生活和工作，不能与他人一起建立一个安定、和谐、积极向上的社会环境；

对人缺乏真诚和信任感，希望别人能了解自己，又总不能相信别人了解了自己，对社会、对别人总是冷漠、不屑一顾；

对社会、对自己的事业缺乏责任感，其行为方式和社会身份（自己所处的角色）总不能协调一致，反应的强度和刺激的强度也不相适应，情绪低落，怨言不少，往往力不从心，事与愿违。

病态心理在学习中的具体影响是什么呢？归纳起来有如下几个方面：

（1）在生理机制方面，其心理状态与一般学习者不同，总喜欢离奇、出格，因而紊乱。如：

感知异常，经常在学习中出现错觉或幻觉，把学习材料"感知"错了，造成"模糊感"；

记忆障碍，使学习中的识记材料发生奇异的增强和衰退，造成错构、虚构现象，以致加重了猜忌心；

思维失调，无论思维的内容和形式都无法控制在正常状态之中，有时突然奔逸，有时十分迟缓，有时却又凝滞、贫乏，或者跳跃、不连贯；

情感脱格，受学习材料、学习条件和学习效率的牵制而产生情感高涨或抑郁，在学习中喜怒无常，焦虑、恐惧、惊悸等消极情绪时而发生。

意志走样，或者过分强迫行为，固执地无视客观条件，在学习中无限量地"加码"；或者遇到不顺，意志缺乏、减退和衰弱，未能从失败中吸取教训，重新立大志并矢志不渝。

（2）在行为方面，由于病态心理所致，使学习造成严重的影响。如：

为一些小事自我烦恼，于学习而不顾，整天患得患失，疑虑重重。久而久之，就形成了一种忧郁、寡欢、沉默、孤独、自暴自弃的性格特点，这种性格特点在正常情况下影响不剧烈，严重时就是一种病态心理，即狭隘和忧郁。

有的人最怕在别人面前行事，最怕向老师求教，该说的话到了嘴边也就"塞"了，全身紧张，手足无措，冷汗涔涔；甚至老师来指导了，还躲开，在课堂上做作业还要用手遮住作业本，生怕别人看见了耻笑他（她），几乎完全丧失自信，总觉得自己不如别人，对前途无望，这在女学生中可以说是一种"性别病"，或多或少地都存在。这种病态心理叫怯懦和自卑。

有的人学习成绩较差或者犯了错误，不能正确对待，总认为周围的人都在轻视他，伤害他，因而产生对立情绪，遇事反应敏感，对老师的提问或别人的关心怀有妒意，总觉得是嘲笑他，别人看都看不得他一眼，将一些无关的刺激往往歪曲为挑衅，最易滋长起一种强烈的报复思想，为了疯狂地发泄心中的怒气，不择手段地破坏学习秩序，干扰他人学习，还扬言说："和尚冒（没）老婆，要大家冒（没）老婆。"这种病态心理叫"对立与破坏"。

（3）还有其他一些。如：神经衰弱、性敏感、不良习惯和迷信等等，都是造成影响学习、干扰正常学习活动的病态心理。有的学生经常在未得到教师许可的情况下任意插言，扰乱课堂教学秩序，这种不良习惯在中、小学生中的心理状态是：错误地认为遵守纪律是"怯懦"的表现，而违反纪律则是"勇敢"的行为，出出风头，耍点"小聪明"。这主要是他们虽然懂得要遵守纪律，但这种守纪律尚未成为一种信念和主动意识而养成良好的习惯，不能达到学习预期的目的。

在我国独生子女不断增多的新情况下，青少年学生中的依赖心理也日趋严重地发展成为一种病态心理，他们为老师读书，为父母做作业，往往缺乏战胜困难的顽强意志和自强能力，总希望在考试中侥幸取胜。

（二）

有人认为：既然病态心理是异常心理，那异常心理又哪里有不好呢？现在还时兴培养求异思维嘛。

这种说法不妥，就在于没有弄清异常心理与求异思维的关系。

异常心理，是一种与客观现实相悖、与常人相异的越轨、出格、反常的病态心理，并不包括那种积极地认识客观规律，推动客观事物不断完善和更加符合人们理想的创造能力和创造性思维活动。上面的那种错误说法，是对求异思维这一概念的曲解，实际上也是对异常心理的存在表示默许。

求异思维，就在于揭示已知和未知的矛盾时，勇于打破习惯性的思维程序，善于对被人认为是完美无缺的定论持怀疑态度，敢于大胆设想，充分发挥自己的想象力和创造力，找出多种可能解决问题的方案和假说，从而使问题得到解决，使客观事物更加完美，使自己的某种观点得以成立。例如：计算一道题目 $8+8+7+8+8=$？ 有的人一步一步地连加起来。但也有的人这样算：$8\times4+7$，还有人却采用 $8\times5-1$ 的求解方案，难道这后一种方法不体现着具有创造性的求异思维吗？又例如，"知足者常乐"这一条古训，自古以来都为人们所推崇、仿效，作为一种良好的心理状态而继承着；但是，现在有越来越多的人反其意而提出这条古训不全面，远远不可取了，尤其是那些改革志士、生活中的强者、学习中苦苦追求而不甘于现状的，他们永远没有"知足"的事情和"知足"的时候。在这种"不知足而常乐"的求异思维状态下，多少人干出了惊天动地的伟大事业，也有多少人攻破了学习中的一个个难关，攀登了一座座科学高峰。

因此说，求异思维不是病态心理，恰恰是在克服思维惰性、展开积极而大胆的联想，从墨守成规的思考僵化中解脱出来的一种健康心理。它之所以不是病态心理，因为它不同于胡思乱想，不同于无端奢望，更不同于借机发泄的报复心理。

由于混淆了这两种心理状态的本质特征，致使一些人在学习中的心理处于一种"消极常态"。这种"消极常态"虽然也是"常"，但落于俗套、浮于表面，可以说是一种不思进取、不求大功的"固"态、"死"态，自然也是一种"病态"。例如，学习与作文，小学写那几句话，高中还是写那几句话，四平八稳，不痒不痛，不伦不类，描写人物则"千人一面，不分辨身份"。这些学生主要是缺乏积极思维，对人与人之间的关系和区别的标志缺乏足够的生活体验，更谈不上深刻。他们也想具体地描写某个人物，但还不善于通过具体途径，调动其艺术手段来达到目的，多次重复地运用"好""可爱""认真"等之类的空洞无物的评语。其实，学生的写作训练过程应该是随着知识的积累、年龄的增长、思维方式的不断完善而成为这样一个公式："大同小异——大异小同——百花齐放。"其间就贯穿了求异思维这一积极的创造性心理活动。

由此看来，要在学习中充分展开求异思维，必须以消除病态心理为基本前提。

（三）

怎样消除病态心理，培养出有个性特征的自我学习程序、学习方法和学习习惯，进而增强学习能力，提高学习效率呢？这固然有其多种方法，但我以为加强心理保健，提高自控能力，做到自我管理，是最基本的途径。

什么是自控能力？就是一个人善于支配和控制自己的心理生活和行为活动的能力。凡有自控能力的人，才能迫使自己及时地坚决地去执行已经采取了的各种决策，并且彻底地克服自己内心所存在的各种障碍和困扰，控制自我激情的冲动，力求使自己的举止言行符合社会行为规范，与客观现实相适应。有一个名人说得好：立足现实，正视现实，发展现实。这正是自控能力的体现。而今，随着"三论"在各行各业的不断渗透，"控制论"在学习活动中也日益显得重要起来。

自控能力，表现在具体的人身上，则往往成为一种自制力，是人生成长极为重要的一种意志品质。这种自制力的形成要靠积极的思维、高尚的情操和坚强的耐挫折力，其主要方式是自我修养。

怎样自控呢？我想应该在以下几个方面。

第一，坚持能自我评价意识倾向，认知自己的意识品质，从而能主持正义，坚持真理，具有强烈的理智感和求知欲。例如现在，有不少人不集中精力潜心学习，借学习中的一两个字词、观点想入非非，企图干一些违背道德和社会规范的事，特别是当前有些人对执行四项基本原则、加速四化建设的事情总持疑虑，身在课堂，心在课外，甚至人云亦云，做出一些给学习造成干扰的事，这显然是意识自控能力薄弱的表现。

纯洁的思想意识和自控能力，不是自发形成的，也不是一蹴而就的，需要自己进行长期的艰苦的磨炼，即使一时形成了自控能力，也会随着时过境迁而不相适应了；所以，培养自控能力，要在树立正确的世界观和人生观的基础上，始终保持一种意识自控。

第二，为要坚持自己控制自己的行为，使行为方式符合社会道德规范，在学习中以党和人民的最高利益为宗旨，以祖国和民族的繁荣、进步为学习目的，使自己的越轨行为控制在未发生社会效果之前。

在学习中遇到不顺时，要学会乱中求静，败中求胜，经常自我暗示，理智地用言语调整自己的行为，认真接受别人的批评和劝告，积极参加有益的集体活动，用集体的力量来约束自己不良行为的产生，并要独立思考，防止盲从，凡事一定要想了才干，切不可干了再想。如果发现自己在学习中已经出现了越轨行为，如不守纪律、学习沉不下去等等，就要马上采取反省措施。自我反省，是自己评价自己过去的言行举止，判断其正误，从而进行自我调节，达到自我控制的主要做法。对一项知识的掌握，对一个观点的看法，或者对一种科学的新发现，如果不深思熟虑，妄自作结，就难免发生失误并且自己给自己造成痛苦。

行为越轨，就会出现学习中的挫折。对待挫折，要自我培养容忍力，因为它是一种适应环境，继而改变环境的能力，也就是一种自我控制能力。受了挫折，不能颓废沮丧，也不能自暴自弃，从挫折中吸取教训，取得经验，提高对知识的理解能力，从而提高学习效率。

第三，在情感上坚持自控，这在自控能力的诸因素中占有重要位置。

一个人能否自我控制情感，关系着自己能否在学习中取得优良成绩的大问题。如：心理受挫以后，就应该积极转化情感方式，去做一些有兴趣和有意义的事，使由于挫折带来的懊丧、怨恨、消沉、失望等情绪，由新的工作活动中的乐趣所代替；或者保持冷静的态度，将强烈的消极情感及时地冷却，使之逐步处于消退性抑制性状态；或者使自己的情感及时适应客观要求，从而推动自己完成必要的学习任务，这叫做发奋图强，自我激励，控制情感趋向于正常。

用自我暗示法也可控制消极情感。如：有的同学在考试时心情紧张，一时慌乱和暴躁，如果采用自我暗示法，就会使全身放松，逐渐恢复到平静。自我暗示法很简单，就是在心里默念道："要冷静！""我安静了！""我不会慌张的！""做得起，做得起！"——这样多次反复，则可达到自控目的。

有的人采用一种"释放法"，把压在心头的苦闷情绪一一消除，以保持心理平衡。这种办法很好，一个人如果长期把闷事压在心头，就会忧郁成疾，严重影响学习和工作；但是，只要向老师或者亲人、知心朋友一一倾吐，便痛痛快快，又达到心理平衡。

此外，在教师、家长和社会力量的督导下，在先进模范人物的影响和历史优良传统的熏陶下，学会自我管理，科学地组织学习，也是培养自控能力的有效途径。如：加强学习的计划性，养成良好的有条不紊地学习、生活习惯，运用"目标读书法"，循序渐进地设置和突破一个个目标，使自己始终置于积极向上的心理状态中，并且科学地管理时间，充分利用一切有效时间，保证学习任务的圆满完成。

总之，学习中的病态心理，不能因司空见惯而忽视它，迁就它，千万不能低估它在学习中的严重危害，应该引起学校师生、家长和社会的关注。故此郑重呼吁：消除病态心理，培养自控能力，提高学习效率。

（本文于 1987 年 6 月·南京全国第一届学习科学讨论会交流，后被山西《学习报》1989 年 3 月 10 日摘登。）

语文课有了"学习病态"怎么办

　　语文课，本来是审美情趣十分浓厚的课。但是，现在的学生一提起学习就往往头痛，"不愿学，不敢学，不知道学"的现象愈演愈烈，结果在语文课堂经常出现"厌倦、发懵、困窘"这一类的学习障碍，严重地影响着语文教学的健康发展及预期效果。笔者称之为"学习病态"，也对此作过多年的调查与探究。

　　学习病态，是一种直接影响学习、阻碍课堂教学顺利进行并削弱学习效果的非正常性的学习状态。它一般可分为四大类，一是生理性学习病态，二是心理性学习病态，三是情感性学习病态（实际也属心理上的，只是有所侧重），四是行为性学习病态（实际也是前三类的最终表现或具体结果，在此只取其狭义，指带直接产生行为的学习病态）。在开头所述的"厌倦、发懵、困窘"这一类学习病态，基本上属于心理性方面的。

　　按照唯物辩证法和"学习学"的观点来看，课堂上出现"学习病态"也是一种必然现象，只是我们以前没有引起重视，缺乏其理论概括与实践探索。所以，我们既不能恐惧、悲观而无能为力，也不能熟视无睹而任其蔓延，需要的倒是站在理论与实践的结合点上，做好调查分析，查明原因，找出对策，有效地消除学习病态，从而保证课堂教学的正常运作。本文对此不可能全面展开，只从积极性主观预防和消极性客观制止两个角度来回答"怎么办"的问题并作些务实性的思考与尝试。

　　第一，要建立一种与数、理、化课程一样"常学常新，不学不行"的有新意的语文教学机制。用因为有新意而获得的信息（即知识）信号来刺激学生的学习心理，使其永远呈现兴奋状态，从而从主观上积极地预防课堂"学习病态"的产生。

　　（1）语文教材要进一步做到有层次性、序列性和时代性，要在学习目的、要求、任务、内容和方法上循序渐进，要体现不同角度、梯度、难度，以形成恰当的"知识链"，让学生每时每刻都感到是在学习新知识而既不敢放松、懈怠，又觉得有趣味，乐学不辍。再不能像过去学生对语文所评价的那样了："学与不学差不多，多学一天与少学一天差不多，多学一课与少学一课差不多，甚至学得少的人考试时分数还高些，听说能力还强些，文章写得还好些"等等。事实也确实如此。一些人十天半月不上课对其它课就不懂，而语文课照样能跟得上。试想一下，如果再不改变教材或自编教材体系，学生在课堂上不走神、厌倦、发呆，那才是怪事！

（2）由于现行语文教材是文选型，每篇课文都牵涉到"字、词、句、篇、语、修、逻、文"等全部语文知识，所以，要求教师事先钻研好教材，明确每一篇课文的学习重点和难点，并将这些重点难点化解编织为若干个逐层深入的有启发意义的知识点，并形成一种有层次、有层面的知识结构。同时，一定要注意坚持不要因为猎奇而将以后学的内容以前教给学生。那样由于时间匆忙而既不能讲深讲透，使学生发懵或者发窘，也影响了当堂课教学计划的落实，待以后学生再来学这些内容时，就会误以为已经学过了，"炒现饭"再学没必要，于是或放弃，或应付，这样就又自然地产生了"厌倦"感。因此，不要为一时的情感兴趣而打乱正常的教学机制，使语文课陷入"学习病态"。

第二，从改革教学方法入手，变呆板为灵活，变单一为多样，变寡淡为有趣，不断创设新的"审美情趣"和"学习问题情境"，让学生置身于一种生动、活泼，能满足学习需要且激发求知欲望的语文最佳课堂氛围。用"问题"所形成的压力氛围来促发学生心理的健康发展。语文教学需要激情，需要氛围。这就需要从方法上对"学习病态"采用预防与诊治相结合的手段，来制止"学习病态"的发生与蔓延。

关于教学方法的选用，一要注意综合性，二要注意针对性。综合性，就是要巧妙地吸取各种教学方法的长处与优势，经过杂糅形成有自己特色的教法；针对性，就是根据"学习病态"的不同现象，采用相应不同的方法来制止它。目前能预防或制止"学习病态"的教法有：目标教学法、愉快教育、成功教育、自觉辅导法、活动式教学法、导学导练法等等。本人为克服课堂学习病态，博采百家之后，构建了"题导法教法"这一新教法，实践证明也是一种成功的尝试与创造。

"题导法教法"，就是指通过对教学问题的提出及解决的过程而进行的既教知识、又导方法的教法。它以"问题"作为出发点，以"提出问题·分析问题·解决问题"为教学的全过程，引导学生从知识的不断积累达到能力的相应转化。其基本步骤：以教学目标的形式提出问题，以问题设计与开拆的形式分析问题，以达标检测的形式解决问题，并从解决问题的过程中学会联想、迁移，提出与解答相关的新问题或问题的新侧面、新角度（一般采用"智能迁移训练"或"课尾活动"的形式等等）。这种教学法的一个突出特色，就是追求一种"有问题"的教学："问题起，问题结，问题结后又打结（问题）"。这种教学法，使学生从上课开始到下课，一直处于"问题"的提出、思考、讨论及解决的热烈气氛之中，而且将问题一个个地提出，又一个个地解决，其成功的愉悦感和兴奋感也随即产生，思维永远保持在外界信息信号的刺激之中，这样就当然不可能产生"学习病态"，即使快要出现病态了，由于一环扣一环的"问题"牵引，也就能随时得到抑制，无法蔓延。

第三，从消除性客观制止的角度来看（即学习病态已经产生以后如何对付），要从思维的培育入手，首先必须打破学生的思维定势，消除由此带来的副作用，再运用富有情趣的思维发散与思维调控的方法，启发学生继续开拓思维的兴奋点，使学生重新产生内驱力，又以高昂的情绪和充满信心的坚定意志投入学习，接受知识信息的传递。

从心理学角度讲，"学习病态"中的"厌倦"，是一种思维贫乏、失调；"发懵"，是一种思维呆滞、中止；"困窘"，是一种思维混乱、模糊。长此以往，使学生在错综复杂的知识变化与单一呆板的教学载体（教材）、教学方法的矛盾之间，不能及时调整思维速度，改进思维方式方法，改变思维习惯与过程，就无法继续准确和谐地接受越来越强烈的信息刺激。因此，我们要特别注意加强思维培育：从思维定势导向思维辐射，从思维呆滞导向思维兴奋，从思维混乱导向思维流畅，从思维贫乏导向思维活跃等等。其具体方法多种多样。例如：点拨法、直观法、矛盾冲突法、难点释稀法、误会法、插曲法、歌诀法、图示法、板书引导法、佐料添加法、故问法、示错（故错）法、画外音法、画外情节催醒法、挑逗法、活动法……等等，不一而足。只要选用恰当就能立即见效，哪怕只是大喊一声，敲敲讲桌或黑板，故意提问，插一句笑话或一个滑稽动作，都能使学生迅速脱离"学习病态"，重新激发学习情趣，渐渐地趋向对学习新知识的"思维活性期"的最佳境界。

下面，就"学习病态"中的三种现象，分别对症矫治示例如下。

1. 当学生在课堂上疲劳厌倦时，运用"佐料"添加法与"插曲法"相结合的方法为最佳。"佐料"添加法，就是从内容上增加与课堂学习有关的、起扩大知识内涵与外延作用的趣味性很强的课外知识信息，来丰富课堂内容。"佐料"，就是指教学中的辅助性材料，是"调味"功能很强，能引起学生兴趣，促发情感激动的新鲜、意外、有用的科技常识、社会时事、新闻人物及风土人情等等。这些"佐料"，只有通过"插曲法"添加进入课堂，才有实际意义，插曲法，就是从形式上调整课堂气氛，巧妙地穿插一些与当时教学内容有关、与当时学习病态相联系的趣味性较强的"佐料"，即使是插进去一两句趣话，也能使学生打破思维定势，或者放松肌肉，松弛神经，走出"学习病态"，在一片愉悦、和谐的课堂情境中又进入积极思维状态。尤其是在教一些趣味性不足的议论文、说明文和应用文而使学生容易形成厌倦感的时候，如果还一味照本宣科、庄重严肃，那么，完全可以想象得出这样的讲课一定是唱"催眠曲"。

2. 当学生学习"发懵"的时候，采用绘简笔画、勾示意图、列知识结构与学习流程表，或当场以某种现成的实物如教室内凡能引用的直观体，甚至连教师人体本身都可以得心应手地成为学生思维"化懵""解谜"的媒介，使学生在一种具体、鲜明、可感的直观形象面前产生"呵呵呵"的共鸣与顿悟，造成一种"柳暗花明又一村"的课堂氛围。例如，我曾经教《论点与论据》，讲到二者之间的关系是证明与被证明的关系，论据是论点的基础的时候，看到学生仍然是一副"懵懵然"的样子，一提问才知道他们还是弄不清楚论点与论据的关系（因为那些理论说教太抽象了）。这时候，我突然急中生智，在黑板上便顺手拖出几条线段，勾成可一个这样的图形：并马上在这个近似于房子图形的三角形上框里写上"论点"，在下面方框里写上"论据"（另见图示）。还没让我写完时，学生就恍然大悟地连说："懂了，懂了！"由此可见，只有在学生心领神会、豁然开朗的时候，才会是课堂"学习病态"彻底消除的时候，也才是使课堂教学达到最佳境界的时候。

3. 当学生学习苦无进展、思维混乱、出现困窘的形态的时候，最佳的克服方法是编歌诀、顺口溜、打油诗等等。这样既活跃课堂气氛，稀释心理压力，又进行思路提示和方法导引，增强学生的记忆能力和分析能力、创新能力等等。例如，我曾经发现学生作文很苦恼，要么咬笔头写不出，要么就乱写一通，敷衍塞责，作文质量老是上不去。后来，我就编了一首《六说歌》念给学生听："作文水平想突破，听我念支'六说'歌——前话后说，糊成一锅，后话前说，乱如刺窝；长话短说，虽少胜多；短话精说，句句有着落；套话不说，说了别人捂耳朵；无话不乱说，谨防别人把舌头割……"等等，虽然是一些"口水话"，浅显易懂，但更于记忆，具有情趣，对减轻压力、启井思维、寻找方法起到了一定的辅助作用，有时候还会起到"灵犀一点"的作用。所以，只要有心地发现"学习病态"，又有心地采取矫正方法，学生那种"咬笔头、愁眉头"的作文"窘态"也就会渐渐地消除。

（1995 年 8 月在中国第四届学习科学学术研讨会交流，发表在全国中语会会刊《语文教学通讯》1995 年第 7 期。）

第六章　语文学习的科学指导研究

【引言】

本章是"语文学习学"的实践应用部分，即基于"语文学习学"而开展"科学指导"的应用型亚理论研究。

关于"科学指导"的应用型亚理论研究，主要是如何将"语文学习学"理论贯彻落实于语文教学之中，科学创立了"学导法教学"，本人也因此被誉为我国"学法指导的开拓者与成功者"。这种研究成果，不仅影响和引发了当时那一代人的语文教学改革，还延伸至今继续发挥作用。人们常说：你搞了一个永不过时和褪色的课题——"学"语文教学的研究。

这些成果，从实践中发现一个个学习问题而又在实践行动中进行了探究。现在展示的是本人从事学法指导所经历过的有关语文学法指导的一个个项目、一个个案例，为回答师生在学法指导中"为什么"要科学和"怎么样"科学等问题，且提供了具有针对性、实效性和可推广与操作的独特成果及其成功经验。

这里展示的成果和经验有 11 份，均是本人多年来对学法指导不断认识与实践的科学追求，使学法指导更具可行性和常态化特点，发展和丰富了语文学法指导的理论，为广大教师深入而有效地开展学法指导，既开辟了新的思路，又提供了鲜活的案例。特别是提出了一批新观点和新做法，如："学本式教育与学法指导"、把预习"请"进课堂、"教学生学会读目录""学法指导——教中之教"、学法指导有"法""从学法指导到方法教育"等。

"学本式"教育与语文学法指导

——"学语文教育"的教学实践浅探

"学本式教育",是以"学"为本的教育,立足于学生,着力于学生的学,因学而教,以学立教,由学知教,依学执教,是学本式教育的内涵与特征。学本式教育在语文学科中的实施叫"学语文教育",也叫"学习型"语文教育。对学生进行学法指导,构建以学法指导为中心线索的课堂教学模式,将是"学语文教育"的成功尝试。因此,学本式教育不仅是一种教育理论,更是一种"有教育的教学"的体现。

(一)

我们提出"学本式"教育理论,并非只在于理论的构建或一个概念的制造,而更重要的是关于它的应用。因为如果只对它从理论到理论的论证或只是对原理作静态的描述或教条式的阐释,那将是苍白无力的,必须要让其在实践中萌芽、开花、结果。只有通过实践走向理论的理论,才会真正明白它的产生背景和产生过程的必然性,也才真正明白它的特征、内涵和对未来实践指导的正确性与可能性。同时,这种从实践走向理论的理论,还要有多层次和多元化的多次反复的研究,才会使一种理论(即"学本式"教育论)走向完善与成熟,才会有更加广阔的应用前景和应用的可能。我们提出的"学本式教育",即以学生为本,以学生的学习和发展为本的学习型教育,它与过去盛行的学科型教育、师本型教育是背道而驰的。"学本式教育"的核心就是"立足于学生及其'学'的教育"。以学生为本,说到底,就是以学生的学为本,因为学生的成长、发展与进步都必须通过"学"而实现,学生的基本活动也是"学",学生的基本任务和生活特征也是"学"。无"学"还"教"否?无"学"即无以成学生,这是常理。由这一常理而产生的"学本式教育"也就绝非故意之说。

学本式教育在语文学科中的应用则叫"学语文教育",或叫"学习型语文教育"。世界著名教育家在《普通教育学》一书中说过:"我想不到有任何'无教学的教育',正如在相反方面,我不承认有任何'无教育的教学'。"因此,我们坚持"有教育的教学",把学本式教育确定为既是一个教育概念,也是一个教学概念,那么,语文教学也就可以成为一种以学生为本的"学本式教育",即一种学习型的"学语文教育"。

我本人是"学本式"教育的创立者,并非在此要表明自己如何聪明、如何先知先觉,只是想用自己20余年始终如一的教学教研的实践来证明"学本式"教育理论产生的必然性和产生过程的正确性,也由此昭示"学本式"教育理论及其在语文学科中所形成的"学语文教育"发展的宽阔前景和应用意义的深远。可以说,从我1979年开始尝试"课堂预习法"指导继而所探索构建的"以学法(习)指导为中心线索"的课堂教学新模式以及"语文学习学"理论的产生以来,其整个实践都是一个探究过程,是一部"学本式教育"的研究史,始终体现或实践一种"学本式"教育理念及其精神,表明"学本式"教育的产生并非偶然。

(二)

这里先从一个故事说起。那是1979年上学期的一个星期二,当时我身处一所农村中学,和其他教师一样,上课前也给学生布置了预习。但是,第二天上课预习检查时,我突然发呆了,学生竟没能答好预习题。

我当即做了一项调查。结果是两种情景四类情况:全班62人,①预习了而不会预习的32人,56%;②缺乏预习工具和时间的8人,13%;③未预习的18人,近30%;④预习好的4人,6%。于是我无奈地说:"不上课了。"学生也当场哑然了。我又接着说:"马上来搞预习'补火'。"这样一堂课下来,大家的预习效果果然好多了。第2节,我将继续上这一课,而学生们说不用了。我不相信,于是拿出当时上级发的目标检测题一考,真的比以前上的课还好。这时候师生们都沉浸在成功的喜悦之中。

从此以后,我便有意识地将每篇新课文的预习放进课堂,让学生预习

10—20分钟不等，效果越来越好。后来称之为"课堂预习法"，还列进我的课堂教学第一环节。我想，这难道不是一种"因学而教、以学立教、由学施教"的学本式教育吗？如果不是"学本式"，那教师完全可以不理会它，管它预习与否、会预习与否、预习效果与否，仍可照本宣科，为教"书"而无视学生的"学"。然而，这样的课，学生听不懂，学不好，又苦又厌，何用？这种心中无"学"而只有"书"的教学再也不能存在了！对于无知而求知的学生，你指导学生求知的方法，就等于告诉学生上山砍柴前的"磨刀"，我把它喻为"磨刀不误砍柴工"，这种"磨刀教学"又何乐而不为？后来，"课堂预习法"的系列经验和论文，在本校乃至县、市交流，被普遍推广，并在全国中语会举行的全国青年教改新秀论文大奖赛中荣获一等奖，于1990年10月在厦门举行的全国第二届青年教师教学研讨会宣读。

从课堂预习法开始的长达20年的学法指导，使教育走向学生，走向学生的"学"。这样，教师早把屁股坐到学生一边去了，早就成为学生学习的帮助者、合作者和指导者。同时，随着教学改革的发展，学本式教育越来越深入，不仅关注学生，也不仅只局限于对某道题的解法、某个知识点的学习技巧的指导，更重要的是发展到如何科学地进行系统的学法指导和最科学的学法指导，还由学习方法发展到学习过程、学习策略、学习心理、学习习惯等全方位的学习指导等等，并不断进行学法指导的最优化和实效化的探究。其中有六项课题取得了显著的成效。

通过研究与实验，提出了一批基于"学本式教育"理念下的学法指导的新观点、新模式等。如"语文学习学""学语文教育""学习方法的二重性""学法指导是教学法中的一部分""最科学的学习方法是最适合自己的成功的学习法"等等，在构建以学法指导为中心线索的课堂教学模式创造中，有"三级学法指导""全程式学习方法指导""素质型学法指导""目录学习法指导（目录教学法）""三点阅读法"教学、"读写一体化"教学、"形象体会式学习法"教学、"从作文评价中学习作文法""一题多练法""给材料多题多体式作文法"等等。比如"三点阅读法"教学。首先，让学生通读课文，整体感知，发现文章的特点；其次，在"特点"的引领下，寻找能体现"特点"的重点文段、句子和字词，通过精读来品味、欣赏、感悟，这既是一种言语学习，又是对"特点""重点"等概念的领悟方法的掌握；然后，走出课文，总结学习收获和问题，用回读的方法来突破难点。可以说，第一、二步是积累与感悟，第三步是反思与创造，既有语文性的学习，又有人文性的体验。整个学习过程都是学生在"三读"，读中抓"三点"，"三点"皆为"学"。

"学本式教育"理论，在我的教学理念生成和教学实践活动中已经是通过一个个教学新模式，使之更加有形、有神、有序、有效地发展着。我常常感到：有了像以学法指导为内涵的"学语文教育"，则其教育目标更加明确，概念含义更加具体，操作起来也就容易与语文教学活动有机融合起来，让学生觉得实在、好学，不空虚。

（三）

为什么说开展学生学法指导，是一种学本型的"学语文教学"呢？

首先，要从学法指导的自身内涵来看。《现代汉语词典》的释义告诉我们，"指导"，即指点引导。那么学法指导，就是指在帮助学生学习时进行有关学习方法的指点引导。指点，是告诉，交代，点拨；引导，是引发，导示。这比给学生单纯地传授、灌输一些学习方法而进行方法的教学要科学得多，而且，我们提倡要在学生学习最需要时才进行指导，并要求所指导的就是最科学、恰当、简便的学习方法。如：①可以介绍一些名人总结出来的成功的学习方法；②帮助学生分析自己的学习现状，查找问题，选择适合自己的学习方法；③引导学生在为自己的学习成功时及时地总结经验，从经验中找出规律，琢磨路子，形成自己以后能主动、高效、优质、快捷地学习的方法；④帮助学生不断树立方法意识，养成世间上凡事都有规律可找、都有方法去办的习惯，从而让他们为提高素质、学会人生、学会创新而掌握"学会"的方法。

其次，要从学法指导的科学规律来看。经过研究，我们发现：学法指导的前提，是学生在学习时最需要的是"什么样"的方法。学法指导的基础，是学生的主体能动性；学法指导的核心，是帮助学生掌握最科学的学习方法，总结出最适合自己的学习方法；学法指导的关键，是针对性；学法指导的结果，是学生愿学了，乐学了，"会学"了，学得轻松、愉快了，并能从中总结与创造属于自己的最成功的学习方法；学法指导的条件，是多因素的共同配合或参与。

再次，从学法指导与学本式教育的关系来看。这是一种具有"学本式"意义的教学模式，体现了"学语文教育"的教学模式。

1. 这是一种"既学知识，又学方法"的"双学"过程的教学形式；

2. 这是一种强化主体能动性，教学生"发现"问题，寻找方法，了解知识发生过程，自主解决问题的教学形式；

3. 这是强化思维、展开想象、探求未知的创新型学习的教学模式；

4. 这是从过去以书为本、以教师为完成教学任务而教的"教本论"转为以人为本、以学生发展的"学"为本的现代教学的"学本论"；

5. 这是一种能给学生以具体可为的研究性学习的形式。如：第一种形式：以认知需要为中心（即学生提出需要的学况来确定学）；第二种形式：以情景状态为中心（即产生一种学习的状态、情境来实施学）；第三种形式：以事物特征与问题为中心（以认识事物的规律特征和学习中的问题来引导学）。

另外，从学语文教学与社会生活的关系来看。大家知道，语文教学不能只关注"语文"，更要关注学语文的人，关注他们学语文时的全部及至其他。比如说，他们是"社会人"、是一些"完整的生活者"，那么，学生的学习就是一种生活，把"学语文"看成是他们的一种生活，一种必需的生活内容和形式，他们就会发自内心地产生学习语文的欲望，产生对语文学习的情感和兴趣，对这样的语文教师也自然产生好感。只有当学生把"学习"看作是他自己的事，是他生活中的一部分，才能让每个"热爱生活"的人去好好地学习。

世界著名教育家尼尔在《萨默希尔学校》一文中说道："使学校适合儿童，而不是使儿童适合学校"。这话说得多好啊！一语道破了"学本式教育"的真谛！一切"为学生、学为生、学生为"的教学，才是实现这种"适合儿童"的教育。让我们学会一些"学本式"教育理念的方式方法，把"教"的面纱撕去，走进学生，心入学生，不要让学生感到你是在"教"他们，而只是他们学语文时的一个好帮手、好指导。

（本文已发表在湖北大学《中学语文》2005年第1期，于2006年12月获广东省中语会年会优秀论文一等奖，有改动。）

"学导法教学"创建综探

一、"学导法教学"概念及其产生

什么是"学导法教学"？概言之，即指基于学而导方法来推进学习过程的教"学"。它不是教书，也不是教读书，而是教人读书。也就是说，既教知识，又教方法，在学知识的过程中导学方法，用导方法来让学生学习知识，培养能力。

它是坚持"因学而导，导之以法"的理念，站在学生"学"的角度，从学生出发，为适应学生的学习和帮助学生解决学习问题，提高学习效益而给学生指导一些有效的方法，让学生在掌握与运用科学方法的过程中形成方法意识，学会总结和选用学习方法，提高"如何学得更好"的学习效益。也就是以"学"为出发点，以"导法"为主线，融"教"与"学"为一体的学导法教学，是当今一种全新的教学模式，即一种体现"为学而教，以学施教"的"法"教学法（即"法"教学论的具体体现）。

"学导法教学"的产生，是有其深刻背景的。目前，国际教育改革潮流就是注重学生的自主学习和自主发展。教学生"积累知识"的方法也是"学导"法为主，"学习过程现在正趋向于代替教学过程"。……

二、"法"教学论:"学导法教学"产生的理论基础

什么是"法"教学论?是指关于用法则、方法进行有方法、有规律、有创意的教学观和教学主张。这里的重要标志,就是将"教学法"变为"法教学"。这种"法"教学中的"法",既是指学法,也是指知识发生的规律、过程、方法和学习策略、技巧等,还包括对文本解读的正确性、深刻性的水平和程度的规范追求等。

"法教学"与"教学法"二者的区别在哪里?虽然二者只有一个字序的变化,但内涵却发生了明显的变化。现在,以我曾经研究的一个课题项目来分析。即"三点阅读教学法"和"三点阅读法教学"。如果按目前所通用的叫法三点阅读教学法是关于"三点阅读"的教学法;而三点阅读法教学,则是关于"三点阅读法"的教学,即将其中的"法"字提前,其内含和意义就大不相同了。前者是直指一种教学的方法,即"三点阅读教学";后者却不仅是指一种教学方法,而且是首先在表达一种教学理念,然后才是教学方法,即用一个"项目"学习之法来教学。它主要是指将一种读书法即"三点阅读法"作为对象与线索,以文本作为载体,以文本阅读作为活动形式来开展阅读教学的学导式阅读教学模式,它再也不是过去那种以课文分析作为线索,以教师解读作为活动主要形式来开展的师授式阅读的教学法。这种方式已经包含既有对文本阅读又有关于文本阅读的方法而且二者相结合的"法"的教学,故称"法教学法"。

所以说,"三点阅读法"教学是一种基于"三点阅读法"这一读书方法而进行教学的阅读型教学方法,相区别于过去的"课文分析型"教学法和脱离语文特点的"法"阅读教学。这种阅读教学法,让学生用"三点阅读法",来阅读课文,使学生既获得阅读课文的知识,又学会由此而得到的阅读方法(即"三点阅读法"以及其他方法),从而达到自能读书、提高阅读能力和效率的目的。这是因为:对阅读材料首先面临或感悟到的是文章的特点及其重点难点,力求先是读懂、读通,然后懂读、通读。

现在,概括地说,将"教学法"变为"法教学",这种"法"教学中

的"法",既是指学法,也是指知识发生的规律、过程、方法和学习策略、技巧等,还包括对文本解读的正确性、深刻性的水平和程度的规范追求的教学。所以,"学导法"教学,就是基于这种"法教学论"而产生的一种新教法。

三、"题导法"教学:"学导法教学"的一大重要方式

1. 概念界定

题导法教学是以通过对学习问题的发现、分析与解决的全过程而进行既教知识又导方法的教学。也就是说,用问题作为引导教学的线索,又用发现与解决问题的方法来指导学生掌握这些方法,培养能力,开发智力。即以"学"为出发点,以"导法"为主线,融"教"与"学"为一体的学导法教学,是当今一种全新的教学模式,即一种体现"为学而教,以学施教"的"法"教学法。

这里的"题",是指问题(课题);"导",就是指导(引导、导出);"法",就是方法(办法、对策、方案)。概言之,就是以问题(课题)而导出(引导)解决方法(办法)的教学。它与目前一些地方的"问题教学法"有区别,最大的不同在于提出了把"教学法"变为一种"法"教学的新概念,不再只是"问题"的教学。"问题"在这里只是作为一个前置条件出现,是"题""导""法"三要素中的第一个部分,还再加上"教学"一组合便超出原有"教学法"的内含和功能——即关于"题导法"的教学而不是关于"问题"的教学法。

它是一种全新的教学模式,更是一种体现"为学而教"的教学方法。即以"学"为出发点,以"导法"为主线,融"教"与"学"为一体的学导法教学,是当今落实素质教育的一种好形式。

2. 概念解释

为了进一步理解与掌握"题导法"教学,我们再作出以下具体分析。

(1)什么叫"问题"。根据《现代汉语词典》给予的义项有:①要求回答或解释的题目;②须要研究讨论并加以解决的矛盾、疑难;③关键、

重要之点；④事故或意外。如果将这四个义项与教育教学相联系，发现均有其相通之点。具体地说，问题，它在教育教学中有以下几种表现形式：①课程教材与教学内容（含教材）中所出现的新的知识点与教育点；②学生在学习中尚未掌握的疑难问题或困惑以及与"新知"间的差距，因而需要教师备课时根据学生实际所预料而设计的问题，也包含学生在随机学习时突然遇到的偶发问题；③教材、教学与学生求知欲望、求知目标之间的矛盾；④学校教育教学与时代需要及社会需要之间的矛盾或者差距，等等；这几类问题一旦进入学科教学，则成为教学问题，为教学设计和教学流程提供了载体和内容；均需要在教学目标、教学重点难点、教学方法、教学模式、教学手段以及学生的学习方法、学习状态、学习效果等方面不可回避且须解决的问题，并且通过用"题"，如思考题、训练题、作业题、考试题等来实施"导"的过程与方法。

（2）什么是"指导"。这里的"导"，既是引导，也是指导，还指"互导"（师生、生生之间），主要是在"问题是什么→问题为什么会产生→用什么样的方法解决"等这样一种思维流程的展开，并逐渐组成启发、点拨、内化的学习过程，这个学习过程往往离不开教师的引导、指导和师生、生生之间的互导，所以这一环节的重心就在于"导"。它以基于解决问题为出发点，以激活与启迪思维为突破点，将问题化解或消失在一步步的方法运用及能力发挥之中。而这些关于方法与能力的指导，只有一个前提，就是"题"；还有两个环节，一是"导"，二是"法"，但最终作用点是"学生"。而且，具体的"题"与后面几个因素紧紧相依，即有什么样的题目就有什么样的方法与指导，与具体相应的学生紧紧相依。也就是说，有什么样的学生和问题，才有什么样的方法指导。因此，从学生实际出发，从"题导法"入手，导之以相应的解题思路与效果的活动展开，是"题导法"教学的优势之所在。这样，从表面看去，好像是从反面扫除解题"误区"与障碍而进行教学，实际上是一种正反结合，重在形成一种完整的"解"题能力。另外，在"导"的过程中还要注意"导"的方式与效果，如①引导、疏导、诱导；②顺导、倒导；③总导、分导；④正导、反导；⑤递进导、因果导、假设导；⑥单项导、专题导、综合导、多维多元导等等。

（3）什么是"法"。这里，既包括知识产生的过程与方法，也包括学生学习这些知识时的学习方法，主要是指学生获取直接和间接的知识与技能的途径、方式、程序、手段、艺术等。既包括宏观上的哲学方法，也包括适用于各科各类学习的通用方法，也包括在学习的具体环节、具体内容上的特殊方法，还包括激活思维、求异创新的思维方式方法以及其他创造方法。

总之，题导法，题是中心，是载体；导是关键，是过程；法是手段，更是目的。可以说，"题导法"由"题""导""法"所各具含义又被整合为一个全新内涵的概念，则充分体现它所创造的新的教学意义和教学功能，从而成为新的学法指导教学的好方式。它所注重的不是问题的结论即题目的答案，而是与问题相伴随的思维过程、"解题"能力与方法等。

3."题导法"教学的方式及其应用

主要是按不同角度而形成不同的题导法教学方式。如"纵向题导法（按课文编排顺序）""横向题导法"（按语文知识发生板块）、"知识问题导学法"、"认知问题导学法"、"困障澄清导学法"、"单元题导法"等。

单元题导法不同于过去盛行的"单元目标教学法"，"单元目标教学法"只强调教学内容上以目标的形式出现，而到底怎样去达到目标却无"法"在形式上具体界定与操作，即缺乏可以可循的手段与方式，它们要借助于其他各种相应的有效形式与方法；它也不同于"单元教学法"，"单元教学法"注重课文编排体系的形式，却难以断定单元中内容的科学性与完整性；它也不同于"问题教学法"，"问题教学法"旨在于课堂上制造气氛、设计"问题情境"以达到某种教学目的特殊教学手段。

"题导法"教学，与其他各种教学法不相同而并非不相关，恰恰是吸取上述各法的优势孕育而成：取"目标教学法"的内容、"单元教学"的形式、"问题教学"的手段为一体化的组合使用。它的特点是具有多维性、潜能性、创造性、可操作性，标本兼治，教中有教。这种教学法的宗旨不是解答出一个题目，而是获得解答这类题目或相关题目的方法与能力，为以后解答更多更广更难的题目提供了方法和能力的基础。

四、"学导法教学"的成果及其影响

1. 本课题基于"语文学习学"而开展"学导法"的应用研究，取得了一系列成果。

首先，是将"语文学习学"理论贯彻落实于语文"学导法"的教学之中，进行了关于"学导法教学"的概念论证，又进行了"学法指导"的系列行动研究，提出了一批"学导法"教学的新观点和新做法，如："学本式教育与学法指导"、把预习"请"进课堂（课堂预习法）、"教学生学会读目录"（目录教学法）、"渗透式学习方法指导""学法指导——教中之教"、学法指导有"法""从学法指导到方法教育""三级学法指导""三观学法指导""三点阅读法教学""三理识字法教学""作文三化现象矫正教学""三部曲作文法教学""单元化作文指导""开放式作文指导""读开放书＋写开心文的教学指导""读写一体法学习指导""素质型学习方法指导"、"形象体会式学习指导""经纬网络型学习方法指导"等。

2. "学导法"教学研究成果示例："经纬网络型"初中语文学习方法系统指导

本课题系由山西师大中文系王光龙为主持人、由林惠生等为课题组成员而申报、立项的全国教育科学"九五"规划课题"语文学习方法的理论研究与实践指导"的子课题。林惠生参与了总课题的部分研究工作和具体承担了子课题研究任务：（1）为总课题成果《语文学习方法的理论与实践》（专著）撰写了三章计4万字（即语文学法指导的"模式""实验""评估"等）。（2）指导了汕尾市实验小学等三所实验学校的8个子课题的实验工作。（3）承担了子课题《初中语文学习方法系统指导》的研究，分别进行了理论探究与实验推广，撰写、出版了《初中语文学习方法系统指导》一书，列为全国教育科学"九五"规划课题成果（即总课题成果《中小学学习方法指导》丛书之一），并被全国语文学习科学专业委员会评为

优秀学术著作一等奖，评为全国"素质教育杯"论文大奖赛一等奖。该成果《指导》在三所实验学校推广实施，效果很好，深受师生好评，有力地促进了教学质量的提高。

其中"用系统论构建语文学习方法指导体系，对学生进行语文学习方法的系统性指导"（即"理念上的系统'整合式'→学习内容上的系统'经纬式'→学法指导上的系统'全程式'"），是本课题成果的创新表现。总课题（含本子课题）已于 2001 年 8 月 25 日通过了由全国教科办组织的国家级专家鉴定组鉴定，获得了高度评价。

其中《初中语文学习方法系统指导》一书，作为一种经纬网络型的系统化学法指导的载体，注重研究以下内容：

首先，将语文学习方法按照其自身规律及内涵和学习者认知规律的特点，从宏观上整合为四大系统：语文基础知识学习系统（也叫语言积累系统）→阅读学习系统→写作学习系统→听说学习系统（也叫口语交际系统）。

然后，又按照上述理论，在四大系统的各自内部从大到小或从基础（一般）到具体（局部）地进行整合构建了各个"系统学习"的方法结构体系，如：①导语→②知识与方法指导→③方法与实践训练→④系统活动（发展创新）。

现在具体展示如下：

▲第一系统：语文基础知识学习方法指导

即抓住学生对语言"积累"这一认知的主观能动性行为（"经"），并结合对语言的"识记""应用"等能力层级，结合语言自身结构（"纬"），整合为"语言类""汉字类""词语类""句子类""修辞类""标点符号类"以"及文体、文学常识类"等，同时"类"中有"项""项"中有"点"，循序建构下去，使学生能较为系统、科学地进行语言积累。

▲第二系统：阅读学习方法指导

即抓住学习者对"阅读理解"能力形成的主体发展（"经"），结合阅读规律和阅读流程（"纬"），整合建构了"三维整体阅读法"系统，即（1）基础型阅读（最基本的阅读方法、要领和常识的阅读程序等）；（2）技巧型阅读（带有一定特殊方式或技巧性强的最优化阅读技巧与方法等）；（3）文体分类型阅读（按照文体特点和要素而进行分类阅读的具体方法）。而且在各"维"阅读内还细化出更多更实用的阅读方法与技巧，为学生"学会阅读"提供了条件。

▲第三系统：写作学习方法指导

即抓住学习者如何表达、交流思想，形成书面语言这一写作的能力形成"经"，结合写作自身规律和写作过程知识为"纬"，整合建构了"整体性'纵二横四'写作法"这一系统方法。即：运用系统科学的整体性原理，将学生写作能力提高分为纵向的两个层次，即写作基础能力和写作发展能力，再将这两个层次的能力，通过在横向并进的四类文体里，按照由低到高的能力点分项、定量、达标的逐"点"提高的有序练习。

▲第四系统：听说学习方法指导

即抓住学习者如何进行言语交际这一主体发展的能力形成"经"，结合听、说常识的自身规律和口语交际的活动流程为"纬"，整合建构了一套"明要求→知方法→重演练"的系统方法。并设计了若干个活动项目作为"课题式"的学练指导形式，来使学生掌握口语交际本领，学会与人家交流。如："课前五分钟小演讲""故事会""课外模拟法庭活动""记者招待会"等等。

3. 本课题成果产生了如下影响：

（1）被《中国教育报》2000 年 7 月 21 日"特级教师特色"专栏报道《林惠生：学法指导有"法"》一文有专段评介与引用；

（2）列为陕西师大《中学语文教学参考》2000 年第 6 期"封面人物"且在专栏《林惠生小传》有文段评介与引用本成果；

（3）《语文学习方法的理论与实践》（朱绍禹审订，王光龙主编，中国文联出版社 2002 年出版）一书，对本成果有 3000 余字的引用与评价；

（4）《汕尾日报·教育周刊》（国内发行，2000 年 11 月 8 日）有专文对《初中语文学习方法系统指导》作了评介；（以上均有原文作为证明）

（5）1998 年被邀请在全国语文学习科学专业委员会学术研讨会作专

家报告：《用系统论构建语文学习方法体系》；

（7）荣获全国语文学习科学专业委员会优秀学术著作一等奖（2001年 10 月）；⑦荣获 21 世纪首届"素质教育杯"全国中小学教师论文竞赛一等奖（2001 年 7 月）；

（8）荣获广东省中小学教育创新成果奖（二等奖，2002 年 12 月）。

（9）教育部主管、人民教育出版社主办《课程·教材·教法》1996年第 11 期文章《试论语文教育改革的突破口》（吉林省长白县实验中学林德成），对林惠生的成果作出以下有关评介：

10 多年来的语文教学改革，一方面硕果累累，许多成功的经验给教学理论和实践的进展以巨大的推动力；另一方面，也有一些不那么对头的思想倾向，例如，以为语文教学只有一种程式是科学的，只有一种方式是有效的，诸如"优化""最优化""最佳"之类的华冠都是这类倾向的直接反映。笔者以为，这种"归一情结"是有碍教改深化的。许多语文教改实验都取得了相当可观的成功，而其方法和着力点却不尽相同，这事实的本身就证明了语文教育实际上有多个突破口。本文试图以逻辑的方法系统地阐述"语文教育可以殊途而同归"的问题，以期从理论上给语文教改提供思路上的帮助。

一、两个立论前提

（一）语文学科学习的特点 ……

（二）语文能力形成过程中的多米诺效应 ……

二、语文教育的突破口列举 ……

（一）以知识为突破口 ……

用什么样的方法才能使"积"的效益更好呢？已往的传统是以"师讲"为主；近年来改革的方向开始转向"生学"（学生自学）。

"生学"有两种性质不同、程度有别的方式：一是导学，一是学导。河北徐易的"语文十自法"，四川颜振摇的"自学辅导教学"等都属"导学"法；中学语文教材课文前冠以"提示"短介，则是"导学"思想的产物。辽宁魏书生的"培养学生自学能力"，湖南林惠生的"语文学法指导"

219

等都是"学导"法；目前国际上教学生"积累知识"的方法也是"学导"法为主，"学习过程现在正趋向于代替教学过程"。……

以上成果，从语文教与学的实践中发现一个个学习问题而又在实践中进行了行动探究。所展示的有关语文学法指导的一个个项目、一个个案例，回答或初步解决了师生在学法指导中"为什么要科学"和"怎么样科学"等问题，提供了具有针对性、实效性和可推广性的操作经验。的确是不仅影响和引发了当时那一代人的语文教学改革，还延伸至今继续发挥着作用。怪不得人们常说：你搞了一个永不过时和褪色的课题——"学"语文的学导法教学研究。

（本文系讲座稿，初稿于 1989 年 10 月，在学校交流，后于 2003 年 8 月修改）

教会学生读目录
——从教目录看学法指导

（一）

学法指导，从宏观上看有四种基本形式：班级授课、专题讲座、资料传播、教学渗透。通过教目录进行学法指导，正是"渗透式"的一种微观形式。在这方面，我曾经经过八年的探索实验，终于尝到了甜头，并使之逐步系统化、科学化。它使我自觉地在每个学期之初和期终，抓住教材的目录，向学生进行学法指导，让学生掌握一种科学的读书方法，并养成一种良好的学习习惯。后来把它称为"目录教学法"。其指导过程如下：

（1）教师简介新教材，引导学生阅读目录；粗览全册学习材料，在头脑中形成新的"知识框架"，以唤起学生的新奇感和求知欲。

（2）教师逐单元、逐篇目分析目录，并结合教学计划，讲解语文教材的编写思路，教师运用教材的教学思路，进而使学生形成一条与之相应的学习思路。

（3）运用目录内容，指导学生总结上学期学习情况，帮助他们根据自己的学习思路拟订新教材的学习目标、要求、措施、具体方法和要克服的困难等，并做好学习准备（如时间、资料、文具等）。

（4）组织学生具体讨论和消化目录，把目录作为完善知识结构、拓宽学习知识领域的桥梁，并使之成为同学交流经验、进行信息传播和反馈的主要措施。

学生读目录通常要掌握的基本步骤是：

第一，浏览，了解"框架"。拿到一册课文或其他的一本新书（"新书"指未读过的），先要把目录粗略地过目一遍，在头脑中建立起这本书是"写什么"的第一印象，即大致的"框架"，从而产生学习欲望，激发学习兴趣，并决定打算读到什么程度。

第二，细研，推敲"部件"。这主要是揣摩编者（或作者）的写作意图、成书思路及过程、内容容量及知识体系。语文教材现在一般按文体分项组织单元，并且，先现代文后文言文，将重点单元与一般单元相间，知识短文均附在相应的单元后面。这样，就可以从目录上抓住这个"容量"和"体系"，弥补学习中的缺陷和"断层"，避免盲目性，有目的地轻松自如地"游泳"于书海之中。

第三，根据自己的求知欲望、知识基础和实际学习条件（如时间、精力、环境等），从目录中窥探出与自己相宜的学习内容，从而对正文决定采取何种读书方法（常有通读、速读、跳读、精读、研读、疑读、评读、展读等），并提出对新教材的总体质疑问难，以待教师解答，接受知识和能力上的各种信息。

第四，读目录，不仅在学期初读，在刚拿到一本新书时读，在期中期末复习时更要读，在把一本书读完后还要回过头来读目录。这种读目录，是以目录作"纽带"，连缀平时学习中或局部、分散地读书中的零星知识和印象，使零散的知识系统化、"链条化"，化印象为理智。复习时读目录，使记忆有方向，归纳知识点有线索，能够掌握知识的迁移规律，缔结"知识之网"。

第五，比较分析同类书本的不同目录，从中琢磨"目录"。如语文教材，建国以来就编了六个版本，内容不同，目录也就各异，倘若一并拿来认真加以比较研究，就不难发现每种版本的"个性特色"，有条件的学校或学生，读一读这多种目录，就能学到更多的知识，更能认识语文教材的发展特色和学习途径的变化。

第六，自编"目录"。这包含有两层意思：一是先编选自己的习作集或别人的范文集，再拟写该集子的目录，要体现其一定序列；二是故意将某书的目录打乱次序，重新整编，可在师生间或学生之间进行，一方打乱，另一方整编，最好以课外阅读书本为训练例子。

可以说，上述前三项侧重于"读"，属于步骤范围，解决读的基本程式问题；后三项侧重于"用"，属于方法范畴，是"读"目录的深化和运用。

（二）

我所在任教的历届学生，都曾得益于这种学法指导。他们的学习效率大大提高。我对这种经验进行总结，写成了不少论文，例如《教学生会读目录——学习方法指导一议》（见《中国教育报》1988年4月12日第3版）发表后，曾陆续收到来自甘肃、陕西、河南、吉林、辽宁、黑龙江、广西和湖南等地一大批读者、专家、学者的来信，他们热情洋溢地赞赏我这种尝试的成功，并谈出各自实践仿效的体会，还要求我继续提供这方面的成功做法，约我撰写这方面的专著。我想，学法指导研究的课题不在于大小，只要有用，就会引起社会关注而产生反响，从中足可看出：教目录这种"渗透式"学法指导确有其独特的优越性和科学性。

1. 直觉性强。我们通过教目录这种看得见、摸得着的具体可感的学法指导，就会使学生在一堂课里，既学到一定量的知识，又学到一种相应的学习方法，一课两得，相辅相成，再各成系统，使学生不再只是知识的载体，同时更变为学习的主人，开始打破"只要勤奋读，就可读好书"的传统型片面学习观。让学生从"怎样学习"中去学习学习方法，并自我选择和吸取相宜的科学的学习方法，将学知识和学学法融为一体，拓宽对"学习"含义的理解范围，充分体现"学习"的现代化特色。

2. 辐射性大。通过教目录，让学生以学目录为中心（即"辐射点"），既广泛地猎取了怎样读一课书、读一册书、读一类书、读一个学段（指初中、高中等学习阶段）书的步骤和方法；又学会了从读目录辐射、类推到读正文，读注释，读"思考和提示"等读书全过程的步骤和方法，以及读书还要先读"内容提要""序跋""编者按""后记"等读书活动的基本功训练。读这些，是了解书的基本内容、作者的写作意图和成书过程的第一要著，而且，久而久之辐射成为一种学习习惯，进而成为一种科学的学习方法。

3. 趣味性足。教目录，读目录，本身就带有浓厚的新奇感，更何况通过教目录能进行学法指导，比空洞的说教自然要清新活泼的多，使学生在比较抽象、复杂的知识学习活动中接受学法指导感到有味，发生兴趣，对这种融学法指导于教学活动之中的新形式产生强烈的情感意向，觉得好学、有用。这样，既能发展智力因素，又能调动非智力因素，激发和强化求知心理。

在这种愉悦心理状态下，学生通过读目录促进了知识的良性反馈和正迁移，站在新知的位置看旧知，自然而生新的"顿悟"，同时又借旧知牵新知，形成思维定势的正效应，由此看来，读目录已成为知识迁移的"桥梁"。

4. 可行性好。通过教目录进行学法指导，并不是可望而不可即的橱窗里的摆设品，而是切实可行的、人人都用得上的好形式。在所有学生的全部学习内容、各种学习环境、不同学习层次中都完全适用，并且不拘限于语文课程，也不局限于志趣不同和能力有异的各类教师，尤其对"学习方法学"理论接触较少又无暇系统涉猎的中小学教师来说，更是一种可乐可为、"现煮现吃""实打实"的措施。可见，将学法指导融于教学内容之中，的确是填补当前"学习学"理论尚未普及的"空陷断层"的有效手段。

5. 规格性高。通过教目录进行学法指导，不仅更新了学生的学习观念，也进一步强化了教师教学观念的更新，这种教目录、教方法的"双教"活动，使"教学"的意义在内涵和外延上有了更宽更高的规格性，使现代“教学”变传统型为开放型，变单一型为综合型。也就是说，教学不能只“传道、授业、解惑”，还要进行“怎样学”的方法指导，这可谓之为规格性越来越高的“全方位”“多角度”的“立体式教学”。这样一来，教师的教学便呈现一种“双向科学感”和“信息交合感”，不再被社会贬为“简单再现式”劳动，完全可以成为“再现—发展—创造”三者兼备的“综合型”智力劳动。

同时，教师掌握了一定量的“规格”，就会不偏不倚地从整体上把握住新教材的学习任务，科学地从宏观上控制知识信息量，使学习的目标、内容、方式都“规格化”，又从微观上把握全册各单元、各篇目的具体语言材料，把教材“信息化”“系列化”“学法化”，使教材成为学知识和学学法“双学”的例子。教学的规格性高了，教师的责任感自然也就进一步强化了，具体说，教师制订教学计划，因为要在教目录时公布给学生，所以就逼着自己事先钻研好全册教材以至整个中学甚至小学、大学的知识体系，要学习掌握必要的“学习学”理论，既要设计教授知识的思路，也要设计学法指导的具体内容与其顺序，这样的计划就不能像过去有人订的那样马虎了事，流于形式，只作应付领导检查的“门面货”了。

（本文 1988 年 10 月在成都全国第二届学习科学研讨会交流宣读并获奖，先后发表在北京师大《学科教育》1989 年第 1 期和陕西师大《中学语文教学参考》1989 年第 6 期）

把预习“请”进课堂
——也谈“课前”预习

课前预习，由于在教学中被广泛处理为一种“非主要环节”，结果没有人对它引起足够的重视，也来不及对它进行具体的定量定性探索。尤其是目前似乎形成了一种思维定势：课前预习嘛，就是上课之前的预习。于是把它看成是课外学习活动，即教师先在课堂下课时布置几道所谓"预习题"，或者干脆就只指定预习内容如课文，然后叫学生去课外预习。实践证明，这样一种"布置型"课前预习，流于形式，效果欠佳，结果久而久之，学生也不听不做，教师也被搞得只喊一喊了事。于是，有人形容这种预习为"教师课堂喊，学生课外烦"。的确如此。

我认为，这种"教师喊，学生烦"的预习，是由于疏于片面，浮于表面的机械应付的做法，并未认识到预习的意义和作用，是对"课前预习"的曲解，也是对"课前预习"这种教学环节不负责任的教学态度，更是不会进行"课前预习"教学的教学能力不强的表现。所以，对课前预习也要开展研究，要像研究课堂上课和复习迎考那样来重视课前预习的实施以及探讨与总结，那么就会使"课前预习"产生美好的前景，为课堂教学增加更好的效果。

为了解决"预而不习，习而无效"的问题，我认为，要求教师突破思维定势，进一步深化认识"课前预习"的教学功能及其所形成的教学理念。然后，制定机制，讲究策略、措施，强化和优化"课前预习"，不断拓宽预习的渠道，探索一整套切实有效的预习形式、方法及其构建预习常规常态，让师生共同遵守与操作以及体验。为此，关键在于解决以下三个问题：

第一，课前预习并不等于课外预习。

如果大家公认预习是一个教学环节的话，那么，预习就应该有一个置于"教——学"双边活动的完整的教学过程之中，尤其在信息论与控制论指导下，预习也更应成为一种师生间信息的"双向传递"和具有一定程序的调控活动。所以说，课前预习应是一种在教师指导或直接参与下以学生为主体的学习活动。它可以在课外进行，当然也绝不排除在课堂进行。假如把预习引进课堂，让教师直接指导甚至参与学生的预习，一定会成倍地增加预习的信息量和提高预习效率。

为此，我们先要讨论：什么叫预习，即预习的内涵怎样，预习的功能如何等等。大家知道，预习即预备性学习，指学生预先自学老师安排的教学内容。对"课前"预习理解就有不同的版本了。我认为，"课前预习"的概念应有广义和狭义之分。广义是就整体性而言，狭义是就整体中的部分而言。广义的预习就是现在流行的"泛预习"或"大预习"，在内容上包括学年的预习、学期的预习，因为凡上课之前对新课的预备性学习通称"课前预习"。但这种预习不一定有具体预习目的要求，甚至上课前翻翻书，了解一些内容也算预习，以获取一些初步认识与感受为主。狭义的预习则不同，是专指在教师上正课之前由学生自学或由师生合作的一种有相对性具体内容和要求的特定预习（所谓"上正课"，一般认为是教师喊了"上课"后所做的有关上课的事情，如课文分析指导和总结练习等）。由于这两种预习都在所谓"课前"进行，所以"预习"也叫"课前预习"。

但是随着教学改革的认识不断深入和"学习科学"的不断兴起，许多优秀教师在成功课堂教学中都有在课堂开始时与学生共定目标、让学生自读课文、检查回顾预习情况等。这已经变为一种关于"预习"的教学，或者是"预习活动"，或者是"预习"后期的巩固检查与总结等。基于这些现实情况，我们从"学习论"的角度来看，这种预习列为课堂学习的第一个环节。如果以"习"为线索，则可以把教师的课堂教学和学生的课堂学习的全过程分解成三个步骤：预习——读习——复习。可以说，这是多年来社会许多有识之士所尝试的一种学习型教学方式（本人也多年如此）。如果这种课堂上的"三步"程式被承认的话，那么其中预习，则相似于过去的"启始课"，但这远远不是那种由教师包办的导入课或者"概念课"（例如解题、交代课文背景和作者生平以及范读课文，教认生字词等所谓的"独角戏"）。这里的"预习"已从"教"变为"学"，或者"学导""助学"，完全是以学生在课堂上自主学习为主，教师则起"导向、点拨、拓展"的作用。这样的预习课已经不同于过去的讲读课，二者的主体和目标及形式不同：虽然都有师生参与，但前者绝对以学生为主体，后者是以教师为主体。与预习相匹配的第二环节"读习"从环节的形式上相当于"讲读"的位置，但是它的内涵发生了变化，它是与"预习"相适应而产生的由教师"导"学生"习"相结合的预习后的学导型活动的教学环节。主要是指教师在点拨解答学生预习之后或预习之中之所疑所问。这里教师的导学，立足于学习目标之上，以排除预习障碍，深入预习内容为主，为下面对教材的难点、重点的突破，对教材中精华的品读吸收，以及对教材产生个性化的阅读体验等，打下基础，引发拓展，直接与学习的提高过程相衔接与吻合。此外，"预习"还与第三环节"复习"也构成呼应关系，即"预设"与"生成"的关系：是否"发生"，"生成"多少，则都应通过复习来完成。可以说，复习既是关乎前两个环节的深化与发展，也是对学习的巩固与运用过程的第三个重要环节，是对教材信息吸收后的有效输出的反馈。

第二，只有不断拓宽预习渠道，才会使预习永远"活水常流"，预习之船不被搁浅。

我认为，"课前预习"不在于课的前后，而在于真正的"预"字上。这里只是一个习惯性称呼而已，但是它必须成为一个不可缺少的学习环节和教学环节，千万不要流于形式，或者是可有可无的虚设环节。为了使它不流于形式，杜绝随意性和盲目性，还要按照系统论的观点，构建一种可预计、可控制、可优化的广狭义结合、课内外结合的系统型"预习工程"。这种"预习工程"可分纵、横两个系列。

纵向系列：即从整个语文教学任务和教学内容，构建从"小学——初中——高中"以及在每个学段中的"起始年级——中间年级——毕业年级"和每个年级中的"上学期——下学期"等这样一种有序纵向的预习过程，这也叫"看长远知目前"，"学长远为目前"，也叫"既抬头看路，又埋头拉车"。当然这种整体"大气"的纵向型预习，宜粗不宜细，知其内容梗概和知识走向与目标取向等即可，这样使师生教有目的，学有方向，少走弯路，少栽跟头。

横向系列：即根据语文学科内容的呈现特点和文选型课本的编排特点，设计并实施一种由若干个横断面组成的集中而关一的"预习工程"。如语文科的课文阅读教学，这由于其文选型特点在一篇课文中均覆盖着一定量的语文知识和人文知识，而且均互为交叉、互为渗透地杂糅在一块。所以，对这样的课文进行预习指导，则应采取横向并列型预习工程实施法。即一边按照字词句篇修改的具体内容，一边按文本开头、展开，结尾与结构形式而组合"读写听说一体化"的预习活动。为了搞好这种置于课堂教学第一环节的预习，特别要注意处理好预习的常规和特殊的关系、预习的广度和深度的关系，还要处理好预习方式中一般性与专题性的关系，预习的内容与方法的关系等，还要注意对各个知识点之间的整合，然后化为若干"预习题"或"预习提纲"来促进预习内容的到位和预习效果的到位。

第三，确保把预习进入教学过程，使之成为必备的教学的第一环节。

为了确保预习进入课堂，能成为教学的第一环节，就要在提高认识、构建机制的基础上，讲究科学的预习方法，创设切实可行的预习条件，让学生能够预习、学会预习，养成良好的预习习惯，为他们以后终生学习打好基础。在这里还要特别提出的是，不要把"预习"与考前备考复习对立起来或等同起来。在前面提及，"预习"与"复习"是相互依存的两个学习环节，但从学习功能来看复习确实是为考而学，它是一种对已学新课的再学习，"复"者再也，多次也。这就证明复习与预习是有区别的。但是作为教学过程中的一个重要环节来说，面对所有已学知识还需要"再学习"的时候即面对下一节课来说，它确实还是一种"预习"，只是变成为对考前某种复习内容或备考知识专题的"再预习"。所以，这种在考前复习课的第一环节也同样是"考前预习"，因为它要站在"考试大纲"或"考试要求"的高度来重新审视已学内容，并确立新的教学任务和新的教学内容，这种相对于新确立和新设计的教学任务和内容来说，无疑是一种"预习"，更何况它还是课堂教学的第一环节。正因为有人不注意或者不重视这一点，才使预习流于形式或者预习效果不好，甚至在考前，许多学生整日忙于应付练习作业，早上背诵课文（当然也是作业），没有树立对下一节课的"预习意识"。教师在课堂上也往往忽略"预习"这个环节（总认为学生早就学过了，没有预习的必要）。要充分注意教学意义上的"预习"到位，以走出教学随意化和环节混乱教学的认识误区。当只有把"预习"真正归入教与学的过程中并成为必需环节之后，才会让"预习"确保应有地位和产生实效。

综上所述，我认为，预习不仅仅是一种方法，实施预习教学不仅仅是种教学手段，更重要的是一种新的教学理念、新的教学策略的落实。把预习请进课堂，使之成为教学过程中的必备环节即第一环节，已显得越来越重要，它已经成为目前教学改革深化的又一大发展点。

（本文 1983 年 5 月在邵阳地区语文教改经验交流会上印发，后有改动）

关于语文学法指导的思考与尝试

一、为什么要开展学法指导

第一，开展学法指导是现代语文教育的目的和任务所决定的。大家知道，现在的语文教育是为祖国培养二十一世纪的建设者。这些跨世纪的新人，赶上了世界新技术革命的"第三次浪潮"，知识淘汰与更新尤为激烈。这对他们的"等习"无疑提出了一个新的挑战：如何在有限的时间里接受日新月异的知识信息，不断适应知识淘汰与更新的需要，就要学会学习，掌握一套最优化学习方法，提高学习效率。从某种意义上说，掌握方法，学会学习，就是学会淘汰与更新。

基于此，我们的语文教学就不能光满足于过去死啃"字词句篇语修逻文"这类语文基础知识，还要有针对性地为学生介绍科学的"学习学"常识，诸如学习的规律、学习的生理机制、学习心理、学习过程、学习原则，尤其是学习方法等等，让学生结合语文知识的学习，掌握一套用较少时间获取较多知识的规律和方法。

第二，开展学法指导是从目前语文教改的徘徊局面中所得到的教训与启示。近十年来的语文教学改革，确实出现过百花盛开的春天，但是，近年来又进入冷淡、凝滞的严冬季节。究其原因，主要是我们理论上的贫血，经验主义、实用主义严重，观念陈旧，开拓意识不强，以为教改就是"教的改革"，结果教改路子越走越窄，有些甚至效果不大而夭折。我们稍一反思就清楚：教改，应该是教学思想、教纲教材、教法、学法等多角度全方位的整体改革，没有学法内容的教改实际上更是一种偏面的改革，是打着跛脚走路——必定要摔跤的。

第三，开展学法指导是青少年学生所特有的生理心理特征和不断变化的学习活动所需要的。据心理学实验研究表明，青少年一般处于好奇、好动、依赖性强、兴趣迁移快的"活动期"，缺乏自理、自控能力，自我分析总结的能力也很不够，特别是碰上学习活动发生变化（如学段变化、学科变化、学习环境变化等），就往往难以适应新的学习生活。面对上述情况，如果能及时进行学法指导，就可以避免旧方法不管用，新方法还没有总结出来时使成绩下降的被动局面。

第四，学习方法本身也有优劣之分，如何取舍或者改进，使之更加科学化、优质化，也同样需要学法指导。随着时代和环境的变迁以及科学技术的不断发展，过去一直被人们奉为成功的传统学习方法也要有所改进或完善。古今圣人学者都有一套治学方法（即学习方法），对后人学习也起到了作用。但是，也有一些例如"多读、多写、多想"和"读书百遍，其义自现"之类的方法，也未免太片面了，究竟"多"到什么程度，非要"百遍"么，要有个科学根据。其实，任何事物都有"极限"的，怎能老是"多"下去呢？事实证明，光靠勤奋、刻苦，"越越越""多多多"的学生学习效果并不好，即使拼出了高分，也是"高分低能"。这不能不归咎于"死记硬背"之类的学习方法了。同时，还有一些学生在学习中自行总结了不少的"学习方法"，其实这只是零散的个体学习经验，缺乏科学性，如果不加以完善或改进而带入上一级学校，势必发生失误。这些人如及时得到学法指导也能事半功倍。

我认为，教学教学，教之以学。这个"学"，既包括"学识"，也包括"学法"。因为教师给学生的知识，就数量而言，总是有限的；而知识总是不断发展的，后来才发展起来的知识，教师不会也不可能提前传授给学生，但如果教之以方法，他们就能运用相应的方法去学教师未教的知识。有人说，他们没学过学法，也没听教师指导过学法，成绩也照样好，这并不能说明他们没有好的学习方法，只是没有主动意识到而已，不明白其中的成功奥秘是有"方法"的因素，我们绝不能以此来抹煞学法指导的意义。实践证明，经过学法指导，只会使成绩好的更好，不好的也好起来。

二、关于学法指导的尝试过程

（一）让学生明确什么是学习方法及其内容，以解决"学什么"的问题

学习方法，是指人们获取直接和间接的知识与技能的途径、方式、程序、手段、艺术等。既包括宏观的哲学方法论，也包括各科各类的通用学习法，也包括分类分项分点的具体个别的特殊学习法，还包括激活思维，善于求新的创造性学习法。

于是，我根据有关宏观指控目标，结合语文知识结构和语文学习的任务、主体、环境等"双向"思想，确定了语文学法指导的内容，并做到从宏观到微观、有层次、全方位：先"类"——后"项"——再"点"。

"类"，即指语音类、字词句类、语法修辞类、阅读理解类、语文常识及文学欣赏类、作文类等等分类学习法。

"项"，即"类"中的单项学习法。例如"阅读类"，如果以能力为角度的，有查字典、解词、析句、概括段意、归纳主题、分析人物形象、总结艺术特点、把握各类文体的习作等；如果以学习过程为角度的，有怎样预习、怎样听课、怎样做作业、怎样复习、怎样应考、怎样选读课外书和参加课外活动等等。并且，"项"中有"项"称"子项"，如"作文类"中的"议论文项"，又可分成"怎样审题""怎样构思""怎样选材""怎样表达""怎样修改"等等。又如"预习"项，按空间分，可分"课堂预习""课外预习""课内外结合预习"等；按内容容量和层次分，可分为"整册

预习""单元预习""篇章预习"等。

"点",即某"项"学习方法中的侧重点,也可称为学习技巧,如作文中的"审题"项,就有看标志词审题法、抓中心词审题法、对比审题法、同类题目的"求同""求异""寻根"审题法等,又如"读"可分为"默读""朗读""评读""唱读"等。

(二)根据实际情况,选用恰当的学法指导形式,以求"怎么指导"的实效

结合外地的经验和自己多年来学法指导实践的体会,我不断地从自发到自觉,从局部到整体,有针对性地运用不同形式进行学法指导,越来越受学生欢迎。从宏观上,我把学法指导的形式归纳为五种:班级授课、专题讲座、资料传播、教学渗透、讨论交流。

"班级授课",一般在启始年级进行,每周授课一节,有《学习方法》课本,有练习作业与考试或考查等整套教学过程。全国有北京、武汉、哈尔滨等地实验成功。

"专题讲座",根据学法内容编写成若干个专题,分别利用集会进行讲座指导。这种形式深受学生欢迎。它有针对性、知识性、启发性,听了就用,用了见效。我举行了多次,如1987年下学期我主讲《创造性学习方法漫谈》与《散文写作技巧》,先估计不足放在教室里,后来听众越聚越多,窗口、走廊都挤了好几层,同学们都说耳目一新,释"谜"解"渴"。

"资料传播",即利用书刊、传单、黑板报、广播或者口头宣传,向学生介绍学习方法,这样能使学生在课外也不间断地获取学法知识,随时可以接受学法指导。我每期利用黑板报三次,推荐有关学法书刊、油印资料片断等,把学习方法推荐给学生。例如1988年我教高三毕业班,看到标准化考试盛行,我便向外地求购了一批高考标准化考试方法与技巧的书、文章介绍给学生,使学生马上适应了这种新考法。

"讨论交流",一般有三种情况:一是对某种学法知识进行讨论消化;二是围绕某个优秀学生或名家成功的学习经验展开讨论,从中吸取营养,掘取带有普遍意义的科学学习方法;三是利用图片展览、难题征答、典型介绍等进行交流。我在这些讨论交流中只作定向式、点拨式或引申式的指导，特别是每逢一届新生或碰到学生有某方面的新问题，我就把自己作"模特儿"，向学生介绍自己如何刻苦自学，讲求学习方法与效率，使自己不断获得成功的切身体会，学生听了都深受感触。有些学生还流下了眼泪，并在日记和作文中写出很多的体会。

"教学渗透"，全国著名教改专家魏书生对此有许多成功经验，我也多年探索和尝试。它已经成为我学法指导的主要形式，取得的成效也最大。这主要是通过语文教学的具体内容，有的放矢地进行某一方面的学法指导。这样，使学生在一堂课里，既学到一定量的语文知识，又接受具体可感的学法指导，学到一种相应的学习方法，一课两得，相辅相成，再各成系统。学生对这种融学法指导于教学活动之中的"渗透式"产生强烈的兴趣，觉得好学、有用。其中反响最大的是通过"教目录"进行学法指导和"课堂预习法"等等。

（三）坚持"三级学法指导"的网络，尽力形成自己的学法指导特色，促进教改的深入发展

学法指导，是一项经常性、连续性、交错性很强的教学活动，全国有不少名流在积极探索。我通过参加在南京召开的全国第一届学习科学学术研讨会，对学法指导又有了新认识，即学法指导需要因时因地，循序渐进，努力形成自己的风格与特色，否则一味照搬外地的则"水土不合"，往往流于形式，喊一阵，闹一阵，尔后烟消云散。为此，我也在积极探寻和另辟了一条新途径，即创立了"常规法——分类个别法——创造法"三级学法指导的网络，已经得到了《湖南教育科研》和全国中学学习学研究会的肯定。

A级：常规性学法指导。

一般在启始年级进行，采用"班级授课""教学渗透"或"专题讲座"等形式均可。新生刚进校时一切都很陌生，我注意既给他们介绍学校基本情况，更注意介绍高一个学段的学习任务、要求、特点及学习方法等等。例如，怎样适应新的学习环境，怎样适应新教师的讲课，怎样根据新的要求制订学习计划和做好学习准备，怎样安排、分配和利用学习时间，怎样与新同学讨论交流学习情况和经验，以及其他"学习常规"；怎样看书读书，怎样听课，怎样写字，怎样做作业，怎样请教，怎样参加课外活动……这样一来，使学生从宏观上把握学习规律和方法，具备一些最基本的"学习规矩"，以便让学生学习主动自觉，减少"走弯路、瞎摸索"的麻烦。

例如，我每期开学初的第一堂课，总是以"教目录"为载体，运用"渗透式"进行常规学法指导。首先，利用"目录"分析教材，宣讲大纲、公布新学期教学设想（即教学计划）；然后，要求学生按"目录"进行理解、讨论，明确学习任务、要求和所要作的学习工具等准备；最后，着重讲述为什么读书要先读"目录"的意义和方法、步骤，学会怎样通过"目录"选择学习内容、制订学习计划、分配学习时间等等学习方法的内容。这样比单纯的理论指导直观、生动、新颖，学生易于接受。后来我还利用"目录"进行期终复习方法指导，让学生以"目录"为线索，将全册内容串联起来，进行信息的有效贮存，条理清楚，便于记忆。这项创造性的尝试活动，深受学生欢迎，也率先在《中国教育报》披露，尔后写成论文《从教目录看学法指导》受到北京工大研究员、全国学习科学学术委员会论文评审组长张树森和北京特级语文教师连树声等专家的高度评价与推荐，在成都召开的全国第二届学习科学学术讨论会上得以宣读和获优秀论文奖，并先后在全国职工学习科学研究会《学论》、北京师大《学科教育》、陕西师大《中学语文教学参考》、广西《中学文科参考资料》等多家全国性或省级报刊发表、转载或摘登，后来还被市教育学会评为一等奖，推荐参加省教育学会评奖。

B级：分类个别学法指导。

一般在各年级进行，以中年级为主，常用"渗透式"或"专题讲座式"。它的定义主要是两方面：一是在"常规性学法指导"的基础上，再跳出"常规"结合分类分项的知识点，挖掘出融于知识传授上的具体而个别的、非一般的特殊性学习方法，旨在强调那些不能互换或移植的"这一个"的典型学习方法，例如"怎样分析单句复句""怎样区别借喻和借代"

"怎样认识和评价祥林嫂"等等；二是区别于"常规学法"的指导手段和方式，在指导上带有某种特殊性。例如我运用最成功的是"课堂预习法"。这种学法指导在我 1979 年当初尝试时，主要是根据农村学生在课外没有预习时间，缺乏预习资料和能力等实际情况而提出的，一期尝试下来，效果明显。后来又逐渐完善为"四结全四为主"预习法，即课内外结合，以课堂为主；学课文和学学法结合，以学学法为主；教师点拨指导与学生自学结合，以学生自学为主。现在课文增多了，我仍然利用各种零星时间进行不同形式的"课堂预习"，例如每一单元在课堂只预习第一课，或者难度较大的一课，其他作课外预习，有时一篇课文课堂只预习十多分钟，抓住某项重点难点预习，或者只传授某项预习技能和方法，这种"课堂预习"，除了保证让学生有预习时间外，更重要的是培养了预习技能和预习习惯。

C 级：创造性学法指导。

以毕业年级为主，也可在其他年级进行，主要采用"资料传播""专题讲座"等形式。顾名思义，创造性学习方法比常规学法和特殊学法更带有开拓意识和创造能力，主要表现在科学的思维方法和思维能力上。它具有独特性、超前性、功用爆发性，使学生只要掌握一二种方法，就会在学习中有突破性的成绩。例如国内外目前盛行的"四环式"学习法、"螺旋型"学习法、"目标突破"学习法、"SQ$_3$R"学习法以及"三论"等新的科学思维方法等等。特别是以"求同思维、求异思维"为标志的创造性思维训练，是"创造性学法指导"的主要内容。我在作文教学中十分注意这一点，致力培养学生在观察事物、选材、构思等方面要不落俗套地运用求异思维方法，写出好文章来。为此我多次进行了专题讲座，如：《同类题目的不同审题方法》《用陌生的眼光看熟悉的事物》《关于联想的浅议》《"借文写文、同题异作"系列作文练习设计》等等，都给学生以很好的启发，并得到公开发表。另外，我看到毕业年级的学生即将离校，大多数行将就业，急需的是适应社会需要和学会生存求得发展的学习能力、学习方法和竞争意识。所以，在这个时候积极推荐一些创造性学习方法（包括思维方法）尤为必要。

总之，我在学法指导中坚持选用恰当的形式，完成"三级学法指导"网络配套，使学生形成完整的学法体系，循序渐进，逐"级"提高，既不重复，又不"断层"，常学常新，常学常有效，学习效果明显提高。这样，学法指导也始终实实在在地发展，立于不衰之地。

三、学法指导的初步成效及急待改进与完善的设想

（一）初步成效

1. 由于加强学法指导，使学生学会了学习，提高了整体性学习能力，学业成绩呈大面积稳定提高，并且能使一批很差的班级或学生在短期进步很快。我所任教的南桥中学地处武冈、洞口、绥宁交界的偏僻边远山区，条件差，1979 年以前学校一直落后，在当地声誉很不好，我尝试学法指导以后，不但促进了语文科的进步，也由于学法指导的共性促进了其他学科的进步，使全校教学质量迅速上升，1985 年还被评为邵阳地区教育先进单位。1982 年以后，我每年接受任教最差的初中毕业班，由于恰当地进行学法指导和学风、学能培养三结合，一年后毕业成绩均跃居前列。

2. 培养出了一批"合格＋特色"的社会新型人才。在南桥中学和七中，均分别组织了三个文学社和十余个语文兴趣小组，每个学生都有自己的"特色"活动，至今有 20 名学生发表了文章，有 8 人次在县获奖，有 2 人获全国征文奖，还有马燕、戴修谦等办的手抄报《晨曲》1988 年获全国三等奖。

3. 根据一百多封学生来信和上百次学生来访交谈所证明，学生的各项素质得到普遍提高，毕业后适应社会需要和新的学习任务的能力也大大加强。

4. 由于我十余年坚持以"学法指导"为中心，苦苦地探索于教改教研工作，促进了我教学水平和教研能力的全方位提高。到目前止，我已在全国各类报刊发表论文 40 余篇，其中在全国获奖的有 5 篇，与人合编出版专著或丛书 15 册；并参加了五家全国性学会，还被选为全国语文板书

学研究会理事及中国学习科学研究会中南区筹备组成员，有四次出席了全国性学习科学方面的学术会议。1978 年被评为省优秀教师，今年被国内外发行的语文名刊——《语文教学通讯》列为"封面人物"，将重点介绍我的学法指导成果。

（二）几点设想

1. 由于学法指导是一项潜移默化逐渐生效的长期工程，与当前盛行的高考"升学教育"格格不入，也就是说不能直接服务于高考，故此得不到所有党政领导及社会的支持，反被误认为是影响升学率的邪门歪道，我本人为了宣传推广它，曾受了不少委屈。手里拿着几个全国、全省的会议通知因经费和时间问题未能赴会。建议以后能得到支持和谅解，并请求提供必要的客观条件，解决实验时间、教材、机构、经费等等问题。

2. 和全国各地语文教改一样，学法指导也是在初中见效快、见效大；在高中，由于我校学生的来源差、可塑性不强以及近年来受社会"厌学"之风的影响，其效果不如初中明显。故此，我建议此项实验先从小学和初中抓起，再逐级逐步扩大成果。拟在初一结合条件开设常规性学法指导，每周一节；高一开设以思维方法与能力为主的学法指导，每周一节；初二、初三上学期，高二、高三上学期拟开"专题讲座"或"渗透式"。

3. 由于这是一项新兴的教研课题，我经验不足，又加之客观原因，还拿不出一套全过程的实验方案与措施，有待于继续探索和各位同仁指教，以求完善与创新，不断系列化、程序化、科学化。

（本文发表在山西师大《语文教学通讯》1990 年第 9 期）

关于语文学法指导的再思考

近几年，随着语文教学改革的不断深化，注重研究学生的"学"而进行学法指导已成为一种热潮。但是很遗憾，这种"热潮"到目前又逐渐变"冷"了，既不能向纵深发展，也不能横向辐散。

究其原因，就是以前的学法指导缺乏科学性、序列性，就事论事的多，凭主观臆想、空喊口号的多，缺乏"性化量化处理"。这怎么不会使曾经"热"极一时的语文学法指导"冷"下去呢？

因此，我们除了从宏观上认清学法指导在语文教学中的必要性、可行性之外，还必须从微观上明确语文学法指导的内容、形式和步骤，以保证学法指导脱离盲目性和形式主义。笔者主要从这方面谈谈自己的浅见，以此就教于同行。

一、学法指导的内容

学法是指人们获取直接和间接知识与技能的途径、方式、程序、手段、手段、艺术等。它既包括宏观的哲学方法论，也包括各科各类都适用的一般学法，也包括分科分类具体的学习方法，还包括激活思维、善于求新的创造性学习方法等等。下面具体讨论一下语文学科的学习方法。

语文学习法，应根据语文知识结构和语文学习的任务、环境、条件等结合上来确定：先"类"——后"项"——再"点"。

"类"，即指拼音类学习法，字词句类学习法，语法修辞类学习法，现代文阅读类学习法，文言文阅读类学习法，文学常识类学习法，作文类学习法等等。

"项"，即单项学习法。以能力为角度的，如查字典词典、分析人物形象和艺术特色、了解文体特点等，写好各种文体的文章等等；以学习过程为角度的，如怎样预习、怎样听课、怎样做作业、怎样复习、怎样选择课外书和参加课外活动、怎样参加考试等等。甚至，"项"中有"项"，称"子项"，如作文项中怎样审题、构思、选材、修改等等。

"点"，即某种学习方法中的侧重点。也可称为"学习技巧"。如作文中的"审题"，有着标志词审题法、抓中心词审题法、对比审题法、同类题目的不同审题方法等等。

二、学法指导的形式

学法指导，从宏观上看有五种基本形式：

1. "班级授课"。一般在起始年级进行，并有专任教师，有《学习方法》课本，有编入课程表、布置作业和考试评分等全套教学过程。现在全国范围内有北京、武汉、哈尔滨、山西等地的八百多所中学和三十多所大学都这样实施着，并收到了较大的成效。

2. "专题讲座"。由对某一种学习方法有研究的教师或聘请有关专家学者进行专题指导。这种形式有针对性、知识性、启发性，深受学生欢迎。

3. "资料传播"。即利用书刊、黑板报、电台、广播或者油印传单，将学习方法介绍给学生。

4. "讨论交流"。一般有三种情况：一是对某种学法知识进行讨论消化；二是围绕某个优秀学生或著名专家、作家、艺术家、改革家的成功经验进行讨论，从中掘取科学的带有普遍价值的学习方法；三是利用图展览、难题征答、现身说法等进行交流，教师只作定向式、点拨式或深化式的指导。

5. "教学渗透"。这是笔者多年探索和实验的一个专题，现在已有初步成效。它主要通过语文教学的具体内容，有的放矢地、恰到好处地进行某一方面的学习方法指导。这样，使学生在一堂课里，接受具体可感的学法指导，既学到一定量的语文知识，又学到一种相应的学习方法，一课两得，相辅相成，再各成系统。例如，我每学期开学之初的第一堂课，就是通过教"目录"来进行"如何选书、读书最有效果"和"制订学习计划"等等学法的指导，使学生产生不少"顿悟"。

三、学法指导的步骤

学法指导，是一项经常性、连续性、交叉性和渗透性较强的教学活动，所以也就没有绝对固定的指导模式，但我认为宏观的基本步骤还是有的，其步骤如下：

1. 常规性学法指导。内容较多，宜用开课的方式进行，也可用其他如"专题讲座""资料传播"和"教学渗透"等形式进行。主要指导"常规"性内容，如：怎样适应新环境和新教师的讲课，怎么根据新的要求制订学习计划，怎样安排、分配和利用学习时间，怎样做好学习准备，怎样预习新教材，怎样集中精力听课提高听课效率……总之，这些"常规"学习法，都应在起始年级教给学生为宜。

2. 发展性（分类分项）学法指导。可以在各个年级进行，宜以中年级为主。其指导形式也以"专题讲座""教学渗透"等为中心，把学习方法与具体的语文教学内容紧密结合起来。这种指导，先要由教师根据新教材的内容，设计安排好相应的学习内容和学习方法的一一对应与融合。要结合教材的知识点，逐类、逐项、逐点地明确其内涵，然后才有指导的可能；指导中，既可以按部就班地系统传授，也可以通过比较和总结，把"类"与"项"与"点"之间的共性和个性分辨出来，以便更好地掌握住这些具体学习方法。

3. 创造性学习方法指导。可以在各个年级进行，但宜以毕业年级为主。在这个时候进行一些先进的创造性的学习方法的介绍与指导，有针对性地进行"群体指导"与"个别辅导"，将对他们适应社会需要、就业需要和新的学习需要大有裨益，为造就一代创造型人才打下基础。

由此我想到，如果能像研究语文学法指导一样，来对语文学习的规律、原则、生理机制和心理、最优化过程等等进行全面系统的探讨，建立一门"语文学习学"，与"语文教育学"形成"姐妹学科"，可能会使我们语文教改走出"低谷",从而找到"突破口",迎来语文教改的新"春天"。

（本文发表在华中师大《语文教学与研究》1991年第9期）

学法指导——教中之教

作为一种教学之中的"学习方法指导",到底有什么特征,不少人是认识不清的,或者是盲目、随意的,于是也影响了学法指导的效果及其推广。我们认为,学法指导的一个基本特征,就在于它是一种"复合型的素质教育",其标志就是四个字:"教中之教"。

首先,从学法指导的内容上来说,它是"多项性"的。现在所开展的学法指导,实际上是一种对学生传授学科知识的基础上再加上学习方法指导的教学,以至于使教学内容的量多了一项,而且它已经是建立在各学科教学的基础上又区别、独立于各学科的一种相当于公共课性质的教学,也实际上成为一种智育的综合教育,来源于多学科、多知识点,既"脱离"于学科教育,又紧贴于学科教育,故称之曰"教中之教"。

其次,学习方法指导形式上的"多样性",也体现了"教中之教"。目前,学生指导形式较为成功、盛行的是"渗透式"指导。其核心就是在传授知识抓住过程中渗入学习方法与学习思路的指导,也就是说,既知识,又教方法。在"导法"中,既导理解知识的过程,又导理解知识的方法;既导一种注意基本的常规方法,又导一种或几种简便、有用的其他方法。同时,在"导法"中既导学习方法又导学习原则、学习心理及思维技巧等等。人们把这种学法指导的教学称为"双教法",又因为一般后者寓于前者之中,也就成为一种"教中之教"了。

另外,学法指导是一种"教中之教",还在于它在功能的"多维性"。

因为实验表明，成功的学法指导完全需要学生在生理心理及行为上的"全程投入"，智力因素和非智力因素的和谐并举，那么，其教育功能的多维性就不足为怪了。学法指导不仅提高智育水平，还相应地使学生在德育、体育、美育及劳技等方面都有发展，这便是一种起了全方位、多角度、深层次作用的"复合型教育"，也就是"教中之教"。

以上学法指导内容上的多项性、形式上的多维性，形象、生动而准确地表达了学法指导是一种"教中之教"的基本特征之一。这对于我们把握特征，学会指导，以提高学法指导的效果，将大有裨益。

（本文发表在《光明日报》1996 年 3 月 12 日第 6 版）

论学法指导有"法"

学法指导，作为一种教学改革的产物，从 20 世纪 80 年代轰轰烈烈地开始至今，不仅从年头上看已经走过其初创阶段，也可以从进程及结果上看，已从对它最初的基本内涵、理论意义和局部探索等方面的研究上取得了一批批显著的成果。随着教学改革的不断深入，它也责无旁贷地要"与时俱进"，产生新的发展，不能停留在或只局限于关于学法指导的重要意义的研究或者一招一式的"雕虫小技"的局部方法等浅层次探究。现在，甚至仍有不少人错将"学法"取代"学法指导"，以为一讲"学法"就等于进行了"学法指导"，其实这里作为教学层面上的"学法指导"，不仅是知其"学法"，还要知其学法的指导法。须知：学法指导也有"法"。也就是说，学习方法是关于学习的方法（学习是有方法的），而学习的方法要如何教给学生，让学生能科学地有效地掌握方法与运用方法，这才是教师所要关注和所要"教"的，这种"教"就是我们所说的学法指导。既然"教""方法"也有其教法，那么作为"教"中之教的"学法指导"，也自然有其"法"。于是，对学法指导之"法"的研究应引起关注和重视。为此，本文特从学法指导之"法"的角度来做出以下探讨。

一、学法指导有"法"，首先在于树立科学的语文学习观

学生的语文学习观，指关于学生语文学习的基本观念，是一个观念体系。不同的语文学习观将导致学生学习的目标取向、方法选择的不同，也将导致语文学习战略、语文学习品格、语文学习内容与语文学习形式的不同，还可导致学习的自主性程度的不同，这些都将对学生语文学习的发展与语文素养的提高乃至成才产生全面、深远的影响。优良的语文学习观，是学生语文学习成功的基石，而不良的语文学习观也是很多学生语文学习不成功的根本原因。可以说，研究学生的语文学习观，是研究与实施学法指导有"法"的重要前提。因此，开展对学生语文学习观的教育与培养，则成为对学生进行语文学法指导、提高他们的语文学习效果的基本任务。

据研究成果表明，20世纪以来，国内外将学习观概括为两大类，一类是认知主义的学习观，另一类是行为主义的学习观。认知主义的学习观在哲学思想上以理性主义哲学为思想基础，体现理性主义哲学思想的认知主义学习观，在知识的获得上强调心理的能动的组织功能的作用。知识的获得以主体已有的认知结构或知识结构为基础，是新知识、新信息与已有的认知结构相互作用的结果。只有当主体的认知结构同化有关的新知识时，新知识才具有心理意义。总之，认知主义的学习观强调主体的认知功能和已有知识经验或心理模式在学习过程中的主观能动作用。行为主义学习观，则继承了经验主义的哲学传统。经验主义的观点是，经验乃知识的唯一源泉。其特征是：① 感觉主义，假设一切知识来源于感觉经验；② 还原主义，主张基本的、简单的观念材料组成一切复杂的观念，而复杂的观念转过来还原为简单的观念；③联想主义，认为观念或心理要素是通过时间上紧靠在一起（接近）出现的经验的联合活动而形成连接的；④机械主义，体现经验主义哲学思想的行为主义的学习观，把学习看成是刺激和反应形成联结的过程。影响这种联结的不仅是学习者内部的心理因素，而

更是一些"接近""练习""强化"等外部条件。

由此可见，学法指导有"法"，是基于以上两种学习观相结合后的复合型学习观，将"认知"与"行为"融为一体，将"理论"与"实践"相统一，既包括对方法指导的具体实践技巧和方法，还包括对学生学法指导的法则、规律以及学习观的指导，或者有学习观、学习规律与规则来支撑学法指导之"法"的确立与实施。具体说，语文学习观包括以下五个方面：

（1）全语文学习观。即指"全语言"学习理论，美国肯·古德曼教授提出"语言的完整性""语言最重要的目的——意义的沟通"，他还说："语言只有在完整的时候才是语言。完整的文章、语言事件中的对话，才是最起码具有文意、可运用的语言单位。"全语言观"希望学标的语言学习，回归真实世界中的原来状态：邀请孩子通过读写日常生活中的事物，学习阅读和书写"。所以，社会是语文学习的大课堂，生活处处皆有语文，处处均有有语文学习的内容和机会。向社会学语文，向生活学语文，这既是全语文学习观的表现，也是"语文学习观"的一种体现。

（2）系统语文学习观。即指学习语文的过程和方法，要讲究系统性。如果语文是"全"的，而"学习"不是系统的，那同样没有完整的效果。系统性是一种科学理念和策略，也是一种科学方法与手段。实践证明，只有系统地掌握语文和学习语文，才能学好语文。这也是学法指导有"法"的重要表现。

（3）比较语文学习观。许多名言告诉我们："不比不知道，一比吓一跳。"有比较才有鉴别。可见，比较法是语文现象的重要方法，更重要的是要树立一种比较型的语文学习观，在语文学习中讲究比较，如类比法、对比法、串比法等。这样，就会在多种方法中，比较出哪一种好哪一种更好，哪一种更符合学习者本体的需要，哪一种操作更方便等等。只有通过比较才会知道，只有知道了方法的优劣，才会恰当地选择和运用。这样，通过比较既选择了适合自己的最好的学习方法，也学会了一种科学地选择方法的方法以及选择能力。总之，比较法的学会与运用，为我们的语文学法指导有"法"提供了丰富的内容与机会。

（4）语文活动学习观。众所周知，语文是母语，是人类生活的重要工具之一。因此，人们离不开语文，语文也离不开人们的生活，语文往往又是通过社会活动来体现，那么语文的学习也往往渗透在活动之中，所以，从活动中学语文，从语文实践中学语文，才能学会语文，也才能使语文发挥应有的作用。

（5）语文思想学习观。语文，不仅学知识，学方法，还要学语文思想。因为方法和思想 既无不体现在知识之中，也折射出方法与思想的光辉。古人说：语文是"术道统一""文道统一"的，可见其思想与方法不仅依附于知识，从某种意义上说，它还高于知识，引领知识。

二、学法指导有"法"，还在于科学地掌握与运用辩证法

辩证法，从某种意义上说，它既是万法之本，也是导法之法。实践证明，只要科学地运用辩证法，其学法指导就有办法，就有实效。用辩证法来导学习之法，又导出学法指导的辩证性，又导出学法指导的实效性，这才是我们所追求的学法指导有"法"。那么，语文学法指导的辩证性表现在哪里？

1. 语文学习方法既包括各科都适用的共性学习方法即一般性学习方法，也包括学习个体自身的个性化学习方法等，还包括本学科适用的学科学习方法，以及分块、分类、分项的学习方法和不同时间、地点、人物等方面的特殊性学习方法。笔者曾按从宏观到微观的思路，创立了四梯式语文学法指导方法体系：①全程式→②技巧式→③活动式（实例式）→④渗透式。

2. 语文学习方法既包括学习方法的程序，如思路、步骤、程式、手段等，如"怎样…怎样……，如何……如何……"之类，也包括学习方法的艺术技巧与方式等，如"……法，……法"等。正如修辞学中既有炼字炼句等常用修辞方法，也有以比喻、比拟、排比、反复等特殊修辞手法为主的即修辞格的修辞方法等。

3. 语文学习方法，既有科学的适用的和富有创造性发展的最优化学

习方法，也有欠科学的随着时过境迁而渐渐过时与失效甚至还对学习有妨碍的学习方法。

4. 语文学习方法的运用，既要讲究科学、得体，符合个人实际，与当时环境平衡，也要注意随时检查、总结学习方法的运用是否恰当，以防止滥用、错用、而导致效果不好，并且要随时总结与发现切合自己学习实际需要的有独特价值的学习方法。

5. 学习方法指导的意义，不在于导，而在于使学生掌握与运用方法，不在于教给学生一些现成的学习方法，而在于通过一些学习方法的指导，帮助学生形成学法意识，不断总结、发展符合个性特点和个体需要的一套自己的最佳学习方法。帮助学生对任何外来的优秀学习方法，学会在模仿中创新，在借鉴中提升，在发展中完善。

6. 语文学习方法指导，要注意将教师、学生、教材三者紧密结合，同步实施。既要有师生互动，又要依托教材，因学生而导法，因教材而得法，因教师而施法。更要注重渗透，注重实际操练。

7. 语文学法指导，要加强实例教学。要从问题个案中寻找学法指导的突破口（或切入口），多搞反面教训的实例剖析，让学生从"学习失败"或"学习问题"中认识学法指导的必要性和可行性，以至从正反两方面完整地认识与运用"学习方法"。

8. 语文学法指导，既要有一定的模式，但不能模式化，教给学生的不光是一种方法，更要懂得如何运用这种方法再学到方法，并总结和发现适合自己学习的最有用的学习方法。这才是学习指导有"法"的真正目的。

9. 语文学法指导，要充分发挥教师的主观能动性即主导性。教师自己要加强理论修养，首先懂得掌握大量优秀的学习方法和学法指导的常理和常识，还要创造并强化学习方法实践的环境，不断增强学习方法意识，有确实能为学生提供和指导出一套能让学生学有成效的学习方法，否则，指导不灵，也无法指导到点子上，反而破坏了学法指导的效果。

以上都是学法指导有"法"所要讲究的辩证法。如果能做到并坚持下去，则可以大大增强学法指导的有效性和创造性。

三、学法指导有"法"，更在于要有具体可行的科学之法

学法指导有"法"，最终体现在要有具体的、可操作的指导之法乃至方法体系和应用模式。下面六点就是我们的一些思路。

1. 学法指导，不仅是从理论上告诉学生（或介绍）有些什么样的学习方法，即"导其然"；更要"导其所以然"，即引导学生理解这些学习方法的来龙去脉以及它的适应范围与效果程度等，即使再好的方法，如果不适合自己，也不能算作好的方法。

2. 学法指导，不仅是指导学生怎样选择与运用学习方法，更重要的是帮助学生去科学地总结自己学习的经验与方法，并创造性地发展、完善具有个性特色的符合自己实际的最有效的学习方法。学法指导，不仅让学生接受正面的指导，还要让学生学会反思，吸取学习教训，不断地去掉自己的不良习惯、过时的学习方法，注意从反面如挫折、失误、困惑以及失败中进行反思，从而提高免疫力，以强化学习方法指导的功能意识和操作意识。

3. 学法指导坚持学习目标具有"双重性"特点，从而使学法"导"得更完整更有效。

（1）明确学习目标的内涵既有纵向性，也有横向性。

A. 学习目标的纵向性：积累 →感悟→熏陶→应用。

B. 学习目标的横向性：知识→能力→智力→素养。

（2）明确学习目标的制订既要有导向性，也要有务实性。

A. "导向性目标"——宏观化。即学习目标整体大气，既有前瞻性，又有可能性。虽然目标不可能直接进入操作行为，但尽可能让人可以"意会"和"预设"，并能让目标支配自己，可随时调控与矫正，使学习行为、学习效果能朝着既定目标发展。它适应于学期目标、学年目标、学段目标以及单元目标、课时目标等目标的制订。

B. "实务性目标"（也叫操作性目标）——微观化。即学习目标较详

细、专项、单一，主要表现在具体的教学内容和教学活动之中，可感可触，能为师生直接操作，见效快。它更适用课文（章节）教学目标和课时目标，以及项目活动目标或某个知识点的专项目标的制订。

（3）明确学习目标的运用既有稳定性，也有灵活性。学习目标不仅是制订，更重要的是运用，那么在运用学习目标进行教学时，要力求以上两者的统一。也就是说，当发现学习目标过高过低时就要灵活改变，适当调整，不能一成不变，否则导致许多课无法进行下去，最终"拖堂"或加班加点，使学生讨厌，教师也辛苦。

4. 学法指导应考虑四个要素：①语文学科教材特点（学习内容）中含有哪些学习成分；②学生学习实际（知识面、学习心理承受力、学习环境、学习手段与方法等）；③教师教学实际（知识面、教学环境、教学手段与熟练程度、教学经验等）；④社会发展需要，如政治、经济、文化等因素，要考虑社会的一般需要与特殊需要等。

5. 学法指导，要科学处理下面三种关系：

（1）学习主体与学科知识的关系。即以学生学会学习为主题，以学科知识内容为载体，以学科学习规律为主线而形成"学习发展型"学法指导系统。

（2）学习方法与学习活动的关系。即以学生掌握学习方法为主题，以学习活动为载体，寓学习方法于学习活动之中，在学习活动中学会学习，掌握学习方法，以至形成"活动开展型"学法指导系统。

（3）掌握方法与创造方法的关系。即在帮助学生不断认识、掌握和运用学习方法的同时，又要用创新的眼光和专业的行为来总结学习情况以创造出更科学、更适合自己、更有效的学习方法。从而形成"仿创拓展型"学法指导系统。

6. 语文学法指导模式的优化法。

学法指导的模式，与教学模式一样，也同样需要实行最优化，只有不断优化学法指导模式，才能落实与时俱进的社会发展观和科学发展观，也才能体现学法指导有"法"的特色。优化学法指导模式要坚持以下策略：

（1）基本模式与变式模式的统一性。基本模式，即常规、常用、变化不大的学法指导模式。变式模式，即灵活多变，随机运用，随时取舍，以能发挥作用而产生变化为依据。

（2）主流模式与附加模式的整合性。主流模式，即指在学法指导中用能起主要作用的，被实践证明有主导价值的较为重要的学习方法进行指导，也就是在指导中，有一种方法为主导方法。附加模式，即指在一种主要方法下，再选用一些相应的辅助性方法，这样用几种相关方法融成一个"方法群"，与其他方法一并结合成为新的教与学相结合的模式，再参与并融入其中的教学内容和教学过程之中，以达到学习成功的目的。

（3）"结合式"与"渗透式"的同一性。

新的"知识"概念告诉我们：知识本身就有方法，方法也是一种知识。比如"程序性知识"，作为已成为一种结论或概念、公式、定理等的知识，自然有它的发生过程与方法，如果要学好这项知识，也必须掌握这种知识发生的过程与方法，同时还要掌握学好这些知识和方法的方法，那么，我们就要做到，既要使"知识"与"方法"相结合，又要将"知识"与"学法"相渗透，即既要把渗透于知识之中的方法真正理解与掌握，还要把学习与掌握这些知识的学习方法相结合，即"方法＋方法"，这样才能使学习方法指导走向科学体系。在这里特别提出的是，隐藏或渗透于知识中的方法和学习方法，让人去发现和掌握是有点难处的，非下苦功夫不可。

总而言之，关于学法指导有"法"这一观点的提出，是因学法指导不断追求发展与进步的必然结果。我们不能只注重关于学的"法"，还要注重对学法的导"法"的研究及其运用。如果我们不愿意或者忽略了这种导"法"，也没有掌握及其运用这种"法"，那么，就会使学法指导再一次陷入形式主义的误区，学法指导就无法达到预期的目的。

（本文为1990年在湖南省武冈七中教学研讨会讲座稿，1996年4月在广东省学习科学学术研讨会交流）

从学法指导到学习指导

——论"学语文"教学的新发展

让"语文学习学"走进语文课程，走进语文教学，重构语文教学新体系，以改造旧有的语文教学结构与模式，将成为语文教学改革与发展的新思路。曾经，我为之站在学生"学"的角度，将"语文学习学"引进语文教学，首先是打破语文教学的一"教"统天下的局面，改变了"重教轻学"的现象，第一次郑重地宣布：教学教学，教之以学，教学教学，主要是教学生学。让学充满课堂，让学生和教师一起成为课堂的主体；让学习成为人的一种必需品，成为一种生活，成为一种享受，成为教育的主流。于是，从学生"学语文"出发而设计的"学语文教学"便应运而生。

在"学语文教学"的起初阶段，我是以学生的学习方法指导为中心，而进行着课堂教学结构与教学方式的改变，效果良好。但是，通过对学法指导的反思，我深深感到：学法指导固然重要，但学生的学习无论从效益和学习发展的因素来看，不仅仅是学习方法，还应该有与之相关的其他多方面的因素，如学习理想、学习目标、学习态度、学习习惯、学习心态、学习意志、学习情绪、学习策略、学习程序与手段以及学习评价等。如果这些学习因素得不到发展或者呈正态分布，那么给学生学习不但起不了促进作用，反而带来不利甚至负面的影响，即使用了再好的学习方法也会因其他负面因素而降低了效果。所以，用"语文学习学"重构语文教学的新模式——"学语文教学"的时候，要特别关注学生学习的各因素的整合与协调发展，为此提出了"从学法指导走向学习指导"的新思路。

一、在内容上确立从学法指导到学习指导的科学领域，以体现学习指导的综合性

从学法指导到学习指导，首先要在内容上明确其综合性的意义和综合量的范围，即语文"科学学习的领域"。领域，即"指学术思想或社会活动的范围"。所以"学习指导领域"的建立，是从学法指导到学习指导的基础性工作。而"综合性"又是确立本领域的重要特点及方法。综合性，一来表明学生的学习具有一个重要特点即需要发挥各种因素综合起来的作用；二来表明语文学科是一门综合性很强的学科，需要采取综合性的措施才能学好它。综合量，即指从学法指导走向学习指导后，学习指导的内容经过"综合"后应该有一个较为明确的量（范围等）。只有明确了综合性和综合量，才会知道"学习指导"要指导什么？

经过多年研究，我们认为"学习指导"至少包括以下八个方面：

1. 学情指导。即指对学生学习基础、学习现状和学习需要等"学情"调查分析和确定有针对性的指导方案。特别要关注各种个体差异类型学生的学习状况，采取有区别的指导措施。还要让学生学会反思，正视学习现状，发扬成绩，纠正缺点，力求在各自原有的起点上有新的发展与追求。

2. 学量指导。这是就学习内容的份量和学习的时量而言，既包括对学生学习内容的数量和质量的掌握、分析与指导，也包括对学习所花时量的科学分配与安排的指导，让他们根据各自实际和需要确立学习内容的份量和学习时量，完成合理恰当的学习任务，实现各自的学习目标。特别要提醒学生学会量体裁衣，既不要贪多求全，要不落得个加班加点，耗时耗力，但是也不要毫无学量意识，学习时得过且过，陷入学习的盲目和随意。

3. 学风指导。就是指对学生学习作风、学习风气的指导。学生一旦有了学习任务和学习内容，如果其学校集体的学习风气不好，学生个人的学习作风也不好，那么，再科学合理的学习方法，也实现不了学习目标，再恰当的学习内容也完成不了。学风指导，主要包括对学生学习态度是否

端正、学习动机是否纯正、学习习惯是否良好、学习意志是否坚强、学习情绪是否稳定，以及学习是否刻苦、认真和是否有钻研精神等方面的了解、分析与针对性指导。

4. 学法指导。这是过去一直被大家所重视的方面，它确实是学生学习指导的重要一环。置于学习指导中的学法指导，不能是单一的肤浅的，而应包括三方面：一是指导带常规性的通用型学习方法；二是指导带个性化、特殊性的偏方型的学习方法；三是帮助学生自我总结与反思，不断概括和提升，找出符合自己学习特点、最适合自己需要的最优化的学习方法。可以说，学法指导本身发展到今天，也要追求其综合性和多元化与个性化。以上三方面的协调整合就是新一轮学法指导所要关注与落实的问题。

5. 学程指导。即指对学生进行学习过程的指导和学习程序的指导。学习过程，过去往往被教师的教学过程所代替，也随之得不到教师的指导。其实学生的学习过程更需要指导。如果学生的学习过程混乱，不流畅，即使再简单的学习内容、再有效的学习方法都无法施展，因为任何学习内容、学习方法都须通过学习过程的有序、有效展开才能得以落实。学习过程，通俗地说，就是指学习程序、学习步骤，同时伴随着学习思路。有人说学习要循序渐进，指的也是对学习过程的一种操作行为。还比如，"亦读亦思，读思结合法""三段三步学习法"等，表面看去是学习方法，实际上却体现着一种相对完整的学习过程的展开。

6. 学趣指导。即指对学生学习兴趣的指导。之所以把学习兴趣单列出来进行指导，是因为学习兴趣对于学生的学习所起的作用太重要了。实践证明，凡是学生有兴趣的东西就想学，也学得好，否则，缺乏兴趣学习，既学不好，也学得很辛苦，很乏味，导致学生最终厌学、辍学。学习兴趣指导，一是要引导和激发学生对学习产生兴趣，二是要注意用有兴趣的知识去教学生，用有兴趣的手段和方法导学生。就是说，要把课堂教得有趣味，让学生上课感到有趣味，学得轻松愉快。另外，还要指导学生学会有兴趣地学习和如何保持兴趣、发展兴趣和享受兴趣。

7. 学能指导。主要是指对学生进行学习技能指导和学习能力的培养。学习技能，包括学习技术和学习技法等。尤其是学习技术，以前很少有人提及（只有"教育技术"的说法），其实随着现代科学技术的不断发达，学习技术的产品、手段和操作，在学习中越来越占重要地位。比如，计算机的使用，网络型学习技术的运用及有关学习的辅助工具（简称学具、文具等），这些也必须得到教师的指导，才能得以正确使用乃至发挥正面作用。否则变成上网打游戏机、看凶杀和黄色影视片等，对学习不但无利，反而祸害无穷。又如，学习技法也应得到强化指导，否则，现在很多学生写字不会握笔，坐姿不对，读书不得要领，视距不够，作文时既不会打腹稿，也不能修改等。

8. 学效指导。就是指对学生的学习效果进行评价的指导。学生的学习效果好不好，好在哪里，还有哪些地方可以继续发展与提高等，学生自己往往看不清楚，弄不明白，只有通过教师有针对性的分析和适当点拨，才会让学生正确认识自己的学习成绩，才会对自己的学习效果作出正确的估价，才会明确自己今后的努力方向，也才更有利于学生今后的学习和人生的发展。这种学效指导，还可以通过学生之间的学习成果交流和学习反思，让学生在相互交流与反思中取长补短，扬长避短，既有竞争，又有合作，以形成的良好的学习氛围，为学生学习服务。

二、在形式上构建从学法指导到学习指导的科学模式，以体现学习指导的整体性

从学法指导到学习指导，虽然只一字之差，却反映了一种更新、更科学的教学理念在改变我们的教学模式，以真正体现"以人为本"的学语文教学的新思想的产生。在"学语文"教学理念指导下的学习指导应该包括哪些呢？笔者认为实施"三观"统一的学习指导很有必要。

1. 从宏观上由"三级学法指导"走向"三级学习指导"。过去，本人致力于从宏观上探索学段型"三级学法指导"。A级——启始年级常规通用学习法指导；B级——中间年级特殊性分类学习法指导；C级——毕业

年级创造性学习法指导。现在，我将其改变为学段型"三级学习指导"，并且构建为一种科学性和可行性相结合的"大三级学习指导"和"小三级学习指导"。大三级：即从内容→ 形式→ 方法等进行分级指导；小三级，即指在每一个"大级"里又分三个层级进行指导。如：

在内容上形成"先类"→"再项"→"后点"的类·项·点三级有序学习指导。并且与语文学科的"识字写字→阅读→写作→口语交际→综合性学习"等，构成有纵有横、纵横交织的全语文学习指导。

在形式上构建更体现学段特色的三级学习指导体系。A级——启始年级以"学会学习"的课程式指导为主；B级——中间年级以"怎样才能有效学习"的专题讲座式（报告式）指导为主；C级——毕业年级以渗透于学科学习和总结反思学习效果与寻求更新学习发展的咨询诊断式指导为主。

在方法上从人的认知规律和青少年学生学习的身心特点出发而创设新三级学习指导。

A级——积累现成的学习经验（书本上的、别人实践的、自己体验到的），从而丰富自己的学习感知，树立科学学习的意识。

B级——反思自己的学习过程与方法以及学习效果，从而寻找学习差距，发现学习问题，矫正学习误区，提出学习整改方略。

C级——从以上学习经验和学习问题的双级解决中，构建符合自己学习特点和学习需要的最优化的个性化的学习方案，并付诸实施。

2. 从中观上，将过去单纯创建方法型的全程式学法指导模式改变为现在更为科学、更为完整的"全程＋渗透"型学习指导模式。"全程＋渗透"型，即指导学生一边对学习掌握全过程指导和在全过程中进行学习，一边指导学生将学习诸因素渗透于学习的全过程，这种渗透型往往是用一个个学习项目来体现。即将学习指导贯穿于学生学语文的全过程，让渗透的办法使学生在学习中既获得知识，又掌握方法，由"学会"走向"会学"。

3. 在微观上，将过去"知识项目型"学法指导转变为"活动＋技巧"型最优化学习指导。不过是将"知识项目型"与实践案例型相结合。"活动＋技巧"型，即指在开展对学生进行学习指导的活动中突出用技巧进行指导，以体现学习活动指导的技巧性和实效性。具体地说，将学生学习活动经过精心策划组织，形成一个个活动项目，既有学习活动开展的目的、要求、内容、形式和操作过程，又有学习效果的评价与交流等。这样的"活动型"学习，让学生亲力亲为，在实践中获得学习体验与学习能力。但是，再好的活动项目设计，如果缺乏相应的技巧来促进活动的开展，其效果是难以保证的。所以，我们提倡并坚持，在活动中渗透使用具有针对性和可操作性的技巧。比如，开展一次"我爱祖国"的演讲赛活动。除了把演讲赛的活动目的、要求、流程、形式等确定之后，还要积极寻求以下一些技巧：

（1）目标设计的准确性与导向性技巧。准确性，就是要注意对准学生的学习需要与口语交际能力的实际。还要注意到各层次学生、各类型学生对口语演讲赛水平需求的不同而定目标，不能光顾及优秀学生，也不能只顾及口语演讲水平不高的学生。导向性，即目标制订一定要注意引导学生朝培养演讲意识，培养演讲技能，提高演讲水平等好的方向努力，要与人生理想挂起钩来，要与创造人生价值和良好的学习效果挂起钩来，还要形成一条与其他学习活动的项目相统一的且可循的"目标链"，让学生通过"目标链"，既达到本次活动（演讲赛）的目的，还要得到与整个学习形成系统的整体的学习活动的锻炼。

（2）活动过程实施的"活"与"动"相结合的技巧。活动活动，一活便动。但是怎么个"活"法，又怎样去"动"，其技巧则千变万化，完全靠教师去随机调控，临场发挥。比如，演讲赛如何开场，如何展开，如何铺垫，如何抛出问题，如何过度，如何控场，如何吸引听众，如何先抑后扬，抑扬结合，如何结尾等等，都要拿出最佳技巧，使演讲赛活动通过技巧开展得既有声有色，又有效果。

三、在操作上寻求从学法指导到学习指导的科学体系，以体现学习指导的辩证性

从学法指导到学习指导，由于内容上的领域扩大和形式上的更加丰富，就决定着操作上也需要随之发生相应的变化，变化一多，就可能产生极端而失之偏颇，或疏于科学。那么，寻求其学习指导的辩证性，保证学习指导健康发展，就成为重要条件，否则连先前的学法指导的效果还达不到，那么与学习指导的本来愿望就适得其反、事与愿违了。在这里，我们务必寻求以下有关学习指导的辩证统一。

1. 在目标上寻求宏观与微观的有机统一。关于学习指导的目标，既要寻求目标的宏观设计，整体考虑，形成"目标链"，做到不空白，不断层，也要因宏观关照下而分解为一个个可感可触的微观型学习指导目标。这些目标，既要与大目标有联系，又要与当时学科的学习内容和学习形式相结合来设计到位，做到有形、有序和可操作。

2. 在内容上寻求一般与特殊的有机统一。学习指导的内容首先要明确语文中一般的、最常用的、常规的、最能满足于所有学生都需要且能接受的学习内容，比如，语文学习的基本内容是什么，语文学习应具备什么样的态度和习惯，语文学习的科学方法与技巧有哪些，语文学习过程怎样展开，如怎么预习，怎样听课，怎样做作业，怎样复习，怎样考试和总结等等，这些都是带一般性的学习常规或者学习必备内容；另外，学习指导的特殊性，即指针对具体的某一个学生所适合的学习指导，针对某一项学科内容、学习活动所需选定的"学习段"内的指导内容，如优秀生学习指导、学困生学习指导，男生学习指导、女生学习指导；阅读课学习指导、写作课学习指导、口语交际课学习指导、综合性实践活动课学习指导等。同时，还要如何讲求将"一般"与"特殊"有机地统一，在一般中体现特殊，在特殊中体现一般，使学生学得又快又好，又多又巧，又轻松愉快。

3. 在策略上寻求语文学习与学习语文的有机统一。这也是学语文教学的内涵与外延的统一。语文学习，即关于语文的学习，属语文学科的内涵范围；学习语文，即指学习者学习语文，包括为什么学习语文，怎样学语文，学得怎样等等，相对于"语文"来说，属于外延范围。所以，我们在讲究语文学习指导的策略时，一定要坚持内涵与外延相统一，坚持二者相协调发展的策略。"语文学习"，即根据语文学科的特点，根据语文内涵发展来设计为语文学习指导系统：①语文基础知识学习指导→②阅读学习指导→③写作学习指导→④口语交际学习指导→⑤综合性学习（实践活动）指导。"学习语文"，即根据人的身心和认知特点与学生学习规律以及学习语文的相关条件、相关要素而设计的外延系统：①认识与了解语文——准备学习法；②注重与优化学习语文的过程——五环节学习法；③有形象、有实践活动的学习语文的好形式——形象体会式活动型学习法；④开拓学习语文的途径与多元化管道——大语文学习法；⑤讲究整体与细节相统一的新思路——单元学习法；⑥追求学习语文的发展与创新——素质型＋反思型学习法。

4. 在方式方法上寻求共性与个性的有机统一。

对学生的学习进行指导，要运用对立统一的辩证法，在操作的方式方法上努力寻求共性与个性有机统一，将显得十分必要，也完全可行。共性，即指对那些公认的方式方法进行普及性指导，以形成学习指导的共识与统一性行为，以便于班级集体学习活动或小组合作学习活动的有效开展，否则，我们提倡合作学习便成为一句空话，尤其是在我国学生班级人数众多而不可能一时减少到"小班额"的背景下，更要讲究带共性学习指导的方式与方法，并积极总结共性学习指导的经验与成果。同时，在注意共性指导的时候，也可忽略个性化的学习指导，这对强化学习指导的针对性和实效性又不可替代的作用，尤其是对优生学习指导，后进生学习指导和学困生的学习指导等，应该有所区别，充分体现其个性特色和个性化指导的功能。比如，现在流行的"分类推进，分层教学"就是一个例证。在这里我们特别强调的是，让共性与个性共同作用于对学生的指导，而且重要的是如何使二者巧妙地统一起来，共性中又个性，个性中体现共性，这样，相辅相成，学效更佳。

5. 在手段、技巧上寻求主流与辅助的有机统一。

对学生学习指导，其手段与技巧多种多样，也分别在不少教师各自的教学实践中发挥了相应的作用。但是，如果我们通过反思、整合、追求更加科学与合理，那么有可能找到发挥作用更好的手段和技巧。基于此，我们认为，在具体的一项学习活动中，其指导的手段和技巧，应该体现其学习主体（学生）的学习需要和学习基础，根据其学习内容的特点、意义和活动的形式与方法等来确定一种或一定的主流性学习指导手段和主流性学习指导技巧，同时配一些相应的，能起帮助作用的辅助性学习指导手段与技巧，来共同完成学习任务，提高学习效益。

由此可知，从学法指导到学习指导，是"语文学习学"走进语文教学的又一次伟大尝试，是从教语文教学走向学语文教学的又一发展。可以说，它是当今语文教学结构的一次重建，是语文教学模式的一次变革。

（本文系于湖南省武冈七中 1993 年间所作专题讲座报告，修改于 2003 年 5 月）

学法指导也具有德育功能

按照一般的说法，学习方法指导似乎只有智育功能，因为它是一种关于对学生的学习进行方式、方法和技巧等方面指导的教育。当然，这是无可置疑的。但是笔者认为，学法指导不仅具有智育功能，同时还具有德育功能。这是学习方法指导的两大基本功能，或者叫学法指导功能的二重性。所以，从某种意义上说，学法指导是一种"大教育"。

为什么说学法指导也具有德育功能呢？这是因为：

一、学习方法指导中的"方法"，就其含义来说，它既包括具体的学科性学习的方法，也包括基本的通用的学习方法，还包括马克思主义的哲学方法和其他科学的思维方法等等，而这些哲学方法、思维方法本身就是马克思主义立场、观点、方法中的精髓之一，也同样是我们培养学生正确的人生观、品德观和方法论的行动纲领和基本内容，恰恰这些内容的教育也就是学校德育工作的基本任务。因此，加强学习方法指导，便成为强化德育效果的一种努力，也就自然而然地、潜移默化地体现了学法指导的德育功能。

二、学习方法指导，不仅仅是对于学习某些知识时所运用的方法技巧的指导，也同样要对因指导方法技巧、培养能力、开发智力时相伴随而带来相应帮助学习者更加努力或更加有实效的非智力因素的指导。而这些非智力因素如学习动机、学习意志、学习情感、学习毅力、学习习惯、学习态度等等，又恰恰是学校德育中"培养崇高的学习理想、良好的学习品质、勤奋的学习精神和顽强的学习毅力"的基本内容之一。如果对这方面的学习方法指导有力，也可能会极大地收到德育效果。

三、学习方法指导本身就是一项综合性的学习指导活动，它要求学生全身心地投入，也要求学校各项职能与社会活动的共同配合才能取得显著效果。我们以及全国各地学校为之开展十余年的学法指导实践已充分证明了这一点。如果光传授一些学习方法知识或开展一些纯方法性的学习指导活动，那么，学生只掌握一些方法上的名词术语，或者只具有一些断断续续的感性体验，并未形成操作习惯或自觉行为，也仍无多大效果。而这些操作习惯或自觉行为的实现，也必须依靠学校德育工作的指导与参与，也必须靠一定的教学管理规章制度才能得以实现。从这一点上看，学法指导不仅是一种智力教育，而且是一种德育督促与支持。所以，置于学校德育中的学法指导，又怎么能说没有具备德育功能呢？

从上述可知，学法指导确实具有德育功能，也离不开德育功能，我们千万不可忽视。它是一种以智育为主、融德育与智育及美育等于一体的综合性教育形式，其德育功能是潜移默化的、渗透性的。我们认为，在目前寻找学校德育最优化途径和形式的探讨中，学法指导也不失为一种好形式。它可以毫不含糊地成为学校德育的一部分，基于学生学习的智育活动，从指导方法出发，让学生端正学习态度，达到学会学习、提高学习效率、培养良好的学习习惯和品质的目的，所以这当然成为一种特殊的德育活动、特定的德育活动。

（本文系 1990 年 9 月于湖南省武冈七中所作的专题讲座报告）

学法指导的创新之路：反思·发展·突破

——以汕尾市"学法"研究现状的探述为例

一、反思——从学法指导现状中勤于反思，善于发现问题，这是学法指导创新的前提

学法研究，既包括对学习方法理论的探究，也包括对学习方法指导与运用的实践探索。开展学法研究与指导，在我国真正形成有组织、有计划、有实效的氛围，有近 20 年的历史了。特别是近几年，它已发展成为各地推进素质教育、提高学生能力、开发学生智力的重要途径与手段。在汕尾也不例外。首先，我们可以经常地看到，许多领导的讲话与报告、教师的教案与论文、学校工作计划与总结以及教育行政部门的有关文件，都有关于学生"学法指导"的字眼或者具体内容。其次，在我市一场群众性的"改进教学方法，加强学法指导"的教改课题研究活动已逐渐形成高潮。尤其是一些初见成效的教学方法改革和学法指导的成果，为促进我市教学质量走出"低谷"，推进素质教育整体与深度发展，起到了不可低估的作用，并且越来越显示出蓬勃的生命力。但是，尽管这种学法研究现状是良好的，但成果还是低层次的，它将导致学法指导最终无所作为。这必须引起我们反思，从反思中发现问题，从而寻找创新点。

曾经，我们以语文科为载体，从学生掌握语文知识和具备语文能力的现状入手，开展了在学习中是否用了方法、用了哪些方法、其方法是否有用、觉得还有什么方法最好等方面的专题调查分析活动，同时也调查、走访了不少教师是如何进行学法指导的。结果大失所望，大多数师生都对学习方法和指导的上述五个问题无法作出像样的回答，都不能对学习方法和学法指导以科学含义的界定，更无法说取得学法指导的成效。例如：（1）

分不清哪些学习方法还要不要指导——不看学生实际，不问学生需要与否而盲目指导；（2）分不清哪些学习方法还该不该指导——不知道有些学习方法对当时的学生来说是已经过时了，或者还有其他更好的方法或产生了新的方法而消极指导或缺乏指导；（3）分不清哪些学习方法还能不能指导——不了解甚至不懂得有些学习方法本来就是不科学的，或者只是一些局部的个体经验和"土办法""蛮办法"而仍在错误指导。

我们认为，学法指导要走进 21 世纪现代化教育的大厦，还必须有一番重新思考，重新建构，其关键就在于创新。在创新中不断追求一个个学法指导的创新点，最终形成创新体系。由于诸多同仁的不懈努力，在我市近几年也确实为此作出了一些前瞻性的探索，为构建学法指导的创新体系而努力寻求学法指导的创新点。

二、发展——在学法指导的思路上，根据学习方法的二重性特征，从一般的喊口号、大讲重要性或简单的解题方法等低层次指导中走向科学，朝着"素质化、学习化、方法化"的纵深方向发展，这是学法指导创新的关键

说实在的，我们发现有 60％以上的"学法指导"只满足于名词术语的套用和解释，或者老是对学法指导的重要性进行阐述、对几道题的解题方法作一些交代等，无法深入或拓展开来。甚至还有些教师和领导把已经过时的或并不科学的错误的学习方法指导给学生，把自己的某些蛮干经验和拼搏精神也当作是学习方法津津有味地指导，结果反而使学生在接受"学法指导"后效果并不好，最终还归罪于学法指导不好。

从这些问题中我们发现，与其他客观事物一样，学习方法也存在着一个发展、进步与提高的问题，学法指导也存在着一个讲究科学、摒弃错误、不断改进与完善的过程。通过研究，我们认为，学习方法指导在发展过程中必须把握好确实存在着的二重性和发展性的特征。

学法指导的二重性，决定了我们的学法指导有优与劣之分，科学与非科学之分，进步与落后、陈旧之分，也有综合型与简单型之分，"素质型"

与"应试型"之分等等，也就是发展性与滞后性之分。发展性的学习方法指导，其重心不在于教给学生多少方法，而是帮助学生掌握多少科学有用的进步的方法，不断摒弃已经过时或本来就不科学的方法，最后形成适合本人实际的富于个人特色的个体学习方法。作为学生来说，最优秀的学习方法是他自己发现或总结出来最符合他个人需要的学习方法。所以，我们的学法指导成功就在于此：既要从正面指导，教给学生一些最基础的、常用的、被大家公认的科学、先进的学习方法，也要从反面帮助学生分析经验教训，找出哪些是阻碍学习发展、影响学习效率的并不太科学、不先进和操作不简便的方法，并代之以相应的最优化的学习方法。应该说，这才是学法指导的全部内涵和真正意义。

为此，我们首先发表了《我市中学生语文学习现状的调查与思考》（先在全国中学语文教学专业委员会中南片 1996 年会交流，后在《广东教学研究》1997 年第 3 期登载）。然后，随着素质教育的不断实施，我们根据学习方法的二重性原理，发现学生目前所运用的学习方法也有二重性：受"应试教育"束缚的属于"应试型"，符合素质教育的就自然是"素质型"的了。据此，我们大胆地提出了一个突破性的全新的学术观点，即"要给学生以素质型的学习方法指导"和"要寻求学法指导的最优化"。并分别写出一批论文，具体阐述了素质型学法指导最优化的具体操作原则、形式、方法与技巧等。这些论文均分别在《广东教学研究》1997 年第 7 期和全国中语会会刊《语文教学通讯》1998 年第 1、2 期发表，并在四次全国性学术会议交流，三次获全国一等奖，还参加了 1998 年 1 月在华南师大举行的研讨会上交流，《广东教育》和《教育创新》等刊物报道综述此次大会时曾给予高度评价。现在，市实验小学和省内外许多学校还在开展"素质型学习方法指导"的实验，反应较好。

我们的经验体会是：

第一，学法指导的发展性，决定了学法指导要朝着"素质化、学习化、方法化"的纵深方向迈进。

到目前为止，学法指导有一个根本的问题尚未解决好，就是学法指导

"见物不见人"，只"导法"而不"导人"。我们必须扭转这种倾向而明确：学习方法的主体因素是人，是因为人在学习时需要方法"指导"，是促进人对学习方法的掌握，以至促进人的学习效率的提高和整体素质的提高。因此，学法指导不能以"方法的知识"作为指导中心，而是以"人的素质发展"作为指导中心，也就是我们主张的"素质化"。

第二，顾名思义，学习方法是关于"学习"的方法，其前提是"学习"。由此可见，学习方法指导要从学生的"学习"出发，遵循学生的学习规律，满足他们的学习实际需要，符合他们的生理、心理特征变化，适应他们的学习过程，激发他们的学习兴趣，尽力避免人为化或工作化的学习方法指导，不要再成为"师授式"的学法指导的传统做法。

第三，大家也知道，学习方法这东西，其本身就带"方法性"，那么学法的指导也就同样具有"方法性"。方法性常常与艺术性、技巧性、灵活性和简便性等连在一起，同理，带方法性的学法指导也就往往生动形象，有趣味，不呆板，可操作，而单调、繁杂、玄妙和深奥，绝不是"方法"的含义所能包容的。所以，我们倡导学法指导要"方法化"就是这个道理。

三、突破——在学法指导过程中坚决突破"盲目指导、消极指导、错误指导"的误区和旧有模式，尽力创造体现"阶段性、灵活性、可操作性"的学法指导新模式，这是学法指导创新的核心

为此，我们提出了针对小学生、初中生、高中生等不同层次、不同程度的"阶段性"学法指导的新模式。

（一）小学生——对他们不是传授系统的学法理论知识和学法操作要领，而应该集中指导对适合小学生需要的良好的学习习惯和一些最基本的学习方法、学习技能的掌握与训练。其指导形式最好采用"歌谣式""图画式""故事式"和"游戏式"，让学生易于接受与运用。

（二）初中生——对他们指导应是将学习方法知识与操作要领相结合

为主，从简单的理论介绍到实例印证，再到强化训练，要求从正反比较和优劣比较中了解与掌握最简便、最科学、最符合自己实际的学习方法及其操作要领。其指导形式最好采用"事理式""问答式""故事式""活动式"等。

（三）高中生——对他们指导应是将较高层次的学习方法知识与学生个体的领悟内化相结合为主，使他们从综合比较与反复体验、总结反思中掌握较多的学习方法，并总结摸索出在自己学习中获得成功的学习方法。其指导形式最好采用"讨论式""探究式""渗透式"和"专题式"等。

下面是对三个学段学法指导形式的一些宏观设计模式，是尝试学法指导中结合具体的知识和学习方法，进行灵活、多样、有实效操作的成果，也许给大家有点启发。

小学生学法指导

一、课堂学习常规歌。

1. 预习歌……

二、良好学习习惯歌（图画式——12组，画配歌）：

2. 有计划；2. 勤总结；……

三、常用学习技能歌（20例左右）。

1. 汉语拼音歌；

2. 读书歌……

四、名人学习故事会（先故事，后点拨。精选古今中外名人学习中的成功方法10例左右）。

五、智力学习活动（如猜谜、做游戏等）。

初中生学法指导

一、问答台（一问一答＋练习，共20例）

1. 你的学习动力是什么？

2. 怎样复习才有效果呢？……

二、故事会（精选古今中外最佳学习故事10例。先故事，后概述，再思考与练习）。

三、活动园（选择正、误学习方法各 3、4 例，用开展一个个活动的形式，组织学生辨析、比较。先活动，后写活动小结，再思考：对不对？为什么？）。

四、创新沙龙（即出示若干学习问题，让学生思考；设计多种多样学习方法，看看谁答得对，答得快？）。

高中生学法指导

1. 问一问（即问答式，可选 20 例）。

2. 谈一谈（即"讨论式"，学习方法问题讨论 10 例）。

3. 用一用（即"渗透式"运用、说明、解释、总结等，10 例左右）。

4. 总一总（即总结自己的学习方法，若干例）。

（本文发表在《汕尾教育》1999 年第 4 期）

第七章　语文"学习型教学"的模式研究

【引言】

　　本章是"语文学习学"的实践应用部分，即因于"语文学习学"理论而创立恰当的相应"教学模式"的研究成果。

　　美国专家乔伊斯和韦尔在《教学模式》一书中认为："教学模式是构成课程和作业、选择教材、提示教师活动的一种范式或计划。"教学模式通常包括五个因素：理论依据、教学目标、操作程序、实现条件、教学评价——这五个因素之间有规律的联系着，就成为教学模式的结构。

　　模式本身就存在，也无褒贬之分，就看你是否创造了恰当的相应的模式，看你用对了模式没有，正如"能量"一样：有正能量和负能量，关键在于你发挥得如何。

　　恰当的相应的教学模式，这里是指教"学"的模式，基于"学"的教学模式，才能体现"以学为本，为学而教"，才能实现教学的终极目标。

　　这里共7篇文章，都是本人20年以来对基于"学"的创新教学模式的设计与运用的研究成果，可以说，为"语文学习学"走向教学实践行动而提供了一些操作模式，既展示了自己运用国内外先进教育理论而创立教学模式的学习体会，也表达了对因于"语文学习学"理论而创立恰当的相应"教学模式"的一些看法，权当交流或供参考。

关于"全纳·异步·通达"教学的研究
——"全异通"学习模式的教学应用

一、课题名称及其定义

本课题，以目前国内教学的"乱象"问题为研究对象，以学生的"两全"发展（全体学生的发展和学生的全面发展）为宗旨，以学生自主学习、自能学习、自觉学习的"三自学习"行为为平台，由知识立意转向能力立意，构建"全纳·异步·通达"教学范式，打造既优质又高效的"质效课堂"教学模式。为此，本课题特为此而展开从理论到实践的研究。

1. 概念界定

●全纳学习

一是基于全纳教育（inclusive education）理论。它是指 1994 年 6 月 10 日在西班牙萨拉曼卡召开的《世界特殊需要教育大会》上通过的一项宣言中提出的一种新的教育理念和教育过程。它容纳所有学生，反对歧视排斥，促进积极参与，注重集体合作，满足不同需求，是一种没有排斥、没有歧视、没有分类的教育。

二是基于华中师范大学鲁子问教授提出的"全效学习"理论。即指"全面有效"的学习，也就是学习方法、学习资源、学习活动、学习结果（成绩）的全面有效。这一理论来源于"有效教学"，又高于"有效教学"。

我们提出的"全纳学习"，不仅需要从教学角度探讨让所有学生都在学习，更需要从学习者的角度探讨让每一个知识点、每一堂课、每一个学习环节都进入有意义学习状态。这里的全效学习，也进入"全纳学习"的范畴，不仅强调"全体学生、全面目标、全面素质"，更强调"优质高效、全面发展"的质效学习行为与方法及其结果。

●异步发展

也叫"异动发展"。指在不同起点用不一样的方法和行动却能达到相应的发展效果。具体地说，相对于同步而言，在教学过程中，根据学生学习的个性差异，确定或采取之相应的、有差异的教学目标，并采取有差异的教学策略，促进学生在不同层次、不同角度、不同领域里实现自己能动发展。它与"分层教学"并不相同。这里特别强调以学生的个性差异作为前提，因而能最大程度地体现学生的主体地位，让学生在原有基础上都得到相应发展，而不是只凭老师按照学生现有成绩分出几个层次的教学。

●"通达推进"

通达，谓通晓、明白之意。

我们借此概念，形成以"通达"为内核的学程推进式教学模式，寓意在于让学生在通向变化中有明白、通畅的发展。所谓通达就是发展学生的"明理、笃行"。因为学生"学"的发展往往取决于以下三方面的明白变化："学"的状态变化，导"学"的过程变化，课堂所透射出来的最为本质的课堂因素变化。因此本课题追求以下两大通变：一是"因学而教，让学生发展"，即课堂教学的知识和方法根据于学生的"最近发展区"——教与学的"频率"接近，可以发生共振性变化；二是"用教促学，让学习高效"，即构建教与学相融的"学习型"课堂教学体系，使教学活动达到高效——学习振幅达到最大值，使教与学产生"共鸣"，形成课堂学习"共同体"，最终达到全效课堂的通达性境界。

2.本课题的创新点

真正实现全纳，才能异步；只有真正实现异步，才能全效和通变。这就是本课题追求多元辩证化的哲学意义和创新理念。为此，也只有教与学共振，才能让"学"有所发展，才能实现更具优质和高效的课堂教学。

（1）本课题研究是致力于在新课程理念下的全效教学策略研究，一方面强调学生学习过程与结果的全面优质高效，同时也追求教学中教师与学生的优质发展。

（2）强调从学生的"学"的策略研究来达成优质高效教学的目标，使学生掌握起建设性作用的主干知识或核心知识，提高自主学习、自能学习和自觉学习的能力，这是以前少有的或被忽略了的。

（3）教学活动是一个极其复杂的系统，单纯就某一活动环节来研究，难以解释教学策略的结构和作用，本课题拟建构新课程全效教学的策略框架，形成新课程下的学科质效课堂教学的基本体系和策略。

（4）本课题旨在教学实验中总结教学策略，完善和发展教学模式。课题的理论成果构筑于教学实践的基础之上，能更多地关注语文教学实际的可行性和操作性，因而既能构建一定的理论框架，又有经过实践检验的丰富的优秀案例，使理论更具有实践性，使实践更具有学理性。

3. 本课题研究意义

本课题基于学习科学和教育哲学相统一的视角，探索如何在个性化课堂中，引导不同学习条件和不同学习风格的学生，建构起适合自己学习发展的"全纳·异步·通达"型教学范式及学习方案，探索新的优质高效学习的策略、途径、机制、模式与方法。

通过本课题的研究，实现以课题研究促进教师更新教育观念，从根本上改变教师的教学观念和陈旧的课堂教学模式，真正体现学生的主体地位，提高课堂教学质量，使各学科教师的教学都有章法可循，使教学过程科学化、优质化、高效化。真正让学生体会到学习的乐趣，变"苦学"为"乐学、肯学、会学、学会"，实现真正的终身学习，提高学生的综合素质。真正做到教师乐教，学生乐学、教学相长。

二、课题研究目标与内容

（一）研究目标

本课题研究将以一种理性的态度对待质效课堂教学模式，始终坚守质效课堂的研究价值取向，立足本校实际，从理论和实践上对质效课堂教学进行较为深入的探索研究，最终建立起既能弘扬我国基础教育的课堂能有效地引导和推进教学进程的传统优势又符合校情、形成学校特色的课堂教学范式，以此引领学校的课堂教学改革，推动区域教学改革的发展。具体要实现以下"三大目标"：

第一，在效益和效率上追求课堂教学的"优质高效"，变"接受式"学习为自主"异步"的升放式学习，并注重学习能力的生成；

第二，要使课堂主动承载素质教育和新课改理念的聚散地，以培养高素质"全人"为目标，真正让学生在学习中体验到生命的狂欢、成长的幸福，让学生成为全纳学、异步学、全效学的通变之才，为实现真正的终身学习而打下基础；

第三，构建一种基于"全纳、异步、通达"的语文教学新模式，创造一批优秀教法和成功案例。

（二）研究内容

1. 研究"全纳·异步·通达"（简称"全异通"课堂学习模式）型课堂教学范式的有关理念。

构建规范而必须的"全异通"课堂教学范式，让它对教与学具有"导读、导思、导做、导研"的"四导"作用，为落实提高教学效益，为学生发展和提升人生幸福质量而打下基础。

2. 研究"全纳·异步·通达"（简称"全异通"课堂学习模式）型课堂教学范式下的学生"学习方案"。

学习方案是指学生有关学习的方向、方略、方法的计划及记录，以及自主学习、主动参与、合作探究的行动方案（不同于目前流行的"学案"）。它是学生学习的路线图，是教师帮助学生掌握知识内容，沟通教与学的桥梁的重要平台；也是培养学生自主学习，建构知识和培养能力的重要媒介和"脚手架"。务必坚持以下四条原则：

（1）学习方案是学生自主建构的，要做到适合学习者自己的学习需要、学习风格和学习条件。

（2）学习方案要强调教师引导，而且强调教师本身必须具有明确的学习策略指导意识和较强的学习指导能力。

（3）学习方案必须形成显著的学习效果和较高的学习效率与其相应的学习目标、学习过程及方法相统一。

（4）学习方案包括：学习目标、学习内容、学习策略、学习过程、学习活动、学习资源和学习评价等。

3. 研究"全构、异步、通达"一体化学习的学习目标

（1）要有高尚的学习理想（动机、目标、愿望）；

（2）要有浓厚的学习兴趣（情趣、乐趣、意趣）；

（3）要有扎实的学科知识（知识与技能、过程与方法）

（4）要有良好的学习习惯（会学不呆，好学不俗，乐学不疲，勤学不懈，苦学不怠，治学不苟）；

（5）要有较好的学习智能（智慧与能力）和人生素养及情感、态度、价值观等。

4. 研究"全构、异步、通达"学习的能力实现要求

比如：发现能力；分析、评价、鉴赏能力；综合概括能力；迁移能力（举一反三，触类旁通的应变能力）；专项特长与创造能力。

以上学习能力可表现为以下六种能力层级：

（1）识记：指识别和记忆，是最基本的能力层级。表现在语文学习上主要是文字识记、词汇积累等。

（2）理解：指领会并能作简单的解释，是在识记基础上高一级的能力层级。表现在语文学习上主要是句子理解、文段理解和汉字的音形义综合理解等。

（3）分析综合：指分解剖析和归纳整理，是在识记和理解的基础上进一步提高了的能力层级。表现在语文学习上主要是文本解读、语意、概括、整体感悟等。

（4）鉴赏评价：指对阅读材料的鉴别、赏析和评说，是以识记、理解和分析综合的基础上进一步发展的能力层级。表现在语文学习上主要是读出文本的文面意义、深层含义和弦外之音，赏析艺术特色，发展审美能力等。

（5）表达应用：指对学科知识和能力的运用，是以识记、理解和分析综合为基础，在表达方面发展了的能力层级。表现在语文学习上主要是读

写说听的一体化，语文知识的应用，语文能力的操练等。

（6）探究：指对某些问题进行探讨，有见解、有发现、有创新，是在识记、理解、分析综合的基础上发展了的能力层级。表现在语文学习上主要是走出语文的一般性、常态性的学习层次，用探索的眼光、创新的精神去看待语文现象和问题，提出对语文的新看法、新主张、新创意等。

5. 研究学生整体素质的培养与如何实现

（1）阅读水平和自学能力。学生课前读书自学，培养学生自主学习能力，为今后实现终身学习奠定基础，让学生要具备较强的自学能力。

（2）语言理解和表达能力。学生通过课堂展示、点评，在语言表达能力（包括站姿、表情、肢体语言）上有大幅度提高。让学生表达能力有大幅度的提升。

（3）合作学习意识。学生课堂小组讨论，合作学习。让学生形成较强的合作意识。

（4）创新精神与发展能力。学生课堂质疑、辩论，培养批判性思维与发散性思维。让学生初具创新的精神状态和能力。

6. 研究 "全纳·异步·通达" 型课堂教学范式的功能及其优化策略

让每一位学生在每一类课程（含必修课、选修课或校本课程等）、每一堂课、每一个学习项目上都能投入学习、参与学习、有效学习。让教与学的非同步现象，得到 "异动" 共振的协调处理，实现异步同构发展，产生教与学的协同效应和共鸣效应，形成全效因素的 "共振体"，产生教与学的高度融合和深度变化。

从立足于构建质效课堂出发，推出相应的优质高效课堂的教学范式，讲求有范式的课堂教学：从课堂时量、课堂容量、课堂质量上做出必要的指导规范，以形成较好的教学秩序；从教学设计、教学状态、教学发展上坚持必须的操作策略，以形成科学的教学机制。为此要完成以下三项任务：

（1）"异动·共振" 型课堂教学的板块内容及功能；

（2）"异动·共振" 型课堂教学的设计格式要求；

(3)"异动·共振"型课堂教学的学习方案的批改与检查。

7. 研究"全异通"课堂学习模式的基本结构

(1)两块三段。

"两块",指两个板块(或叫模块),即课程活动和课程评价。

"三段",即课前预设→课中生成→课后总结反思。

(2)教学实施的步骤及具体要求:

①明确:本节课全纳了什么?(内容为主)

②讨论:本节课是如何异步的?(方法为主)

③总结:本节课有了哪些通达结果与变化?(结果为主)

(3)"全异通课堂"学习模式五环节流程图:

师生对话 引出课题 → 初学教材 整体感知 → 研学交流 加深理解 → 质疑探讨 独思深究 → 总结反思 迁移拓展

(4)研制并实施"全异通"课堂评价标准(另见)。

8. 研究"全异通"学习共同体建设及评价的机制、方法、策略

"全异通"课堂的质效性与共振性,关键在于学习共同体的建设,打造好了一个共同体,也就把握住了课堂学习的灵魂。

(1)坚持学习以成长伙伴"全纳·异步"结伴的组建原则。

(2)坚持学习共同体的优势互补和分合交流的异动·共振操作机制。

(3)坚持学习共同体中的竞争激励与和谐发展相统一的办法。

(4)坚持学习共同体中的"全异通"管理。

(5)坚持学习共同体中的绩效评价与质效评价相统一。

三、研究思路和步骤

(一)课题研究的总体思路和措施

1. 结合现有课堂状况开展听评课活动,使全体教师掌握基本的理念,树立正确的教学观、课堂观、师生观。

2. 让教师加大课堂教学试验力度,让教师掌握新的教学环节,并做到整体感知、把握该教学模式。

3. 通过听课评课，帮助教师进一步理清课堂教学思路，准确把握课堂教学环节，并明确哪些环节存在问题，怎样弥补或改进，特别要注意规范细节操作。

4. 让教师指导学生制定课堂"学习方案"，以进一步落实先进教学理念，规范教学行为。同时帮助教师掌握研讨、交流技能与方法，拓宽教学研究领域。

5. 帮助教师总结课堂教学的操作过程，积累经验，明确得失，进一步改进课堂，形成既有统一基本定型又有个性的课堂教学模式，为进一步研究新的教学范式奠定基础。

6. 建立信息交流平台，为教师发展与成果推广铺路搭桥。在研究中积累经验，搭建能萌生思维智慧的平台，定期举办以构建"全异道"课堂为主题的论坛活动，使教师在交流中学习，在学习中提高。

7. 组织好学生问卷调查。坚持每月一次的总结、反思、培训；坚持每月一次的学生座谈会；对学生的学习情况进行全程跟踪直至毕业。

8. 出刊：推出《课题成果集锦》或《课题通讯》，在更大范围内交流研讨、推广使用、完善提高。

9. 收集整理、宣传推广课题研究成果，扩大课题影响。

（二）实施步骤

第一阶段，学习宣传，制定方案。完成下列任务：

（1）进行理论学习，深入学生实际，不断摸索，初步达成共识和形成研究方案。

（2）课题组成员分工，并具体制订各自的初步探索计划。

（3）组织老师剖析经典课堂案例，就课堂的各个环节的操作解惑答疑，互动交流，写出学习体会和研究建议。

第二阶段，即启动实施阶段。将第一阶段所学、所悟运用于教学实践中，不断反馈信息，修订、矫正、调整、完善"全异通课堂教学范式"，将教学过程分解为导学设计、目标展示、知识学习、课堂质疑、目标测评等几个环节，并根据这些环节组织实施教学。本阶段的任务是：规范备课、上课流程，掌握"全异通课堂"教学范式的应用。具体措施如下：

（1）以全员赛教为载体，让全体教师上好试验课。

（2）骨干教师上示范课，使先进的教学模式形成气候、得到肯定，使先进的教学理念扎根于教师头脑，使学生的学习方式发生根本转变，强化学生的自主学习习惯。

第三阶段，初步检查评估阶段。课堂教学改革的方向是既求稳定又求发展。教师总结试验情况，对自己运用方法、驾驭课堂、执行规程等进行初步评估，总结课改的成败，提倡教师做好教学反思，要求写出自己的心得体会，把自己的收获和在教改中存在的问题用文字详细整理出来，由学校收集，统一研究，纠错扬优，使教改走得更好、更快。

第四阶段，改进提高阶段，形成成果总结材料，进行课题结题鉴定，并召开有关课题成果及经验推介会。

【附录："学习方案"选例】

语文"学习方案"选例
（师生共用——已用卷）

编号：　　　　　　　　　　　　　　　　　　　2009 年 3 月 10 日

课　题	"感悟三练法"写作（专题活动）	类型	实练型
课程目标	1. 掌握文章的立意、构思与谋篇； 2. 处理基础与发展的关系。		
课程设想 与准备	1. 让学生运用"感悟三练法"学写文章，争取提高效率； 2. 准备范文 2 篇，课外作文材料 3 则。		
课程活动 展示或记载	学生活动 （学什么、怎样学、学得怎样）	教师活动 （组织、引导与点拨）	
［活动一］ 导入：交代写作目的与要求。"感悟三练"	1. 明确目的，端正态度； 2. 做好写作准备，进入状态。	1. 交代写作事宜； 2. 提供有关写作材料。	

[活动二] 一练：练胆。（敢写。放开写）感受之笔。	1. 有什么写什么；想到什么就写什么； 2. 无忧无虑地写，无拘无束地写。（写放胆文）	1. 鼓励学生发散思维； 2. 激发学生敢写，自由地写，能写出来（800 字以上）
[活动三] 二练：练型。（模型、结构）感知之笔。	1. 写什么像什么、便应是什么文体（文体体式建构）； 2. 合体练习：记叙、议论、说明等文体，或新三类文体（文学类、论说类、实用类）。 （写合体文）	1. 介绍有关文体知识； 2. 规范学生的结构意识，培养构思能力和谋篇技巧。
[活动四] 三练：练韵。神韵、文采等）感叹之笔。	写出神韵、文采 （真情实感、深刻哲理、独特感受、生动形象）。 （写出采文）	1. 鼓励学生灵感思维； 2. 调动学生生活积累； 3. 培养学生写作天才。
[活动五] 总结、评价。	1. 学生自评； 2. 互评（包括评同学们、评教师、评课本等）。	1. 抽阅、讲评（学生习作及习作的过程与方法等）； 2. 教师自评，反思与整改教学情况。

（本文写于 2009 年 6 月，后来有改动）

基于"变异学习理论"的"语文变势学习"

一、什么是"变异学习理论"

1. 变异学习理论的概念及其意义

变异学习理论（theory of variation），是由瑞典歌德堡大学学者马顿所领导的研究小组提出的一个新概念，他们发展了一种名为"现象图式学"。

现象图式学认为，学习是"一种个体与世界的内在的关系"。学校的教学目的是为学生如何面对不断复杂化的未来社会做准备，这样学习的最重要形式是使学生能够以不同的方式看待某个学习对象。马顿（1999）进一步指出,学习意味着发展学生看待事物(对象)的一种方式,而这种方式的建立是基于学习对象关键特点(critical aspects)的分辨(discernment)及对这些特点的同时聚焦。正是由于变异,我们能够体验与分辨学习对象的关键方面。当不同的变异出现在同一时段时,它们使学习者认识到学习对象的不同方面。

我国数学"变式教学"创立者顾泠沅先生,根据变异学习理论认为:变异是有效分辨的必要条件,而分辨是学习的必要条件。如果没有变异,世界上的许多概念就没有意义或不存在。例如,假如世界上只有一种颜色,那么颜色的概念就没有意义(顾泠沅等,2003)。

从以上变异学习理论的介绍中,可以认为变异学习理论就是以事物或现象呈现的原初状态为"基值",通过不同形式变换"基值",使学习者逐渐认识事物或现象本质的一种理论。其中"基值"意指一种判断标准或参考值。

变异学习理论,基于现象图式学,探索人们对事物或现象作出的理解、体验和思考。以事物或现象出现的原初状态为"基值",通过不同形式变换"基值",使学习者逐渐认识事物或现象本质的一种学习科学理论。

2. 变异学习理论的重要因素

变异学习理论,包括"对学习的看法","学习内容(object of learning)""关键特征(critical aspects)""辨识(discernment)"及"变异(variation)"(卢敏玲,2005)。

根据对诸多材料的总结,可以概括出变异学习理论要素如下:

(1)学习观。简单地说,变异学习理论指出,学习一定是指向某项要学的东西,即"学习的内容"。此概念源于布伦塔诺(Brentano,1874)的"意向性"(intentionality)原则。在意向性的原则下,所有精神活动均是指向某事物的,而这也是精神现象中值得关注的特征。而学习的意义在于对同一学习内容,学习前后应产生不同的理解。

(2)学习内容。变异学习理论相信学习内容是特定体系的内容,而体系是有其逻辑结构和思维特点的。变异学习理论正是从学生学习的事物出发，分析其在学科中的地位和其他要素的联系，正确处理学习内容，促进学生对内容的全面的认识，发展他们的能力。

（3）行为者。行为者包括学习者和教授者即教师。变异学习理论相信，学生作为学习者，只有与学习内容的直接接触，才能取得对事物的直观和深刻的认识。教师的角色在于作为学生学习的引导者，指引学生去辨识事物的关键特征和本质。

二、变异学习理论的特征和实施条件

1. 变异学习理论有以下五大特征

（1）指向性。变异学习理论相信人活动的意向性，因此很注重对学习内容的选取。

（2）变异性。变异性是变异学习理论的核心特征，是基于学习内容中对现象、概念和问题解决过程中对"基值"不同形式的变换，所以，就可以通过变换让教师和学生体验学习内容的不同层面，加深对内容的认识，逐渐抓到事物的本质。

（3）同时性。变异学习理论强调，对不同变式出现在同一时段会使学习者认识到学习对象的不同方面。

（4）差异性。变异学习理论相信，学习内容是有层次的，那么学习者对学习内容的理解也是有层次和差异的。

（5）分辨性。对学习内容的分析，学习者在变异空间里可以做出多种关键属性分辨，形成对学习内容的多角度认识。

2. 变异学习理论的实施要满足以下几个条件

（1）让学生与学习内容的直接接触，能发展学生对学习内容的感受力。

（2）以了解学生的知识基础为起点，通过熟悉学生对现有学习内容的理解，为后续学习作准备。

（3）搞好变异空间的营造，让学生体验到事物的"基值"和"基值"变化后所造成的反差，为体验变异提供前提。

（4）完成关键特征的同时聚焦，让学生在变异空间内同时感受学习内容的各个关键特征。

（5）关注学生体验变异，一步步引导学生体验学习内容的各个方面，做出比较、分析、综合，加深对事物的认识，并关注不同学生对同一事物或现象的不同体验，也可以在教师的引导下做交流，内化为学生的知识结构。

3. 变异理论的核心价值：从具体事例中分离出普遍原理

发现和证明学习迁移的必要条件是同时具备共同性和差异性，这是变异理论超越以往迁移观之处。这个超越点的核心价值，就在于它揭示了应当如何从具体事例中分离出（抽象出）普遍原理的教学规律。这也正是变异理论能够跻身"科学的教学论"的根本原因。

传统的迁移观认为，学生可以从单一事例中抽象分离出本质属性，或是从众多相似事例中归纳总结出普遍规律，因此要有大量的相似练习，而变异理论则对此作了有益的修正和补充。变异理论这样来提出问题：要通过一项实例掌握其背后的普遍原理，就必须将普遍原理与这个具体实例作出区分。但是如何实现这种区分？这是一个关于一般属性与具体事例的经典问题。前者属于柏拉图的纯粹理论世界，后者广泛存在于我们的世界。我们如何将二者分开？例如：怎么把"三"从"三个苹果"中分离出来，怎样从一个幸运事件中分离出"好运"。变异理论认为：如果仅仅在一个实例中，一般和具体完全纠结在一起，前者内隐，后者外显，很难对二者进行区分和分离。如果有两个反映同一原理且彼此之间有足够差异的实例，那么二者共通之处（原理）就有可能同二者不同之处（实例）区分开。学习者接触的实例越多，他们就越有可能排除其差异特征，进而把原理作为基本属性或唯一的共性识别出来。

顾泠沅在《学会教学》中率先对变式教学加以研究，并取得了丰硕的成果。他在经验与实验的基础上，在数学领域对变式理论作了如下发展：

（1）概念性变式——对概念的多角度理解。

主要是通过直观或具体的变式引入概念；通过非标准变式突出概念的本质属性；通过非概念变式明确概念的外延。概念性变式的创设，是为了让学生多角度地理解概念：由具体到抽象，由具体到一般，排除背景干扰，突出本质属性和外延特征等。有利于学生真正理解概念的本质属性，进而建立起新概念与已有概念的本质联系。

（2）过程性变式——数学活动的有层次推进。

主要是用于概念的形成过程；用于问题解决的教学；用于构建特定的经验系统。过程性变式的利用，可以帮助学生体验新知识是如何从已有知识逐渐演变或发展而来的，从而理解知识的来龙去脉，形成一个知识网络。将这种有层次推进的变式用于概念的形成、问题解决和构建活动经验系统，可以帮助学生融会贯通，优化知识结构。于是，前后知识之间便建立了合理的本质联系。

顾博士在数学领域，关于变式教学的研究及其成果，对语文学科也不无启发，语文也同样适合和需要开展“变式”学习和“变式”教学——因为语文本身就是变化无穷、无处不变的。

三、倡导语文的变异学习：让变异学习理论在语文学习上发挥作用

1. 语文：是可以用“变异”理论来进行学习和教学的。

（1）语文自身就是一门最能并在实际中被常常产生“变异”的课程。大家知道，语文是一种国民言语课程，是用“文选型”组编教材的，其内容的不确定性和主题的多元、多维性，是语文课程的一个重要特征，那么就给学语文和教语文的无疑创造了一个“仁者见仁、智者见智”的变异空间，因而产生了一千个读者读“哈姆雷特”，结果读出一千个哈姆雷特的变异现象。这就是“变异学习理论”的威力及其真正意义。

（2）语文教学实践也表明：越来越多的使语文学习发生变化的成功经验，都有“变异学习理论”的元素或者影子。

2. 语文的变异学习：不仅有变异现象，而且可以构建一种“异变型”的语文学习模式，乃至形成一种语文异变势教学。

（1）异变式语文教学

即指用特异的方式方法，让语文学习通向变化的非典型性常态的教

学，叫语文异变势教学，还可以叫语文"非式学习"的教学，因为它是指改变原有学与教态势的语文教学。

具体地说，用不近常态、不够常理却又富于变化有趣、变动有序的变式而开展的教学。由于新创而变，可能当时并不被认可或说出所以然来，但是其主调、主线（主轴）、主题是非常清晰的，并不影响教与学的正常展开，必须基于整体建构下的求异思维和有效操作。

这样的异变势教学之所以又叫"非式教学"，主要是在于它"不按常规出牌"的非一般的变化无常、变化多端的教学，以至形成一种用"不教之教"来进行教学的特殊态势，当然又可构建为一种教学"新常态"，但这不等同于那种"无为之治"的教学。

（2）异变式学习的教学方式：

①变形教学。即改变形状、改变形式、改变形象。比如：将文学作品的经典阅读变为"课本剧"演读，将一些难懂的复杂的抽象的文章改变为"动漫绘本"来进行形象体会式的解读。

②变题教学。即拼题、组题、拆题、换题等。比如：把客观选择题变为主观回答或分析题，把单项选择题变为多项选择题，把阅读鉴赏题变为问题探究题，把知识立意的文本背诵、文化常识记忆题变为能力立意的文本理解型、填充型、调序型、赏析型等的新背诵题。

③变序教学。即变着课本编排秩序、知识结构次序、知识呈现次序进行教学。比如：前后变序、左右变序、上下变序、远近变序等。比如，把课本靠后编排或打散编排的文言文重新变成单元且提前教，以集中攻破难点，好让学生走进文言文语境、形成文言文语感、明白文言文语义（本人称之为文言文的"三语"教学）。

④变值教学。即改变课程内容性质和价值取向来教。比如：长文短教、短文长教，浅文深教、深文浅教，宽文窄教、窄文宽教，繁文简教、简文繁教，"散"文序教、"序"文散教等。

⑤变量教学。即采取数量变化的"量变"型教学。比如：目前出现了许多"大容量阅读""海量阅读"和"增量阅读"等。

⑥变绪教学。即变着头绪、变着情绪地教学。变着头绪教学，如：作文中的一题多写和多题一写，有时只练开头写作，有时只练结尾写作，有时只练中间文段写作，有时只练写提纲、选素材、找名句等。变着情绪地教学，如改变情绪色彩，悲剧作品变喜剧作品教，喜剧作品教出悲绪来等。

⑦变域教学。即把语文学科领域和政史地数理化生及音体美等其他学科领域相整合，变成真正的或别样的"大语文"教学——跨学科教学。比如："学科读写本"（按不同学科特点组编的语文阅读与写作的文本，有利于集中而规范地掌握每一门学科各自的语言风格特色及思维方式方法等）。

⑧变路教学。即变着套路、思路、路径或路子等来教学，使语文教学又顺着新路子教出新花样，教出新状态。

⑨变角度教学。即改变认知角度、理解角度、感悟角度、应用角度、反思角度的教学。比如：重新认识"祥林嫂""我的叔叔于勒"的另一面，望着《背影》的父亲你还有其他想法吗（如违反交通规则等）。

⑩变手段教学。即变着常用手段而采取更新颖适用的另类手段来教。比如：变读为写、变练为习、变听为说，变朗读为吟唱等。

3. 变异理论：让语文学习更加注重"学会感知""学会辨别"

有研究表明，学习总是存在知觉性的。学习的知觉性一般有两种解释：一是累加说，即将获得的信息需要不断累加；二是辨别说，即获得的信息太多了，需要进行辨别与选择。因此，学会感知、学会辨别，正是变异理论所赞同、所关心的问题，也就是要学会根据学习的目标而全力找到关键性的差异。

变异理论认为，学会辨别意味着作越来越精细的区分。这种辨别是指找出使一事物区别于其他事物的突出特征或关键差异。这些突出特征就是事物的变异维度，可用来说明哪些是这个事物（正例）和哪些不是（反例）。因此，知觉学习就是找出突出特征或关键性的变异维度。比如，在语文学习上的"感知阅读""特色阅读""重点精读"和"精彩品读"等，也就是一种"学会辨别"和因文本的"突出特征"而作有关"变异维度"

的选择性阅读。

4. 语文学习的"多变化练习"：通过发现差异认识关键属性

变异理论作为一种关于"离散运动技能学习"的图式理论，在动作学习领域具有高度影响。该理论最著名的应用实例是变异练习学说。该学说认为，多变化的练习（迁移研究所说的情境 A）可以促进在新情境（情境 B）的表现；之所以有这样的影响，不是因为两种情境间有共同的地方，而是因为两种情境之间有差异。

有人曾经做过这样一项尝试性的研究。将全班 50 个学生分为两组（每组 25 人），学习任务是用 20 分钟背诵课文《春》（朱自清散文）。分别提供一种学习条件：甲组需要将课文每次从头读到尾，再到背诵；乙组将课文变成读一段背一段，再到连起来整体地背，结果乙组比甲组的背诵效果好得多。这种结果表明，在多变化条件下练习的乙组最为成功。

关于这个实验，变异理论是这样解释的：为使孩子们认识到角度变化这个维度，他们必须在每一次分段背诵和记忆中都能识别出这种变化并对其作相应的调整。只有在体验过差异和变化的情况下，他们才能在每个段落的具体内容中识别出这个特征。因为认知心理学表明：这是前摄抑制和倒摄抑制的影响问题。阅读识记较长的文章，一般只是材料的首尾容易被记住，中间容易遗忘。那么，把一篇长文变成几段来记忆，就产生了几个头尾，记忆就好得多了。同时，为识别某个变异维度，学习者仅仅体验该维度的变异是不够的，他们还必须体验其他维度的不变性。正如什么都不变时我们则无从识别差异，什么都在变时我们也无从识别差异。总之，变异对找出差别是必要的，学习者为适应新情境，必须找出情境间的关键差异。

5. 关注语文学习的"生产性"状态：为未来的学习作准备

学习的目的无疑是为了能够适应和发展未来的生活。但是，我们过去可能很少怀疑过，是否所有的学习都能达到这个目的。实际上，并不是所有的学习都有利于适应未来，都有益于未来问题的解决。变异理论非常关注一个有趣而深刻的概念——"生产性的学习"，因为在这个概念里包含了变异理论的真正价值，即促使学习适应未来。但是，"生产性的学习"却永这离不开"生产性"学习状态的建立。

变异理论对什么是"生产性的学习"有过这样的解释：一个人在某些情境学了一些东西，于是他可以更好地在另一些情境学习其他东西，这就可以称作是"生产性的学习"。基于这种意义的解释，我们也可以反过来产生另一种理解：那些无助于解决新问题的学习，应该算作没有或缺少"生产性"的学习，因为它尚未具备"生产性的学习"特质，尚未建立起"生产性学习"的状态。那么，这样的学习就应该减少乃至取消，这就需要变化学习内容，学会取舍，选择则成了"变式学习"的重要方法。

变异理论还认为，从教学论的角度来看学习的迁移问题，那就要既问"学什么"和"迁移什么"，又问"应该学什么"和"应该迁移什么"。这两问，如果获得了学习者以有效的方式来应对与回答，那就会得到一种全新的通向未知情境的效果。这种效果就是变异后的"生产性的学习"，即通过（现在）学习如何（在未来）学习，学习者就可以应对新的（学习）情境。可以说，这是"生产性学习"的一大特征。所以，变异理论把学习是否具有"生产性"作为评判学习是否有效乃至高效和优质的重要标准，的确不无道理，值得引入当下语文的学与教，以"生产"出一种全新的"语文变势教学"。

6. 关注语文课程价值，通过可替换的概念使语文学习的科学性和正确观点理解的准确性一并显现出来

在变异理论看来，不经历可替换的事例就不可能掌握任何一样东西。同样，如果没有接触过关于同一现象的另一种理论，我们就很难理解一种理论。也就是说，我们很难理解首次遇到的理论。只有在存在对比并产生学习迁移的情况下（很多时候甚至是互相对立），向学生介绍可替换概念及其历史渊源，或被现代科学认为是错误的人类朴素经验及观点等，学生才能更好地学习这些理论。这就引出了一个问题：应将科学探究与思辨及比较思维，作为语文学习课程的一个组成部分。

语文学习的科学性和正确观点理解的准确性，作为语文学习课程的重

要标志，其价值是：通过可替换的概念，使语文学习课程中的正确观点得以显现出来。比如：学习文言文，为了做到对它理解的信、达、雅，就要通过其古今引申发展的词义"变"化、词性"变"化、句式"变"化和特定用法等，来作出直译性的理解，而不能作出直译性理解的时候则要变换为另一种方式，即意译性理解（或叫文言文意译法），以求从"整体"上的文言文学习科学性和正确内容理解的准确性，这就是将以有效方式解决新问题的语文异变式教学。

四、因"学习变异理论"而带来的语文变式教学例析

我在几所学校听老师上课，发现其中不少人较好地运用"变异学习理论"，将"变式教学"融入语文课堂，开展了一种成功的"变式"教学。

变异学习理论是一种"学习科学"，当它成为我们在课堂上师生教与学的科学行为及状态时，则让学习产生异变，乃至让教学产生质变。

变异学习理论一再强调，学习一定是指向某项要学的东西，即"学习的内容"。此概念源于布伦塔诺（Brentano，1874）的"意向性"（intentionality）原则。在意向性的原则下，所有精神活动均是指向某事物的，而学习的意义在于对同一学习内容，使学习前后应产生不同的理解。那么，学生作为学习者，只有与学习内容的直接接触，才能取得对事物的直观和深刻的认识，此时的教师应作为学生学习的引导者，引导学生通过辨识事物的关键特征和本质来进行变式学习，获得新的感悟或不同的看法。

有一位姓陈的语文老师的课就体现了这一过程，形成了四步教学模式：

首先，以了解学生的知识基础为起点，明确"学习基值"。了解学生对学习内容的基础是通过对学生的各种测试和访谈等方法实现的，通过熟悉学生对现有学习内容的理解，为后续的变式学习作进一步的准备。

接着，进行变异空间的营造。即让学生体验到事物的"基值"和"基值"变化后所造成的反差，在这样的一个空间里为体验变异提供前提。表现在语文的学习上，则拓展、延伸而设置问题情境和思考提纲。

然后，展开关键特征的同时聚焦。教师所做的一项工作就是把事物或现象的关键特征同时呈现给学生，让他们在变异空间内同时感受学习内容的各个关键特征。

　　最后，让学生体验变异。关键特征的同时聚焦未必会引起学生的体验，教师再次一步步地引导学生体验学习内容的各个方面，做出比较、分析、综合，加深对事物的认识。这时候，不同学生对同一事物或现象的不同体验，也可以在教师的引导下由同学进行交流，并内化为自己的知识结构。

　　这就是这位老师的成功之处，基于学习内容中对现象、概念和问题解决过程中对"基值"不同形式的变换，让师生共同体验到学习内容的不同层面，加深对内容变化的认识；尤其当不同的变式出现在同一时段时，更能认识到学习对象的不同方面，在变异空间里对学习对象的多种关键属性进行分辨，形成了多角度认识，获得多维度、多层次的作文思维能力的培养。这就是"异变"型语文变式教学所追求的教学效果。

　　（本文写于 2010 年 12 月，系"全纳·异步·通变"教学研究课题的初期成果。）

积极探寻"一体化语文学习"的教学模式

　　"一体化语文学习"的教学，从某种意义上说，首先它是一种理念，是一种教学思想的形式表述（即"完整而和谐"语文教育的实践形式），然后才是其相应的操作模式的产生，以连缀理论与实践、教师与学生、教学内容与教学形式、学校教材与实际经验等之间的有效关系。那么如何寻找或者创造出以实现这些有效关系的完整而和谐语文教育即"一体化语文学习"的教学模式呢？我们认为，可以从以下几个方面作出努力。

一、树立"完整而和谐"语文即"一体化语文学习"的意识，确认这是"最好的一种教学"，从而促进师生接受"一体化语文学习"

美国教育家杜威曾经说："最好的一种教学，牢牢记住学校教材和实际经验二者相互联系的必要性，使学生养成一种态度，习惯于寻找这两方面的接触和相互的关系"（杜威：《民主主义与教育》，见《杜威教育论著选》，华东师大出版社 1981 年版，第 191 页）。由此看来，我们运用这一现代教育理论，努力找到新学知识（学校教材）和学生已有知识基础（经验）的相互联系（包括联系的内容与联系方法），则是"最好的一种教学"。那么，这种二者之间的联系方法是什么？我们经过实验探索，发现"一体化"则恰恰为实现这种联系或成为联系的一种方法，而且被证明是"最好的一种教学"之一。因为一体化语文学习，则可完整地为学校教材和学生实际经验之间形成关系而努力寻找接触点；而且因为它已经成为寻找教学内容和已有经验之间的接触点与相互关系的一种教学模式。为此，教师在追求"最好的一种教学"状态中，应积极开展"一体化语文学习"的教学，使"完整而和谐"语文教育的实施将成为现实，并且产生效果。

二、充分发掘"一体化语文学习"的教学资源，坚持"一体化语文学习"的七条原则

从教学资源角度来说，学校教材、实际经验等等，都是必备的教学资源，如果这些教学资源均是优质的（资源），也自然会为"最好的一种教学"打下良好的基础。因为任何教材和经验，都会反映出相应的特点，也要求教学采取相应的方式方法，因此，认真研究或重新组织语文课程体系和教材内容的内涵、教师和学生的实际经验相联结的实现形式，实际上是在进行教学资源的优质组合，而优质组合的一种基本方式则是整合，即整体性、一体化。这就是"一体化语文学习"对于教学资源利用开发与整合的重大贡献。"一体化语文学习"把教材只当作一个"蓝本"，甚至一个例

子，以之为"一体化语文学习"教学（"用教材教"）的例子或者是可利用的资源而已，再不是传统的"教教材"。这样就要研究教材和实际经验如何联系的问题，就要研究每一篇课文的内容特点和每一种实际经验的特点以及相互关系的问题，要体会课文和经验与学生的学习能否一体化问题，这就是"一体化语文学习"的教学观。

同时，有了"一体化语文学习"的优质资源还不够，讲究一些"一体化"的科学原则也很有必要。据研究成果表明，下面七条是可行的技术性操作原则，有较大的作用。

1. 课堂学术传承与课外实践活动形成"一体化"；

2. 基本专业技能与创新发展能力形成"一体化"；

3. 单项的知识专题训练与综合系列能力训练形成"一体化"；

4. 一种方法与多种方法结合而形成"一体化"；

5. 一种学习形式与其他学习形式结合而形成"一体化"；

6. 由一句、一段到一篇、一类的训练而逐步形成学习语文的全程"一体化"；

7. 学生自主学习与教师有效指导而形成"一体化"。

三、积极探索"一体化语文学习"教学的科学操作模式与方法

经过多年的不断尝试、总结与提高，我们已初步总结探索出一套相应的"三级、三维、四类、四型"的"双三双四"一体化语文学习的教学模式与方法。

三级：即三级行为。

1. 策略上的"板块式一体化"语文教学。这就从宏观上来把握"一体化语文学习"，即以相关教学内容组成有意义的板块或者依据新课程语文关于"五个板块"之说而进行一体化语文教学。其操作模式为（即指每个板块内确立为四个环节）：①确立板块型一体化学习目标体系；②提出（并发现）实施一体化的主要教与学的问题；③选用一体化训练的材料；④实施一体化训练的方法。

2. 操作上的"类型式一体化"语文教学。这里主要从中观上用主题活动形式来推行"一体化语文学习"。目前共有四种类型：①问题型（课题型）；②情景型（情境型）；③项目型（活动型）；④要素型（元素型）。

3. 方法上的"技巧式一体化"语文教学。这就从微观上来把握与实施"一体化语文学习"。它主要通过对"四类、四型"的巧妙运用与创新发展来实现。

三维：即三维活动。

1. 积累式一体化学习。即通过对一些语文知识、课文的积累性阅读，并进行相应的揣摩、仿创、扩缩、调整等手段来尝试一体化学习，以尽力树立一体化意识，强化与积累一体化的基本常识与做法。现有三种积累方式。一是对课本（含课外）内容的积累；二是对言语形式的积累；三是对语文听说读写方法与过程的积累。这是一种基础型的一体化语文学习活动。

2. 感悟式一体化学习。即通过对一些典范文的感悟作为"一体化"学习的手段与契机。"感悟式"一般分三步：感知、感受、感发。感知，即在阅读时获得最基本的也是最初的感性认识（常指课文给了我什么）；感受，即通过精读、品读或反复阅读等手段，以对课文产生进一步的较深刻的认识即以理性认识为主（常指我对课文有了什么——看法、收获、启发……）；感发，即指在感知、感受的基础上，再走出课文进行议论、评价或者由此激发而产生的其他思想与启迪。这是一种发展性一体化语文学习活动。

3. 熏陶式一体化学习。这里主要是指人（读者）与文（课本）的互动，经过积累、感悟之后，自然就会使学习进入一个较高层次的境界——美的享受、体验与发现。这时候，带着对美的体验和发现的状态去进行一体化学习（听、说、读、写等），那么就会对原文所露出来的立意美、构思美、语言美以及所创造出的生活美、人性美等均有了许多个体的特定体验与发现（这种体验与发现即为熏陶），这给人们（读者）净化心灵、美化生活、热爱生活等带来特殊的教益。于是人们（读者）就自然会把这种关于美的体验与发现表达出来（有述说、有倾听、有抒写等）。因此，一体化学习也就成为人们（读者）体验美、发现美、表达美的重要手段与过程。这里的熏陶式，主要指用于对文学作品的学习体验与发现，即一种创造性一体化语文学习活动。

四类：即四类方式。

1. 单元式一体化学习。即以相关课文、相关内容组成有意义的单元或者依据课本现有的单元体系而进行一体化学习。其步骤是：①规划好每个单元的整体性一体化学习的目标与内容；②在单元内分解落实好每篇课文的一体化学习的重点内容与具体目标；③分课、分项进行"一体化学习"指导与训练；④进行课文之间的比较以及单元性总结、提高。

2. 网络式一体化学习。即以网络的方式，组织网状性结构，形成建构性一体化学习。如："以品读为中心的多元学习"即辐射式一体化学习便是一个成功的范例（图示如下）。

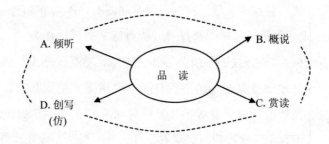

3. 课题（项目）式一体化学习。即以课题研究的形式来进行一体化学习。"研究性学习"是教育部推行的一门新课程和新的学习方式。其特点就是通过课题研究或项目设计的方式来让学生自己探究，不断掌握其知识发生过程和学习过程及方法。我们在开展这一学习课程的学习时也按照课题的方式进行一体化处理。其具体方式有三种：事例式、问题式、情景式。事例式，即先陈述一个社会现象或新闻事例，再提出一个话题，让学生围绕话题进行讨论、探索后实现"一体化学习"；问题式，即摆列一批问题，让学生从中整理、归纳，再找出并围绕这个重点问题而进行探索，以实现"一体化学习"；情景式，即以设置一种图画或实物所出现的情景为载体，推出问题，引导学生去探索，从而实现"一体化学习"。

4. 特色文段式一体化学习。即以课文中表现出来某种在立意、构思、表达或者思想内容、语言风格等方面富有特色的文段，让学生揣摩、玩味、欣赏，读出其中的特色，并模仿或借鉴这种特色而说出或写出具有特色的其他内容来。

四型：即四种模型（主要是指技巧模型）。

即以一个个具有一定独立、新颖、实效的技巧型方式方法，作为"一体化学习"的具体方法与技巧，以求在某个方面求得突破或者产生实效。现在我们初步总结出了以下四种模型。

1. 空白型。即对一篇文章先有意识地截掉一些句段以形成空白，让学生根据已有经验和阅读体验以及对上下文意思的联系，把"空白处"补读出来（也叫猜读）；接着，把这段补读的文字经过整理写出来，并填进去；然后再对照原文进行评议，并把这些评议的话经过述说以后也用书面形式固定下来（写），或者让学生试写评论文，再在班上或小组讨论会上宣读。这是最有意义的将教材内容与学生实际经验相联系的方法。

2. 对话型。即通过对话的方式创造一种特定情景，来让学生展开"一体化学习"。这里又分具体的三种对话方式：①师生对话。即教师与学生在对同一篇文章进行读写的课堂对话（或其他场合），教师用一种对话的方式进行教学，而不是像过去那样"教师讲，学生听"，师生之间将完全是一种平等的沟通和思想的交流，都有对课文进行阅读、写作和交流的平等参与机会。教师也可以谈阅读的收获与方法，也可以参与与学生一样的写作活动（叫"下水作文"）；学生也可以谈阅读课文的收获与过程以及方法，也可以随时拿起笔来写自己的体会、看法或者迁写、仿写、创写另一篇文章，还可以评价教师所谈的阅读体会与看法。等等。②作者与读者对话。这里有两种情况。一是如果有机会可以直接由课文的作者与学生（读者）对话，那么就其作品（课文）展开一种读写的讨论式活动（即在讨论中有读有写）；二是从学生中挑出一名模拟课文作者的人，先把课文读懂（或有机会跟原文作者交流），再由"模拟作者"与读者（学生）进行对话式的阅读。③吸收与表达的对话。即把学生按吸收（听、读）与表达（说、写）分成甲乙两方，然后让双方直接见面，来展开讨论，或漫谈，或围绕专题讨论，或双方展开辩论，深化思想，锻炼能力。

3. 类通型。即抓住相关、相反、相对的类似事物的相通特点或者形式，使之"触类旁通"地进行"一体化"学习。如：①抓住面与点的关系，进行由点及面、由面知点的学习；②抓住远与近的关系，进行远读近写式或由近知远式的学习；③抓住死与活的关系，进行对课文先读死（即到位），然后借鉴课文写出"活"文章（即生动形象），或"活"写文章（写作的方法灵活多样等）。后来我把它归纳为"先死后活，死去活来"的语文学习新常态。

4. 意会型。即组织学生先用一种意念的方法进行"想象性阅读"，然后进行"会意性"写作。想象性阅读，就是指学生在教师公布所要阅读的课本文题后，就马上进入一种想象：这篇文章是什么，有些什么内容，主题是什么，全文结构怎样，用什么文体，开头怎样，结尾怎样，中间有哪些动人的故事或者论述，等等；然后打开课文一读，再把先前的"意想"（"假读"）与现时的"真读"的课本内容进行比较分析，最后进行"会意性"写作：一是将想象的东西写下来，二是将对二者分析评价的东西写下来。

总之，以上的各种原则、模式与方法，在我们的实践中普遍运用，效果很好，使一体化语文学习能顺利实施。但是，任何一种方法都不是万能的，但是缺乏乃至没有科学的教学方法也是万万不能的。要坚信：教学有法，教无定法，贵在得法。"一体化语文学习"也是如此，被证明确是一种"最好的教学"。

对"形象体会式"学习的教学模式探究

一、由"形象"而引出的"形象体会式"学习的教学

在多年的人生经验积累与观察思考中，我明白了一个事理：不仅事物

都是有形有象的（即有模有样），而且连那些抽象的道理、规则、概念等也都是有"形象"地存在着的，要么还有抽"象"一词的出现，这也是事出有因的。

我觉得，事物都是可以"形象"和"抽象"的。抽象的事物也是事物，凡是事物都有形象的，抽象的事物的"形象"只不过是隐藏得较深或者用另外一种特殊的"形象"方式存在而已，只不过是我们平时缺乏发现的眼光和体会的心态而已，只不过是需要我们用特别的方式去打破惯有心态和思维定势而发现和体会而已，因为越是抽象的事物越难以让我们去发现和体会，所以才让人们时常感性有余而理性不足，常常感叹：论文难读，抽象的知识难懂，学术性的专业及逻辑的东西难理解。等等。如果我们都把它们化为"形象"，再在"形象"的体会中去发现、观察、感知、理解、分析等，那么就能化抽象为具像，让理性呈感性，对抽象的东西先做感性的认知与理解，再从感知走向感悟，走向理性的归纳和判断，以还原于抽象甚至高于或优于原有的抽象。这就是我之所以产生这种"新形象"的初步感觉。

由此类推，我在教学研究中也发现，作为一门门学科课程，由于其科学性的需要和学科建设的自身特点，其内容大多是抽象的。如何将这些抽象的东西让学习者获得认知、理解、应用乃至创造，则必须采用一些变通的办法，即通过化抽象为形象，创设一种学习者情境，在相应的学科情和课程学习情境中进行有"有形象"的学习。这样，比那种一味从概念到概念、从抽象到抽象的学习要更容易接受与掌握，学习起来也轻松愉快许多，其学习效果也自然好得多。同理，作为以教学生学习与发展为己任、以认知规律和实践活动为主要特征的教学，也同样需要采取"去抽象"而采用相应的"有形象"教学。实践证明，让学生在"有形象"教学中，进行一种"形象体会式"的学习，其教学效益大大提高。

比如，语文学科，作为形成科学的知识体系来说，其内容也是抽象的较多，虽然其中许多文本属于文学作品，有其文学形象，但所反映或体现出来的作品主题、人物特征、结构章法、作者的情感及意愿等，都往往是抽象的，或者是隐含的、曲折的，不容易理解和正确把握，更不要说还寻求具有创意的个性化学习。同时，语文课程的教学活动，也是一种以认知规律和实践活动为主要特征的，比如：听、说、读、写这些语文学科课程的基本学习手段或叫学习活动方式，也是抽象的，必须通过具像（活动载体）来承载及实施。那么，语文教学也就应采用适应这些听、说、读、写活动的具体的"形象"的方法。这其中的方法，固然有很多，但最有效也最轻松愉快的方法，才会让教学成为最有意义的事。实践表明：那些最有效也最轻松愉快的方法，往往都是有其形象的，都是生动、幽默、有趣的，都在体现着一种教学"形象"，让学生在一种"形象"及其"形象体会"中学习，这比那种单调、枯燥、呆板的说教自然要有效得多。于是，我创立了一种"形象体会式学习"的教学法，开展了有关"形象体会式学习"的教学实验研究。

二、在形象中体会，用形象美支撑教学：语文"形象体会式"教学实验

1. 实验的背景和意义

随着知识经济时代的到来和素质教育的全面实施，不少学校明显感到过去常规教育教学模式对提高教育教学质量的沉重负荷，使学生学得很苦，教师教得很累。新形势的发展使人们日趋认识到"教育既是一门科学也是一门艺术"，教育是科学的也是艺术的。因此，课堂教学的科学化与艺术化，是提高教学效益，促进学生愿学乐学，是新形势下教学研究的"双保险"，是实施素质教育的主要途径。要全面提高教学质量，就得追求教学方法的科学化和艺术化。为追求教学的艺术化，我们认为应该重点在课堂教学的美化，而且必须用形象化让学生在一种对形象的体会中去享受知识和教学所带来的美感，从而乐学会学。这是教学艺术化的重要标志之一。在新课标十分强调人文教育的新理念下，让学生接受一种以形象体会为主由的美化式的教育教学，对促进学生积极主动地获取知识，增强学习兴趣，发展智力，是很有好处的。

形象体会式课堂美化教学，是以教学艺术理论和现代教育心理学为指导，结合新课标关于"运用多种形象直观的教学手段，创设丰富多彩的教学情境"，"让学生在主动积极的思维和情感活动中，加强理解和体验，有所感悟和思考，受到情感熏陶，获得思想 启迪，享受审美乐趣"。主要是对学习内容和学习形式实施美化，形成一种特定的形象体会式学习情境或学习过程，并由此展开一个个活动项目及其环节，让学生置于一种体验，然后获得对知识的学习和对美的享受的基础上整合为"形象体会式美化教学"，这种教学法的核心在于激发学生的情感和学习兴趣，突破以往教学方法唯智主义的框框，对培养学生的情感，启迪思维，发展想象，开发智力等方面都有独特的效果。基于此，我们特在语文教学中开展了这一美化教学实验。

　　在开展"形象体会式"学习的语文教学中，我认为：采用具有"形象性"的手段、组织开展具有"形象性"的体会过程（即"玩味"活动），让学生在特定的"形象"中进行学习：认知形象、化解形象、创造形象，以至通过"形象"来获得知识，掌握方法，提高能力。例如，阅读课文，首先通读全文，将课文转化为形象；再次感受形象，产生体会；然后指导学生走出"形象"，进行学习的理性概括和知识的消化。

　　2. 实验的理论依据与实践基础

　　语文教学，尤其是阅读教学，由于其自身特点而更能采用"形象体会式""美化教学"。因为：从现代教学理念上看，其实就是通过对一篇篇文章（或文选）的阅读来让学生既认识客观事物，掌握知识，又学会阅读的过程与方式方法乃至学会阅读。因此，如何把一篇"文章"组成一个个可感可触的"形象"，来让学生"体会"（体验），从体会（体验）中感知知识，感悟事理，化抽象为具体，化繁难为容易，化被动为主动，以至提高阅读能力和阅读质量。这是形象体会式美化教学所带来的重要意义。所以，现在的课本和教辅书也都越来越强调图文并茂，以此通过"形象"来展示或图解，为学生理解课文内容，吸引读者学习起着指导作用。在教育现代化活动中，教学更加讲究图文并茂，突出形象（色彩）的使用，甚至利用点教学手段使教学内容和教学活动更加形象化，更能让学生在一种"形象"中去体会（体验）、感悟、熏陶，从中深入地理解文中的思想感情及主要内容。我们从目前的教学实践中发现，仍有许多教师在教学中忽略了这种教学方法的运用，即不能有效地利用课本插图，引导学生读懂图意，也不会自己设计或寻找课外的"图画"让学生增加形象体验。为此，我们创造了一种"形象体会式"美化教学法，以帮助我们提高语文教学质量。为全面推进素质教育，培养学生学习兴趣、学习能力和发展学生的思维力、想象力、创造力，在语文学科教学中采用"形象体会式"学习的方法，让学生从不同角度、不同途径通过对图画、板书、实物等所直接形成的一个个"形象"进行认识、体会、理解等，以至达到易学、乐学、会学的目的，让学生在形象中体验知识，感悟知识，理解知识发生的过程，理解学习这些知识的过程与方法，从而获得知识，发展能力。这样，既可以帮助学生提高学习效果，又可以建立一种具有创新意义的教学方法与模式，使"形象体会式"美化教学法成为一种推进素质教育，开展教育创新，促进教育教学质量提高的重要途径。

3. 本项实验研究的理论依据

（1）哲学理论。"形象体会式美化教学"是依据马克思关于人的活动与环境相一致的哲学原理构建的。"情境"实质上是人为优化了的环境氛围。这种人为优化的情境，可以做到主体的能动活动与现实环境优化的统一，激发儿童潜能与培养塑造的统一，最终达到素质上的全面提高与个性充分发展的统一。

（2）心理学理论。美国著名教育家杜威说过："教育必须从心理学上探索儿童的能力、兴趣和习惯开始。它的每一个方面，都必须参照这些考虑加以掌握。"因此，美化式教育的形真、情切、意远、理蕴的特点能引起学生的情感体验，对儿童心理及行为产生影响，使其通过角色转换，主动参与教学、教育过程，从而受到感染和教育。从心理学角度来说，形象（图象）能够直接吸引学生的注意力，激发学生学习的兴趣。"兴趣是最好的老师"，做任何事只要有浓厚的兴趣，就可能有较高的效率和良好的效果，所以研究这个课题既有可行性，也有必要性。

（3）教育美学理论。世界著名教育家罗素在他的《教育的目的》一文中说过："教育就是获得运用知识的艺术。"艾德勒也说过："使教育过程成为一种艺术的事业。"我国著名教育家蔡元培也在《对于学生的希望》一文中说过："吾人急应提倡美育，使人生美化，使人的性灵寄托于美，而将忧患忘却。"还有吕型伟等名人说过："教育是一门科学，科学的意义在于求真；教育是一门艺术，艺术的意义在于创新。"因此，注重教育的艺术性（即美化），不仅只是一种教学形式的改变，使之变得有情感、有趣味，让学生想学、乐学；更重要的是艺术化的教育，具有创造性，通过艺术化（美化）的教育，使学生获得更多的聪明、智慧和敏捷、流畅的思维，从而形成创新意识与创新能力。

4. 形象体会式美化教学法创立的实践基础

首先，因为我们所提出的形象体会式美化教学法，也有其普遍的实践基础．任何艺术都是以创造美、表现美为目的的，按照美的规律来构建的。在现实生活中，到处都蕴涵着美，人们也都喜爱美、欣赏美，并在不断地创造美，培养学生的美感和实施具有美感的教学，既是新课标明确提出的一项基本要求，也是人们生活乃至学生学习本来就具有的重要因素。这些生活和学习中的美，主要是来源于客观事物的"形"即形象。任何事物都有"形"和"形象"的存在，语文教学也如此。语文教学的内容如听、说、读、写也是有其形象的，而教学也应该是有"形象"的。

另外，我们广泛吸取国内外教育科研的相关成果，如："情景教学法""愉快教学法""互动教学法""和谐教学法""以及直观教学原则"，并着重立足于本人在二十世纪八九十年代都致力于研究的"味教法"（见湖南教育报 1992 年 11 月 14 日第三版《"味教法"短议》一文），现在以此为基础，再构建与创设了这种综合型教学方法——"形象体会式"美化教学法。这种美化教学法基于新课标关于"努力构建轻松愉快、民主平等、和谐的课堂气氛"，主要通过对学习内容及教学形式的美化，形成一种特定的美化的学习情境，或由此展开一个个富于形象的美教学活动项目及其环节，这不仅仅是一种直观感觉，更重要的是让学生置身于其中进行体会并得到一种体验，然后获得对知识的学习和对美的享受。概括起来，即在美的理念下用美的方法教出美的结果，让学生在美的过程中获得美的体会后得到发展。而且我们已将这一想法在几所学校进行初步尝试，其效果较明显：它完全可以对美化学生心灵，美化学生学习过程，提高学生思想素质和科学文化素质（比如语文素质等）起到无可替代的作用。

三、语文"形象体会式"教学实验的基本内容与方法

我们在"形象体会式"美化教学法的教学实验过程中，有目的地引入和创设具有一定美学色彩的、以形象为主体的生动具体场景或活动环节，辅之以生动的教学语言，借助音乐、图画等艺术的感染力，再现教学内容所描绘的情境，使学生如闻其声、如见其事、如临其境，以引起学生一定的心理体验，从而帮助学生理解教材，并使其心理机能得到发展。这种形象体会式美化教学法则由"体察文本立意→体会阅读材料→体验学习过程→体味语言艺术→体悟学习结果"等五个要素组成。

1. 在具体过程中由以下四个环节组成：

（1）寻找形象发现美，即从教材内容中发现美的因素，寻找美化点，从而创设美的情境，感知所学内容的形象。教师根据教材特点和学生实际及自己特长，创造有关情境，渲染气氛，激发情感，让学生切实感知学习内容之美。

（2）感悟形象体会美，即组织学生深入美化的情境，理解所学内容的真谛。教师在指导学生学习时由"境"引情，入"境"学文，"文""情"融为一体，使学生理解教材内容，领悟情感，加强审美熏陶。

（3）转化形象领悟美，引导学生将对美的感知和熏陶转化成一种美的素质和觉悟，让学生展开联想，深化感思。教师在学生对教材内容理解的基础上，促使他们更加深刻地体会情感，感悟道理。

（4）创造形象发展美，组织学生把美的感悟和深思，创造在一种美的

形象，让学生在美化了的活动中接受具有新的美育价值的事物，或写出具有新的感受的文章等，以形成新的审美体验和美育素质。

2. 在开展形象体会式活动中采用以下主要研究方法：

（1）观察研究法。即研究者按一定目的计划，在教育活动的自然状态下，用自己的感官和辅助工具对研究对象进行观察的一种方法。课题组确定理论研究和实验研究相结合。并确定以下研究对象即为三个实验点，再根据三个实验点情况总结整理加上个人研究形成最终成果。

（2）实验研究法。指通过主动变革，控制研究对象来发现与确认事物间联系的一种科研方法。

四、语文"形象体会式"教学实验的效果及经验

1. 在教学中树立了"形象体会式"教学法的意识

这种"形象体会式"教学，最大程度地改变了过去单调、枯燥的教学方法和学习方式，实现了教师的角色从传统的传授知识的权威向学生学习的组织者、引导者与合作者发生变化，突破了以往教学唯智主义的框框，促进了学生成为艺术的"范儿"。

在教学实践中，课题组的教师，均有目的地开展既"有形"的教学，也"有神"的创造，创设了具有一定美学价值的教学形象，如生动具体的情景或活动环节以及个案等，进行有艺术的教学。"教学形象"之说，是本课题的重要成果概念。文学有形象，生活有形象，那么我们的学习与教学怎不会没有形象呢？通过有形象的教学来创造教学形象，再用教学形象来促发更有形象的教学。

如：戴赛兰老师在教学一年级下册第一课时时，她根据低年级学生的特点，并考虑到多数学生住在居民区，为更好地让学生认识春天景物特点、感受春天自然的美，她带领学生到学校附近景色迷人、绿柳成荫、鲜花盛开的龙津河畔，指导学生寻找春天的足迹，观察春天的景色，认识春天的本质，一句话，体验美的春天。学生来到龙津河畔，像欢乐的小鸟，在老师的指导下，在小组长的带领下，三五成群集在一起观察景物，交流

看法，有的一边对照课文，一边指着景物；有的一边看一边记，构成了一幅美丽的充满生机活力的画面。这样既丰富了学生的感性认识，调动了学生学习兴趣，又帮助他们加深对课文中描写春天景色的词句的理解，受到了美的熏陶。

又如，黎秋涓老师在教学第十册《燕子》的时候，充分发挥了她的美术特长，在教学第一自然段时，她一边听学生感情朗读，一边在黑板上画简笔画，寥寥几笔，一只活泼机灵可爱的小燕子便跃然于黑板上，教师里顿时响起了一阵掌声。燕子的美与课文的美，通过图文结合，形成了生动真切的教学形象，自然给学生留下了深刻的印象，许多学生情不自禁跟着画起来；在教学最后一段时，黎老师又用小黑板出示："有几对小燕子飞倦了，落在电线上，嫩蓝的天空，几根细线连于电杆之间，线上停着几个小黑点，那就是燕子，这多么像正待演奏的曲谱啊！"这段话含义丰富，意境深远，想象跨度较大，有些概念，如电杆、电线曲谱和燕子停在电线上像曲谱等，小学生很难理解。黎秋涓老师在指导学生朗读的同时，在黑板上挥笔画了句子中体现情景的画，这样借助板画，便化难为易、迎刃而解，同时激发学生的兴趣，唤起已有经验，展示整体思维，强化情绪感染。除此之外，实验教师还充分利用录音机、幻灯片、多媒体教学设备等，借助现代教学手段和音乐等艺术感染力强的形成，再现教学内容所描绘情境，使学生越学越有兴趣，也越有收获。

再如，戴秀容老师在教《鸟的天堂》一课，考虑到学生未到过鸟的天堂，对榕树的大、鸟多的情景不了解，戴老师便运用电视录像片《鸟的天堂》播放给学生看，使学生有个感性认识，这样让学生理解课文内容，体会作者的思想感情有很大的帮助。当讲到"似乎每一片树叶都有一个新的生命颤动。这美丽的南国的树"这些句子时，老师又重复播放了相关镜头，并采取"定镜"的办法，让学生边看边读书去体会这个句子的含义。这样，多媒体手段转化为教学形象，为实现教学目标服务，促进了学生对语言文字的深入理解，因而取得了更好的教学效果。

还如，戴赛兰老师 2004 年 4 月参加镇优质课比赛，为上好《荷叶圆圆》一课，她除了深入研究教材外，还虚心请教别人学习多媒体教学的操作方法，请行家制作了电脑课件，录制了蛙叫的声音。在上课时，戴老师首先在屏幕上展示了课文中的挂图，并配以青蛙的欢叫声，于是夏天荷池中热闹场面立即出现在同学面前，把学生带入课文中体现的情景，使学生看得如痴如醉，荷叶的形状、颜色出现在学生眼前，简直已经印在学生脑海里。接着教师在学生自由朗读的基础上，让学生当荷池中的主角，读自己喜欢的段落，随着学生入情入景的朗读，教师逐一点击课件，小水珠、小蜻蜓、小青蛙、小鱼儿的活动情景逐一在学生面前出现，使学生如闻其声，如临其境，仿佛置身于美的荷池中，学生学得兴趣盎然，感悟课文语言美、夏天荷池美雨的自然美、生活美。

2. 构建了一批形象体会式美化教学法模式，优化了课堂教学结构，使课堂教学既具有效性，更具有意义和优质化。

据统计，本课题已经总结并获得成效的美化教学法的教学模式（或方式）有如下 10 种：

①利用插图教学法；

②图文结合教学法；

③图变话、话变图的画话互动教学法；

④走进形象和走出形象的形象进出教学法；

⑤发现形象和表现形象的形象双现教学法；

⑥乐伴学习教学法（乐教法或歌教法）；

⑦形伴学习教学法（形教法）；

⑧诗意教学法（或叫诗歌教学法，诗教法）；

⑨实物直观与情景体验结合教学法；

⑩味教法。

3. 实验表明，形象体会式美化教学法模式和所倡导的理念是正确的，也是可行的。

因为它们做到了"学习是快乐的，教育应该生产快乐和给予快乐"，符合"课堂应是充满生命活力的地方，课堂教学是师生生命历程的和谐展示或呈现"等课标理念。学生在课堂教学活动中成为快乐的本体,教师用形象让学生体验学习中兴奋快乐与触类旁通后的欢喜,大彻大悟之后的狂喜,可以说这是对学习的奖赏,是学习者应得到的奖品,也是对教师的教所给予的充分肯定。这种课堂,欢乐和智慧尽情流露,已由形象及其体会使学生通向精神和心灵的通道,师生在这条"通道"里,均首先体会到的是学习的快乐,而且把这种快乐互相传递。因此美化教学法确是一种综合的、多元的教学方法。它要求教师领会教材中作者的编写意图、挖掘教材蕴含的美,并用生动的教学语言、辅助教具等,再现教学内容之美的情境,并结合所创设轻松愉快、民主和谐的美的学习情境和学习气氛,创造性地运用教材,激活学生的学习生活,引导学生积极主动地投入到学习生活中来,并在与学生之间不断发生的互动、对话、交流、沟通与会意中引导他们的学习生活,不断扩大、改造、推进他们的经验,促使他们在更高层次上进行自我建构,达成新的知识与能力以及语文素养,也使学生的主体作用得到充分的发挥,即让学生通过自主观察、倾听与讨论交流进一步自主感受情感,自主阅读和思考与发现问题、提出问题、探究问题,教师既给学生以形象,增强学生的情感、态度与价值观的教育功能;也给学生以问题思考,还及时评价与激励学生,让学生充分体验兴奋、快乐和学习语文的成功,这样自然就能提高学习效果,从而有效调动学生学习语文的主动性和积极性,让学生积极感悟语文美和分享美、创造美。

五、"形象体会式"学习的教学应用:味教法

我深深感受到:凡是学生很想听的课,不仅收效大而且趣味浓,也就是常说的"有味"。这种"味"是一种审美享受和艺术熏陶。这种富有艺术感染的"有味"的教学方法,不妨称之为"味教法"。"味教法"通称趣味教学法,它是一种通过形象的感受、情感的熏陶和语言的生动表述及教学形式的灵活多变等手段的综合与合理运用,使学生产生联想,爆发激情,在一种轻松、愉快、随教学思想与教学内容的不断展开而产生共鸣的

"趣味情境"中接受知识信息，获得美的享受的最优化教学方法。

《现代汉语词典》对"味"的释义，主要在两个方面：①作名词，指物质所具有的能使鼻子得到某种嗅觉的特性，如"滋味，气味"，还表"意味，趣味"等；②作动词，指辨别味道，表"细心体会、欣赏"等。我们所提的"味教法"，既抓住学科这一客观事物的学科特性和"意趣性"（如语文学科是指语文学科特性和语文的意趣性），又包括用有意味或趣味的方法与手段，进行"细心体会、欣赏"的辨别味道式的教学，让学生学得有滋有味，从而提高审美能力。这样的"味教法"，既包括发现教材自身的味道（即特性和意味、趣味），也包含采取有趣味的能细心体会与欣赏的方法和手段，实现其学习过程也是有味的，而且是具有与本学科的"味"相一致的学习过程乃至结果。也就是说，语文科的"味教法"体现语文味道，其他科的"味教法"则体现其他学科味道……要不，则违背了"味教法"的初衷乃至削弱了学科教学的学科特性。

由于"味教法"立足于以学生的学习为本，所以味教法的基本模式及其因素包括以下三个方面：一是人味，即突出人性味，着重突出人性化，突出师生在味教味学中的和谐沟通与共鸣关系；二是趣味，即讲究乐趣、情趣，着重把学习内容化为形象，感到有趣，也把学习过程与方法弄得有趣，使大家趣学乐学；三是悟味，即突出悟性，着重让学生学有感悟和兴趣，教师教有意义和情趣。

"味教法"以"味"作为教材、教法和学生三者相结合的载体与线索，体现完整的审美结构与程序：自然味——哲理味——审美味。这种"味教法"，并不是人们所常见的笑笑闹闹的满足于表面快乐的低层次趣味教学。它与"愉快教学法"相比也有不同的特点与要求，首先它不仅强调教学乐趣，更注重通过味教法使学生领会教学内容中蕴含的哲理，获得审美享受，学会品味和欣赏；此外，它不仅有一时的吸引力，而且能引起学生对学习内容与目标深层次的综合思考；另外，两者的适用范围也有所不同，"愉快教学法"在小学或中学低年级中受欢迎，有效果，而"味教法"既适合于小学生和中学低年级学生，也适合于中学高年级学生直至成年人的学习，甚至会产生更高层次的审美型学习效果。

因此，"味教法"是一种综合的教学艺术手段。它充分展示教材中的"味"；增加学生的学习兴趣，使教学对象成为积极的学习主体。怎样采取相应的有"味"的教学措施与方法，创造出有"味"的教学情境呢？

第一，努力寻找"自然美"，细心知"味"——即教材中自然流露出来的审美因素。如内容的独到、构思的奇巧、意境的深邃、语言的脱俗与精辟……对每一句话、每一个细节、每一个标点符号，甚至连文字的组合、段落的安排都可以悟出"味"来。所以，在教学中要求学生首先认真发现这些教学内容本身的审美因素。

第二，用心揣摩，潜心品"味"。教师要善于捕捉教材中那些最能牵动人们情思、叩开人们心扉的美的"眼睛"——即闪光点及包含哲理意味的深层次审美重点，让学生通过这些"眼睛"，看到一种新的面貌，获得一种新的启迪，因为语文文本中的每一篇文章，都有其立意上或构思上的画龙点"睛"之笔。

第三，调动一切积极手段，采取有"味"的方法，向学生教出各具味道特点的教学内容，让学生渐入一种美的情境，获得一种赏析、玩味的审美能力，去亲自体验这种高层次的美感，因为语文文本中的文学作品越来越多，文质兼美的因素也越来越丰富。

"味教法"的主要方法分两类。一类是在正常情况下通用的味教法。如：情境导入法、全员参与法、教具直观法、难点稀释法、图式展示法、趣味引导法等等。另一类是在非预设情况下而采用具有随机性和应变性的味教法。如：歌诀法、点拨法、误会法、悬念法、插曲法、"佐料"添补法、激将法、错位法等等。

那么，在语文学科中又怎样实施味教法呢？依本人的经验体会有以下三点。

1. 挖掘语文学科规律，体现语文之味。首先，要带着发现与欣赏的眼光，将富有语文味道的语文教材中的"味"找到，并要求这些"味"以尽力显示语文的特征和功能，能实现语文的教学目标，然后进行具有语文特点的味教法教学，以教出语文味道来……

2. 要用有语文味道的手段、方法、方式和语言等，设计语文"味教法"的教学模式，备好有语文味道的课，把学生带入有语文味道的课堂（即味导式上课）。

3. 用反思的方法来看味教法的实施效果，让师生在享受语文中进行有效、有味的教与学。即在语文学习过程和结束后进行"课后三思"：①这种语文学习有没有味？②你享受到哪些味道或美趣？③还能不能做到更有味些？这样，就把语文学习当成一种享受美、认识美的生活，即享受生活、享受语文的味教法教学过程，使语文课既有味有趣，也有情，还有意义与生命，既让教师认为语文是有味道的，也可以让学生有味地学到语文，即教有味，学也有味。

总之，"味教法"是一种突出人情、突出学趣、突出教味的审美体验型教学法，为改变当前过度"科学化教学"倾向且构建让"科学化与艺术化"相结合的新的科艺复合型教学方式而所作的一项有意义的探索。

［本文系参与中美合作《心智美育》国际课题研究所承担子课题"心智美育型语文教学"的主要实验研究成果之一（"形象体会式"学习）；其中第五部分系作者在原工作单位湖南武冈县七中所写，曾以《"味教法"短议》发表在《湖南教育报》1992年11月14日第3版，发表时有删减。］

学习型语文教育的"三点阅读法"教学模式
——学法指导型阅读教学新模式构建的研究

摘 要：学习型语文教育的"三点阅读法"教学，是指跳出传统的"课文分析型"教学模式，倡导并实施以充分发挥学生主体性作用为理念，开展以学生主读和教师导读为手段，以突出"三点"攻读为方式，即对文本"知特点、品重点、破难点"地整体推进与分步感悟阅读教学，让学生既走进文本、走入文本，又走出文本，既对文本内容的认知与理解，又对文本阅读的学习过程和方法以及情感态度与价值观等进行综合的多元指导的语文素养的培育型教学。这种"学习型语文教育"新体系以及"三点阅读法"教学模式的构建的创新价值在于：改变阅读教学观。从过去教"书"（文章）变为教"人读书"；促进了阅读教学中关于阅读目标由单维目标向三维目标多元发展体系的完整确立；使阅读教学方法发生了根本性变化。即变"教学法"为"法教学"。就是说，将"三点阅读教学法"改变为"三点阅读法教学"；优化了教学过程与环节，即改"五段"教学为"三读三导"教学。

关键词：学习型语文教育；三点阅读法教学；阅读教学模式；"法"教学；"三读三导"

现代教学改革，一个重要理念就是坚持以人为本，以学生的学习与发展为本，让学生自主地学习。这是从过去以知识为中心的"学科型"教学体系转变为以学生的学习发展为主题的"学习型"教育体系的教育转型的重要标志。基于此，本人提出了"学习型语文教育"的新观点，并运用于阅读教学而创建"三点阅读法"教学模式。

一、模式的构建

学习型语文教育的"三点阅读法"教学，是指跳出传统的"课文分析型"教学模式，倡导并实施以充分发挥学生主体性作用为理念，开展以学生主读和教师导读为手段，以突出"三点"攻读为方式，即指学生对文本"知特点、品重点、破难点"地整体推进与分步感悟阅读的"学三点"和教师在指导中导以"点拨、点评、点化"的"教三点"相统一的教学，让学生既走进文本、走入文本，又走出文本，既对文本内容的认知与理解，又对文本阅读的学习过程和方法以及情感态度与价值观等进行综合的多元指导的语文素养的培育型教学。现将模式图示如下：

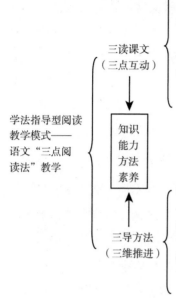

学法指导型阅读教学模式——语文"三点阅读法"教学

三读课文（三点互动）
（1）用"面读法"通读课文，整体感知与积累，初步认识和把握阅读材料的特点（教师导以"点拨"为主）；
（2）用"点读法"精读课文，抓住重点(段落、语句)进行品味、感悟或熏陶，深入领会和把握阅读材料的特点（教师导以"点评"为主）；
（3）用"线读法"研读课文，突破难点（疑点或新问题），专题专项研讨，迁移创造，进一步认识与发挥阅读材料的特点（教师导以"点化"为主）。

知识 能力 方法 素养

三导方法（三维推进）
（1）一维阅读：是什么——即课文有什么知识、信息……（感知与积累）
（2）二维阅读：为什么——即课文作者为什么这样写……（与作者对话、感悟等）
（3）三维阅读：怎么样——即课文是怎么样写成的，假如我来写将写成怎样和怎样写……（学生自我思考与合作讨论、探究以及实践活动等）

二、模式中的有关概念解读

1. 学生主读与教师导读

这是就阅读教学中师生关系的如何处理以及各自在阅读教学中的地位与作用而言。学生主读，指以学生为主体地读和学生自主地读。这里包含两层意思：前者是一种教学理念，即阅读教学中坚持学生是阅读的主体，教师只是以一种组织者、帮助者和指导者的身份，给学生以关键的恰当的"导读"；后者指学生在阅读中不受阅读客体（指学习目标、内容、形式与方法等方面）的干扰和束缚，独立自主地读，读出自己的独特感受，寻求阅读的个性化。教师导读，则指充分发挥教师主导的作用，在宏观上把握，在关键处点拨，在困惑处启发，在迁移创造上提供条件与氛围等等。一句话，教师的"导"就是给情境，给条件，给方向，给方法……。

2. 学生的通读、精读与研读

这是学生在阅读过程中对一则阅读材料（文本）所需要的一般阅读环

节与方法。

通读。也叫"面读",即全面地读,大面积地读,从文面上读。指整体感知课文,积累语言和人文知识,初步认识与把握课文特点。教师以引导为主,用精当、生动的导语导入"通读"教学。"通读"教学的基本形式有两种:①自由式通读。主要是让学生走进课文,面对文本自由自在地放开读,读什么,怎样读,全由学生自主决定,可以朗读,可以对照预习提纲读,也可以快速通读;②预设式通读。即教师导入新课后,让学生对照课文的学习目标(出示时可采用与学生商量确定,或引入课本中的有关阅读"提示"而定),再带着学习目标通读课文,以求一种"达标"式学习。学生通读课文后,教师巧妙地点拨,让学生迅速而准确地感知到课文的基本特点(即有哪些突出而独特的东西)。

精读。也叫"点读",相对"面"来说,即在某一个点上读,或叫重点地读,读重点的地方——词句或段落,从文本深层含义上读。主要是深入课文,抓住最能表现课文特点的那些重点词句、文段进行精读品味,感悟其精彩之处,在品味、感悟中获得对课文特点的精辟理解与感受。教师以诱导为主,可用富有启发性的过渡语句导向本环节(即第二步,如:"通读课文以后,你觉得文中有没有写得精彩的地方……"),然后组织学生思考、讨论,进入精读重点段落的学习。"精读"教学的形式大致有两种:①发现体验式精读。即由学生自己寻找、发现精彩的重点词句、段落进行 精读,并展开讨论,落实精读内容。②经典品味式精读。即由学生对课文的精彩处(重点词句、段落)进行品味,尽力读出文中的精妙和意境,以及词句运用的美妙、准确等,并通过品味语言形成语感,产生心灵共鸣,或获得美的升华。

研读。也叫"线读",相对"面""点"来说,即分线研究性读和分专题研究性读,以此构成多维的"面、点、线"整体式的立体型阅读结构模式。主要是走出课文,对阅读文本中的疑难或问题梳理成一条条线索组成专题,进行研究性学习(也叫反思性阅读),以突破难点,达到对阅读的提升、创新之目的。教师以启导为主,可用巧妙的过渡语教学生走出课文，进入第三环节（即第三步）的学习。"研读"教学的形式大致也有两种：①质疑释疑式研读。即对全文总结时提出一些问题进行深化研究，使所学知识更加巩固，阅读感受更加深刻与完整。②迁移拓展式研读。即以课文内容为"引子"（或叫"诱饵"），激发学生迁移"创读"的情感，或质疑，或发散，或改写，或重组等，以对文本产生新的体验与感悟。

3. 三点攻读

这里指以一则阅读材料（文本）为对象，直奔主题抓住其"特点、重点、难点"进行整体攻读。为什么叫"攻读"？因为"攻读"往往才会主动地读，有进取地读（即指带着目标和攻取目标的有效性）。"三点攻读法"，是一个阅读整体体系。首先"知特点"，即通读后整体把握本文所显示出的特点是什么？是在内容上还是在结构与语言上？只有所给予的阅读文本自身有特点（独特的地方），而且被学生所捕捉，才会让学生读出独特的感受，获得阅读的成功和产生再度深入阅读下去的兴趣。其次"品重点"，即紧紧围绕文本中展示或揭示其特点的那些重点句段与精彩内容，进行精读品味（含合作探究、互动学习等）。再次"破难点"，即走出文本，运用总结与反思的方法，进行超文本的研读思考，认为还有什么疑惑和问题或者哪些地方还值得延伸与拓展地学习，由此组织新一轮探究性阅读以突破这些难点。

4. 教师导读中的"三导"

这里指教师导读的具体内涵（我们称之"三维导读"）。一是导知，即引导学生感知，获取知识（信息），知道本文有什么（特点），侧重感知与积累；二是导能，即引导学生与文本对话，与作者对话，感悟为什么（这样写）和怎么样（写），由学生对其文本形成过程与方法的探究和感悟而形成能力；三是导创，即引导学生作出"超文本"的创新阅读与运用，可以反思原文，反思自己的学习结果与过程，也可以由此生发新的感受与运用行为等。

三、本模式的操作说明

1. 在操作之前教师和学生均需进一步明确其模式的构建原理及具体

含义。教师事先要教给学生必要的有关概念和学习方法的常识。如什么叫"通读""精读""研读",文本中的"特点,重点和难点"分别是指什么,各有什么特征,一般在哪些地方出现等等。还要给学生一个阅读"尝试期"来适应并掌握模式的操作。

2. 要教学生明确并学会本模式的基本步骤即三个环节:"通读知特点→精读品重点→研读破难点"。每一个环节都有其独有的不可替代的学习内容和学习方法。如:第一环节的"通读",一般在教师导入阅读之后即由学生自由地"放读"(即放开手脚、放开形式、放开思维地读),想怎么读就怎么读(以不干扰别人为原则),不一定拘泥于听录音读,听教师范读,也不拘泥于什么"齐读""默读"。长文可速读,短文可多读,韵文可诵读,散文可念读或浏览,不一而论。总的目标是整体感知,发现文本特点,扫除阅读障碍,读通课文。第二环节的"精读",一般由教师从"通读"过渡到"精读"后,即由学生展开一次关于"寻找最喜欢的句子、段落"或关于"哪里是课文重点句段"的阅读讨论,可先读反议或先议后读,这里的读可以是朗读,可以是背诵,也可以不出声地玩味,也可以是充满感情地放读,总之要进入对那些重点语句和段落的品味与感悟的情境。期间可师生互动参加讨论,也可以用练习题、讨论的话题等,开展小组讨论和分角色演课本剧等学习活动。第三环节的"研读",即在学生"精读"与教师小结的基础上走出文本,重新认识文本,反思自己的学习。可以自行设计如下问题:这篇文章到底有哪些地方值得我学习?还有哪些地方我未学懂?文章中还有更精彩或有疑问的地方吗?假如我来写类似题目或题材的文章将怎么样写?等等,由此展开专题研讨(即研究性阅读),也可以拿其他课文进行比较阅读,还可以用读写一体化的方式进行"写作性阅读"(如写读后感,写评论,写话题作文,或仿写、改写、缩写、扩写、变写、续写等),以从写作的角度加深对阅读的深化和升华(即人们常说的"以写促读")。

3. 要联系实际灵活运用。无论是教师还是学生,对一种教学模式与方法的操作运用,不要太呆板,以免"模式化"(我们的观点是"凡事不可没有模式，但不可模式化。一旦模式化就没有生命力，就缺乏创新与发展，缺少个性"）。比如："三读"和"三点"，在本模式中是最基本的，务必到位，但不一定都是一样的先后顺序。"三读"中可以不妨先进行一些简单的"研读"，再"通读"与"精读"，也可以先"精读"到一些精彩之处激起兴趣后再"通读"和"研读"，还可以"通读"后直接将"精读""研读"并在一起等。同时，在立足于本模式的基础上可以吸收一些相关的其他学习方法和教学方法，使本模式的作用更大。教师的"导"，更需要灵活多变，随机处理，但导知识、导方法、导创造这些最基本的要求必须落实，另外还要多在"导"的技巧上下功夫。

4. 要勤于教学总结，善于教学反思，在反思中让其发展。任何一个教学模式的研究成功，都有一个经过反复的尝试、总结、提炼与完善的过程。追求模式的过程就是研究与创新的过程。

我们对这一教学模式的研究始于 1995 年，第二年就在中央教科所的小语学法指导研讨会上交流并获一等奖（发表于《语文研究与教学》1996年第 9 期）。到现在已经过两轮实验和三次研讨。可以说，本模式在认真反思、自我扬弃与发展中作了三次大的修整，效果越来越好，已先后获得过省级科研成果奖两次，也在《中国教育报》《语文教学通讯》等报刊上被多次介绍与评价。

四、本模式构建的主要观点及创新价值

1. 改变阅读教学观。从过去教"书"（文章）变为教"人读书"，体现以人为本，以读为本的现代教学观。教"人读书"，则充分体现既教书本内容，增长知识，也教学生在读的过程中学会阅读的方法和技能，既有对阅读客体（即阅读材料）的关注，也有阅读主体者的自身界入而发生体验后导致的阅读素养与阅读能力的提高。（上述观点已在《中国教育报》2000 年6 月 2 日本人拙文《转变观念必须有创新精神》等文章多次作了阐述。）

2. 促进了阅读教学中关于阅读目标由单维目标向三维目标多元发展体系的完整确立。过去，阅读教学只注重知识与能力这一单维目标的落

实，而现在新课标倡导"知识与能力、过程与方法、情感态度与价值观"等三维目标一并整合，以形成多元发展的复合型阅读目标体系。我们倡导的"三点阅读法"教学就能做到这一点。同时，过去教师只靠"教参"和自己的阅读体验来告诉学生文章里有些什么（即知识），并且是教师的"包办"而使学生无法进行"主体参与"，结果只被动地对课文的内容进行接受性掌握，更不能由阅读者自身对课文产生到底能"学到什么，为什么要学，怎么样学"等这些主体性能动学习多维目标的最终实现。而本课题就改变了这一点，这样，学生的阅读主动性、积极性和创造性就自然地提高了。

3. 使阅读教学方法发生了根本性变化。即变"教学法"为"法教学"。就是说，将"三点阅读教学法"改变为"三点阅读法教学"。虽然只是一个"法"字发生词序变化，但从内容上却发生了"质"的变化，把"教学法"变为"法教学"，就使后者的内涵大为增加：既有教法，又有关于"法"的教法。过去在课堂上是关于"教"学的方法的实施过程展示，而现在是关于教学生读书方法（如"三点阅读法"）的教学活动的展开。概括地说，过去是教"教法"，现在是教"学法"，即变教学法为"法"教学。这一全新观点的提出，已经通过"学生三读课文，教师三导方法"的基本模式的构建，使课堂教学方法发生了相应的变化。由于这种教学方法突出了"以学为本，为学而教"，"以学立教，学教统一"，因此强化了学生的读，优化了教师的导——学生的读应以"知特点、抓重点、破难点"地"三点攻读"为红线（内容与信息），又整合了"面、点、线"读书法（方式与方法）和"通读、精读、研读"读书法（程序或环节）等多元发展、整体推进而构建了一种复合型读书法，这大大超过了单一读书法的功能与效益；教师这种以指导阅读方法为主线，以抓"三点"互动为中心的课堂教学，就必然会产生讨论式、探究式、合作式、对话式等方法，就真正可以把课本中的课文当成学习的"例子"（叶圣陶语），并通过这些"例子"来让学生学会阅读，提高阅读能力，做到"自能读书"。由此可见，这种"法教学"的教学方法的理论核心就是"学习型语文教育"或叫"学语文教育"，把学习方法也当作教学内容来教，即教学生在阅读过程中学会阅读，充分强调学生主体参与，促进学生合作、探究、讨论与对话等全新学习方式的落实。

4. 优化了教学过程与环节。过去的阅读教学由于是教"书"（文章），于是教师往往围绕文章而展开教学过程（即文章里有什么就教什么），如交代写作背景与作者、划分段落、归纳段意、概括中心思想、总结写作特点等一套以分析为主的"课文分析型"教学，而"三点阅读法教学"由于是教"人"，教人读书，将以"三读三导的学法指导型"作为教学过程的主线，取代过去的五段或五环节教学法。用"亦读亦导，读导结合"，构成为课堂教学的基本环节，这样就自然省去了一些不必要的教学环节，并尽力腾出时间与空间，有意识地留下一些边缘知识或者问题（即问号），让学生在阅读中去思考与探究乃至拓展地学习和总结性、提升性的学习，最终学会阅读，走向创造，发挥着阅读的多元功能，这样就自然构建了一种"学法指导型"的阅读教学模式，这样就从因高耗低效而使人们一直为之困惑的"文章分析型"的传统阅读教学模式中走出来。这就是我们为多年倡导的"学习型语文教育"新体系的构建与尝试而做出成功的探索。

（本文发表在吉林《现代教育科学·普教研究》2009 年第 3 期，后被中国人民大学书报资料中心《初中语文教与学》2010 年 1 期全文转载）

对学习型语文教育的"三点阅读法"
教学模式再探

摘　要： 学习型语文教育新体系及其"三点阅读法"教学模式，其构建的创新价值在于：改变阅读教学观，让传统的"师授式"教学走向"为学而教"的"学导式"教学，变"教学法"为"法教学"。即从过去教"书"（课本）变为教"人读书"，用"法"教学，以促进阅读教学中关于阅读目标由单维目标向三维目标多元发展与整合体系的完整确立，这样使教学法从而发生发展性变化，即由“三点阅读教学法”发展为“三点阅读法”教学。这种变化，不仅仅是指关于文本阅读的教学方法，而且更包含关于对文本阅读的教学和对其阅读规律和阅读方法的阅读型教学在内的阅读教学模式的构建。

关键词：学习型语文教育；阅读教学模式；三点阅读法教学；“法”教学；学导法教学。

本人曾在《学习型语文教育的“三点阅读法”教学模式研究》一文中，对“三点阅读法”教学的基本模式作出了研究。现在便从“三点阅读法”教学模式的科学内涵、理论基础及其学术价值等方面进行探讨。

一、“三点阅读法”教学模式构建的科学内涵

“三点阅读法”教学模式包括“三点阅读法”和“‘三点阅读法’教学”两个概念。

1. 从学习方法论的角度来看，“三点阅读法”是一种科学的读书方法，是学生必须掌握的一种阅读方法。

“三点阅读法”，是在语文学习学的理论指导下，用“学习型语文教育”的思想方法所创造设计的一种新的读书方法。即在博采众家读书方法的基础上，通过马克思主义的哲学思考和现代系统科学理论及教育理论的论证后提出的。就是指对所阅读的材料（课文）进行“认识特点——突出重点——攻破难点”的整体感知、分“点”阅读的全程式阅读法。

“三点阅读法”，虽然是“三点攻读”，分点逐读，但其实又以“特点阅读”作为本阅读法的主要特色。即在抓住特点的前提下展开“认识特点、突出重点、攻破难点”的分点攻读的过程与方法。为什么又叫“特点阅读法”呢？因为大家知道，教育是一种对客观的认识活动。而任何客观事物又都有其相互区别而显示其独特性的地方（即特点），才得以存在直至发展。那么教育就应该是以认识客观事物的特点为主要任务。因此从某种意义上说，教学就是教特点，教那些还未被学生所发现，所认识和所理

解的客观事物间互不相同的独特点（即特点），而阅读又是学生认识客观事物的一种重要手段和一项重要内容，所以"特点阅读法"也就应运而生了。抓特点，往往要抓中心、抓关键，而抓中心抓关键就必然要注意抓重点，而抓重点就自然会遇到难点，所以，要从把握特点出发，通过对重点的挖掘和对难点的突破来"读出"特点，认识客观事物，这样就要把"特点·重点·难点"有机地整合在一起，形成一种和谐的阅读系统工程及模式与方法，即知特点、品重点、破难点的"三点阅读法"。

"三点阅读法"，是作为一种教与学相融洽的综合型方法而提出的。从学习的角度说，认识特点，就是认识文章中所表现出独特意义的地方，它可以是内容上的、形式（结构）上的，也可以是语言表达上的，总之是该篇（段）文章区别于其他文章的闪光的地方，是显示其特色的精髓，也可以在人们常说的主题思想、写作特点和语言特色等方面体现出来；突出重点，就是能捕捉与领会表现其特点的最重要的或最主要的文字、语句或者情节等等；突破难点，就是指突破性解决在认识特点、突出重点的过程中所出现的困难或问题，如疑惑、失误、挫折或感觉到不太好理解的东西，它有时可以表现在对特点和重点的理解过程上，有时也表现在某些非特点、非重点方面的细节上。

2.从教学方法论来看，三点阅读法教学，是指将一种读书法即"三点阅读法"作为线索，以文本作为载体，以文本阅读作为活动形式来开展阅读教学的学导式阅读教学模式，它再也不是过去那种以课文分析作为线索，以教师解读作为活动主要形式来开展的师授式阅读的教学法，而已经包含既有对文本阅读又有关于文本阅读的方法而且二者相结合的"法"的教学。概括地说，是将"教学法"变为"法教学"。这种"法"教学中的"法"，既是指知识发生的规律、过程、方法和学习策略、技巧等，还指学习这些知识的方法，也包括对文本解读的正确性、深刻性的水平和程度的规范追求的教学。

可以说，"三点阅读法"教学是一种基于"三点阅读法"这一读书方法而进行教学的阅读型教学方法，相区别于过去的"课文分析型"教学法

和脱离语文特点的 "法" 阅读教学。这种阅读教学法，让学生用 "三点阅读法"，来阅读课文，使学生既获得阅读课文的知识，又学会由此而得到的阅读方法（即 "三点阅读法" 以及其他方法），从而达到自能读书、提高阅读能力和效率的目的。这是因为：对阅读材料首先面临或感悟到的是文章的特点及其重点难点，力求先是读懂、读通，然后懂读、通读。

二、"三点阅读法" 教学模式构建的理论基础

"三点阅读法教学" 的提出，并非凭空臆造，或者盲目照搬，它有充分的理论依据和必需的实践意义。

第一，马克思主义唯物辩证法。唯物辩证法告诉我们：从复杂的矛盾运动中抓住矛盾和集中力量解决主要矛盾，使工作和学习事半功倍。着重解决主要矛盾及矛盾的主要方面，实际上就是解决阅读文章中的特点、重点、难点。以这 "三点" 所构成的阅读程式，形成了文章阅读的 "主旋律"，只有抓住这最主要的 "三点"，才能牵住阅读的 "牛鼻子"，准确地读懂原文，才不会被非主要的 "一叶" 所 "障目"，而陷入错误的阅读理解之中。这样，文章中一般性的内容也不会被丢掉，往往因此而实现 "主要带次要" "一举多得" "大得带小得" 的教学效果。

第二，从国际上成功企业制胜法宝——"马特莱法则" 所得到的启示。国际上有一种公认的企业科学管理法则，叫 "马特莱法则"，又称为 "80/20 法则"。其主要精神是：①企业可把主要精力放在 20％的业务骨干的管理上，抓企业发展中关键（人）的关键（骨干），以提高企业效率；②成功的企业家总是抓住企业中普遍问题的最关键问题进行决策，以达到纲举目张的效应；③企业应对 20％的重点信息进行分析处理，应抓住 20％的重点商品、20％的重点用户，渗透营销，以达到牵一发而动全身的效果等等。一句话，就是排除一般性和普遍性，而寻求特殊性和主要性。我国经济建设抓重点项目、教育抓示范学校、都无不与此相似，那么，我们的阅读教学又何不可以这样？于是获得启发而设计了 "三点阅读法"。

第三，借鉴了文学创作中的 "个性化" 与 "典型化" 方法。"个性化"

原理告诉我们，任何事物都有自己的特殊性，以此与其他事物相区别。"典型化"原理也指出：典型人物应该通过独特的个性，集中表现特定的社会历史条件下，一定阶级、阶层、集团或某一类人物的思想倾向和行动特征，从而反映出社会生活的本质或本质的某些重要方面。我们的阅读文章虽不是篇篇都是文学作品，但也都是客观事物的某种反映，所以也同样具有上述特征。因此，我们在阅读中，只有抓住其特点，才会准确地把握客观事物，读懂文章的全部内含与真正底蕴。第四，目前"少、慢、差、费"的阅读教学现状，迫使我们必须寻找高效优质而快速省时的最佳阅读途径，"三点阅读"虽然还处于萌生与发展阶段，但在几年来的教学实验中已取得了可喜的成效，显示出其蓬勃的生命力。可见教学的实践也确实需要"三点阅读法"。

第四，在学习科学理论指导下的具体运用和发展。从 20 世纪 80 年代开始，我国有一批专家、学者和中小学教师在为一门"学习学"的创造而开展了积极研究并取得了丰硕成果。1990 年 10 月，"语文学习学"的创立，使"学习学"理论在语文学科领域中得到一项突破性的科学发展和创造性运用。后来，在"语文学习学"理论指导下，本人又开展了将"语文学习学"与语文教学论相结合的研究，继而提出了"学习型语文教育"（即学语文教育），并运用上述理论设计和开展了一系列教改尝试："学导式"教学、"三理识字法"教学、"三点阅读法"教学、"课堂预习法"教学、"目录学习法"教学、"读写一体化"教学、"题导法"教学、"整体开放式"作文教学等，这些项目均成为"学习型语文教育"的教学模式与方法，是实施"法"教学的经典案例。这些经典项目的特色或者核心价值就是进行了"法"教学。"三点阅读法"教学，又是其中较为突出的项目，它从 1995 年创立以来一直经久不衰且越来越产生着重大影响。所以说，它不仅是对"学习学"理论的科学实践与发展，而且推动或引领着"语文学习学"向语文教学实践相结合，使"语文学习学"在重建语文教学新体系、构建语文教学新模式活动中作出成功探索。

三、"三点阅读法"教学模式构建的主要观点及创新价值

1. 改变阅读教学观。大家重知道，传统的阅读教学教"书"，是教师在"讲"课文，作课文分析。而"三点阅读法"教学，则变为由教师"教人读书"，即教学生自主阅读和学会阅读，以体现以学为本，为读为学的现代教学观。在这里的"教人读书"，则充分体现着：既教课本内容，让学生进行文本解读；也教学生在读的过程中学会阅读的方法和技能，既有对阅读客体（文本）的关注，也有阅读主体者的自身介入而发生体验后导致的阅读素养与阅读能力的相应提升。也就是说，阅读教学，既不等于静态的"课文分析"，也不等于教师替代学生的阅读体验宣讲，也不等于教材编写者所给予的文本解读信息（含教科书及教辅书等），而应该是从学生的自身阅读体验出发，从学生的学习需求出发，教师帮助或引导学生与文本对话，在文本阅读体验中与作者对话，与教师对话，形成"读其然，更读其所以然"的全新的"阅读型"阅读的教学理念。

2. 促进阅读教学中关于阅读目标由单维目标向三维目标多元发展体系的完整确立。过去，阅读教学只注重知识与能力这一单维目标的落实，而现在新课标倡导"知识与能力、过程与方法、情感态度与价值观"等三维目标的整合，以形成多元发展的复合型阅读目标体系。我们倡导的"三点阅读法"教学就能做到这一点，而且也被实践证明做到了这一点。同时，过去教师只靠"教参"和自己的阅读体验来告诉学生文章里有些什么（即知识），并且是教师的"包办"而使学生无法进行"主体参与"，结果只被动地对课文的内容进行接受性掌握，更不能由阅读者自身对课文产生到底能"学到什么，为什么要学，怎么样学"等这些主体性能动学习多维目标的最终实现。而现在就改变了这一点，这样，学生的阅读主动性、积极性和创造性就自然而然地提高了。教学生在阅读过程中学会阅读，充分强调学生主体参与，促进学生合作、探究、讨论与对话等全新学习方式的落实。

3. 使阅读教学方法发生发展性变化。即变"教学法"为"法教学"。

就是说，将"三点阅读教学法"改变为"三点阅读法"教学。虽然只是一个"法"字发生词序变化，但从内容上看却发生了"质"的变化：前者是一种教学方法，后者却成为一种教学模式和教学活动。从"教学法"发展为"法教学"，则使后者的内涵大为增加：既有教的法，又有关于"法"的"教"的法。过去，在课堂上只有关于"教"学的方法实施过程的展示，而现在还有关于教"学"的"方法"的教学过程的展开，即关于教学生读书方法（如"三点阅读法"）的教学活动的多元展开。概括地说，过去是教"教"法，现在是教"学"法，所以称：变教学法为"法"教学。这一全新观点的提出，已经通过"学生三读课文，教师三导方法"的基本模式的构建，使课堂教学方法发生了相应的变化。由于这种教学方法突出了"以学为本，为学而教"，"由学定教，因学施教"，效果十分明显。首先，既强化了学生的读，又优化了教师的导。其次，学生的读可以在"知特点、抓重点、破难点"地三点攻读中自主体验地读，又在"面、点、线"相整合的读书法和"通读、精读、研读"读书法等方法的具体运用中构建了一种多元发展、整体推进的复合型读书方法，则大大超过了单一读书法的功能与效益。再次，教师以指导阅读方法为主线，以抓"三点"互动为中心而进行"阅读法"教学的课堂教学，就自然会让学生产生讨论式、探究式、合作式、对话式等学习方式，就真正可以把课本（课文）当成学习的"例子"（时圣陶语），并通过这些"例子"来让学生学会阅读，提高阅读能力，做到"自能读书"。由此可见，这种"法教学"的教学方法理论支撑是来源于"学习型语文教育"或叫"学语文教育"。把方法也当作教学内容来学与教，既是教学方法的发展，也是一种"法"教学这一新教学理论的创造。

4. 优化教学过程与环节。过去的阅读教学，由于是教"书"（课文），于是教师往往围绕文章而展开教学过程（即课文里有什么就教什么），如交代写作背景与作者、划分段落、归纳段意、概括中心思想、总结写作特点等一套以分析为主的"课文分析型"教学，而"三点阅读法"教学由于是教人读书，将以三读三导的"学导式"作为教学过程的主线，取代过去单一或平面的文本五段或五环节教学法。这样就自然省去了一些不必要的教学环节，并尽力腾出时间与空间，有意识地留下一些边缘知识或者问题（即问号），让学生在阅读中去思考与探究乃至拓展地学习和总结性、提升性的学习，最终学会阅读，走向创造，发挥着阅读的多元功能，这样就自然构建了一种"学法指导型"阅读教学模式，就可以从高耗低效的"文章分析型"传统阅读教学模式中走向"文本阅读型"。

　　总之，学习型语文教育新体系及其"三点阅读法"教学模式，其构建的创新价值在于：改变阅读教学观，让传统的"师授式"教学走向"为学而教"的"学导式"教学，变"教学法"为"法教学"。即从过去教"书"（课本）变为教"人读书"，用"法"教学论以促进阅读教学中关于阅读目标由单维目标向三维目标多元发展与整合体系的完整确立，这样使教学法从而发生发展性变化，即由"三点阅读教学法"发展为"三点阅读法"教学。这种变化，不仅仅是指关于文本阅读的教学方法，而且更包含关于对文本阅读的教学和对其阅读规律和阅读方法的阅读型教学在内的阅读教学模式。

　　　　　　　　（本文发表在吉林《现代教育科学·普教研究》2010年第6期。）

也谈对语文学习素质培养模式的探讨
——在全国语文学习素质培养模式演示课小学评审组的总结发言

　　昨天，我们观摩了小学组四位教师为研讨会所展示的四堂关于语文学习素质培养研究课，感觉良好。与其说是竞赛课，不如说是展示对本课题关于"学习素质养模式"的科学探索的案例汇报与交流。通过这四个案例，我们看到了一大批为课题而付出心血的研究型教师在成长，其热情的工作态度和求真务实的科学精神，时时在打动着我和每个评委以及听课教师的心；也看到了我们老师正在为探索语文学习素质培养课模式而作出努力。

一、小学竞赛课的成功亮点

(一) 总括

1. 它们都体现了当前语文课程改革的新思想、新理念。比如说，新课标关于"知识与能力""过程与方法""情感态度与价值观"等三维目标设计的整合与实施，在他们上的课里都有自己的有益探索。也就是说，让学生不仅学到语文知识，又获得更多层面的语文素养。语文课再不是教师"教书"，由教师一厢情愿地挥洒自己知识才华的地方，而是教师"教学生读书"，促进学生生命发展的园地，把语文课堂变成了师生互动、教学相长的和谐的走向社会生活的"绿色通道"（笔者曾称之为"绿色课堂""绿色语文教学"），"绿色通道"教学就是指给学生提供一种自然的、和谐的、畅通的、轻松的学习氛围和学习方式的通达性的教学，以实现或形成一种让学生不苦，教师不累，师生均有自信、自豪感的教学生态。

2. 它们都对我会承担的（语文学习素质的培养与人的发展研究）这一课题做了有价值的实践尝试，体现了本次大会以探索"语文学习素质培养课模式"为主题的会议宗旨。这些课都在引导学生以"学会学习"为目标，以"为什么学，学什么，怎么样学"为流程，在关于"学习动机、学习态度、学习习惯、学习心理、学习策略、学习方法、学习技能与手段"等形成学习素质的语文学习过程中学习语文。

3. 它们都表明了一种新的语文课程教学观及其模式的产生——实现语文教学转型，从过去教师的"教语文"教学走向引导学生"学语文"教学。看来"以学立教，以学导教"，将成为新型的语文课堂教学的流程。因此，以"学习指导型语文教学"为主体的语文课堂教学新模式，已在这四堂课上渐露雏型，可喜可贺。

(二) 分述

1. 张欣老师的（草船借箭）一课，突出了语文多元阅读和"问题导学法",在"学法指导模式"的探索上形成了一定的特色。①采用了"主问题教学法",即用问题意识和问题行为来设计与开展课堂教学,以尽力形成一种语文学习素质的培养方法和模式;②注重了多种学习方法的指导,有读有议。如注重了读书的方式的变化(分角色阅读等)。③注重了教学方式的改变,如开展组织学生的讨论式教学,强调了学生中的合作、互动性学习等等。

2. 韦艳老师的《夕阳真美》一课,突出了语文实践活动教学和形象(图示)体会式教学法,在自主、探究、合作学习指导模式的探索中形成了较为显著的特色。(1)用三幅画作为学习载体,用"我发现问题,我还有问题"等为主线,以"小小评论家"为手段来设计和展开一场语文学习素质的培养。特别是在观察图画时将看、读、说、写、画等作为理解课文内容、掌握学习方法的主要手段,以在阅读过程中理解和积累语言文字,如用"天上白云像什么……"来让学生进行想象思维与造句的训练,以实现语文学习素质的培养。(2)课堂真正成为一个教学生态,使课堂教学成为有生命、有生气的活动,学生在课堂上真正地"主体"起来,即开动了脑筋,发现了问题,通过讨论、交流、互动,使课堂富有生气,许多小孩子的话语表达方式和讨论的风气,富有成熟的成年人味,证明了该教师平时教学的成功。

3. 王蔚老师的(燕子的妈妈笑了)一课,突出了语文学习习惯培养和讨论式教学法,在自主、合作与探究学习指导的模式探索中形成较为成功的特色。(1)教师能在细微处、关键处体现教师对学生的关爱,体现关注每个学生的成长与发展的新理念,如当同学们都踊跃举手而一个学生不举手回答问题和诵读课文时,这位老师马上和他谈话,并指导阅读……一位男生评价一位女生"读得好,有感情"时,女生便说"谢谢",这说明老师指导学生不仅是学习语文知识和言语的交流,还指导他们说,要面对面,要眼光对眼光,要真诚……这就体现一种对学生良好品德培养和良好语文习惯的培养。(2)教师亲和力强,能把学生始终看成是朋友,是伙伴,是一群正待帮助、辅导而使之成长的人,既有对他们学习问题的有效解决，也有对他们某些不良习惯的否定与纠正。

4. 潘柄竹老师（雪地里的小画家）一课，突出了语文多种资源的科学利用和读中识字法。在探究学习与学法指导模式的探索中形成了较为完美的特色。（1）注意了课堂教学的计划性和科学地安排时间。（2）电化教学手段在与教学内容、教学过程的配合中运用恰当，使电教手段更好地为教学服务。（3）在教学过程中注意了学生的劳逸结合，插进课中操，使学生张弛有度，学习不累。（4）体现了在阅读实践中识字的新理念、新教法，让学生在大量的多形式的阅读儿童诗之后来认字、写字，既突出了新课标中提出的小学低年级以识字写字教学为主要任务的特点，又进行科学、新颖的识字法的指导（先读、后识、再写），扩大了识字写字教学的功能，实现了教学的三维目标的整合：识字量、识字能力（学方法）；识字教育（识字兴趣，主动识字愿望）；良好的识字习惯和写字姿势；感受汉字的美，从汉字的构造分析中接受人文教育等。

二、问题与建议

（一）存在的问题

这四堂课虽然都比较成功，但毕竟是一种探索性的试验课，按照高标准严要求来评价，仍有它们的不足之处或问题。如，有的课还是有穿新鞋走老路之嫌，表现在教学目标的设计单一，缺乏三维目标的整合；有些课还是教师"主导"过多，总是牵着学生走；有的课堂讨论流于形式，不能解决所讨论的问题，"合作"学习变成了"合桌"学习，效果欠佳；有些课教师还有知识性错误，对教材钻研不透；有些课对学生学习素质培养的模式尚不成型，特色不太突出。但是这些都只是前进中的不足，发展中的遗憾。教育是一门永远留有遗憾的艺术，没有遗憾就无所谓发现问题与反思，就无所谓发展与进步。

（二）建议

1. 进一步加强关于"新课标"理念的学习领会与整体把握，加强有关"学习素质"及其"素质培养"理论的学习。

教师不仅知道什么是新课标，还要理解"课标"为什么是这样、明白要如何实施新课标等；不仅明白新课标中的一些新名词，更要掌握新课标的课程体系和操作机制，全方位地走进新课标，用好新课标。语文学习素质的具体含义，王光龙教授已做了精辟的阐述。现在主要是如何理解消化，将其与各自的实验教学活动紧密结合起来，能够促进语文学习素质的培养水平的提高。下阶段主要落实，不要只有其名而无其实。

2. 要培养学生的学习素质，首先要提高教师的教学素质。

语文学习素质的培养，不仅是语文学科的需要，也不仅是语文学科自身所包含的东西，而是人或者现代人在认识和利用语文的过程中所必备的一种素养和品质。要先站稳讲台，再站好讲台，走完教学素质培养的三个阶段：能教（教学基本功过关）——会教（教学方法和艺术）——善教（教学智慧与创造），实现语文教学成功的三大境界：

A. 看山是山，看水是水；

B. 看山不是山，看水不是水；

C. 看山还是山，看水还是水。

3. 对语文学习素质具体含义的"再认识"。

语文学习素质，目前尚在理论探究、形成"再认识"的阶段。什么叫"再认识"？它是指对"元理论（原理论）"进行学习、探究并内化为自己的新认识或解读性、补充性、发展性的思想理念。也叫"亚理论""次理论"。我的再认识是：学生的语文学习素质实际上是学生的生命素质的一部分，是作为一个人的整体素质的一部分。学生的语文学习素质应该由学生的语文学习意识、语文学习情感、语文学习行为、语文学习能力等方面所表现出来的水平的总和与所形成的较稳定的心理本质特征。

爱因斯坦曾对"素质"有一个很好的阐述："什么是素质，就是把学校学到的通通忘掉，剩下来的东西就是素质。"就是说，在课堂上所教给学生的应该是那些不能忘记的或已由知识转化为能力的那些学习素质。语文学习素质的培养，是为了实现人的转型的需要，因为实现人的转型是社会转型的主体，也是 21 世纪教育转型的主题，即从传统教育走向现代教育，而现代教育的目标，是由过去"培养人才"转向"培养人"，即培养一个个高素质的现代人。于是，现代人所需要的是一种能适应生存，发展自己，提升自我，创新人生的关于素质的教育，于是其中的学习素质也就必须得到重视和培养。

4. 积极创造和完善语文学习素质培养的成功模式。

语文学习素质的培养，应该有一些科学的模式，所以寻求培养模式的尝试就成了当务之急。我们认为：教学有模式，但不能模式化；教学模式只能在追求与发展中获得，它是一种继承与创新相统一的结果，因此这种继承与创新的过程，就是寻求模式、追求模式特色的过程。比如上述的四堂课之所以能取得成功，就是在于这些教师都在追求模式的实践中寻找模式并寻其特色，这种追求与寻找的过程，就是不断提升理念、改进方法、总结经验和概括特色（设计）的教学实验的系统工程。它至少回答以下几个问题：

（1）我要在这堂课里培养学生什么样的语文学习素质（目标与内容——教学理想）；

（2）我将怎样培养学生的语文学习素质（过程与方法——教学策划）；

（3）我将采用什么样的语文学习素质培养模式（程序与案例——教学状态）；

（4）这个模式到底有何作用（效果与反思——教学结论）。

以上仅是个人浅见，不妥之处，谨望批评。

（本文系 2003 年 10 月在全国语文学习素质培养模式演示课评审总结会上代表小学评审组的总结发言，后来发表于《语文学习科学简讯》。）

第八章　语文"学导法教学"案例研究

【引言】

本章是"语文学习学"的实践应用部分，即立足于"语文学习学"理论而创立"学导法教学"的行动研究成果。

什么是"学导法教学"？概言之，即基于学而导方法来推进学习过程的教"学"。其中一个基本理念就是：教师不是教书，也不是教读书，而是教人读书。也就是既教知识，又教方法，在学知识的过程中导学方法，用导方法来让学生学习知识，培养能力。

这里展示七篇文章（导读 3 篇，导写 4 篇），就是"学导法教学"的具体运用——导读导写法。即抓住学生语文学习的"读"和"写"两大主体学习项目，给学生以"导读导写法"的"方法教育"为教学主轴，并紧密联系学生当前阅读和写作中所出现的特殊问题，开展有关"学会阅读""学会写作"的科学导读导写活动。这些看上去是旧章，但都是来自本人多年以前教学一线原汁原味的切身体会和经验之谈，蕴含着我对基于"学"的教学理念的追求，为改变当时乃至当今仍为盛行的"重教轻学"和"有教无学"的局面而勇敢迈出了第一步。毫不夸张地说，这些文章，由于用先进的教学主张、生动的案例展示和可操作性的过程特点，实实在在地影响了一代人的语文学与教，至今还在产生影响。

学会用类比法学习说明文

——"学导法教学"导读之一

在文本阅读中，人们常用的方法有比较阅读的方法，而比较的方法也有很多，其中类比法的运用尤为重要和普遍。类比法着重于"类"的比较，就是抓住以"类"为中心的各种可比点和与其他有关的联系因素作出各种恰当的比较，特别要把握"类别类别，类而有别"，"类似不等于类是"，"不同类而同角度"等观点去进行比较。现在，以说明文的阅读为例，来谈谈"类比阅读法"的具体运用。

第一，用"不同类而同角度"的方式来比较，以把握说明文的体裁。

人教版初中语文第三册第一单元编排了五篇以"桥"为题材的课文，记叙文和说明文都有。编者的意图大概是考虑到学生初学说明文，因此从记叙文过渡着手，通过一个相同角度，即题材——这里是"桥"和三个可比角度（即写作目的、写作内容、表达方式）来帮助学生初步认识说明文，逐步树立说明文体裁的概念。以《中国石拱桥》和《北京立交桥》为例，从三个可比角度来比较这两篇文章的不同体裁特征：（1）写作目的不相同。前者意在传播石拱桥的知识；后者旨在赞扬首都北京建设事业的飞速发展，歌颂社会主义现代化建设和社会主义制度的优越性。（2）写作内容不相同。前者是说明中国石拱桥结构坚固、形式优美、历史悠久的特征；后者则是记叙十多年来北京立交桥的发展情况和作用，描写北京立交桥的优美造型和市容的变化。（3）表达方式不同。前者主要是说明；后者主要是记叙。以记叙为主的记叙文，语言风格形象生动；以说明为主的说明文，其语言风格往往准确、平实、清楚。

第二，用"同类而不同项"的方法来领会说明的内容。

例如初中语文第五册第四单元，均是以"书"为内容的说明文。但它

327

们却从不同方面即不同项目来说明"书"的内容：有的旨在了解阅读的对象——图书、图书的划分种类以及阅读图书的作用等；有的介绍读书的好去处——图书馆；有的着重介绍书目、索引以及图书馆目录的常识；有的则着重介绍如何养成利用工具书帮助阅读的习惯等等。其说明内容类中有项，项中有点，呈现出多面化、层次化的特点。

第三，用"同类而不同型"的方式对说明顺序进行比较。

说明文的说明顺序一般可分为空间、时间、逻辑三大类。在三大类中又有具体的"型"序。如"空间类"中可分由外向里、由南向北等，如《故宫博物馆》一文的说明顺序是建筑群的参观路线，即建筑顺序。在"时间类"中，如《从甲骨文到缩微图书》是按照书籍演变的五个阶段，从三千多年前书的雏型"龙骨"到近几年来的"缩微"，着重介绍书籍演变的知识，既有时间的变化顺序，也有空间顺序的变化。而《万紫千红的花》一文，则是采用从现象到本质、从主到次、由果到因这样一种逻辑顺序来说明：首先，说明花儿呈现各种色彩的原因是含有色素；接着，说明花儿变色的原因是养料、水分、温度等条件的变化；最后分析花色与昆虫、花与人的关系。通过这样从类中求型的综合比较，我们自然就对说明文的说明顺序、特点和作用弄得清清楚楚了。

第四，用"类似而并非类是"的方式来进行说明角度的比较。

一般来说，说明文在说明同一种事物时有不同的说明角度。这些角度看去相类似，而实际是各有其特定内涵的。从"类似"但"并非类是"的不同角度来理解事物，弄清说明的规律，对读懂说明文很有好处。如生理角度，可从人的生理感觉方式如视、听、嗅、触等不同点来感知说明事物；物理角度是从物体形状变化中去认识与说明事物；而化学角度，便是从事物性质的变化中去认识与说明事物；文化角度，就更为广泛了，有的从地方风情习俗出发，有的从语言表达（语法等）角度出发，有的从人们思维逻辑角度出发。比如下定义，如果从语法角度说，就是"名词——释义"；从逻辑角度来说，即"概念——定义"。

第五，用"类别类别，类而有别"的方式进行说明方法的比较。

初中所学的常用说明方法有六种，每种方法都有其特点和作用。怎样正确掌握和运用呢？就是"先类后别"。如比较学习《死海不死》和《统筹方法》。"先类"即先看相同点：两文都用了举例子；"后别"即后看不同点：《死》文列数字说明死海矿物质含量高、浮力大和死海成因等地形特点，引用传说和神话故事增添了文章的情趣；《统》文用下定义、作比较、列图表等方法，准确、实在而通俗地说明了"统筹方法"。

（本文发表在全国中语会《语文教学通讯》1998年第3期）

用"入境赏读法"教散文

——"学导法教学"导读之二

在文学作品类阅读教学中，散文通常被大家认为是最难的，但也是最有意义的。因为这类作品文学味特浓，意境深远，主题新颖，语言精彩，让人读了如品一杯香茶，如饮一杯甘露，如喝一杯醇酒……这就是人们经常说的所谓意境。文学类散文都是靠意境取胜的，凡名篇都文质兼美，都在创造着一种意境。那么，我们在散文教学中何不遵循这个规律，抓住这一特点而设计并开展教学呢？为此，我们特寻找着一种以突出意境、围绕意境为主线的"入境赏读法"来学散文。

为什么用"入境赏读法"可以教学生学好散文呢？

首先，是散文的结构特点所决定的。大家知道，散文是一种"形散而神不散"的文体。就是说，通过一些表面看去似乎散乱而不经意安排的文字，却从字里行间洋溢出许多意义和精神，让人读了获得许多感受或者感悟。文面上的"形""散"和立意上的"神""不散"，恰恰就形成了一种"莫名其妙"却又能"感悟其妙"的东西——意境。这种意境往往"只可意会而难以言传"。所以，我们在散文教学中，想要通过老师的"言传"

有时也是无奈的，也是无效的。那么，积极的有效的办法是什么？我认为就让学生自读（即放读和赏读），使学生在自我赏读中得到个体"意会"（体验）。有人说：读文学就是读意境。读懂了意境，就是读懂了作品；读出了意境，就读出了对作品的感受和思考。于是，这种教学生入境赏读的"入境赏读法"教学便应运而生。

此外，是由散文的内容特点决定着师生在语文教与学的活动中寻求相应的有意义的方法。大家知道，散文内容的一大特点，就是主题的含蓄、意境的深远、语言的精彩等。而要体现这一特点的阅读方法及其阅读教学方法，也必须是带赏析性的。而赏析性的教与学，也必须要用一些既体现科学又相对稳定可操作性强的方法与模式。于是，"入境赏读法"学散文便成为一种成功的方法。

另外，是由散文中的文学作品的文学性特点所形成的。据文学创作和文学理论研究成果表明：文学类作品大都创造了一种"意境"。在语文课本中，文学作品占了较大的比例，每篇选文均文质兼美，尤其是散文，或叙述见长，或议论到位，或描写传神，或抒情真挚，都是为了表达一种意思或传达一种情感等。也就是说，这些文学作品是在表情达意。那么表情达意的载体就是作品自身，作品也就自然形成或创造了一个"意境"。"入境"如同走进意境而览胜，"夷以近，则游者众"，"险以远，则游者少"。对此，叶圣陶先生也说过："作者胸有境，入境始与亲。"可见，他也从作者写作和阅读两方面充分肯定了文学作品是有意境的，靠作者心中有"境"才写成的。我们阅读散文，也自然不可违背这个散文的特点和规律，提倡散文阅读时只有与作者产生共鸣，一起领受其意境而获得亲切感。

用"入境赏读法"学散文有如此优势，但是，目前的语文阅读教学情况却反映了颇不令人满意的结果，甚至产生了许多令人担忧的误区：一是把散文真的教"散"了，将一篇篇"形散而神不散"的优美文章，只教其"形"而未教其"神"，结果，使那些结构紧凑、气韵贯通的妙思之作弄得支离破碎，犹如一堆散了架的烂骨头。二是把散文真的教"死"了，将一篇篇富有生气且蕴含深远意境的心灵之作，教成了农药瓶上刻着的"黑骷髅",除了几条"筋",再没有"血肉"了(几条"筋",即指段落大意和抽象概括化了的中心思想、写作特点等)。三是把散文真的教"歪"了,就是说将散文的某种意境理解歪曲成其他意思,结果违背了文意、违背了作者意境。为什么会出现这种情况?主要是前段过分强调"语文工具论"而淡化了人文教育。全然用知识教育的"全认知"方法来对散文作"工具性"的认知理解,未能把握散文富有意境的特点和运用方法。基于此,我认为:文学类散文作品是以读出意境为主的,那么,散文的"意境"阅读怎样进行?那就是既有"形读"又有"神读"。而入境导读,也应建立在"形读"与"神读"相结合的基础上,且突出"神读",读出神韵,读出意境,读出感悟与启发。

大家知道,散文的特点是"形散神不散"。所以在阅读时,关键就在于由"形读"走向"神读","形读"是为了"神读",通过"形读"而实现"神读",也就是在一条"神"的线索中进行阅读,将一堆散乱的像珍珠般的材料串起来(或叫"牵"起来),所以也叫"一线串珠阅读法"。在这种"一线串珠阅读法"教学中,坚持"以读为本,以感知文,以意入境,以境赏文"。本人特为此创造了"三读三入境"赏读法教学。即:形读入境,读出感觉;神读入境,读出感受;美读入境,读出感悟。具体有以下"三入"赏读:

一是用"声"入境。即声读法。指放声诵读,放胆诵读,让学生在书声琅琅中走入文本,走入意境,领会文本的内容和意义。另外,声读法,还包括在诵读文本后,用声音说体会,组织学生叙说阅读后所获得的体验、感悟、启发。比如:鲁迅的《藤野先生》是记叙性散文的典型作品,作者着力写师生间的交往,以表现对先生深深怀念和尊敬的"胸境",而这又是体现作者爱国主义精神的重要内容。用声读法教学的老师,采取先有声地齐读、自由读等赏读的方法,让学生体会到作者与先生的感情,由此再组织学生表达对自己老师的情感和关系,以此来深化课文内容的理解。同时组织"忆读会"。以"忆读老师"为主题,让学生回忆自己与老师相处的情况。结果,有的说想起小学时候的班主任;有的说睡梦里见到老师来家访，高兴得把爸爸吵醒了；有的说很想给调走的语文老师写信，为了想念她，就把她的照片和妈妈的照片放在一起；有的说当心爱的纪念册失落后大哭一场，因为那上边有老师用毛笔题的勉励语。然后，教师又把这些表露学生真情实感的材料挑选一部分，作为《藤野先生》的一文的延伸拓展教学，结果课堂气氛大不一样，学生马上进入了课文新境界。课后学生都说这一节课学得很流畅，感受也深刻得多了。

二是用"心"入境。即心读法或思读法。指展开想象、展开思维、展开思考，边读边思，边思边读，读思结合，在充分体会、细心赏读中走入作品的意境。比如，教朱自清的散文《背影》。大家知道，朱自清的《背影》是一篇感人至深的叙事散文，要让学生"入境"也有其时过境迁的特殊性，所以这里可试用类比法，让学生寻找与文中内容相类似的自身经历，借此从心中去体味课文中的生活真谛。如一位教师是这样找到"入境"媒介的：有个来自边远山区的学生谈到他来学校读书的一段经历。第一次，因为他家远离学校，父亲一大早就起来，替他挑箱子、棉被、大米，匆匆来到学校。一路上，他看年迈的父亲走路一拐一拐的，很吃力，自己又帮不上忙，到学校时父亲已累得汗流浃背，气喘呼呼，可他一放下担子，关心的却是询问儿子是否口渴，又忙着跑到小卖部买了一斤苹果和二斤柑橘，脱了衣服裹着，送给了他。临回家时，又一再叮咛他要认真学习，听老师的教育。当时，他看着父亲远去的身影，哭了。此情此景，与朱自清《背影》中的有关情节又何其相似！通过这样的"书内外"类比，不但能达到"入境始与亲"的教学效果，也让学生认识到：理解作品与思考生活是一致的，两者可以相辅相成，互相促进。当然，上述事例在教学中并不多见，有其偶然性，但只要用心读书是可以找到恰当的方法，为"入境"赏读新辟坦途，因为人在生活中有许多体验和感受是息息相通的，只要我们有心发现，有"心"入境，就不难找到读书的秘诀。

三是用"身"入境。即身读法，指让学生置身于作品相类化的生活情境中感悟作品，尽情享受文学作品所带来的美与情。如朱自清的《春》是著名的抒情散文，绘春的文字尤其优美，够"直观"的。但要真正进入

"一年之计在于春"、春天"从头到脚都是新的,它生长着……领着我们上前去"的艺术境界却也不易。如果特意调整一下教学进度计划,把它留到春花春雨旺盛之季,让学生"身入"到大自然之中去"会悟"作品的意境,难道还不能让作品回到生活中去,引导学生身入其境吗?说来天也作美,那一年我教这一课时,正当校园桃、杏、梨花相继竞放之时,轻悄悄的春风果然携来连绵几天的细雨。于是我先让学生带着课本,走出课堂,边游走边赏读。这样《春》所描绘的景致基本见到了。特别是破土而出的小草,嫩嫩的,嫩得黄生生;绿绿的,绿得亮油油……春苗得春雨,一日长三分。同学们感慨了:"对,有的是工夫,有的是希望"。在这样的情景中,尽管每个人的衣上、头发上都缀满细细的水珠,但"沾衣不湿杏花雨,吹面不寒杨柳风"。春的无限生机和意趣一下子由"身入"到"神入",让学生产生浮想、产生情感与体会。

当然,散文作品情境各异,学生的学习也各有特定环境,所以入"境"之"径"也因此不同,关键在于教师指导学生要找到最佳的"入境"之路(即形式与方法等),找到最恰当的"入境"突破口,并帮助或引导学生积极"入境",巧妙"入境",从而在"入境赏读"中学会阅读散文,提高散文阅读能力。

(本文系汕尾市 1998 年 9 月中学语文教学研讨会专题报告)

用"思路循读法"学议论文

——"学导法教学"导读之三

当今议论文,是按目前通行的表达方式划分而产生的三大文体之一,作为以议论为主要表达方式的议论文,也已经成为语文教育最基本的必修内容之一。关于议论文的阅读和写作,是初中后阶段和高中阶段语文课程的一个学习重点，旨在培养学生在议论文方面的阅读理解和写作能力，特别是认识、思辨、创新等方面的思维能力。为了提高议论文阅读的品质和效益，我们特从思路的角度总结研制了一种新的学与教的方法——"思路循读法"。

一、不仅从文体特色上认识议论文，更要从思维特点上再认识议论文

（一）从文体特色上来理解议论文是一种常识性基础阅读

大家知道，议论文是以议论为主要表达方式，通过摆事实，讲道理，直接表达作者的观点和主张的常用文体。它不同于记叙文以形象生动的记叙来间接地表达作者的思想感情，也不同于说明文侧重介绍或解释事物的形状、性质、成因、功能等。因此，议论是作者对客观事物进行分析、评论、说服，以表明自己的见解、主张、态度的表达方式。同时，议论文又叫说理文，它是一种剖析事物、论述事理、发表意见、提出主张的文体。议论文通常由论点、论据、论证三部分构成，通称为议论文"三要素"。

基于此，过去注重的是从上述关于文体特色的角度，对议论文阅读进行一种文体特色认知的教学。比如：

1. 教学目标，主要为：掌握议论文的有关常识；把握议论文常见出题样式及答题方法；通过阅读议论文，提高解答议论文的能力。

2. 教学重点、难点，主要为：掌握议论文的有关常识；把握文章的论点、论据、论证；学习议论文正确、严密的语言。

3. 教学过程，主要是由议论文的要素导入课文的学习等。比如：（1）证明什么；（2）用什么证明（①事实论据，②道理论据，论据要真实、可靠，典型）；（3）怎样证明（①举例论证，②道理论证，③对比论证，④喻证法）；（4）议论文的结构（①引论，②本论，③结论）；（5）议论文的类型：（①并列式：总分总，总分，分总；②递进式）。

可以说，以上都是从文体特色上来认识议论文的，无可厚非，对于初学者是所必须掌握的议论文最为基础的知识。我们把它称为议论文的基础

阅读，也叫常规性阅读或一般性阅读。

（二）从思维特点上来理解议论文是一种发展性创新阅读

由于议论文是靠观点明确、论据充分、语言精炼、论证合理、有严密的逻辑性来彰显其特色，所以它还具有其另外一种鲜明而独特的特点，即内在逻辑思维的特点。因此议论文的阅读，更要透过其文面而读出其思维的规律和路子，即要从思路的铺展过程来对议论文进行深度阅读理解，将是文本阅读的新角度和新方法。我们称之为议论文创新阅读、超文本阅读和"思路循读法"。

比如说，对议论文逻辑性思路的体现，应该成为议论文创新阅读的途径。可以从以下两方面来进行再认识：一是结构上的"三部曲"思维：是什么，为什么，怎么做，尤其是文段上的段落与段落之间有非常清楚的逻辑关系，如总分、对照、层进、并列等；二是语言上的准确、鲜明、严密、有针对性，尤其是借助起过渡性作用的语句来突出这种关系。如："有""还有"，"虽然、但是"，"固然""诚然""由此"、但是等。

同时，议论文还有一个特点，即以"论"及其所产生的论证作为重要标志的。议论文的"论"常常又分为"立论"和"驳论"两类。这两论都为"证明"而展开思维活动，"立论"的思路是从正面证明其正确，"驳论"的思路是从反面证明其错误。可以说，它们使用的论证思维方法是基本相同的。

立论是在直接表达或表明自己的态度、看法和主张，要求对论述的问题有正确的看法，用充足有说服力的论据，且言之有理，合乎逻辑。要特别注意，"立"往往建立在"破"的基础之上，有时在立论中也需要提到一些错误的见解和主张，加以否定和辩驳，以增强说服力，使读者不会误解自己的观点。于是，树立观点——证明观点——做出结论，便成为立论的基本思路（当然还有许多具体的技巧性思路）。这些自然也成为学习以"立论"为主的议论文所遵循的思路。

驳论是一种论辩，是针对对方的观点加以批驳，在批驳的同时阐述自己的观点。一般有三种方法：反驳论点、反驳论据、反驳论证。根据反驳的需要，这几种反驳方法可以单用，也可以结合起来使用。驳论最好是破立结合：首先指出对方错误的实质，再批驳已指出的错误论点，并在批驳的同时或之后针锋相对地提出自己的正确观点加以论证。特别在反驳论证上揭露对方在论证过程中的逻辑错误，如大前提、小前提与结论的矛盾，对方各论点之间的矛盾，论点与论据之间矛盾等。这些都是驳论的思路，自然也成为学习以"驳论"为主的议论文所遵循的思路。

二、从传统固化的议论文知识教学走向用"思路循读法"学议论文的议论文思路教学

什么是思路？一般是指思考的条理脉络。通俗地说，就是心里的想法。什么是"思路循读法"？就是从议论文的思路入手来学议论文，也就是让学生带着思想、跟着思路来与作者对话，走进作者那有思想的文本，跟循其思路展开以领会作者思想，从而内化为自己的思想尤其是形成思想能力。

（一）走出多年来固化的议论文知识教学之路

多年来固化的议论文知识，最基本的有两点：一是"三要素"论，即论点、论据、论证。论点有中心论点和分论点；论据有事实论据和道理论据；论证方法有举例论证、道理论证、对比论证、比喻论证等；二是"三段论"，即论证结构上的引论—本论—结论，也是"提出问题、分析问题、解决问题"。

姑且不论这些知识是否正确和是怎样总结的，但我们要引起思考的是，人们日常阅读议论文，是不是按照这样的知识结构来进行阅读吗？这些知识对于人们阅读理解议论文，到底有没有作用或者说多大作用？

当然，如果从一篇议论文包含论点、论据、论证三大要素入手来理解议论文，也可以获得一些关于文本内容的认识。但是，论点是议论文所阐发的思想观点；论据是文中用来证明论点的根据；论证是论点与论据之间逻辑关系的揭示。这三者的紧密关系，构成了一篇议论文的主体。比如，拿到一篇作文题目，你心里是怎么想的，觉得应该写什么、怎么写、为什么要这样写等等，也就是整个写作过程的想法。

《语文课程标准》对议论文提出了明确的学习目标要求：阅读简单的议论文，区分观点与材料（道理、事实、数据、图表等），发现观点与材料之间的联系，并通过自己的思考，作出判断。为此，我们在议论文的学与教的具体活动中，既要结合学情，确定教学目标和教学内容；又要寻找议论文的成文思路，为确定其学与教的认知思路。这种思路的确定通常还需要借助以下几点：一是本篇议论文的背景知识，二是本篇议论文的观点与材料（道理、事实、数据、图表等）之间的思路关系及其自身的论证逻辑（即逻辑联系等），三是学习本篇议论文时自己的具体的思考、判断与体会（即学习思路等）。

（二）走向用"思路循读法"学议论文的教学新思路

我们要通过回到原点的思考，多问一问：阅读议论文到底是为什么？阅读议论文的真正规律是什么？在正常状态下，我们读议论文，是想获悉作者的立场观点；进而，要么被作者说服，要么心生疑窦，对作者的观点或论证产生质疑。获取观点的过程，既是对话体验的过程，也是思考质询的过程。那么议论文教学，不只是一种简单地找到中心论点，看看作者如何论证，用了哪些论据和论证那样的"求证式"和"反馈性"的学与教；而应该看到的是，读者往往会通过思考和辨析，区分客观事实与主观意见，分析作者观点的价值与是非，由"求证式"走向"验证式"和"反思性"的学与教，这是一种新的教学思路。这种教学思路不仅让学生在议论文阅读中能有机会、有兴趣地积极投入思维与探究，还为真正培养具有独立思考能力的人提供了平台。因为这是从议论文阅读的教育价值（对学生发展所具有的价值）出发，而不是从议论文的文体掌握和文本解读出发。

也就是说，用"思路循读法"学议论文的教学新思路，即指在通过议论文阅读，不仅是掌握一些关于"三要素"和"三段论"的专业知识，而且是更关注提高学生的思想认识能力，关注学生对生活现象、社会问题所具有的独立思考和分析鉴别能力的培养，也就是着力于让学生成为有独立思想的人。因为议论文是直接表达作者思想观点的文章，更能让学生直接感受作者的思想及其文章表达的思路。如果从思路入手来学议论文，就会让学生带着思想、跟着思路来与作者对话，走进他那有思想的文本，无疑既循着而了解别人的思想，也逐渐形成自己的思想尤其是思想能力。这样，则可以在阅读中获得多元、多维的理解与感悟，特别是对富有哲理和学术之道的议论文阅读，会更多地得到思想光辉的沐浴。

同时，用"思路循读法"学议论文的教学新思路，可以在培养学生的逻辑思维能力方面有其独特的不可替代的"教学增长点"，如在学会议论的思路中学会如何归纳、概括、分析、综合、比较、类推等，让逻辑思维能力培养成为"思路循读法"学习议论文的重要元素。

目前，国内几个主要版本的初中语文课本的议论文，大多选编有以下课文：《敬业与乐业》《想和做》《事物的正确答案不止一个》《应有格物致知精神》《短文两篇·谈读书、不求甚解》《中国人失掉自信力了吗》《为人民服务》《谈骨气》《最后一次讲演》等，均为一些有思想的人所写的议论文，但是，不同版本的教学立意则大不相同。人教版分别有："对人类的关注，演讲和书信"，"综合性学习：微笑着面对生活"；"关于求知的随笔杂文"，"综合性学习：好读书，读好书"。看去好像与"议论文"没多大关系，如果是以"人文性"主题教学为目的，也未到"思想"的真正的"点"上，更何况这是"语文"及其"议论文阅读"的教学，要强化其议论文的文体特色和思维特征才是语文教学之本。而北京版的语文课本则注意了这一问题，出现了一些有关议论文的文体特色和思维特征的教学点，例如："夹叙夹议"，"用事实和道理论证"，"议论语言的严密性"，"论证逻辑 — 辩证思维"，"反驳"，"形象说理特点"等，但也缺乏系统性，更还没有看到合理的思路可循。

三、"思路循读法"学议论文的议论文思路教学的方式

议论文在以辩论说理为基本内容，以晓人以理为主要方法的过程中，突出的是学生理论思维发展水平的修练。不仅引导学生深入观察社会和人生，而且训练思维，发展思维能力，提高认识水平。但是，语文界普遍认为：目前多数学生怕议论文。其实不是学生怕读怕写议论文，而是对那种

文体"三要素"的教学方法失去信心，用这种方法并不能读懂和写好议论文。与其说怕议论文，不如说视议论文为一个难啃的骨头：咬之不动，弃之不舍。

（一）从常识性的议论文思路方式中获得基础思路

1. 不可忽略目前带常识性的一些议论文常规思路方式

（1）文章论点总分式。即先提出一个中心论点，再分解和呈现相关的几个分论点，以形成一个"总分式"的议论思路；

（2）三元递进追问式。即由"是什么、为什么、怎么样"等串成纵向递进的正常议论思路；

（3）正反立、驳论式。即由正面立论和反面驳论相结合的"正反式"议论思路，一般是先正后反，也有先反后正或边反边正、边正边反等不同思路；

（4）多维铺陈阐述式。即在中心论点提出后，则分别以一组相关的序数形式陈现而展开议论，如第一、第二、第三，又如其一、其二、其三，还如首先、其次、再次；这样所形成的议论思路非常清晰，一目了然，目前被人们用得较为普遍。

2. 强化运用基于"一分为三论"的议论文"三字经"思路

受新的哲学观点"一分为三论"的影响，议论文"三字经"思路的具体形式即为"一分为三行文式"。即在一篇文章中根据不同角度和层次，分设若干个有意义的大小"三块"。这些思路，其实也符合中华文化中喜用"三"的文化心态（不到三嫌太少，超过三嫌太杂，而到了三刚好，不多不少，恰当、稳当）。

例如：

（1）一篇文章整体构思上的三段论即论点、论据、结论。

（2）一个总论点下的三个分论点（此处举例略）。

（3）一个论据的三种陈述方式（引述、例述、综述）。

（4）一篇文章用三个有代表性的典型事例、用三种有助于议论和加强说服力的修辞（如打比方、设问或反问、排比等）。

（5）一篇文章的"三用"小技法。如：用三句具有引经据典意义的名言道理论证，即用经典著作中的精辟见解和古今中外名人的名言警句以及人们公认的定理公式等来证明论点。其作用是：有力地论证了观点（中心论点或分论点），增强文章的权威性和说服力。

（二）议论文"思路循读法"教学重在论证方法的思维特点

1. 对议论文文本的"整散型思路"解读

在教学中，教师让学生掌握议论文阅读的基本思路，必须先学会通读全文，然后迅速理清思路，勾勒出全文各段展开的思路；通过对内容思路的理解，从规律上把握议论文的逻辑性，再把文章按照逻辑思路，切分成若干个逻辑段或板块，进行有逻辑意义的内容解读，然后用中心观点统摄并串接起来。这样，理清"议论文总体思路"，独立作出这些解读之后，就会觉得方向明确，不会被原有的文体三要素拖着走，也不会被一些传统教法及练习所困扰，从而学会从文章的整体出发，从议论文思维着眼，由浅入深，层层深入，层层确定。唯其如此，我们的理解才不至于失之偏面，失之肤浅。

还可以在分析一篇议论文后，让学生进行评价、感悟或鉴赏，写出一篇不限字数和过多要求的反思或收获，可以是时评、读后感和短论，只要带一点议论味的初步议论文即可。这样把阅读和写作一体化，以写促读，让学生在写作中体验议论文的思维方式和思路特点。

2. 注重"逻辑关系推论式"的议论思路

逻辑关系推论式，即按照事理发展的逻辑关系进行推导、推断和推论，以形成一种符合规律的"必然"思路。目前常用的有以下几种议论思路：一是表条件关系，如"既然如此，那么"；二是表假设关系，如"假如这样，那么"，三是表转折关系，如"虽然，但是"；四是表并列关系（对照），如"不是，而是"等；五是表选择关系，如"或者，或者"和"要么，要么"等。

3. 推荐使用 GRE 写作思路（以讽刺为题）

这是一个比较典型的议论文思路模式。GRE 写作思路（以讽刺为题）

的具体操作步骤为：（1）论点，讽刺有意义但事实并非如此，对于讽刺的认识要重新进一步正确定位；（2）正面肯定讽刺的意义，作出第一层论述；（3）进一步从另外一些角度具体阐述讽刺的意义、功能特征等；（4）批判，用"但是"作转折，指出讽刺的另一面；（5）作总结，提建议。

当然，在议论文思路教学方式的操作中，对以上各类思路方式又往往综合使用的。比如，吴晗的《谈骨气》一文：

从总体上看，本文运用了"引、本、结"式：引论部分——开篇提出论点：我们中国人是有骨气的。接着，用孟子的话解释论点"富贵不能淫，贫贱不能移，威武不能屈。"本论部分：用三个事例分别证明论点：文天祥的富贵不能淫；穷人不食嗟来之食的贫贱不能移，闻一多的威武不能屈。结论部分：解释当今无产阶级的骨气并发出号召。

再分开来分析，本文又有以下"三个三"的具体议论思路：

三个部分分别回答了三个问题：引论部分解答"是什么"的问题；本论部分解答"为什么（有骨气）"的问题；结论部分回答"我们怎么办"的问题。

三个部分之间都有较为恰当的过渡：在引论和本论之间有"我们祖先的许多有骨气的动人事迹，还有他积极的教育意义。"引出下面三个事例的叙述。本论和结论之间有"孟子的这些话，虽然在两千多年以前说的，但直到现在，还有他积极的意义。"进行过渡。在第一例和第二例之间，有"另一个故事""还有个例子"进行过渡。这些过渡句，使文章浑然一体。

三个事例都是概括叙述的，每个事例的后面都有几句简短的议论。这些议论阐明了事件所包含的意义，把事例紧紧地扣在论点上，是论点和论据联系的纽带，否则就就事论事，论点和论据脱节了。

（三）从整体性科学观出发构建议论文阅读的"四环思路流程图"

为了更好地运用"思路循读法"，本人在目前国内许多优秀教师的教法中发现了一个共性，即注重了环节流畅的"学习流程图"教学，特此归纳总结起来，命名为议论文阅读的"四环思路流程图"。现在予以图示并说明如下：

$$\boxed{点} \rightarrow \boxed{析}（正、反）\rightarrow \boxed{深} \rightarrow \boxed{结}$$

"点"——开门见山，点明中心论点（或论题）。

"析"——"正"，从正面举例分析阐述（陈述事例可分概述、综述、详述和列述，一般要体现论述语言的风格特点，最好每段首句为中心句，尾句又回应开头中心句）；"反"，反面举例论述（一般有三种形式：用实例论述，用概括举例论述，用假设举例论述）。

"深"——对论点和事例进行深入分析、阐述，做有深度的思辨和探讨。常见的深入方法有：挖原因，引哲理，用驳论，辨是非，变论证，提建议，说对策等。同时，有的还联系生活现实展开有针对性的讨论。

"结"——做出结论，以总收全文，并呼应论点。这是议论文常见的一般思路标志。

比如，高中课文《简笔与繁笔》一文，则可以做这样的理解：点——点明中心论点：简笔与繁笔，各得其宜，各尽其妙；析（正）——从用简、使繁两方面各举两例证明论点；深——用引证法阐明繁简适宜的标准和方法，批评现今创作中的一味求长的不良现象；结——最后说明写作目的（提倡简练为文），首尾呼应。

实践证明，这种议论文阅读的"五环思路流程图"，对于开展议论文"思路循读法"教学，指导学生从"学导法"角度，既立足于议论文的文体"要素"特征又注重于议论文的成文"思路"，确是一种创新的举措，给师生的学与教很有帮助，不妨一试。

写作"激化"现象与"正反调控法"
——"学导法教学"导写之一

写作中的"激化"现象，产生于写作中的发展阶段。所谓"发展阶段"，是指在写作中积累了一定的写作经验，对所接触的写作题材、体裁及其写法等等，已突破了其幼稚的初级状态，并开始由浅入深、由简到繁地逐步追求完善与提高的一种写作过程。在这个阶段里，习作者所写的文章已经具有一定的想象力和表现力，有时还能出现几篇出人意料的佳作。然而，问题也就在在于此：情绪不稳、笔头不硬，最容易产生偏激，形成极端的"激化"现象。"激化"就是由于偏激而产生的一种"写作畸形化"。

一、写作中的"激化"现象分析

具体说来有以下几个方面：

1. 观点"激化"——在文章的立意上，习作者常常以自己的观点强加于别人，或者自以为创新求异，故意钻"牛角尖"，因而只顾一点而不及其余，结果在文章中出现不健康的情调或偏面的观点，甚至出现谬误的言论。

2. 文体"激化"——在文章体裁训练上，由于习作者过激心理特征的发展，渐渐地对本已熟练掌握或运用自如的文体产生"偏视"和"厌弃"，结果使某些文体的写作能力"发育"不正常，导致新的没学会、旧的又丢掉的"文体异弃"现象。

3. 题材"激化"——由于观点"激化"，缺乏公正全面的标准去选择题材，又加上自己的主观审美意识的不成熟，结果随心所欲，选我所"爱"，该用的好题材由于不合"偏爱"而舍弃，不该用的题材由于情感"偏激"而滥用，导致题材缺乏典型性和说服力。

4. 构思"激化"——由于自以为有了写作经验，因而过分追求奇巧与花样，在构思上忽视了文章的基本要素和基本思路。

5. 表达"激化"——习作者往往不顾文体形式和内容的需要，乱用或滥用表达方式，特别是无法把握记叙中的议论、说明以及议论、说明中的记叙和描写等等。遣词造句也是如此，不管碰上哪类文章，总喜欢把自己认为最得意的形容词、最喜欢用的句子用上去。

产生以上"激化"的原因，从思维角度分析主要有三个：一是求异思维的失度，二是好奇心理的失常，三是对成功感的失控。

我们在作文中提倡与鼓励求异思维，但千万不能失度，一旦失度，就会变成胡思乱想。故意钻空子，兜圈子，绕弯子，出点子，就必然使文章的立意、构思和选材无法正常进行，而导致种种"极端"行为出现。

青少年学生的生理心理特征告诉我们，他们思维最活跃、最敏感、最好奇，对社会、对世事总是充满兴趣，喜欢探个究竟，这种思维活动无疑是青少年作文成功的一个重要因素，运用得当，就能写出最佳意境的文章；但是，如果不会正确把握分寸，一味猎奇，也就会变成离奇而失去常态。

在写作的发展阶段，习作者往往认为自己已经脱离初级状态，以为发展阶段就是突飞猛进、全面丰收的成功欲，但又唯恐不成功，便出现"激化思维"：立意"悬"之又悬，"奇"之又奇；写法"曲"之又曲，"妙"之又妙，特别在文章中还不时地点缀一些"清词丽句"，动一点"激情"，吟几句"颤音"。殊不知，此种求胜心切、故意做作的"激化"手段，反而使习作误入歧途。

二、进行正向思维调控，克服写作"激化"现象

正向思维，是一种创造性思维活动，是指"按事物发展的进程进行思考"的思维方法，也是就区别于"反向思维"而言，尽可能让写作思维符合人的认知规律和写作活动特点及学生心理实际需要。如何进行正向思维调控，以克服写作发展阶段中的"激化"现象呢？基本做法是：

第一，要学会运用一些克服"激化"现象的思维方式。在写作中常用的思维方式有十余种，能直接有效地克服"激化"现象的有如下两种：

（1）辩证思维——就是按照辩证法进行的思维。它要求在事物的发展过程中，从矛盾双方的对立统一中思考和反映事物，识别同中之异，异中之同，用发展的全面的观点看待事物，从对立统一中把握事物的本质，这样就会使思维趋于流畅、准确和全面，而不至于偏激。运用辩证思维，先要针对"激化"现象分析其动态的过程，再从中找出不合理的成分，保留

合理的因素。

（2）统合思维——就是把各种知识、概念和技巧统一整合起来，组成一个有机整体的一种思维活动。它也叫"组合思维"，是用不同的组合内容和组合方法，创造出不同的作品。例如给一个"我与你"的作文题进行构思，可以灵活多样地组合出若干个不同的样式来，包括立意的和结构等方面的，这样便有效地控制作文思维的走向趋于广阔、活跃和全面，就不会因某些"偏激"而陷入死胡同。

第二，要掌握一些相应的思维调控手段，有的放矢地克服"激化"现象。

（1）积极参加集体活动，尤其是一些具有争辩性质的讨论会、交流会、演讲会、座谈会、抢答赛等等，用他人的集体的智慧和力量来约束自己的思维"激化"，使其不断趋向常态，并且要在这些集体活动中勇于发言，表明自己的观点，以在众人的评议鉴别下检验是否正确，是否偏激，并从集体讨论中吸取营养，获得启发，不断修正自己的"激化"行为。

（2）积极向别人请教，与知心朋友促膝交谈，把一些连自己也觉得有问题或者没有把握的观点、体会和文章的构思、写法等等，一并吐给对方，然后听取有针对性的批评分析。如果发现自己经常产生"激化"现象，那么就要找一个稳重、豁达而严肃的知己，对自己实行监督性磨炼，逼着自己去纠正。

（3）多看老师推荐具评价很高的优秀作品，体会那些作品的作者是如何把握思维的轨道，正确表明观点和合理构思以及恰当选材的，再对照自己的习作，查出"激化"的现象与原因，并写出学习笔记，供以后随时翻检；鞭策自己从别人的作品中学会克服"激化"现象的方法。

（4）用写提纲、限范围、编序列的方法来控制自己的思维走向，一旦发现所想到的立意、构思与方法呈"激化"状态，就马上纠正，或者将所有出现的思维现象进行比较、筛选、补充，使"激化"现象消灭于成文之前。

（5）文章写好后"冷却"下来，待创作思维趋向平静以后再检阅自己的思维是否"激化"，即是否符合客观生活实际规律和作文题目训练目的的要求。

三、进行反向思维调控，防范写作"激化"现象出现

反向思维，即"逆向思维"，也叫"求异思维"，是对司空见惯的似乎已成定论的事物或观点反过来思考的一种思维方式。它对创新精神的培养无疑起着推动作用。但是，如果用得不当或过分。它则会出现"思维异常"，破坏写作的正常表达，影响作文的真善美。所以，要注意有效调控反向思维，防范写作"激化"现象。

第一，要整理思维过程，分析写作发展阶段思维的内涵与要求，充分认识克服"激化"现象与加强思维调控训练的关系。

整理思维过程，就是先清理哪些属于产生"激化"现象的思维方式与思维活动，然后按照写作发展阶段应该具备的思维内涵与标准（即可以求异不能异常，可以好奇但不能猎奇，可以追求成功但不能求胜心切、奢望过度等）来具体分析思维现象，及时高速那些"失度、失控、失常"的思维活动，以适应发展阶段的正常思维状态的需要。思维调控要有针对性与预见性，不要等到已形成思维定势即"激化心态"时再去算总账。

第二，加强克服写作"激化"现象的过程训练。一旦发现属于受"反向思维"影响而导致写作"激化"问题的作文毛病，就要及时清理障碍，回归正态思路，寻找合乎常理的写作材料、写作立意和构思，再按照新的构思进行"有创意的个性化表达"来写。

总之，写作"激化"现象是中小学生最常见的毛病，是最具"学生腔"文章的标志物，只有克服"偏像"思维，加强思维的正、反向有效调控，才有可能让学生少些"激化"乃至消除"激化"的作文问题。

（本文发表在广西《中学文科参考资料》1992 年 9 期，后有改动）

写作"老化"现象与"熟陌反位"纠正法

——"学导法教学"导写之二

　　高三语文第六册中有一道写作训练题，即从自己熟悉的人和事中选取题材，自拟题目，写一篇记叙文。从教材安排可见，这是高中阶段的最后一次记叙文写作训练，颇有总结与深化十年来记叙文写作训练的重要意义。实际上，许多人到了高三写议论文倒还轻松，而对记叙文写作却突然"陌生"起来。写了这么多年记叙文，结果在高三写的还不如初中和高一高二的，他们终于惊呼起来：老化了，记叙文写作。

　　为什么会出现记叙文写作"老化"的问题呢？究其原因，有的是眼高手低，一看到是写熟悉的人和事，便不加思索，"熟"笔"熟"写，结果"画虎不成反类犬"，有的是由于到高三逐渐运用以逻辑思维为主写议论文习惯了，结果记叙文写作中的形象思维一时展不开，构思呆板，运笔干瘪；还有的整天处于"题海"之中，把作文当成包袱，能写几篇自以为对高考有用的议论文就不错了（他们一般认为高考只考议论文写作）。

　　这是一个容易被人忽视，但却需要彻底解决的问题。如果我们现在还不引起对高三学生记叙文写作"老化"问题的警惕并采取相应的措施，就将出现大量"写作畸形"的高中生，将直接影响高校招生和社会就业的合格人才的培养。到底怎样防止"老化"，让学生学会从"熟悉"中寻找"陌生"呢？

一、教育学生端正观察态度，改变观察方法

　　我们发现一个这样的学习现象：高三学生由于学习紧张忙碌，学得越熟悉的知识越模糊，连最常见的概念也最不清晰，容易发生错误。原因之一就是粗心、大意、疏忽，反而"熟而不熟"了。其结果是"不识庐山真

347

面目"。我曾经试验要学生不看书当即回答这样一个问题：你本学期所使用的语文书封面有几种颜色，有哪些文字，字体怎样，版面设计有何特点……结果竟没有一个人全部答对。对自己天天见面的语文书应该说是再也熟悉不过了，但为什么又显得如此生疏呢？主要原因就是对语文书产生了一种思维定势，年年发年年用，还不是一本语文书嘛，只要在封面上瞟一眼有"语文"二字就够了，又哪里还去把这期的语文书与过去的语文书或者与其他科目的书作比较呢？

这个事实启示我们，只有认真地观察生活，并且学会变换角度去观察，处处留心观察，于别人不注意观察的地方去观察，才能真正观有所获、察有所得，写出来的东西才能有新意，有血有肉。只有作者观察到和写出了"陌生点"，才会让读者．感到新鲜，让作者自己觉得没有"老化"。

二、帮助学生改变思维方式，善于借"熟悉的人和事"展开丰富的联想，获取崭新的立意和构思

我们知道，"熟悉"了的东西往往被人们看成一种"静态"的、孤立的、缺乏个性特色和魅力的事物，因为对它看熟了看惯了，就成了常态，似乎没有变化，它在人们心里自然就没有新奇感。但如果过了一段时间才突然看到自己很久未见的人和物，却又觉得变化很大，很有新鲜感，真还有点"陌生"呢！基于此，我认为采用下面三种思维方式来对待自己身边熟悉的人和物，化"熟悉"为"陌生"，克服"老化"，是很有作用的。

一是纵向串联思维。即抓住"熟悉"的人和事，把他（它）们的"过去→现在→将来"串起来思索，就能发现许多新颖题材或题材的新角度。例如写《母亲》，这当然很熟悉，如果采用把她过去干了什么，现在干着什么、将来还会干什么等串起来进行纵向联想以形成立体的"陌生的思考"，就能发现"母亲"的不同之处和伟大之处或崇敬之处。

二是横向并联思维。即把熟悉的人和事与其他的人和事并列起来联想或比较，再回过来观察自己熟悉的人和事，这样"双向并列联想"，可从

熟悉中比较出"陌生"的点点滴滴。例如记一次演讲会，就可以和演唱会、运动会、经验交流会等等"并联"起来加以比较分析，还可以与报刊、影视中的各类演讲会相"并联"并加以比较，从中找出自己所熟悉的那次演讲会的特色来。

三是对比衬联思维。即把那些"熟悉"的人和事，放在一个映衬度鲜明的"陌生"的特定背景里去思考。先设计一个完美的合理的"取景框"，再把这些"熟悉"的人和事"代入"进去一对比，这样便映衬明显，可以发现这些"熟悉"中的"陌生"来。又如写"我的父亲"，可首先设计一个"标准化的父亲"，从外貌、性格、说话、做事诸方面分项制定具体内容，再把其"熟悉"的父亲"代"进去，则可发现异同，然后再渗入感情色彩，是褒是贬，是取是舍，就会清楚明朗，新意也就自显其中。朱自清的《背影》就是如此。

三、指导学生处理好"发现"与"表现"的关系

有人认为，写文章就是如何"表现"的问题，只要学会一些表现手法和技巧就可以完全写好文章，如果还写不好，就归咎于"没有写作天赋"了。正因为有这种错误想法，才难以很好地表现熟悉的人和事。这里涉及一个非常重要的辨证关系问题即如何正确理解和处理"发现"与"表现"的关系。

要知道：发现是表现的基础和前提，属观察与体验的范畴，表现是发现的延伸和深化，属写作与润色的范畴。从某个角度来讲，在自己熟悉的人和事中"发现"有新意的题材，比在写作时想"表现"而表现不出时要有现实意义多了。由此可见，要写熟悉的人和事，"发现"比"表现"更重要。也就是说，纵然掌握着一大套最巧妙的"表现"手法，但没有"发现"好题材，或者没有发现题材的最佳最新角度，也仍然写不出好文章。另外，假如没有"发现"而去急于"表现"，也很难产生写作兴趣。皱着眉头写文章，像"挤牙膏"一样痛苦、难受，当然"挤"不出好文章来。

怎样去"发现"呢？首先，要对周围的人和事饶有兴趣，事事处处皆

留心，向周围始终投去一双陌生的眼光。同时，不能事先带着个人的观点和感情去"发现"，那样只会得到一种片面的、失真的"发现"。另外，也不能只去发现一些显眼的事物或者事物的表面，因为那些早已被别人就近就轻而"发现"且"表现"过了。我们应该透过"熟悉"钻进去，努力"发现"那些幽隐的、很少为人所知、所表现的地方，或者被忽略了的方面。此外，还要学会一些"发现"方式，如"直觉性发现"，"联想性发现"，"回忆性发现""对比性发现"，"类比性发现""引申性发现"等等，在此不一一赘述了。

四、要让学生学习并掌握一些必要的有效的处理"熟悉"材料的方法和技巧，努力变"熟悉"为"陌生"，以解决好"老化"问题

1. 变换对材料的视角。我们常说对材料的"熟悉"，主要是看惯了这个材料的某种意义或这个事物的某个部位。其实一件材料往往能表现出多种意义，有若干个侧面。这时候，如果用一种陌生的眼光，变换一下对材料的视角（即观察角度），那么，其"熟悉"的一面很快会隐去，继而显观理另外一些"陌生"的侧面或新鲜的意义。例如一张桌子，正面看去油漆闪亮、光滑平洁，给人爽心悦目之感，从背面看去却是另外一副模样：粗糙，原形毕露……这样一来，就把一张极其平凡而熟悉的桌子以新的形象突兀在读者面前，使读者形成对桌子的一种独特感受。

2. 增加材料的"透明度"和"立体感"。对于熟悉的人和事，人们常常不能说出其具体内容，即表面上似乎很熟悉，实际上却很模糊。增加"透明度"，就能促进习作者把材料具体化、明晰化、条理化，增加"立体感"，就能帮助习作者对材料作整体综合观察分析，能把一件事物的多种意义和内涵"全方位"地明确显示出来。如写一次体育运动会，就要把体育运动会的起因、开端、发展、高潮、结局及其影响串成一根"纵线"，再把体育运动会与人物、活动背景、时间、地点以及有关的其他事情交织成一个"横面"，然后，纵横结合碰撞出若干个立体的片断或"陌生点"，这样便成为新题材了。

3. 注意坚持"真、细、新、近"的四字选材标准，提高熟悉材料的使用率和有效率。"真"即真实性，让人看了相信，不像瞎编乱造的。因此，我们在选材时不要因为"熟悉"而胡编乱引事例，违背生活的真实。"细"，就是细致，不能粗糙地凭点滴感受而判断材料是否选取，也不能一味猎奇而忽视细节，尤其要杜绝用评语或概括式的套话，把一个个丰富细腻的材料随便几口就乱"吃"掉。"新"，即新鲜，就是例子新、言论新，或是别人听得少的散事、轶闻等等，尽力去掉那些老掉牙的旧事旧闻。"近"，就是所选材料的发生地点、时间离作者和读者的生活要切近，让读者有一种亲近感和自然感。总之，从"最近"的时间和空间里选材，容易体现材料的真实、具体和新鲜性，为增加"熟悉"中的陌生成分（即新意和深度）提供最可靠的第一手材料。

（本文发表在广西《中学文科参考资料》1992年1期，后有改动）

写作"泛化"现象与"点面结合"消除法
——"学导法教学"导写之三

对于写作"泛化"现象的分析及其克服方法，笔者已在本刊1992年第8期作了浅探。不少读者来信要求结合实例作出进一步分析，为此，本文对其中第五种方法——点面结合法进行较为具体的阐释，以供参考。

学生在写作初级阶段所写的—"泛化"文章，往往是"面多点少"，也就是说，空洞、笼统、面面俱到的"评语"式叙述过多，而具体生动的典型例子和体现新意的细节即"闪光点"太少。为此，我们要注意以下三点：

①要明确"面"和"点"是相对独立的。"平面"是整个事物发展或人物活动中的某一横断面，也就是情节发展在同一时间、同一环节中人物的画面活动，或者是作者对某一个问题所阐述的基本观点和感受；"点"就是某个重点部位、深层感想或重要细节，甚至某一句哲理、妙语，某一幅肖像，某一个滑稽动作，某一处心理刻画，某一种特殊表情，某一项风俗、人情、景物的定格描写……

②要懂得"点"和"面"又是相互融合的。我们把"面"通过"放大"和"透视"便知道，像荧光屏一样，"面"是一个个"点"有机地组合而成的。因此，"面"和"点"是相辅相成的："点"是"面"的最小有效单位，"面"是"点"的组合体。

例如丁玲的《果树园》，作者为了描写土改时翻身农民喜摘果子的欢乐情景，在概述"面"的时候，始终扣住体现欢乐"场面"的一个"点"。开始，晨曦中的果树园里"飘荡着清朗的笑声"，这是一种"面"的笑。下面是紧接着亮出了一个个"点"的笑：伴随着"扔"与"接"摘果子动作的"大笑"，附和着与"喊"——友好、诙谐、俏皮的"玩笑"，还有一阵接一阵的这边也笑那边也笑的"哄笑"……就这样，一串串的"大笑""玩笑""哄笑"等一个个笑的"点"，组成了一幅喜笑欢乐的"面"。

③在写作中为了变"泛化"为"深化"，既要精当地写"面"更要敢于大胆入微地写"点"尤其要巧妙地写出它们的有机结合。

又如《果树园》一文，为了展现出翻身农民的欢乐场面，作者不满足停留于述（"面"的笑和点的"笑"），而是进一步像推出特写镜头十样浓墨重彩地集中描写了"点中之点"：主人翁李宝堂一系列的"笑"与"乐"。作者按照"笑—乐—变"达条线索，以"乐"为中心，以"变"为主体，靠"笑"为媒介，并且妙用对比来衬托，使"点"和"面"有机结合：昔日的李宝堂，不爱说话，沉默，麻木，对果子无动于衷；今日的李宝堂，觉醒，开朗，滔滔不绝的介绍果园历史，幽默而风趣的说着笑话……俨然一副"果树园新主人"的形象。这样，又从"点"巧妙地回到了"面"，体现了写作主旨。

下面以一位同学写的习作为实例，来谈谈人们最常见最常写的"劳动"之类的事情，看看这篇习作是怎样做到"点面结合"的。

下午，我们全校同学投入了清扫垃圾堆的紧张劳动。同学们像猛虎下山一样，冲向"敌人"，铲的铲，抬的抬，有的抢起铁镐刨着垃圾，有的卷一起袖子搬碎砖……一时间，铁镐挥舞，银锄起落，操场上一片叮叮嘡嘡、乒乒乓乓的响声，再加上嘟嘟嘟运送垃圾的汽车喇叭声，汇成了一支美妙的劳动交响乐。

[这是概括性的"面"的叙述。所以写文章一般先从"面"入手，让读者先有一个基本轮廓。这里虽然运用了比喻、拟人，对偶等修辞手法和拟声词以及一串恰切的动词，初步展现了一个特定的生动有趣的校园劳动场面，但也不免用"我们全校同学""有的……有的""一时间""一片"，"汇成"，等词表达劳动场面，露出求同思维的痕迹，使文章不知不觉地在一片"热热闹闹"之中进入"半泛化"的套子。这时，如果不及时调控，由"面"向"点"深入，那么就会失去读者了。于是，下文便有了一个个具体的"点"的描写了。]

工具不够用了，我和童恺在垃圾堆上拉了一个又大又脏的旅行包，就往包里塞砖头，塞满了，就抬着倒在卡车上。正当我们这个"皮包运输公司"生意兴隆的时候，我们几个身强力壮的同学，又被调到另一个工作岗位上专接同学端来的垃圾，往车上倒。我们站在高高的桌子上，弯腰接住同学们端来的垃圾倒入车内。一盆盆，一斗斗，不一会儿就装满了一大卡车。

[这里作者调整"点"和"面"的关系，通过"我和童恺"想方设法——"捡皮包塞砖头""调岗位接垃圾"和"弯腰接，端、倒垃圾"等生动诙谐的细节描述，实实在在地把"我和童恺"的聪明、机智、服从分配、任劳任怨的个性特征刻画出来了，从而成功地亮出了劳动中的第一个"点"，段末一句又回到"面"的叙述，这样就"点""面"结合，完整和谐。]

低年级的小同学也来了。这些平时被我们看不上眼的"小嘎崩豆"们能干些什么呢？我把大手一挥，"去去去，别妨碍大哥哥们干活"，可是话音刚落，一条"长龙"出现在我眼前了。他们排成一行，互相传递着碎砖头，别看人小，手可快着呢！我刚把这两块扔在车上，那三块又来了，我应接不暇了，累得头上直冒汗，司机叔叔也举起大拇指，不住称赞他们。

[这里由上面的"我和童恺"又推及出新的"点"——"小同学"，"我"，"司机叔叔"，刻画了各自不同年龄特征和不同身份特征的言论、表情，行为。这些都为表现紧张而欢乐的劳动场面而尽到了"点"的责任与作用。]

我们班的女同学竟然提出要和男同学搞竞赛。"同学们，加油！"我为男同胞呐喊助威，可是女同学端起盆来跑得更快。男同学更来劲了，"快，快点儿！"我们虽然累得气喘吁吁，可还是互相鼓着气，拼命的端着跑。我们男同胞经过奋力拼搏，终于以一盆的优势险胜女同学。"我们胜利了！胜利了！"我们男同学欢呼起来。"我这一盆算女同学的。"我们的班主任瞿老师端着一盆垃圾笑着说。"噢——"女同学高兴得跳了起来。

[这一段是文章的高潮和结尾，写得妙。它妙就妙在思维调控得当，妙就妙在求异思维的高度发挥和点面结合的和谐。文章如果没写这一段，一个劳动的事件已经基本写完，在读者心目中文章出现"司机叔叔的称赞"的字句，大概也就结了尾。然而"一波刚平"又"波峰叠起"，出现了一个令人激奋的"闪光点"——女同学与男同学竞赛，把情节推向了新的高潮，一个紧张、活泼、乐趣盎然的劳动场面淋漓尽致地描述出来了，并且是通过"挑战、应战、欢呼胜利和皆大欢喜"这几个情节，以及一句句符合当时情景的对话，一个个符合个性与自身特征的动作等等一连串的"点"，来表现出"面"的。更妙的是，本是双方激战，但女同学的"战况描写"却是一片空白——句话也没有写，可是通过男同学"气喘吁吁"的"拼命"才多了一盆的微弱优势，却又衬托出女同学的拼劲非凡。尤其是班主任老师的最后出现，简直是"点"到了家——一来和盘托出了师生共同劳动的场面，二来充分体现了老师善于保护女生积极性，做好思想工作的精神，既出人意料又在情理之中。]

（本文发表在广西《中学文科参考资料》1993 年第 8 期）

写作"滞化"现象与"化滞"克服法

——"学导法教学"导写之四

关于写作教学，目前习惯于从教的角度进行正面指导者居多，用概念和经验指导者居多，却很少从学生角度出发，通过对失败与问题的反思、整改来进行作文教学指导。现在，我们特从问题导写教学的新理念出发，以问题导写教学法来对学生进行反思性学习的教学，指导学生克服写作的高原阶段的滞化现象。

一、学生写作上的一大困惑：写作高原阶段问题

一般来说，随着写作经验的不断积累，学生写作也进入较高水平和比较熟练的阶段。然而，不少学生反映说，文章是写得越"熟"时越写不出东西、"水平"越高时越写不好。真是这样吗？带着这个问题，我们经过调查，才知道这并非耸人听闻。事实确是如此。这种"越写越不会写""越会写的人后来也写不好"的怪现象，已经在目前高中学生中普遍存在，其中还有不少是经常在报刊上发表作品或经常有文章获奖的人。这些人现在又拿起过去的"习作"读起来，竟不敢相信是自己当初写的，于是乎叹息：今不如昔！

我们认为，这种现象并不奇怪，它在心理学上叫"高原现象"，在写作上则称为"高原阶段"的"滞化"问题。这是一种普遍的心理学现象，不仅学生会碰到，连成人甚至作家也都会遇到此种苦衷，写到一段时期后就写不出文章来的大有人在。这是人们在事物发展与前进中所常常经历过的必然阶段，即使一时克服了，还会又一次、又二次出现。事物发展的过程不可能完全是直线式的，有时往往是波浪式的。在波浪式的"浪高"时就是有进步与飞跃的时候，处在"浪低"即"浪谷"时也就有相对平衡和

355

缓慢发展甚至停滞与倒退的时候，这时候的写作现象，人们就把它称为走路时碰到了许多坎坎坷坷，甚至很难翻越过去的高原，这时被停滞、阻隔下来了，即很难越过去的那道坎，于是则被视为"高原现象"，也叫"周期规律"，还叫"越坎效应"。

了解与研究这种写作"高原阶段"的现象，对于指导学生深化写作训练，重新拾起对写作的信心，以至进一步提高写作水平有着十分重要的意义。

二、学生写作"高原阶段"的重要标志：滞化现象

大凡在写作中，之所以最后成功者少，其中一条重要原因，就是不能顺利越过写作"高原阶段"，使写作最终落入了停滞不前的"滞化"之坑，形成阻塞现象，我们称之为"滞化现象"。他们都是开始对写作喜欢、迷恋，逐渐产生害怕、厌恶，最后以失败而告终。这种写作"高原阶段"的滞化现象，既然在写作中是难以避免的，那么我们就不至于为暂时出现的写不好或写不出的情况而感到苦恼、灰心甚至诅咒，或者打退堂鼓。我们既要冷静地查摆"滞化"现象和分析产生"滞化"现象的原因，又要为克服"滞化"现象而继续写出好文章想方设法。写作"高原阶段"的滞化现象，是继写作阶段的早期泛化、中期激（异）化、后期老化等三化问题后相伴出现的又一种写作问题类型。它可以在这三期每"化"之中都会出现，尤其在后期老化阶段。写作滞化有四类表现：立意滞化，题材滞化、构思滞化与写法滞化。现分析如下。

1. 立意滞化。

这里有两种情况：一是平庸立意或重复立意。即沿用现成的或套用别人的旧主题、旧观点，缺乏自己独特的见解和异样的感受；二是保守立意或保险立意，即不愿也不敢有新的创意，不敢提出新的观点，按照一般的审题要求来确定作文的主题或题旨，把自己以前某次获得的好观点、新立意来多次"翻用"，所以似曾相识，千篇一律。其实，写作是一种创造性劳动，每次写作都有不同的要求与立意高度。如果不去积极立意，艰苦立

意，久而久之就势必滞化下来，而无新颖、独特、深刻的立意。结果写出来的文章当然是"滞化"的。立意"滞化"就往往带来立意不新、立意不宽、立意不深和立意不高。例如写《桥》，在将它写成记叙文时，一般从正面抒发对它的赞颂之情：联接河岸，保证畅通；联接友谊，互相帮助……。固然可以这样写，但老是这种立意未免落套而滞化，有人却从"烟搭桥、酒引路"这种社会不正之风中获得对"桥"的新认识：（1）如果它不正经，也错枉为"桥"；（2）桥也有缺陷；（3）桥也有了麻烦和忧虑……等等。这些主题就自然比原来只从正面入手要新颖、独特多了。

2. 题材滞化。

即指写作中的材料只满足于一般化和陈旧的大路菜，经常用司空见惯的或者缺乏生气的旧事例和老论据，好像是一些"传统保留节目"。陷入题材"滞化"的困境主要有以下几方面原因：一是知识面窄，视野不开阔，缺乏生活体验，缺乏新材料的积累与储存；二是不会旧材料新用，缺乏对旧材料的多角度理解与使用（就是不会翻新）；三是缺乏对多种材料进行科学的整合与扬弃后再形成有价值的写作题材；四是用材料一哄而起，因"从众化"而造成雷同。如不少学生，从报刊上抄来所谓"名言警句""精彩片段"以及典型事例，多次搬进文章，结果大家撞车了。有一个笑话故事，说写《学雷锋做好事》的文章，结果写出来的都是那么"三大件"："扫地、让座、捡钱包……"；写论述"勤奋出天才"，结果都请来了爱迪生、牛顿、司马迁……上述题材不是不能用，而是说，用多了用滥了就缺乏新鲜感，就成为一种滞化现象。

3. 构思滞化。

即指构思缺乏新奇、巧妙的创意，只停留在一般的模式化的"三段体"或"新八股"。这种构思不分文体、不辨场合、不看写作对象，总是用自己习惯了或者曾经被认为很成功的那些文章结构模式，既不太愿意接受新的构思，也不用心琢磨去创造新的构思。这主要是作者舍不得打破因苦心经营多年而获得的自认为得意的构思，结果不管碰上什么题目，都拿来套。比如：写记叙文往往平铺平叙，开头是地点、人物、时间，结尾是表决心、谈体会，中间是一段概述性的话，或者是一味硬套某名家名篇或者自己过去的得意之作；写议论文往往就是"三段式"，展不开，收不拢，乍看去没有大问题，但仔细端详却是铁板一块，无精妙之处，大结构如此，小结构、小段落也是如此，这主要是他们不懂得这个道理：只要顺理成章，言之有理，言之有序，什么样的结构都可以运用与创造。

4. 写作方法滞化。

即指在遣词、造句、选择材料、采用表达方式，直至修辞和标点符号的运用等等，都毫无新意，毫无技巧技法，不懂得变换、综合、调整、活用、翻新等。例如，在记叙人和事时，就一叙到底，不会叙描结合，注重生动的细节；不会夹叙夹议，纵然有夹叙夹议，也往往叙议脱节或"无病呻吟"。写议论文，在论证论点时，其论证方法要么用了正面论证就不会用反面论证，要么用了反面论证就不会从正反两方面结合论证。另外，在语言上，不去想办法使记叙文如何形象生动，有感染力；使说明文如何清楚平实，有感知力；使议论文如何准确鲜明，有说服力等等。这既是词汇平庸、贫乏，又缺乏语言功力，不会进行科学、生动而准确的语言组织和语言运用的滞化问题。

三、克服学生写作"高原阶段"滞化现象的对策：有效化滞

造成写作"高原阶段"滞化现象，我们认为既是难免的，但也是可以克服的，而且一旦被克服还会产生更加无比的推动力，以开拓新的写作"路程"与方法，跨越"高原"走出"滞化"，取得写作上的新成果。为此，我们务必坚持"解铃还须系铃人"的观点，从"治标"走向"治本"，变"滞化"为"化滞"，实行有效性的"化滞"教学。

第一，体验生活，强化生活源泉，注重写作积累。

我们发现，现在的广大中学生参与社会生活越来越少，对社会、对人生、对自己周围的一切事物缺少新体验、新认识，心里空虚，行为渺茫，尤其对时代的发展和社会的进步等均充满一种神秘感或者模糊感，知道得少，理解的就更不多，无法从生活中掘取为自己写作有益的新鲜营养，结

果在写作时只好"新瓶装旧酒"。有时又为了表现自己的"尊严",写不出就干脆不写,或者写了不交卷,于是乎大叹"作文越写越难了"。如果多接触社会,多参加实践活动,多体验生活,而且学会观察、感知、感悟,学会用陌生的眼光看熟悉的事物和看身边的人物,就会越看越新鲜,越看越有意思,越看就会越有拿来作为写作元素的必要。

第二,加强思维锻炼,激活思维,积极进行思维的多元、多维活动。

多一些辩证思维、写作反思与思辨行为,尽力减少受思维定势或者思维单一化的影响。写作在有了一定的写作经验和写作习惯以后,往往考虑问题总要受先前写作经验的影响,受到先前写作思维定势的制约,当这种定势思维符合后来写作的需要时,那么便成为一种力量,如果与后来的思维不相合时则成为阻碍。一般来说,作文水平发展到一定高度时,要改变先前的立意、构思与方法,才能写出新意来,才能比先前有所突破,如果此时的思维不会随之变化,那么先前的经验就成为阻止创新而产生"高原阶段"滞化现象的诱发因素。

另外,思维结构本来是由抽象(逻辑)思维、形象思维和灵感思维三部分组成,如果缺少其中一部分,就势必会影响对一个问题的思考周密与写作创新,尤其在作文中,假如形象思维强的人在初学写记叙文时一般写得很好,但倘若不再去加强逻辑思维训练,以后写议论文时就很难写好,而议论文写作又常常在写作"高原阶段"进行,所以有很多开始自认为写文章好的人到后来写不出好文章,就是因为不会从记叙文过渡到议论文或者夹叙夹议等较高层次的写作,道理就在于此。同样,如果缺乏议论,要把记叙文写得深刻也当然很难。还有,思维走向也是多样化的,比如正向思维、反向思维、纵向思维、横向思维、求同思维、求异思维等,在横向思维中又有并列思维、相关思维、互融思维、相似思维等,如果在写作中只用自认为较成功的某种思维或者简单容易的思维,那么写出的文章当然只能停留在原有水平上,难得攀上一个新台阶,与人家所追求新颖别致的文章相比,显然是人家进步了,你还在原地踏步,这又哪能不"滞化"呢?

第三，加强生理心理上因幼稚而导致写作不成熟、不完善和难以进步的心理历练。

写作是一种生理和心理共同参与的强烈的智力活动。中学生作文由于缺乏这种准备，所以使大脑容易产生疲劳，写作效率自然不高。有些同学开始写作时往往兴趣大，天天在写，但久而久之就力不能支，材不足用，于是就慢慢"滞"下去了。这时候，还一气之下大骂自己"不是写作的料子"，就索性洗手不干了。这就是"高原阶段"的身心障碍所致。可见，心理素质不健全也容易产生"高原滞化"现象。如：信心不足，怕苦怕累，不敢向高目标挺进；看问题简单，对困难估计不足，盲目乱写，急于求成；自恃聪明，或满足于已有的成绩，骄傲自满，不愿意再接受严格而系统的高层次写作训练，等等。因此，要加强写作心理历练，阻止"滞化"发作，让习作者最后不怕写作，放胆写作，以至成为克服"高原滞化"现象的勇士。

第四，注重克服由于方法失当也会导致写作"高原阶段"滞化问题的现象。

这里有三点值得指出：一是缺乏突破写作高原阶段的全新的成套的科学方法；二是舍不得丢弃以前运用有效但时过境迁后本已欠科学、欠完整的旧方法；三是学习采用别人的方法时一味猎奇求新，生搬硬套，缺乏自己的思考、选择与创造。这样，自己的方法被丢掉，别人的好方法也未学到，弄得不伦不类，结果陷入"无法"之中。尤其是有些同学把写作初级阶段和发展阶段中所运用成功的写作方法，全盘搬进以后已为更高阶段的写作活动之中，就往往露出了它的不科学性和过时性，这势必阻碍写作水平的正常提高与最佳发挥。因此也要注重克服这种"滞化"现象。

以上是围绕关于写作"高原阶段"的滞化现象问题，从它的概念、现象到产生的原因以及克服对策等做了一番探讨。应该说，这是针对已有一定写作经验或写作活动经历以后的学生，而要争取新的追求但又遇到障碍或困惑处于"高原阶段"时候所进行的研究。我们希望，对于写熟了一种文体、一种题材、一种构思而又无法自我超脱导致"滞化"现象的人，对于写了多年文章而觉得没东西可写或者认为写不出新名堂的人（譬如到了高中阶段的学生），对于因开始写文章写得好而后来由于生活枯竭、思维定势、写法落套而超不过先前文章而产生"塞车"的人，最好此时此刻停下笔来，冷静反思问题，弄清楚产生这种"高原"滞化现象的来龙去脉，寻找其克服问题的规律与方法，这对提高写作水平将显得很有必要！

（本文发表在《语文月刊》2009 年第 3 期）

（注：以上有关导写法系列篇均系 1991 年 7 月在"全国中学语文教学讲习班"（张家界）的讲座稿，题为《写作"四化"现象及其克服对策》，发表时拆开为系列篇，且有改动。）

第九章　语文"学导法教学"课题实验研究

【引言】

本章是基于"语文学习学"的"课题实验研究"工程（语文"学导法教学"），即对"语文学习学"所涉及的具体实验操作而展开科学实验研究。

有关"语文学习学"的"课题实验研究"本来有 10 余个项目，在这里例举 3 个：就有关学习因素及现象，开展了"思辨＋实证"的辩证式方法研究。如果缺乏规范套路的科学实验，你拥有再先进的语文学习学的主张和理念，也只能是"纸上谈兵"，走不进学习实践活动，也无疑缺乏令人满意的学习效果。

这里共展示两大课题的一批文章（6 篇）。

第一个课题为"语文学习学"及其"学导法"教学的初期研究项目，开始命名为"语文学习学及其学法指导"，后期更改为基于"语文学习学"及其"学导法"教学的实验探索。在这里展示初探阶段的两份研究成果：第一份为本人的全面总结的研究总报告，第二份为本人与实验教师共同总结且由本人整理的分项专题实验报告。

第二个课题为基于"语文学习学"的"学语文"教学发展研究与实验，系被立项为广东省中小学教学研究"十一五"规划课题，开始命名为：从"教语文"教学走向"学语文"教学的研究。在这里全貌展示整个研究活动的主件成果材料：研究方案、研究总报告、实验课例等。

课题一：

"语文学习学"及其"学导法"教学的初期研究

　　本课题为"语文学习学"及其"学导法"教学的初期研究项目，开始命名为"语文学习学及其学法指导"，后期更改为基于"语文学习学"及其"学导法"教学的实验探索。初期研究前后共有 8 年。分两段：第一段（1986—1990 年），为本人的个体教学尝试性研究，既有理论思考，又有具体实践，总结了一批经验总结型论文和案例；第二段（1989—1993 年），为定点推广和全面提高的主题项目型实验研究（洞口县木瓜中学、湘潭师院附中等）。在这里展示初探阶段的两份研究成果：第一份为本课题全面总结的研究总报告，第二份为实验点的分项专题实验报告。

【课题研究成果之一：研究总报告】

"语文学习学"及其"学导法"教学的初期实验

——关于"语文学习学及其学法指导"的研究报告

（1993 年 4 月完成）

一、研究的目的与方法

　　"语文学习学及其学法指导"，是笔者十余年来在教学实践的探索中所提出的教改理论研究课题，1991 年 12 月又列为国家教委"八五"重点科研课题"学生学习现状调查与学习指导研究"中的子课题，现在又成为县、市及省学习科学研究会的主要教改实验项目。

该课题，在理论上以马克思主义的认识论为基本指导思想，以教育学、心理学、现代新"三论"、学习学、思维学和联合国教科文组织"学会生存"（学会学习）的文件精神为理论依据，在实践上根据我国社会主义现代化建设和日新月异的世界科技进步与发展的速度对人才素质的新要求，针对我国目前语文教学中"重教不重学，重学不重能"的弊端与教改陷入徘徊局面而提出来的。其目的在于，通过对语文学习的全过程、全方位重新思考与学习方法指导的有效探索与尝试，意在更新观念，以学法指导为突破口，让学生认识"语文"，学会"学习"，掌握方法，开发智能，变苦学为乐学，厌学为愿学，蛮学为巧学，努力形成"教为学导路，学由学生自己学"这样一种新的教学体系，以此达到提高教学质量的目的。

该课题的研究方法：（1）调查法，以座谈、问卷、观察和考试抽样分析等为主，并形成调查报告；（2）分析法，先翻阅有关理论书籍和文件，再结合实际问题整理归纳，作出理论与实践的剖析，从中抽出有意义的思考和假设，并形成若干论文；（3）反馈法，将所作出的思考与假设又拿回到实践中去验证，主要通过实验班、学术会议和报纸刊物的交流来听取评价和检测，待完善提高后再形成系列论文或专著。

二、结论

1. 本课题对语文学习的现状进行了调查分析，基本上弄清了中学生不愿学习的重要原因之一就是不懂学习、不会学习，难的学不进，易的学不深。笔者还就学习的五个环节（预习、听课、复习、作业、考试）作了专题调查，写出了一批调查报告，如《关于农村中学语文预习的现状调查与反思》，获全国中语会青年教改新秀论文一等奖，被《湖南教育报》1992年4月4日第三版摘登，又于1993年5月获国家教委"八五"重点科研课题阶段成果证明。

2. 本课题研究了目前语文教学中"重教不重学"的单打一传统教学观，从时代的高度分析了其中的原因，勇敢地提出了解决这一问题的根本途径就是要开展学习方法指导。

首先，根据国内教育理论和自己的探索，针对学生语文学习中的实践问题，积极开展以"专题讲座""教学渗透"为主要形式的学法指导。如《谈谈学习方法的重要性》《写作技巧漫谈》《语文标准化考试答题方法十二讲》等等，另外，还以《学习方法指导》为教材，在初中一年级开课教学，每周一节，还配有一定量的思考练习题。更主要的是在语文知识教学或有关会议中进行"渗透性"指导学习方法。如担任校长和班主任期间，在开学典礼报告和各项有关工作总结中就专列一项"如何总结学习经验，掌握科学的方法，提高学习效率"等等；在每学期上的第一堂课，就通过"教目录"来进行如何读书、如何制订学习目标与计划等方法指导，期末又利用目录来复习，梳理知识，查漏补缺，同时还在与学生闲谈中有意识地介绍古今中外成功的学习方法。

然后，站在理论的高度，不断总结学法指导的实验经验，摸索一套关于开展学法指导的意义、要求、内容、形式、步骤的新体系、新观点，由此写出了一批有较高质量，在全国产生强烈反响的学术论文。如：（1）《开展学法指导，是深化语文教改的当务之急》，发表在《湖南教育科研》1989年第2期，后改写成《关于语文学法指定的思考与尝试》，获全国农村中学语文教改研究会论文一等奖，发表在山西《语文教学通讯》1990年第9期，又于1992年4月在邵阳市教改经验这交流大会上宣读并获成果奖。（3）《关于语文学法指导的再思考》发表于华中师大《语文教学与研究》1991年第9期。（4）《从教目录看语文学法指导的"渗透式"》，先在《中国教育报》发表，又在全国第二届学习科学学术讨论会宣读和获奖，并相继发表于《学论》《中华语文教学参考》和北京师大《学科教育》，1992年6月又入选由人民出版社出版的国内迄今最高水平的被著名社会科学家敢峰先生誉为"带有通论或大纲色彩的著作"《论学习——学习科学与学习指导的探索》一书。（5）《"三级学法指导"略述》，发表于《湖南教育》1991年2—3期（合刊）。（6）《全程式学习方法讲座》系列研究稿（分总论、常规性学法、基础性学法、通用性学法、特殊性学法、创造性学法等），连载于全国中语会会刊、山西师大《语文教学通讯》1991 年第 7、8、9、10、12 期。（7）《"语文学习学"的构想与尝试》发表于《语文教学通讯》1990 年第 10 期。（8）《关于克服写作"泛化、激化、老化"现象的作文思维调控法》系列研究稿，先于 1991 年 7 月在大庸全国中学作文教学讲习班讲学，后连载于广西《中学文科》1992 年第 1、8、9 期和 1993 年第 8 期。（9）与人合编出版了我国第一部大型《简明学法词典》（担任副主编，辽宁大学出版社 1992 年 12 月出版）。（10）参与编写由方春耕等主编的《学习方法指导》一书（学法指导教材，湖南地图出版社 1993 年 8 月出版）。

上述研究成果，已得到实践的检验，正显示出独立的见解和创新意义，对语文教育改革实践有较大理论指导作用。具体说，教学实践中学生不同程度地学会了学习，提高了学习质量。该课题当时的主要基地——武冈县七中，是一所办学条件差，生源经过五道筛选后极差的农村普通高中，学生大厌学弃学，每年流动 15% 左右，毕业会考当初格率仅 47.8%，居全县倒数多数第一，近两年致力于转变学习观念，开展学法指导，其质量明显提高，1993 年下学期学生流失率降为 3.5%，高中毕业会考合格率 1992 年由 47.8% 上升为 97.9%；1993 年高二五科会考及格率均为 100%，跃居全县第一名，超过了省重点中学，高考升学人数也达近 10 年来的高峰。另外，还出了一大批创造意识和动手能力强的"特色人才"，光在全国各地发表作品或获奖的就有 40 多篇次。近年来各地的实验点成绩也很突出，如洞口县木瓜中学张映良、邵阳二纺织子校邓小梅、湘潭师院附中王富元等老师在开展学法指导后教学成绩均在当地名列前茅。

3. 理论上影响了本校、县、市、省及全国各地越来越多的教师转变观念，认识到学法指导的重要性和可行性，纷纷投入学法指导实验之中，至今有 200 多封来信大谈体会与启发。如：

湖北省襄阳师专附属学校刘老师说："我有幸从《语文教学通讯》上看到了您的多篇论文，都做了非常详尽的阅读笔记，生怕遗漏了其中的要点。从此开始了与您的神交，于是有目的有意识地运用你的理论方法来指导我的教学实践。我经过比较分析，认为你的这一种以学习方法指导为主的教学法，有许多优秀之处，比较切合我校的实际，有助于改变我校学习现状，提高教学质量……"

广西容县高级中学覃克良老师来信说："我是从《语文教学通讯》上认识您的，近日在整理去年所订的杂志，重新阅读那些文章时，被您的文章及介绍你的文章所打动。读了您的文章，仿佛在我心头射进一线曙光，许多困扰的问题似乎一下子变得豁然开朗起来，心里兴奋不已，如遇到老朋友、旧知己一般，一遍又一遍地把文章读了又读，越读越有味，恨不能把文章的精髓马上学到后，在实践中运用，感谢您为我打开了一扇通向成功的大门……"

三、讨论

1. 由于本课题一直在教学第一线进行，始终遵循"实践——认识——再实践——再认识"的规律，既坚持从自己的教学实践中调查与提出问题，又积极借鉴别人的经验教训和国内外已成的教育理论，并进行创造性思考，还注意从广大师生和各地读者、学术会议、报刊及专家学者中听取意见，获得反馈，然后不断完善与提高，因此，本课题的提出和研究方法是符合客观规律的，是科学可靠的。

2. 由于学习科学是国内外一门刚刚兴起的新学科，处于国内领先地位，故本课题的研究成果可以说在国内外是独创性的，其理论上的独特性、开创性价值和在实践中的指导性、推广性作用，已为越来越多的学校师生、专家学者及教育行政部门所认可采纳，它对我国基础教育改革从实践和理论上都会产生重要的不可忽视的影响与启迪。例如：

（1）在学生不懂学习、不愿学习或想学而学不好的时候，教师若能给予科学的学法指导时（包括学习态度、习惯、方法及学习过程、心理等），当然能帮助学生提高学习效率，故此，笔者创造性地进行归纳总结，在全国首次完整地提出了"三级学法指导体系"，即"常规性学法指导→分科分类特殊性学法指导→创造性学法指导"（详见《湖南教育科研》1989 年

2 期、《湖南教育》1991 年 2、3 期），后来又发展为"全程式学习方法指导"（即"常规法→基础法→通用法→特殊法→创造法"，详见《语文教学通讯》1991 年 7——12 期），这些观点与做法，在全国各地读者中产生强烈反响，给广大师生提供了运用学习方法和开展学法指导的思路与蓝图，所以，《语文教学通讯》编辑部为我所发文章两次加发"编者按"，给予高度评价，说道："希望它能给研究者以启迪、萌发"。结果，确实引起了一大批学法研究文章的产生，该刊特为此长期开设了"学法指导"栏目，都发表了在本课题理论指导下的研究文章。同时，在该栏目的领头文章——佟士凡《重视学法，面向未来——语文教学面临的一个重要课题》（《语文教学通讯》1992 年 1 期）一文中，佟老师将对本人的学法研究与尝试的举例评介竟排在全国同类成果及人物的首位，先于钱梦龙、魏书生等名家而进行专项重点评介。

（2）在教师认识到学法指导的重要但又苦于不会指导的时候，笔者站在理论的高度，科学地总结并提出了学法指导的五种形式，即"班级授课，专题讲座，资料传播，讨论交流，教学渗透"等（详见《湖南教育科研》1989 年 2 期，山西师大《语文教学通讯》1990 年 9 期，华中师大《语文教学与研究》1991 年 9 期），现在我省乃至全国各地学校都基本上采用上述形式进行学法指导。本人前几年以"专题讲座"和"教学渗透"为主，近年来又增加了"班级授课"等另外三种形式。例如本人在运用"教学渗透"式学法指导时，每期开学初第一节课，均通过教目录来进行如何订计划，如何读一本书，如何复习等方法指导，均被全国各地师生所称好，曾在《中国教育报》等 8 家报刊、书籍和学术会议采用，北京工大张树森研究员在书面荐评中说："这种探讨有创造性，效果显著，值得推广，文章论述有一定的深度，也比较全面……"

（3）根据在给学生进行学法指导中的局限性，笔者又高瞻远瞩地在国内第一次提出而创立了"语文学习学"这门新学科，与目前师范学院校普遍开设的"语文教育学"形成姐妹学科，在研究中已对"语文学习学"的理论框架从总结到方法论均做了比较全面的思考和探索，已引起了国内外一大批专家学者的极大关注（详见《语文教学通讯》1990年第10期的《"语文学习学"的构想与尝试》），比如，外省不少教授多次向湖南师大中文系周庆元教授打听我有关"语文学习学"的研究和出书情况。随着这门新学科的建立和开设，它必将对今后的中小学语文教学带来"导航"与"奠基"的作用：对学生不仅进行方法指导，更要对学习的规律、学习的内容、学习的特征、学习过程、学习心理、学习的智力因素与非智力的综合开发、学习手段及学习环境等等全方位的指导统称为"学习指导"，且能使学生的学习真正有效地持久发展。

（4）由于在本校和武冈、洞口、邵阳、湘潭及全国各地近20所中学开展学习现状调查及学习指导实验，均取得阶段性成果，在当地赢得好评，并已列为国家教委"八五"重点科研课题"学生学习现状调查与学习指导研究"中的子课题，即"中学生学习现状调查与学习指导研究"。这项成果，为改变"重教不重学"的状况，提高学生能力的决策中提供依据或思路，发挥其推广运用价值。

总之，本研究课题的价值，正如浙江省诸暨县教师进修学校游炳君老师来信说："最近拜读了您的大作……，深受启发，不禁对老师的钻研精神和敏锐的目光以及培养跨世纪建设人才的远见钦佩不已，由衷地赞赏。的确，您在这个具有战略意义和高度实用价值的课题上呕心沥血，致勤致苦，从而获得了颇具影响的成绩，目前正以它的强大而持久的生命力，以它的科学性，指导着全国语文教学领域里的改革，推动着教改向它应有的深度发展……"也如中国学习科学学会筹委会主任、现任山西大学学习科学研究所所长林明榕研究员在推荐书中所说："这些论文均有一定独立见解，对于建立语文学习学作出了贡献，他还就在中小学进行语文学法指导教学，发表了一系列的见解，这些想法有一定理论高度，对于改进中小学语文教学和提高学生语文学习能力有理论指导作用……"

北方妇女儿童出版社1991年6月出版的《中学语文教改实例评介》一书，评介了全国教改名家70家，我省被评介的有湖南师大附中特级教师邓日的"中学自能作文训练"和武冈七中林惠生的"语文学法指导"。

现将文中关于对林惠生"语文学法指导的重要价值"部分抄录如下:

"林惠生的语文学法指导是基于社会发展对人才的要求,面临世界新技术革命的挑战而提出的新课题,是他十多年教育实践的经验结晶,它的重要价值在于:

(1)是继承传统语文教学中零散性、直观性经验,抓住了语文教学的本质特点,建立起来的一套的"学法"系统。它拓宽了语文教学改革的视野,把教学改革的触角伸向一个新的领域,为教学改革开辟了一条新路。

(2)"语文学法指导"以开发学生智力、培养自学能力为目标,对于培养和造就一大批具有聪明才智的现代化建设人才有着重要的战略意义。现代教学论强调开发学生的智力资源,培养学生能力,要求学生不仅是知识的接受者,更重要的是成为知识的发现者。德国教育家第斯多惠说:"一个坏的教师奉送真理,一个好的教师则教人发现真理。"教学生学,就是教育学生怎样去发现真理。林惠生正是以这种思想为指导,实践着叶老"教是为了不需要教"的教导,为培养出一批批适应现代化社会生产发展需要的"合格加特色"的人才而奋斗着。

(3)"语文学法指导"从根本上打破了教学改革重教不重学的旧观念,变教师单线改革为全方位的"教—— 学"双线改革,对促进教学改革向纵深发展有着直接现实意义。林惠生在教学改革中,将相互独立的教与学融为一体,基本上解决了在宏观上"学什么",在微观上"怎么学"的两大课题,从"教"的圈子里彻底解放出来,改变语文教学"多、慢、差、费"的现状。变教师一个积极性为教师、学生两个积极性,充分发挥语文工具学科的作用,科学地指导学生明确学习现象,掌握学习规律,让学生在教学活动中以探索者的身份在紧张积极的思维活动中不断获得掌握新知识的本领,培养了学生良好的学习品质,不仅提高了语文能力,也由于学法指导的共性促进了其他学科的提高,推动了教学改革的全面深入发展。

(4)林惠生"语文学法指导"是植根于家乡故土,因地制宜发展起来的。在条件艰苦、学生素质差的情况下,这种多角度全方位的学法指导,既减轻了学生负担，又提高了学习质量，对农村偏远山区的教学改革具有普遍的实用价值。

林惠生的学法指导重在培养学生的能力，而能力的形成绝非一朝一夕所能奏效的。对于急功近利者来说，这不是高考升学的敲门砖，但对于广大的中小学基础教育，这种方法和理论是行之有效的。我们相信，林惠生在不断的探索中，他所致力研究的"语文学习学"的理论将更加充实，日臻完善。

另外，由时任全国语文教学法研究会会长朱绍禹先生作序、成都出版社 1993 年出版的《当代中国语文教育改革名家评介》一书，对在全国产生重大影响且各具特色的"十大名家"进行全方位评介，林惠生因"语文学法指导的开拓者和成功者"为显著特色入选，和于漪、钱梦龙、魏书生等 10 位名家获得重点介绍和评价。

几点想法：

1. 由于学法指导是一项系统而长期的潜能开发工程，与急功近利的"升学教育"格格不入，不可能短时间直接服务于升学考试。建议各级领导和师生更新观念，端正认识，共同浇灌这颗本是目前"前景量"却还不起眼的教改小苗能健康成长。

2. 此课题已进入大规模的调查与实验研究阶段，但目前由于还是少数人在民间呐喊着，推广与深化较难，建议各级领导和学校从人员、财力、时间、舆论诸方面给予支持和指导，并在实验上扩大实验点、培训实验教师、续编实验教材、开展实验研讨交流等等。

3. "语文学习学"因时间、物力等原因，至今还未能写出专著出版，给大面积全方位的语文学习研究及指导带来缺陷与被动。

一九九三年十月二十日

（本文系获邵阳市第二届社会科学成果一等奖材料，并在邵阳市首届教改经验交流会上介绍。）

【附录】

关于我校林惠生同志教改科研的评估意见

　　林惠生同志自 1979 年开始，致力于"学习方法指导"的实验与研究，经过了大致四个阶段，均取得了一定的成绩，特别是近几年来，在我校的教育教学实践中处处以"学法指导"为突破口，以"合格＋特色"为办学模式，效果显著。

　　1. 转变了师生"重教轻学"的观念，狠抓了学法指导的重要性，学生都十分乐意听林惠生同志的课，说他上课既教知识，更教方法，释谜解渴，再不愿意学习的人也乐于听他的课。

　　2. 使学校的教学质量有了明显提高，使一度陷入徘徊的农村普通高中走出了"低谷"。1990 年以前，我校教育质量一直处于全县中下面，特别是 1990 年的高中毕业会考及格串仅 47.8%，居全县倒数第一，经过他和大家的共同努力，注重了学习方法指导，加强了学习能力培养，结果教学质量直线上升，1992 年高中毕业及格率均为 84.5%，居全县农村高中第一，1993 年高二五科毕业会考及格率均为 100%，居全县第一，超过了我县的省重点中学，高考升学人数也成为近几十年来的高峰。

　　3. 涌现出一大批音、体、美、文学创作等"特色"人才。近几年来，经林惠生指导的在全国各地发表或获奖的学生习作计 40 多篇。如高 58 班的杨青同学，就已经有 5 篇文章在全国分别获得"华夏杯"三等奖和优胜奖。她还在《语文周刊》等报刊发表《爹爹，送送我吧》等习作 3 篇。

　　综上所述，学法指导在我校是行之有效的，而且只要大家齐心协力，各科教师紧密配合，还会取得更大的成绩。

武冈七中

一九九三年九月二十日

【课题研究成果之二：专项实验报告】

关于语文"学导法"教学的专项实验报告

（1992 年 12 月完成）

在语文学习方法指导即"学导法"教学的研究中，我们除了一般性的学法指导的研究与实验以外，还着重进行了以"学导法"为主题的专项实验研究。本研究共进行三年，分两项：第一项即从 1989 年下学期开始，以洞口县木瓜中学张映良老师为组长开展的县域性调查研究与初步实验；第二项，即从实验开始后，由林惠生老师在跟踪实验的基础上进行"学导法"的发展性研究，将有关实验成果加以理性分析与研究，并结合其多年的实验和其他成果给予提升型总结。现在，研究已满三年，完成了任务，实现了目标，效果良好。特此报告如下。

一、实验的目的与意义

（一）实验目的

本课题旨在指导学生学会对学习的自我管理，使他们学会学习，以迎接未来世纪的挑战。

1. 矫正学生的学习病态，培养健康的学习心理，变"苦学"为"乐"，变"厌学"为"愿学"，变"要我学"为"我要学"，以至提高学习的主动性和学习效率。

2. 纠正学生不良的学习习惯，减少学习"失误"，掌握学习策略和学习能力。

3. 帮助学生掌握和总结学习方法，大幅度地开发智力，发挥个性特长，在培养成各类特色人才上下工夫。

4. 加强双差生攻关研究与指导，大幅度提高他们的语文听说读写能力。

（二）实验意义

1. 为现行广大中学教育特别是双差生教育提供决策依据，渴望产生学校教育的一场革命。

2. 将扩大学校教育的时间和空间，实现九年制义务教育的大普及和质量大提升。为了大面积地改写双差生的学习，提高管理和指导的决策依据及经验，大幅度提高教学质量。

3. 能使目前普遍流行的选择学生的教育，向适合学生的教育方向发展，力求改变因生源而"抢教"的畸型教育状态。

二、研究方法

主要采用实验研究法和调查分析法等。现将实验对象和取样方法分别确定如下。

按经济发展情况及历次升学考试成绩的好坏，抽取有代表性的四个初中班为实验对象，共200名初中生。他们分别是：

1. 经济较发达，历年来升学率高的又兰中学；

2. 经济不发达，学校教育各方面都卓有成效的菱角中学；

3. 经济较发达，历年来初中会考成绩一般的木瓜中学；

4. 经济不发达，学校教育各方面都比较差的长瑭瑶族中学。

下面以最典型的木瓜中学五十八班为例具体说明。

把统编入班的五十九名初一新生按其智力结构和非智力结构分成四类。

第一类：智力中上，入学成绩一般，学习习惯、学习心理等非智力因素有较大毛病的，共11人，其中男生9人。

第二类：智力中等，入学成绩优秀，完全靠死记硬背，缺乏科学学习方法的8人，其中女生7人。

第三类：智力中下，成绩和各种能力较差，需要老师帮助学习的21人，其中男生13人，女生8人。

第四类：智力较差，成绩较差，如果老师教会其学习，预计日后有较大改变的有19人。

以上取样方式，有一点是要注意的，那就是要绝对排除调查者本人的主观因素，并且一定要保证90%的准确性，为了排除干扰，我们先后进行了三次调查，以保证判断基本准确。

三、实验程序

（一）开展学情调查，制定实验方案

1. 实验前一个月进行学情调查，制定出实验方案；

2. 初一阶段，采取"讲座式"，即一星期一节学习指导课，每星期一次学习跟踪，并进行一次非智力因素训练，一年后再次按非智力因素情况分成四类。

3. 初二阶段，抓住学习的五个环节：

预习——上课——作业——复习——考试进行分类指导，主要进行"环节渗透式"和"个案诊断式"。即在学习活动的五个环节中引导学生去发现、创造，并注意对个别学生的学法剖析与心理健康指南，养成好的学习习惯，培养独特的学习风格。

4. 初三阶段：采取"讲评式"。即对学生运用和创造的学习方法以及在锻炼自己非智力因素方面所得到的体会，予以讲评，并逐步检验实验所得到的成果，完成实验任务。

（二）基本操作方法

1. 学情调查：

由大到小，由概括到具体的层次调查法。

（1）概括性宏观问卷。

主要就学生对前途、对学业、对人生价值的认识进行问卷调查。

（2）分类谈话

在第一次调查的基础上，用一个星期左右对学生进行分类咨询，主要根据学生的文化背景、家庭环境与社会因素，就学习习惯、学习心理分别进行谈话。要求气氛融洽，选择时间恰当。

（3）个性探微，再进行第二次分类：

一般在调查时，采取问卷形式，在上午八九点钟进行。调查题如下：

你知道预习的好处吗？有无预习的习惯？是怎样进行预习的？

介绍一下你听课的情况，上课开小差吗？哪种情况使你开小差？听课效果怎样？

为什么要做作业？有哪些成功与失败的体验？

平时有无复习的方法？效果怎样？

你最喜欢哪门课？为什么？该门课成绩怎样？

你最不喜欢哪门功课？为什么？

你能说说在学习活动中，印象最深的是什么？

2. 分析情况：

有针对性地制定出实验计划。建立好实验档案。

系统层次化的调控，优化学习过程。

3. 指导学生做好学习准备，实施有效学法指导：

（1）学习的精神准备

学习的精神准备包括确定学习的目标，学前的自我检查，建立完善、健全的学习动力系统和良好的学习精神状况，以在心理上做好经受成功、失败、挫折、困难等方面的准备。

①学前的自我检查。这种检查分为期检、月检、星期检，通过写《学习小结》等形式，对自己学习的兴趣、情绪、好恶、学习成果、学习方法进行评价，尽量认识自己的情感因素与未来学习的关系，教师有针对性的进行集体或个别谈话，使之经常保持饱满的学习热情，树立学习的自信心。木瓜中学实验班有一个叫付招友的学生，偶尔听了本村一南下打工仔的吹嘘，思想产生了波动，想弃学外出。第二天早晨在自我检查中，剖析了这种思想的严重后果，有效地制止了可能产生的厌学情绪。

②确定学习目标。先确定一个学期的学习目标，对每一单元、每一篇课文都进行课前预习，并确立好学习目标。目标以是否能独立完成课后作业为主要依据。这样做，使学生们有了学习进程的方向保证。

（2）学习的物质准备：包括学习环境、学习资料、学习工具、学习时间等学习条件的准备，以建立健全学习的物质支撑系统。

（3）学习的行为准备。

学习的行为准备主要是关于学习方法的准备和对学习内容的初步了解，对学习过程的大概熟悉的准备，以初步建立学习的能力系统为主。在开始实验时，由实验老师提供帮助或指导。如一九八九年下学期的前两个星期，对实验班学生进行三次"学习讲座"，第一次的题目是"怎样听好一堂课"，包括"怎样记课堂笔记"，强调"三记三不记"的方法，"怎样避免不健康情绪对听课的干扰"，"课堂提问"，"一节课的条理与听课思路"。

第二次，是指导学生怎样进行预习，介绍了"比较预习法"，"选择预习法"等十种预习方法。

第三次，是指导学生怎样完成作业以及作业的选择和方向。主要介绍"定量作业法"，"作业错误列档法"，"指向分类作业法"。学生做作业，可以不做老师布置的题目，根据自己的实验情况定点、定向、定额完成作业，达到温故而知新的目的。

4. 强化运用与总结效果。

随着实验的深入，要求学生在探索学法的基础上，有选择地确立好学习方法。同时注意学习方法的渗透与运用：

（1）定期举办学法讲座，使学法指导系统化。

从下面十二个方面予以指导：常规法；自控法；分析法；读书法；积累法；检索法；记忆法；思维法；审美法；作文法；听说法；应考法。

（2）采取个案诊断方式，使学法指导层次化。

有些学生有了科学的学习方法，但不会用。实验教师每星期为十名学生进行具体指导，从以下几个方面进行：

学法运用跟踪；

学法运用成果总结；

学法的变异与创新。

5. 引导学生做学习的主人，积极主动地进行学习。

学习的展开，包括感知，认识（即理解）和运用三个环节组成。整个学习过程由浅入深，体现以教师为主导、学生为主体、修练为主线的原则。因此，在具体学习一篇课文时，对浅层次目标进行助达（如注音解释等），以能提出问题为感知阶段的终结；对深层次目标助导，运用各种教学手段，以导为主，要求学生深入钻研问题，以基本上接近课本的学习要求为终结，并且将听说读写能力训练贯穿其中。

例如实验教师张映良教《最后一课》时，先指导学生达到三个浅层次学习目标，再沿着"小 朗士未上'最后一课'时是怎样一个人？——通过'最后一课'后，他的思想感情发生了什么变化？——文章揭示了什么主题？巧妙的构思是什么"等深层次目标进行"主导"，从而实施能力修练。结果整个课堂，以学生为主体，第二环节仅用了二十分钟圆满完成学习任务，受到与会四十七位老师的高度评价和县区领导的好评。

6. 通过学习评价来巩固强化学习效果，增强学习的成功感与自信心。

学习评价要有阶段性和层次性。根据不同层次的学生和学习材料的不同分为：一次评价、二次评价、三次评价；表层评价、深层评价。总之，要为一直至达到学习目标才算学习指导成功。

为了使评价具有阶段性、层次性和连续性，要求学生每天第七节课后（放学前）用十分钟写"学习小结"，尤其是对自己的学习心理、学习方法、学习习惯、学习效果等进行恰如其分的总结。

总之，学习过程要达到整体优化，必须使每个环节和局部优化，以最终达到整体优化与系统有效的目的。

（三）研究结果的统计与处理

我们对实验当出现的有关学生各种智力和非智力因素的上升与下降指数，主要采取 10 分制的形式进行分类存档，实验的三个阶段及最后结果的有关数据统计，主要进行人工操作，由于实验人数较少，结果是很容易计算的。

四、实验结果及其分析（以其中一个班为例）

1. 实验结果

（1）实验班入学成绩与实验后升学成绩对照。

表一：入学成绩（一九八九年九月，59 人）

项　目	语文（满分 100 分）				数学（满分 100 分）			
	最高分	最低分	平均分	校内名次	最高分	最低分	平均分	校内名次
实验班	77	44	64.8	3	91	15	69.3	2
对照班	82	49	66.3	1	94	15	79.9	1

说明：初中升学考试，成绩不够真实，入校分班后进行了一次摸底考试，初一共三了班。

表二：实验后的成绩（一九九二年六月）

	实验班（59 人）	对照班（42 人）
七科平均分	81	70
区内名次	1	9
升学人数	42	17
升学率	76%	34%
巩固率	100%	75%
优秀率	30%	6%

（2）初三年段各种竞赛成绩（每次比赛按年级取前六名）。

	实验班			对照班		
	人数	平均分	名次数	人数	平均分	名次数
朗读作文竞赛	5	89.7 81.2	4＋4	5	78 77	1＋1
数学竞赛	10	71.3	4	10	68.9	1
英语竞赛	10	67	3	10	52	1
物理竞赛	10	84.6	5	10	78	0
化学竞赛	10	93.8	6	10	84	0

　　全县四个实验班共有二十人在国家地方各种报纸杂志上发表三十五篇文章，10 人在其他各科的国家级或省级竞赛中获奖。

（3）非智力因素实验前后对照

项目 人数档次	学习动机		学习态度		学习兴趣		学习志向		学习习惯		个性品德		学习方法	
	前	后	前	后	前	后	前	后	前	后	前	后	前	后
优	15	30	18	42	21	43	19	39	6	34	18	36	3	44
良	20	18	16	10	8	9	12	16	13	11	17	15	6	5
中	10	8	9	8	18	6	9	2	16	2	4	1	10	8
差	14	3	1	1	14	1	19	2	24	12	20	7	40	2

2. 对实验结果的客观分析

实验组全体成员都是在教学研究中有一定成绩的中青年老师，他们借鉴了古今中外指导学生学习的方法，主要根据本地学情制定出自己的实验方案，体现了理论联系实际的工作作风。从实验开始到结束，始终抓住学习的规律（如"学习的主体性规律"）和初中生个性心理特征，按"调查——实验——检验——实验——检验"的程序，由浅入深，由一般到个别，体现了对事物的认识规律，可见实验的方法是科学的，实验的结果是成功的。

五、对实验深入研究的建议

1. 关于对实验价值的研讨

课题验收和领导小组组织有关专家组进行鉴定，并组织了一次"学导法"课题的研讨会。与会人员认为，在同一起跑线的同年级班级，与实验班成绩差距较大。因此，本实验的成果是"学导法"的必然结果，从"巩固率、优秀率、合格率、特长率"等四率来看，明显调动了学生的学习积极性，不但有效地控制了学生的知识失误，更重要的是解决这种失误的内在原因：学生不会学习。

实验结果的启示：

（1）让95％的学生学好学科知识是完全能够做到的；

（2）忽视学生的"学"就是违背了心理规律，教育规律；

380

（3）教师必须转变观念，少做无用功；

（4）对今后研究教育教学规律提出了新的课题。

2. 对研究结果的有关论证：

（1）根据教育心理学的基本原理之一"迁移规律"。

迁移规律的定义：前一个问题对后一个问题的影响（见邵瑞珍主编《教育心理学》第 243——268 页）。学习指导激发学习兴趣，排除学习者的心理干扰，增强对已学知识的清晰性、可辨性和稳定性，减少对知识的失误率。实验成果是可信的。

（2）根据学习学原理：学习具有主体性、开放性、社会性和创造性。（见参考文献②）学习指导的成果是学生主动学习的必然结果。实验成果是科学的。

（3）根据布卢姆的《目标分类法》，此实验进行目标控制，计划调控。符合循序渐进规律。

（4）此课题是针对目前教育的现状提出，能为教育的深入改革和发展提供决策依据。

参考文献

1. 邵瑞珍主编，《教育心理学》，上海教育出版社 1988 年 4 月版，243 页—268 页。

2. 林明榕主编，《学习学通论》，学苑出版社 1990 年 9 月版。

3. 董国华主编，《学习指导简论》，1991 年版。

4. 魏书生著，《给青年语文老师》，漓江出版社 1990 年版。

5. 联合国教科文组织"国际教育委员会"：《学会生存——教育世界的今天和明天》。

6. 美国·布卢姆，《目标分类法》（中文版）。

7. 林惠生，《全程式学习方法讲座》；山西《语文教学通讯》1991 年第 7—12 期（连载）。

【附录】

学情调查统计与分析

（一）第一次：五十八班学习方法检测题综合整理（59人），（一九九〇年十一月，木瓜中学，调查者：张映良）

1. 怎样学习生字、新词？

一定要查字典	正正	（10人）
读写词语	正一	（6人）
每天抄一遍	正	（5人）
靠死记	正正	（10人）
不死记硬背	正	（5人）
理解记忆	正	（8人）
及时复习	正	（5人）
认真听	正	（5人）
及时复习	正一	（6人）
抓重点	一	（1人）

2. 哪种方法最容易学习语文？

一边读一边理解	一	（1人）
老师讲我们听	正正正正正一	（26人）
目标教学	正	（5人）
反复学习	正正一	（11人）
指导方法	正正正一	（16人）

3、自读一遍能读到什么程度？

一点都读不进	正正正正正正	（30人）
模模糊糊	正正正	（15人）
基本上能全面理解	正	（5人）

4. 你希望老师怎样上课？

讲详细些	正正正正正正	（30人）

师生共同讲	正	（5 人）
让大家发言	正正	（10 人）
多提示	正	（5 人）
老师上课不要骂人	正丁	（7 人）

5. 上课为什么不敢发言？

怕羞	正正正	（18 人）
难答	正正一	（11 人）
没有准备	正正	（10 人）

（二）学习习惯、学习心理调查题：

时间：一九九一年四月

人数：50 人

1. 检测题

（1）你是怎样上课的？你学习时开小差吗？

（2）你对自己心理上的缺点采取过哪些措施？

（3）你有哪些学习爱好、特长？你在学习上最喜欢和最不喜欢的事分别是什么？

（4）你有哪些好的或坏的学习习惯？它对学习分别产生哪些影响？

（5）你在学习上有哪些成功的体验？试举例说明。

（6）你对学习有哪些看法或建议？

2. 调查后的思考

（1）兴趣高潮就是学习高潮；学习兴趣的持久是学习进步的重要保障；

教师能否点燃学生的兴趣之火，是引导学生能否学好一门功课的前提。

（2）学习动力来自适当的压力；目标管理是调动学生积极性的一个发动机。

（3）良好习惯的养成是学习的重要条件。学生学习的情绪调控，学习问题的查摆、纠正等是教师必须随时关注的。

（4）学习方法的运用是搞好学习的杠杆；对学习内容的深刻理解是学习的关键；对语文知识的科学实践是促进学习的有效手段。

（根据张映良等实验课教师的实验成果整理撰写）

课题二：

基于"语文学习学"的"学语文"
教学发展研究与实验

（2009 年 6 月完成）

本课题为基于"语文学习学"的"学语文"教学发展研究与实验，系被立项为广东省中小学教学研究"十一五"规划课题，命名为：从"教语文"教学走向"学语文"教学的研究。研究共计 4 年（2005—2009 年），已取得较好的成果。这里全貌展示整个研究活动的主件成果材料：课题简介、课题方案、研究总报告、实验课例等。其中附录的课题实验案例，均为本人与实验教师共同总结且由本人整理的分项专题实验记录。

从"教语文"教学走向"学语文"教学的研究
——广东省中小学教学研究"十一五"规划课题

【课题简介】

本课题为广东省中小学教学研究"十一五"规划课题，课题名称为：从"教语文"教学走向"学语文"教学的研究。由广东省教育厅批准立项，课题立项编号：j06－050，课题负责人：林惠生，课题负责人所在单位：汕尾市教育局教研室；参与研究或实验的教师有：陶波、陈振华、刘金魁、白明亮、刘林、陈琳等。课题研究周期：2005 年 1 月——2008 年11 月，于 2009 年 6 月被省批准通过结题鉴定验收，取得较好的效果。

本课题基于我国几十年来语文学科自身改革与发展的曲折过程中所发现的"重教轻学、重讲轻练、重灌轻导"等现实问题而提出的新命题：从"教语文"教学走向"学语文"教学，这是现代教学理念在语文这个具体学科教学中所作出符合科学发展观的深度诠释或者科学演绎，为寻找更有意义的新教"学"模式与方法而作出的探索，用"学习型社会"理论而构建"学习型语文教育"的一种具体教学形态即"学语文"教学。通过历时四年的研究与实验，已寻求到一种全新的"学语文"教学课堂实施目标的设置，并为此形成了"学语文"教学的十大模式和一批成功案例。到目前为止，已有相关论文发表 3 篇，论文及课例共获奖 6 篇次（补注：2013年又荣获全国中学语文教学专业委员会优秀科研成果二等奖）。

【课题方案】

广东省中小学教学研究"十一五"规划课题
课题研究方案

一、课题基本情况

课题名称：从"教语文"教学走向"学语文"教学的研究

课题立项编号：j06－050

课题立项批准单位：广东省教育厅

课题负责人：林惠生

课题负责人所在单位：汕尾市教育局教研室

课题研究周期：2005 年 1 月——2008 年 11 月

参与研究人员：各相关教师

二、课题设计

（一）课题的提出

随着新课程实验的不断深入，在学科教学中如何进一步推进素质教育，实施有意义教学，让教学更趋科学发展，和谐进步，将成为"十一五"时期的主攻课题。为此，我们特在本人坚持了近 30 年的一大基本教育理念"学有其教，为学而教"的基础上产生的基于"语文学习学"的课题研究而继续展开新一轮滚动性研究：从"教语文教学"走向"学语文教学"的研究项目。

1. 本课题立足于本人自 1979 年开始，并于 1990 年 10 月在《语文教学通讯》上提出的"学"语文教学观点且继续研究、实验至近几年新课程实验所进行的总结、完善、提高的基本现状。

2. 本课题基于我国几十年来语文学科自身改革与发展的曲折过程中所发现的"重教轻学、重讲轻练、重灌轻导"等现实问题而提出的。大家知道，我国语文教学几十年来一直在改革，在发展，但仍使语文教学未能产生突破性成果，而且有不少问题经常被人们批评和讨论。

3. 本课题基于"语文即生活"这一社会现象和客观规律而提出的。"语文"是人们用来在社会上进行交流的工具，也是表达思想、抒发情感的平台，还是人类传承文化、发展文明的载体。因此，人们为了这些而需要掌握语文，发展语文，这时"学语文"便成了人类生活中的重要组成部分（这也符合"学习型社会"的现代教育理念），特别是学生正处于凭一种以学习为主要特征的生活而存在于社会的，学语文也就成为学生阶段的一项重要生活内容，而"学语文教学"也就正好满足学的需要，而成为语文教学的出发点、着力点和归宿。所以，为学生"学语文"而教，便成了语文教师教学的基本理念和必然任务。

（二）课题研究的内容及方法

本课题将采用调查分析法、理论探究法、文献资料法、统计法、实验法和行动研究法等，对从"教语文"教学走向"学语文"教学这一命题展开探索。主要分为理论研究和实践案例研究两部分。

1. 将为"以学生为本"的现代教学理念能在一个具体学科（语文）教学中作出符合科学发展观的深度诠释或者科学演绎，以产生一批富有创意的新教学理念。如：

①"非学莫教""有学才有教"，"为学而教""在学中教"等。

②"教是为了学"，"教是由于学"。为学而教，是学本型教学，即人本型教学，学习型教学；为书而教，则是一种书本型教学，即学科型教学、师本型教学。

③"为学生而教"，为学生的"生"而教。"生"，即在于学生有生命，需要生活、生存，便需要教；又在于学生有生疏，不成熟，还有不懂、不会的东西，也需要教。只有为构成学生需要学的和满足学生学的教学，才是有意义、有效果且受欢迎的真正的教学。

④在教中瞄准学，落实好学，才是有发展性的学；在学中寻找教，发挥好教，才是有针对性的教。

2. 将"学语文"教学融入"学习型社会"以及由此演绎出来的"学习型教育"并使之发展和丰富"学习型社会"的研究与实践成果，以产生一批优秀案例与经验。现在，全世界和我国都相继提出"学习型社会""学习型学校"，那么，用种属关系理念推知，在学校也就有相应的"学习型教育"，即以学生的学习为出发点和目的的教育。"学习型"教育是对目前一些以"学科型"教育、"教师型"教育的反思或者扬弃。"学习型"教育才是教育本质的体现与回归，才是对教育规律的具体演绎：只有当教育不再是"教"的教育而变成"学"的教育时，教育才会发展，教育才成其为教育。

3. 为摆脱目前语文教学改革徘徊、低效的局面以及脱离以学生为本的做法而提供新的思路和策略，让学生真想学语文和学好语文，以至提高语文教学质量和语文教学效益，使"学语文教学"的教学模式成为适合学生的最好形式之一。世界著名教育家尼尔在《萨默希尔学校》一文中说道："使学校适合儿童，而不是使儿童适合学校。"这话则一语道破了"学习型语文"教育的真谛：学语文教学就是这样一种"学校适合儿童"的教学方式。只有在追求一种"为学生、学为生、学生为"的教学境界，才是实现"适合儿童"的教育。"学语文"教学把"适合儿童"作为自己最基本的教育理念和方式方法，终于把"教"的面具撕去，还语文教学的真本，适合学生，为学生而教，不要让学生感到你还在"教"他们，而只觉得你在帮他们学语文。所以，"学语文教学"才是一种真正为"适合儿童"的教学。

4. 能为语文学科推进与深化素质教育找到一些成功的有效途径与方法，即"学语文"教学法以至"学习型语文教育"，将产生广泛的启发作用与应用价值：（1）这是一种具有"既学知识、又学方法"的双学型的教学形式；（2）这是一种强化主体能动性，教学生发现问题、寻找方法、了解知识发生过程、自主解决问题的教学形式；（3）这是一种强化思维、展开想像、探求新知的创新型学习的教学模式；（4）这是一种从过去以书为本、以教师教为本而转为以人为本、以学生发展"学"为本的现代教学模式。即立足于学生、着眼于学习、着力于学能、发展于学效等"四学一贯制"的教学法。

三、完成课题项目的可行性

1. 负责人和主要成员已于"八五、九五、十五"期间共完成国家、省、市课题 8 项次，如参加"八五"国家教委重点课题"学生学习现状调查与学习指导研究"的两项子课题研究，即"全程式学习方法指导"（发表系列论文）；又参加全国教育科学"十五"规划课题"语文学习方法的理论研究与实践探索"研究，并承担子课题《初中语文学习方法系统指导》（已出书）。发表相关成果论文 20 余篇次，出书 3 本，如：在湖北大学《中学语文》2005 年第 1 期发表论文《学本式教育与语文学法指导——学语文教育的实践探索》，在《中国教育报》上发表过《教学生会读目录》等；《构建学法指导型阅读教学新模式——语文"三点阅读法"教学的研究与实践》，获广东省第四届普通教育教学成果二等奖。另有论文 10 余篇

（次）先后获国家和省级优秀成果一、二等奖。

2. 本课题已有一定的研究基础，积累了有关研究资料 10 万字，并在 5 所学校进行相关实验，获得了一批优秀案例，培养了近 10 位实验教师，其成果在不断推广应用，效果较好。

3. 本课题成员均有较高的研究能力，也完全具有研究的时间、设施和资料等条件。课题组成员结构合理，既有年龄段上的老、中、青搭配，也有学术水平层次上的高、中、初级职称人员，以及理论研究和指导（教研员）与教学实验（一线教师）相结合的研究机制，还加上各级领导和业务指导部门、学术专家的支持，这样，形成一个由实验课题教师为主体、领导管理作保障、专家指导来支撑"三力"统等的"课题三人行"研究共同体，则完全可以完成本课题研究任务。

四、课题实施与管理

1. 选题论证与、制订课题方案，确定研究对象（包括学生和研究的子项目等）；

2. 组织教师学习有关理论，明确课题研究意义与任务；

3. 分别开展相关研究工作：

（1）通过调查、分析、探讨来撰写论文；

（2）通过尝试、实验来初步总结经验，进一步发现"教语文"与"学语文"二者比较后的问题来展开专项研究；

（3）适时举行各种研讨会、交流会，以丰富与推动课题研究的深入。

4. 做好课题总结工作：

（1）全面收集、整理相关研究成果；

（2）撰写最终成果材料（研究报告等）；

（3）将成果上交省教育厅组织结题鉴定；

（4）开展成果推广（会议、公开课、发表出版或参加评奖等）。

5. 课题管理：

（1）本课题系广东省教育厅立项课题，直接接受省教育厅（教研室）

指导、管理以外，还需要在市教育局科研办的管理下以及各有关参与研究的学校和教师的支持下开展工作。

（2）凡参与研究的学校及教师在研究中所取得的成果，既是本课题的分支成果，又是各自独立的成果，可直接参与社会的任何学术交流及评选活动，享受其他同等学术待遇（如评奖、评先进、晋升职称等）。

总课题组（林惠生执笔）

2005 年 1 月

【课题成果：研究报告】

关于"学语文"教学的探索

内容提要： 从"教语文"教学走向"学语文"教学，是现代教学理念在语文这个具体学科教学中所作出符合科学发展观的深度诠释或者科学演绎，为寻找更有意义的新教"学"模式与方法而作出的探索。在"学习型社会"背景下为构建"学习型语文教育"理念而探索"学语文"教学："学语文"教学的课堂目标设置、"学语文"教学的模式及案例。

关键词： "学语文"教学；学习型语文教育；教学理念；操作模式

"学语文"教学这一概念，最早出现在我 1990 年发表的论文《"语文学习学"的构想及其尝试》之中。后来一直为之展开滚动性或拓展性研究，初见成效，并于 2006 年被广东省教育厅批准立项为广东省中小学教学研究"十一五"规划课题——"从'教语文'教学走向'学语文'教学的研究"（编号为 j06－050），2009 年 6 月通过了省级课题结题验收鉴定。我们的研究主要探索了如下问题。

一、"学语文"教学：追求一种全新的教学理念

"学语文"教学的探索，首先是为了追求一种全新的教学理念，为了

给现实问题寻找一种解决良策，为了促进语文学科自身的发展与改革。我们要在改变过去和现在一直存在的"重教轻学""教与学脱节""教学非学"等不良现象，并且用"语文学习学"重建语文教学新体系——"学习型语文教育"，以及开展"学语文"教学的具体教学形态（模式等）的尝试。在这里主要包括"学语文"教学理念、"学语文"课程设计和"学语文"教学实践等组成。"学语文"教学，作为一种新的教学理念，体现了以下三个追求：

1. 将"以学生为本"的现代教学理念在一个具体学科（语文）教学中作出符合科学发展观的深度诠释或者科学演绎，以寻找更有意义的教"学"思想。

现在，"以学生为本"，已越来越被公认为一种重要的现代教学理念。那么，在新课程改革背景下的语文学科教学则如何贯彻落实呢？我们认为，首先要树立一些新理念：

（1）"教学教学，教之以学；教基于学，教因为学。""以学为本，为学而教"；"教在学中，在学中教"；"教有其学，在教中学"。——我们之所以提出这些观点，是因为大家都知道，教育的最终目的是培养人，是把一个个自然人教化成社会人，把无知、未知者培养成高素质的"四有"新人。那么，其间就要让教育充分站在"人"的立场和角度，做好为"人"服务的有利于"人"的成长和发展的教育教学，所以，站在学生的立场，从学生的"学"出发，为学生的"学"而教的教育，当然便成为一种学习型教育。这种学本型教学，体现在语文学科上则可以产生一些相应的教学形式，于是我们便提出了"学语文"教学的新思想。这与过去"书本型教学、学科型教学、师本型教学"的"教语文"教学是有本质区别的，与目前盛行的"以学定教，先学后教"等时髦观点也有明显的区别。因为师本型教学是有教无学，只教忽学；"以学定教"是"学定教论"，"先学后教"是"学教先后论"，虽然看去都突出了学，但是将教与学呆板、机械地对立起来，并削弱了教师应起的主导作用。只有"学语文"教学才是将教与学融为一体，和谐共进，做到学中有教，教中有学，真正实现让语文教学成为"有教的学"和"有学的教"的最佳境界。

（2）"以学生为本""为学生而教"，顾名思义，这其中的一个"生"字则表明：学生学生，既学"生"的，即陌生的、不熟悉的（未知的）或不会的、疑惑的等；又指关于"生命"，即生活、生存、生产的知识和本领等。所以，从某种意义上说，教学生之所"生"，教学生之所"长"。只有当我们的教学是为构建学生需要学的和满足学生学的教学体系，才是有意义、有效果的教学，才是深受学生欢迎的教学，才是具有发展性的教学。因为这是在有针对性地教学生有需要但生疏或者还不懂、不会的东西，这使教育不仅是从学生出发，而且是向学生出发——因为前者只是立足点，后者才是目标地。实验成果表明，如果我们的教育"向学生出发"，就会彻底地实现"以学生为本"，真正地把学生推到教育的终极目标点上。而"学语文"教学正是追求这样的教学：为学而教，既要"从"学生出发，更要"向"学生出发。

2. 将"学语文"教学置入"学习型社会"背景之下而形成"学习型"语文教育，这为发展和丰富"学习型社会"的研究与实践成果而找到最佳载体和突破口。

现在，我国相继提出"学习型社会""学习型学校"等理论。那么，用种属关系理论来推知，教育也就自然成为相应的"学习型教育"。可以说，"学习型"教育的提出，是对"学科型"教育、"师授型"教育的一种扬弃与发展。实践证明，"学习型"教育将使教育本质的体现与回归再次得到正位，使教育规律的具体演绎与遵循再次得到发挥：当教育不再是"教"的教育而变成"学"的教育时，也许教育发展会更好更快，学校也许才有可能真正成其为"学"校，而少一些"教"校的色彩。

3. 为摆脱目前语文教学改革徘徊、低效的局面，纠正"教脱离于学"的做法而务必寻找新的理念和策略，为学生"学语文"而找到适合的路子，为提高语文教学效益而创立适合学生学习的教学形式。

英国著名教育家尼尔在《萨默希尔学校》一文中说道："我们有一个重要思想：使学校适合儿童，而不是使儿童适合学校。"[②]这句话告诉我们：教学不仅要有学，还要适于学。而学语文教学就是为追求这样一种"适合儿童"的教学方式在努力，让语文教学以真正的教"学"，不要让学生感到你只在"教"而不是在帮他们学。实验也表明，这种教学模式已广泛产生较大的启发作用与应用价值，即立足于学生、着眼于学程、着力于学能、发展于学效的"四学"一贯制。

综上所述，本课题旨在将"语文教育学"与"语文学习学"融为一体后追求一种新的语文教学理念：让"语文学习学"走进语文教学，让"语文学习学"在重建语文教学新体系中构建具有学习型教育特色的"学语文"教学新模式，为教学寻找意义，寻找新的思路及其效果。在这里要特别指出的是，我们不是反对"教语文"，而只是想纠正目前过分地"为教而教""为语文而教"的无学、脱学的"非学型"语文教学。教语文还是需要的，只是希望教植根于学、教之以学，教出"有学"的语文。

二、"学语文"教学提出的理论支撑与背景

以上教学理念的提出，作为理论假设并非凭空臆造，也并非标新立异而难以实施。从国内外研究现状来看，既有其相应的雄厚的理论背景，也有其广泛的实践基础。

1. 四个教育理念。教育部基础教育司、师范教育司合编的《新课程的理念与创新》③一书中，明确倡导四个教育理念。并在书中引述了"教育部人口问题与人力资源开发"项目且关于"四个理念"的研究成果，即"以人为本，学习之邦，教育关怀，教育品质"等。

① "坚持以人为本，是指人是教育的中心，教育的基础和教育的根本。教育要与人的幸福、自由、尊严、终极价值联系起来，使教育真正成为人的教育，而不是机器的教育。教育不只是人获得生存技能的一种途径，而且是提升人的需要层次、丰富人的精神世界的一种方式。以现代人的精神培养现代人，以全面发展的视野培养全面发展的人，是以人为本的应有之义。"

②"建设学习之邦，就是要建立一个无人不学、无时不学、无处不学，全民学习、终身学习的学习型社会。在这个体系中，人人想学习，人人爱学习，人人有能力学习。学习是以个人主动自愿为基础，以个性化和多样化学习为特征，以个体发展的多样性、个体享受的丰富性为原则，它的实质是以人为本、品质为优、服务为核，它的本质是不断促进人的全面发展。"

③倡导终极关怀，是指以政府为代表的所有利益主体或利益代理人，应在总体上关注并致力于改变所有人的生存状况。

④"提升教育品质，包括体系品质、组织品质、内容品质和方法品质。涉及学习设定的格式、选择的材料已经组织的活动。如果活而有弹性的学习制度、充满合作和乐群精神的学习型社区，内容丰富而有趣的学习材料，生动活泼而涌动创造激情的教学活动，以个性发展为导向的评价系统等。这些都属于教育品质提升的体现。"

由此可见，"学语文"教学观，充分体现以上理论精神并以此而构建。因为它注重了学生这一教育的主体，发现了教育的本质就是"为学而教"。所以，"学语文"教学就是基于这种考量：以"学语文"的人（学生）作为教育的出发点，着眼于学生"学语文"，即学什么语文（学习内容与任务）、为什么学语文（学习目的意义）、怎么样学语文（学习策略与方法）等。其终极目标就是帮助学生学好语文，会学语文，会用语文，提升能力，提高素养。为此，我们就要从"学语文"者角度来期待"教语文"者对"语文"这门学科，进行"学"的教学设计。如：学语文课程的目标制订、课本（教材）编写、教学活动安排、教学方式方法的运用、教学评价的开展等；然后在充分体现"学"的要求与"学情"中进行"学"的教学活动。可以说，"学语文"教学，就在于让学生从"知识接受与储存"的容器而变为能力培养的学习主体，以此来提升教育品质，为建设"学习型社会"而尽语文学科教学的责任。

2. 学习学理论。"学习学"认为，学习是由人的经验引起的行为变化和倾向或能力的变化。特别是著名的加涅学习理论认为，学习实质上不是外部行为变化，而是内在能力和倾向的变化。[④]由此可知，学生的学习，光靠教师的"教"还是很能完全解决问题的，要靠学生自己的内在行为发生变化、内在学习能力和倾向发生变化，要靠学生已有的学习经验在促进其学习行为、学习能力和认知倾向起变化，教师只在适当的时机，给予适合的引导和帮助，让学生的经验得以调动、能力得以发挥与增长、倾向得以引导和强化等。基于此，"学语文"教学则运用这些理论来构建以"学习能力"为核心、以促进学生学习发生变化而提高语文素养的语文教学新模式。

3. 语文学科特点及语文教学的实践经验。我国语文教学实践已表明：只有按照"学语文"的规律来决定"教"，语文教学才有发展，才有出路。首先，由于语文是工具性较强的学科，那么学生为了以后运用好语文这个工具就要先认识和掌握这一工具，而认识与掌握的过程实际上就是"学语文"的过程。我们的教学如果不基于此，则无疑违背了"学"，也丢弃了语文的工具性功能发挥的可能性。另外，古今中外许多自学成才的优秀语文大师、文学家，以及许多在课外学习成功的人，都离不开自主地学和自觉地学。我国著名语文教育家吕叔湘在《要下功夫研究如何指导学生学》一文中也说道："教学、教学，就是教学生'学'，主要不是把现成的知识教给学生，而是把学习的方法教给学生，学生就可以备用一辈子。"[⑤]这些都无不说明："学语文"教学应该成为也可以成为语文教学发展的新思路。

三、对"学语文"教学目标的设置与操作模式的构建

由于受过去"教语文"教学的影响太深、制约太广，现在要用"学语文"教学的理念来进行教学实施，必须进行一场重建性的教学改造。在现行的课程标准和教科书还不能充分体现"学语文"教学的时候，首先要改造的就是要将过去"教语文"教学的那种为教而设置的教学目标和教学操作模式，变为从学生出发，站在学的角度，按照学语文的规律和特点来设置教"学"的目标，构建相应的教"学"操作模式。现在就其基本思路和模式分述如下。

（一）从“学语文”出发设置教学目标的基本操作思路

目标一：

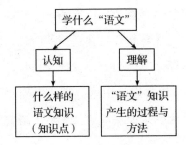

目标二：

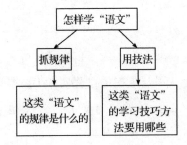

目标三：

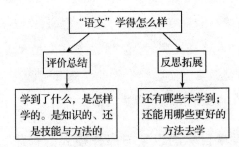

以上关于“学语文”教学目标及其思路的设置示意图，初步体现了从“教语文”教学走向“学语文”教学的特点，能让教师自觉地将“学语文”教学理念贯彻于教学过程之中，并以优秀案例和效果影响着以后的教学，产生强大的辐射作用。这给制订语文课标、编写语文教科书、设计语文教学方案、实施语文教学过程、开展语文教学评价和研究的所有语文工作者提个醒：只有把眼光投向学生，把立足点移向学生，为学生“学语文”而努力，才会让语文教学迎来新的春天。

（二）"学语文"教学实施的十大模式

根据以上理念和目标设置的思路，我们在有关教师教学中认真开展了"学语文"教学模式的实验，这些课堂教学形式也可以说是"学语文"课程模式。我们特此总结了以下十种"学语文"教学的教学模式。

模式一：学导法。即根据学生的学习而为学生的学习进行指导性教学。主要步骤：为学生提供学习资料或学习内容，引导学生制订学习目标与计划，确立学习的突破点，指导学生采用相应的学习方法，解决学习问题，获取最佳学习效果。陈振华的《送别诗鉴赏导学》就是采用了以这种模式为主的教学案例。

模式二：题导法。即以学习问题组成一个个课题进行探究或研讨，把研讨、探究变为学习中的一个过程，变为教师指导学生学习的过程，也就是说，将学习成为一种课题探究的形式。目前提倡的"研究性学习"就是这样。白明亮老师的课例《项脊轩志》则采用这种模式为主。

模式三：激学式。即采用一切能起激发作用的手段或方法以及情景，调动学生的学习积极性，以激起学生的内发力。其步骤为：先创设情境，或设置问题→让学生萌发学习激情与学习欲望→产生自我体验与感受→提取与整合学习信息→转化为学习能力及学习效果。陶波老师则用这种教学模式教《王维诗四首》，深受好评。

模式四：对话式。即把讨论与交流相结合而形成的一种教学模式。对话式教学可分为以下几类：师生对话式；生生对话式；自我对话式；我与文本（作者）对话式；情境对话式（如人物角色对话、模拟情境、现场对话等）。刘林老师上的《大自然的语言》则体现了这种模式。

模式五：互动式。即指构建一种"互载、互为、互动"的课堂教学模式，让师生或学生在学习资料上互为载体（资源），在学习过程互有作为（互相促进），在学习结果及学习评价上互相尊重，共进共写，最终实现教学相长的双赢境界。本课题所开展的实践案例研究均采用了这种模式或体现了这种模式。

模式六：习得式。即通过作业、练习而获得对学习过程的体验，获得对所学习知识的认知、理解、感悟、运用的"学懂"与"懂学"（"学懂"是指学得知识，"懂学"是指获得学习方法），这就是"习得式"学语文教学的模式的基本内涵。本课题提供的几个课例都不同程度地体现着这种模式。

模式七：活动项目式。即通过开展活动并以一个完整的主题为项目而展开教学的模式。也叫"活动式教学法"。让学生在一个个具有主题项目的活动中学习语文，受到语文的熏陶，获得语文的体验，以至在语文实践中学会语文。陶波老师所执教的《项链》（课本剧编演活动）和刘林老师所执教的《大自然的语言》（活动式教学）等，就是其中一些成功的案例。

模式八：学案式导学。也叫"课案式教学"或"学导案"教学。即指根据"学情"而引导学生编写学案并按学案来进行学习指导的教学。"学案"一词，据可查资料得知，在我国历史上出现较早的，要算是黄宗羲的宋元学案、明儒学案，徐世昌的清儒学案。这里的学案是指：记述学派内容、师弟传授、学说发展的书。现在出现"学案"，无疑对推进新课程改革、倡导以学生为本的理念、构建新的教学方式和学生学习形式，起到一定的促进作用。但是，在对学案的理解与运用上却出现千差万别，效果也很不一样，甚至有些还产生了负作用，走进了误区，有必要引起我们反思：一是将练习册冠之为"习题型"学案，实则教辅书的翻版；二是目前颇为流行的所谓"学案是指教师依据学生的认知水平、知识经验，为指导学生进行主动的知识建构而编制的学习方案。"

我们认为：学案学案，学生的学习之方案。既不是练习册，也不是由教师来包办编制，是由学生在教师指导下根据学习任务自主编写。这种"学案式教学"，可以有多种形式。如：卡片式学案表，设置"学习目标、学习内容、学习重点难点（学习增长点）、学习步骤与方法、学习总结与评价"等几个大栏目，并提供一些导向性的"导学"要素或学习活动安排，然后学生在学习中边学边填。又如，另一种是师生共用的教"学"课堂活动记录，我们称为"课案"或"学导案"。本课题实验成果课例之二《小说阅读·欣赏小说人物形象》则是其中一个较为典型的案例。

模式九：成果交流式。即指用成果交流的方式指导学生进行学习。这种学习运用于教学中的一个环节或一个小内容，常常被不少教师采用，但是把它专作一种教学模式，都还是在近几年新课程实验中"研究性学习"课程的后续环节中才能被广泛运用，但它仍然没有成为一种专门的完整的课型或叫课堂教学模式。大家知道当一个学习单元，或一个学习领域、一个学习阶段乃至一个学习专题、学习项目和学习课文阅读，一篇作文习作或一次考试之后，学生应该都有所学和有所获得的成果。这时候，如果只由教师单方面拿一套试题来考他们，那就体现教师"教语文"教学，如果改为由学生在教师指导下进行学习成果交流，则既显示着"学语文"教学的意义，又科学地表达了"学语文"教学的科学含义，因为它的确坚持以人为本，充分相信每一位学生学习的都能成功，都会有学习的成果值得交流；教师再不是主宰学生的学习成绩，而由学生自我总结学习过程、自我评价学习成绩、自我反思学习问题、自我提升学习经验、自我发展学习能力。这种模式被实践证明效果很好。陈振华老师的课例《高三复习课送别诗鉴赏导学课》便是"成果交流式"模式的灵活而具体的运用。

模式十：变教学法为法教学。这既是一种教学模式，也是一种教学策略与方法。人们常说教学有法，其实是指教学法，是教师施教的方法，而"学语文"教学则倡导既有教的法，也有学的法，且将这二者有机统一而产生"法教学"，即"有方法的教学"和"有方法地教学"。比如本人多年研究的"三点阅读法"教学、"题导法"教学、"识字法"教学等，就是用方法教和教方法，完全体现着教学生"学语文"（方法）。

以上模式，均在"学语文"教学实验中总结或创造出来，应用效果较好，并被推广应用。特别是参与实验的班级学生，在很大程度上激发了学习兴趣，从过去教师"教语文"的被动学习状态下解放出来，增强了自主学语文、自觉学语文、自能学语文的自信心和积极性，学习效率大大提高，学业成绩比实验前提升15％左右，比相关同类对照班也进步20％以上。现在，不少学生能自我总结学习方法，自我发现与分析、解决学习中的问题，能自我安排和分配学习时间、学习内容，能自我评价学习结果，开展学习交流等。这些都与“学语文”教学研究有关。看来“学语文”教学无疑给人们打开了思想的另一扇门，引导着人们去思考：语文还可以这样“教”。

在这里要特别强调的是，这些模式常常被综合运用，或者在以一种模式为主体的基础上被整合运用。当然，不管怎样，还是要根据学生“学语文”的实际情况而定，千万不要又变成教师的“教语文”教学。

四、“学语文”教学的实施效果

通过四年的研究实验，本课题取得了较好的效果，产生了一批成果（论文 5 篇、课例和实验体会 18 份）。这不仅让“语文学习学”走进了语文教学，让“语文学习学”在重建语文教学新体系中做出了有益的探索，还在构建具有学习型教育特色的“学语文”教学新模式、明确“学语文”教学与“教语文”教学在课堂操作上的区别等方面取得显著效。

1. 参与实验的教师，逐步树立了从“教语文”教学走向“学语文”教学的意识，提高了用“学语文”教学理念来设计新的教学模式的能力，能自觉地将“学语文”教学理念贯彻于教学全过程之中，并以优秀案例和效果影响着周边的教师和学生。如：刘金魁、陶波、陈振华等老师所教班学生参加 2007 年、2008 年、2009 年、2010 年高考的语文成绩人平分均在 100 分以上，居全市前 3 名。

2. 参与实验的班级学生，在很大程度上尝到了教师“学语文”教学的甜头，激发了学习兴趣，从过去教师“教语文”被动学习状态下解放出来，学习效率提高，学业成绩有进步。（详见以下表一、表二）

表一：实验班与对照班情况对照表：

情况\项目	语文学习兴趣的提高率	语文自主学习能力的提高率	语文学习方法的掌握率	语文学习良好习惯的养成率
实验班	75％	65％	82％	78％
对照班	55％	48％	64％	69％
对比结果	＋20	＋17％	＋18％	＋9

说明：实验班在以上四项评价指标中均比非实验班有较好的变化。

表二：实验班的实验前后情况对照表：

情况 项目	阅读量与阅读速度的变化	阅读理解的准确与深刻度	写作量与写作速度的变化	写作创新与发展的程度
实验前	量少、读速慢	差错率 62%	量少、限时作文完成率 50%	全员水平 35%，个体 60%以下
实验后	增量 15%、提速 10%	差错率 43%	增量每人每期 3 次，提速 20%	全员水平 48%，个体 60%以上
对比结果	有效果	准确率有提高	有效果	有变化

说明：从阅读、写作这两项主要指标中可以得知，实验班的前后有较大的变化，实验已产生了初步成效。

3. 丰富和发展了语文教学自身改革的成果，进一步明确了"教语文"教学与"学语文"教学之间的区别，让师生更加认识到"学语文"教学的先进性与可行性，使目前一度陷入僵局的高效低能的语文教学又找到"柳暗花明又一村"的新感觉：当大家还在辛苦地"教语文"却又为"教语文"低效而困惑的时候，不妨从"学语文"教学中获得一些启发，为学生学语文多下点功夫，多做点有意义的实事。（详见以下表一、表二）

表一："教语文"教学与"学语文"教学的行为情况对照

项目	教语文教学	学语文教学
教学设计	1. 有教案，但为"教"而备课； 2. 备课时靠教科书和教参书，靠教师自己的经验和想法等，用教师的"教学"意志替代或强加于学生的学习需要和学习基础，往往是教师决定着学生的学。	1. 有教案，为学而备课，因此又叫学案，或者"教学案"（也叫"课案"），或者是体现"学"语文的教案。 2. 设计时坚持三备：备课标、教材，备学生，备教师；用教的手段服务着学生的学。
教学活动	1. 以教师为中心：教师讲授多，学生自学少，用讲代学，用练代讲，用考代教。患了"失学症"。 2. 以教室为中心：课堂封闭式，开放少，学生自主、自能、自觉学习机会少；单一活动多，综合实践少。 3. 以学科为中心：学科体系训练多，学生的学习兴趣、习惯、能力培养少。	1. 师生互动为主，教师是学生的伙伴、帮助者与指导者；课堂上开放性成分大；双基训练与能力培养相结合。 2. 以综合型发展型的学习实践活动为主：学情调查→学策安排→学法指导→学能培养→学效总结评价。 3. 有学有教，边学边教。学会了就不教，教了还不会的则帮助学生想办法再学，决不由教师包下来代替学。

项目	教语文教学	学语文教学
教学语言	1. 教训式语言（粗话、训语多，过激性话多）； 2. 缺乏生活的与学生相距较远的无童趣无形象的语言； 3. 教师过份的专业语或口头禅，啰唆语充斥课堂，让学生反感。	1. 贴近学生生活的、为学生所喜欢听的语言； 2. 深入浅出的既有专业性又有趣味性的生动的形象的语言； 3. 商量的语气，平等的语态，亲和的话语，得体的用语。
教学评价	1. 着眼于语文知识被你掌握了多少的评价，而不是你对语文知识掌握了多少（视其实际基础和个人需要再结合社会发展而形成的"语文素养"等）； 2. 着眼于教师"教"的评价（看我教得怎么样）而忽略了或不管学生"学"的评价（学生学得如何，是怎样学的不管不评，只在乎自己"讲"了，不在意学生是否学了和学好了）； 3. 单一的以考代评（唯考性评估）和评价（教师印象式和偏见型评价）。	1. 发展性评价（重在看进步、看提升）； 2. 多元性评价（听说读写一体化，多种能力、多种角度相结合评价），突出自我评价； 3. 客观、公正型评价（视学生实际评价，教师少些干预性评价）。 4. 开展教学反思与自我评价：学生到底学到了什么？是怎样学得的？他们还会学得更多更好吗？教师还有办法让学生学得更多更好更幸福吗？

表二："教语文"教学与"学语文"教学的结果反应对照

项目	教语文教学	学语文教学
教学理念	"为教而教"，为"教语文"而教。以教师为本，唯书为大，以教师如何"教"语文为出发点：语文里有什么就教什么，见物不见人（见"语"不见"学"）；教师想教什么就教什么等。	"为学而教"，为学生学语文而教。以学生为本，从学生如何"学语文"为出发点而"教"，学生要什么样的语文就教什么样的语文，因学施教，见人（学生）又见物（语文）。
教学目标	从语文出发制订"教学目标"，突出"学科性"为主，强调学科知识体系和专业术语以及单一化的工具语文教学目标。	从学生出发制订"学习目标"，突出"学习型"，强调"三维目标"的整合，着眼于学生学习语文的基础和经验，注重学生的认知规律和生理规律等。
教学内容	视语文书为圣条，当教科书和教参书的俘虏（书奴），要么以"专家语文"作为学生的语文学习内容，要么以"考什么，就教什么"为上，即把"考试语文"作为学生的语文学习内容。	把教科书视为"课本或学本"，视教材为"学材"（即"学习型"语文），以学为本，循课而学，强调内容的多元化和可学习化，还将学习兴趣、学习习惯和学习方法等也列为语文学习的内容。"生活皆语文"，处处可学语文，只要是值得学生学习的就是教师所要"教"的。
教学形式	教师讲，学生听（满堂灌）；教师问，学生答（满堂问）。教师牵着学生走，学生跟着书本读（读懂、学会）。	以学生自主学习为主，师生互动，合作探究；以学生自能学习为主。既学知识又学方法（几染读懂又懂读，既学会又会学）

项目	教语文教学	学语文教学
教学方法	以接受式为主：要我学； 以被动式为主：跟着学。 填鸭式、题海式—工具训练型。	以自学式为主：我要学； 以自能式为主：我会学。 启发式、讨论式—能力培养型。
教学状态	课堂沉闷，师生均感到苦和累，学生思维呆滞，拓展不开。学生在"教语文"的状态中被迫地、无趣地打发自己。	课堂有生气，师生均轻松愉快；学生思维灵活，拓展自由，形成"学势"。学生在"学语文"的状态中发展自己。
教学效果	1. 学生由于被灌而失去自主，知识面窄，技能差，语文素养更差； 2. 学生只接受了一些专业概念而不会运用以及总结、概括与提升，更不会迁移、创造与发展。	1. 学生由于遵循了学习的认知规律，知识面广，视野开阔； 2. 学生既学好了语文知识，又掌握方法，养成良好习惯和兴趣； 3. 学生学会学习（自我总结与提升能力强，创造、发展意识强）。

　　总之，我们在探索中已初步寻求到一种全新的"学语文"教学理念、课堂实施目标的设置，总结了"学语文"教学的十大模式和一批成功案例。可以说，从"教语文"教学走向"学语文"教学，是以学生为本的现代教学理念在一个具体的语文学科中作出符合科学发展观的深度诠释或者科学演绎，为寻找更有意义的新教"学"模式而作出的探索：用"学习型社会"理论构建"学习型语文教育"，在"学习型语文教育"实践中用"语文学习学"理论构建了一种具体教学形态即"学语文"教学。

注释·参考文献：

　　①林惠生，《"语文学习学"的构想及其尝试》，山西《语文教学通讯》1990 年 10 期；

　　②尼尔【英】，《萨默希尔——急进的儿童教育方法》135 页，哈特出版公司 1960 年版；

　　③教育部基础教育司，教育部师范教育司．新课程的理念与创新[M] 高等教育出版社，2004 年版；

　　④谢德民主编，《论学习——学习科学与学习指导的探索》，人民出版社 1992 年 6 月版；

　　⑤吕叔湘，《吕叔湘论语文教学》第 134 页，山东教育出版社 1987 年出版。

【课题成果附录之一：实验教学案例记录】

王维诗《积雨辋川庄作》的教学记录

执 教 者：汕尾市林伟华中学　陶波

执教时间：2007年12月10日

实验目标：用"学导法教学"进行课堂操作

记录评析：林惠生

学导法教学过程记录：

一、教师导入语：……

（主要交代用"学导法教学"进行课堂操作的目的、要求及有关方法，调动了学生的学习兴趣。）

二、教师组织开展三类导读活动，让学生进入师生互动、学生主学习的情境之中。

（一）回忆式导读

同学们，从小学到中学，我们学过盛唐诗人王维很多的诗歌，请回忆回忆，能背诵其中你所喜爱的、你所记得的几首吗？

（引导学生回忆，并鼓励学生背诵所学习过的王维的诗歌，学生背诵了以下几首。）

《相思》

红豆生南国，春来发几枝？愿君多采撷，此物最相思。

《送元二使安西》

渭城朝雨浥轻尘，客舍青青柳色新。劝君更尽一杯酒，西出阳关无故人。

《鸟鸣涧》

人闲桂花落，夜静春山空。月出惊山鸟，时鸣春涧中。

《九月九日忆山东兄弟》

独在异乡为异客，每逢佳节倍思亲。遥知兄弟登高处，遍插茱萸少一人。

《使至塞上》

单车欲问边，属国过居延。征蓬出汉塞，归雁入胡天。大漠孤烟直，长河落日圆。萧关逢候骑，都护在燕然。

（二）发展性导读

我们不知不觉就学了王维的很多诗歌，还能随口就念出这么多王维的诗歌，我们同学们有没有想想，你为什么会喜爱王维的诗并能记住他的诗歌呢？他的诗歌到底有怎样的风格特征呢？

（学生交流讨论、思考，并回答）

王维是盛唐山水田园诗派代表诗人之一，与孟浩然齐名，世称"王孟"，他多才多艺，诗歌之外，兼善散文、音乐、书法、绘画，尤以绘画见长。

王维诗特点：清新、恬适、闲逸、静穆、淡泊、深远，诗中有画，画中有诗，写景动静结合表现自然界光色和音响变化。常用五律、五绝，篇幅短小，语言精美。

北宋的苏轼也曾说："味摩诘之诗，诗中有画；观摩诘之画，画中有诗。"

（三）增长性导读

1. 今天我们又来学习一首王维的诗歌《积雨辋川庄作》，请同学们自由朗读诗歌，再请一位同学朗读该诗，大家点评朗读效果，读准字音，扫清朗读障碍。全班同学齐读两遍，增强感受。

2. 再读诗歌，并根据课后注释，请学生试用自己的语言，运用想象力描绘诗歌所描写的内容，进一步理解诗文内容。

（引导学生体悟诗意，并鼓励他们交流体悟的结果）

诗意析读示例：久雨不停，林野潮湿烟火难升；烧好饭菜，送给村东耕耘的人。水田广漠，一行白鹭掠空而飞；夏日浓荫，传来黄鹂婉转啼声。山中养性，观赏朝槿晨开晚谢；松下素食，和露折葵不沾荤腥。村夫野老，已经与我没有隔阂；海鸥疑心，为何不信飞舞不停。

3. 引导学生运用诗歌鉴赏的基本方法自主赏析诗歌，并交流赏析成果：

【方法指导】赏读诗歌的五个维度：语言、技巧、形象、思想情感、观点态度；这首诗我们重点从艺术技巧入手去鉴赏诗歌。

鉴赏关键：置身诗境，缘景明情。

鉴赏成果表述方式：概念（鉴赏到的是什么）＋结合诗歌内容去分析（怎么样）＋效果。

（赏读交流，学生赏析交流，教师参与交流、点评）

首联：一个"迟"字，不仅把阴雨天的炊烟袅袅上升写得十分真切传神，而且透露了诗人闲散安逸的心境；再写农家早炊、饷田以至田头野餐，展现一系列人物的活动画面，秩序井然而富有生活气息，使人想见农妇田夫那怡然自乐的心情。

颔联：（诗中有画的诗歌风格）"漠漠水田飞白鹭，阴阴夏木啭黄鹂"。

在一片广漠空旷的水田之上，白鹭翩翩飞舞；在层峦叠翠的夏日丛林之中，黄鹂正用甜美的歌喉唱歌。图画美（景物的布局错落有致）；色彩美（白鹭　黄鹂　阴阴夏木）声音美（啭）景象相映衬，将积雨之时的辋川山野写得画意盎然。

——诗人的灵感、画家的眼光、乐师的听觉

颈联：（寓情于景）"山中习静观朝槿，松下清斋折露葵"。

写诗人独处山林之乐。在松林之中，诗人看木槿花开花落；采露葵供清斋素食。看似写清幽孤寂的生活，实际正是诗人对尘世喧嚣生活极为厌倦的写照。

尾联：（运用典故）"野老与人争席罢，海鸥何事更相疑？"

连用两典：一是《庄子·寓言》载一学道之人归来后客人不再让座，却与之争座。说明诗人与村夫野老打成一片了，过着与世无争的生活。二是《列子·皇帝篇》载：海上有人与鸥鸟亲近，互不猜疑每日有百来只与他相游。一天，他父亲要他把海鸥抓回家去，他再到海边时，鸥鸟都在天上飞舞、不肯停下。说明心术不正，就破坏了他与鸥鸟的关系。两典正反结合，抒写了诗人淡泊的心志。

二、引导小结归纳

1. 从诗歌的意境来看，此诗营造了一种怎样的意境？是怎样营造的？

相关知识：意象＝物象＋情思；意境＝意象＋氛围

（恬静优美）的辋川山野、（怡然自乐）的农妇农夫和（闲适脱俗）的隐居诗人，共同构成了一种（空阔清幽）的意境，表现了诗人（隐居山林脱离尘俗的闲情逸致和和淡泊自然的心境）。

2. 此诗歌的创作规律：主要景物——景物的特征——意境—— 思想感情

3. 小结体验：从本首诗歌的学习获得了那些体验？以后，你会用这些体验去学习其他的诗歌吗？你能用诗歌的创作规律来帮助自己写作吗？

（学生交流，教师点评）

【附板书】

鉴赏方法：置身诗境，由景明情；

概念（鉴赏到的是什么）＋结合诗歌内容去分析（怎么样）＋效果

意象＝物象＋情思；意境＝意象＋氛围

创作规律：意象组合——意境—— 思想感情

三、作业：

1. 背诵此诗；试按鉴赏此诗之法试鉴赏另外三首王维的诗歌。

2. 写一篇赏读王维诗歌的读后感（500字左右）。

【评析】

这个课例没有像传统的"教语文"的教学方式，即先入为主地去刻意设计教学目标、教学要点，也少用"讲授法""串讲法"，没有出现教师整节课"霸占"课堂，口若悬河的"讲"和"训"的现象，也没有出现新课标下很多语文教师常用的"满堂问"的教学方法。

那么，教师到底用了什么方法呢？是大胆地采用了一种师生互动、突出三类导读活动的"交流式"教学法。让学生先明确学习、进入学习情境，再在享受学习成果中发现新的学习要求与内容；从而引导学生积极地阅读文本，体验着学习，并启发、鼓励学生尝试着把"课本"学好；也让学生获得了最为直接的体会与感悟，比教师一个人讲一千遍说一万遍要有收获得多。所以，教师终于明白：当学生真正自主感悟与体验到的东西，才叫真正学到了，否则还是被教师满堂灌，学生仍然一无所有。

整个课例设计很好地体现了"以学为本，为学而教"的学语文教学思维，真正体现"让语文教学成为有教的学和有学的教"的"学习型语文教学"的先进教学理念，值得推广应用。

（林惠生）

【课题成果附录之二：实验教学案例记录】

16、大自然的语言
（人教版语文八年级教材）

执 教 者：刘林老师
上课地点：海丰县德源文武学校
记录评析：林惠生

【背景资料】

一、学导目标

1. 积累与掌握文中的生字新词，了解物候知识；

2. 进一步了解说明文的知识，掌握说明文的文体特征和写作方法，把握文章的说明顺序，理解文章的条理性；

3. 学会默读，快速找到中心句并准确提炼信息，逐步提高阅读科普说明文的能力；

4.揣摩语言，体会本文语言准确严谨、生动优美的特点，增强语言感悟力，并学习运用生动的语言说明事物；

5.培养学生热爱大自然的情感和探索科学奥秘的兴趣。

二、学导重点、难点

重点：1.理清课文的说明顺序，体会说明文的条理性。

2.学习文章准确严谨、生动优美的语言。

难点：概括、分析决定物候现象来临的四个因素。

三、学导方法

1.师生对话法：师生基于"学"的平等交流、互动启导，从而完成学的内容。

2.比较阅读法指导：通过比较辨析，使学生自然地体味说明文语言的生动性，并生成自己的语言资料库；

3.语文活动式学习指导：针对八年级学生自主探索能力的增强，大胆对教学难点进行突破，设计语文活动，充分发挥学生的主体作用。

四、课时： 二课时（第二课时此处略）

【学导法教学过程记录】

第一课时

（一）课前写话，引入新课：

师：同学们，现在是什么季节？请同学们先在脑海中描写一下今天的天气。（请学生作了回答。）

生：现在是冬季，因为天气变冷了。

师：没错，大自然就是这样，以它独特的语言和我们交谈，只要认真倾听，你就能听懂"大自然的语言"。（板书课题）

（二）指导学生通读全文，理解课文大意

1.学生自由阅读阅读，并利用工具书和书中有关注释疏通有关生字词，并要求学生将有关生字词抄写在笔记本上，边抄写边练读。

2. 请学生齐读课文，并请学生思考回答以下问题：

(1) 你对《大自然的语言》的"语言"是怎样理解的？

(2) 你对本文作者及其他的成就了解吗？

(3) 全文到底是写了什么？是用什么方法写的？和我们以前学过的文章在题材上和语言上有什么不同的特点吗？

(学生按照以上问题进行了认真的学习、讨论，解决了以上问题。)

(三) 学习课文第 1、2 段——品味生动形象的语言

1. 赏读第一自然段

①作者在写四季时抓住了各季节哪些特点？试说一说？

(学生思考、讨论、交流)

春天——"冰雪融化""草木萌发"、繁花"次第开放"

夏天——"植物孕育果实"

秋天——"果实成熟""叶子渐渐变黄""簌簌落下"

冬天——昆虫"销声匿迹"、到处"衰草连天""风雪载途"

②我们学过很多诗句，都有明显季节特征，你能不能写出描写这四个季节的一两个诗句？

(学生边思考，边写出了以下句子。)

春天——几处早莺争暖树，谁家新燕啄春泥。

夏天——稻花香里说丰年，听取蛙声一片。

秋天——晴空一鹤白云上，便引诗情到碧宵。

冬天——千山鸟飞绝，万径人踪灭。

其中"早莺争暖树"，"新燕啄春泥"等是春天的信息。

③你觉得哪些词语准确生动地写出了季节特点？

"萌"字准确地反映了草木开始生长的状态；

"次第"贴切地说明了花开的次序，渲染了春天的气息；

"渐渐"确切地说明了叶子枯黄的过程；

"簌簌"模拟风吹落叶的声音，使人感到秋天肃杀；

"载"即充满，恰当地描写了风雪飘卷的程度。

（学生边思考，边写出了以上内容。）

2. 赏读第二自然段。

（1）学生齐读本段：

提问：课文中写道：杏花开了，就好像大自然在传语要赶快耕地；桃花开了，又好像在暗示要赶快种谷子。布谷鸟开始唱歌，劳动人民懂得它在唱什么："阿公阿婆，割麦插禾。"这句话，也可以改作："杏花开了，就好像大自然在传语要赶快耕地；桃花开了，又好像大自然在暗示要赶快种谷子；布谷鸟唱了，也好像大自然在催促要赶快割麦插禾。"

请同学们看看这两句话有什么区别，你认为哪句好？为什么？

①区别：第一句只运用拟人修辞方法；第二句采用排比、拟人。

②认为第一句话：句子形式有变化，活泼；认为第二好：句子整齐美

（四）研读第三段，请学生思考与讨论有关问题：

请学生朗读，然后思考，什么是物候？什么是物候学？

物候——"这些自然现象，我国古代劳动人民称它为物候。"

物候学——"利用物候知识来研究农业生产，已经发展为一门科学，就是物候学。"

（学生边思考，边回答了以上内容。）

请讨论：这篇课文介绍物候学知识，为什么不用"简介物候学""物候学与农业生产"作标题，而用"大自然的语言"为题呢？

请明确：以"大自然的语言"为题，显得新颖别致，引人入胜；而另两个题目则显得呆板、乏味。

（五）学生练笔（二选一）：

1. 把你课前所写的短文进行加工，别忘了运用一些修辞方法（如比喻、排比、拟人等）。

2. 从下边词语中任选五个写一段话，要求语意连贯，语句通顺，能完整地表达你的一个思想或一段感情。

苏醒　冰雪融化　草木萌发　销声匿迹　周而复始　花香鸟语　早长

莺飞 翩然归来 风雪载途

（学生均根据以上要求内容在认真作练习。）

【评析】

本课例由实验课教师刘林执教，她在教学中运用了"学语文"教学的理念，用了有关"学语文"教学的方法进行说明文的阅读教学，取得了预期的效果。

其一，在教学目标上进行了较大的创新改革，将过去的传统的"教学目标"改为"学导目标"，这样就将"教"与"学"紧密融合在一起，既有体现了学的主体性，又体现了教师的主导性，更体现了"学语文"教学的真正出发点，这才是真正意义上的为"学"而教的教学目标。并把教学目标上的"知识与能力""过程与方法""情感态度与价值观"的三维目标整合为可具体操作的并站在学生"学语文"的角度来列出有不同目标要求的教学目标（共5条）。同时，按照这个学导式的教学目标选择了相应的学习方法，进行了学习程序指导的设计与实施，在实施中通过对学生关于对课文整体阅读、精彩片段赏读、重点问题研读的全程指导，让学生自主学习、学会学习，从真正意义上体现了为学而教的"学语文"教学的理念与操作模式。

其二，用一种"练笔式"进行阅读学教学，教学的第一环节是以"写"入手，这与传统的"阅读"教学是很不相同的，充分体现了"学语文"的"读写一体化"理念和流程及其思路、方法等。首先，在教学设计中打破了传统的教学"重点、难点"之说。如果按照"教语文"之说，无疑要由教师根据课文内容的状况，一厢情愿的预定教学的"重点""难点"。其实这是最为典型的"师本"型和"教本"型教学，是教师自定的或者根据教参书说的，并不能体现或反映学生在学生中的重点和难点。

其三，"学语文"教学者则提倡用"教学增长点"，来取代"教学重点"；用"教学突破点"来取代"教学难点"。而且这些增长点和突破点来源于三个方面：一是对课程标准和教科书的编排意图的解说；二是根据学

412

生学语文的实际经验和学习需要；三是教师的教学条件、教学资源的可能性等。另外，整堂课都展开着"学"的过程，一点都看不出教师"讲"，学生"听"的传统教学的影子。用"写话"的形式导入新课，用"练笔"的形式来进行一种作业教学，用"作业"来作为学习成果获取、交流、发展与提高的学导法教学过程，的确很好地体现了"学语文"教学的理念。

（林惠生）

【课题成果附录之三：实验教学案例报告】

小说阅读·欣赏小说人物形象的教学记录

学导法教学目标：

1.阅读小说，了解小说的重要要素——人物及掌握欣赏小说人物形象的一般方法；

2.通过拓展与迁移，将所掌握的欣赏小说人物形象的一般方法运用于解读小说人物；

3.总结鉴赏小说的学习方法，通过反馈与体验来强化小说鉴赏方法的掌握水平；

4.引导学生通过欣赏小说人物形象的特点领悟人物形象身上所折射的社会特性。

学导法教学过程：

一、学语文教学模式——实践演练：

学导内容与步骤	学习行为	导学行为	学语文教学特色分析
（一）导入课堂：从高考文学类作品鉴赏能力考试的考点交代与应考要求入手，引出本课学习。	讨论 列举	提问 点拨	导入新课

413

学导内容与步骤	学习行为	导学行为	学语文教学特色分析
（二）导读文本 重读文本：《河的第三条岸》，完成考题。 （2008 年广东卷第 17 题，此处略，详见讲义附录） 1. 学生阅读文本并自主解读 2. 生生合作 3. 教师及时点评以实现师生合作探究 4. 师生探究、生生合作以归纳出答案	阅读 分析 发言 合作 探究	引导 点拨	重读文本 感知考题 分析考题 初步归纳欣赏小说人物 形象的一般方法
（三）导破难点： 结合作品，简要分析"父亲"这一人物形象。 1. 学生阅读文本并自主解读 2. 生生合作 3. 教师及时点评以实现师生合作探究 4. 师生探究、生生合作以归纳出答案	阅读 分析 发言 合作 探究	引导 点拨	阅读延伸 强化欣赏小说人物 形象的一般方法
（四）导结学得：分析小说人物形象的一般方法 1. 重视人物的身份、地位、经历、教养、气质 2. 抓住人物的外貌、语言、行动、心理描写 3. 圈点作者对人物的介绍和评价 4. 知"人"论"世"（人物或作者）	归纳识记	引导	归纳分析小说人物 形象的一般方法
（五）导练反馈： 阅读小小说《多待十分钟》（略，另见讲义附录）	阅读迁移	强化	反馈训练 将已有的知识进行正向迁移
（六）导出课堂	总结	点拨	完成知识框架并收束全课
学与教的反思： 1. 本堂课学生到底学到了什么？是用什么方法学到的？ 2. 教师到底让学生学了什么？有没有值得总结的经验与教训？还有没有更好的方法使他们学的更好？			

二、学习案例操作——重读文本

河的第三条岸（2008 广东卷）

[巴西] 若昂·吉马朗埃斯·罗萨

父亲是一个尽职、本分、坦白的人。他并不比谁更愉快或更烦恼，只是更沉默寡言一些。是母亲，而不是父亲，在掌管着我们家，她天天都责备我们——姐姐、哥哥和我。

但有一天，发生了一件事：父亲竟自己去定购了一条船。

父亲对船要求很严格，它要用含羞草特制，牢固得可以在水上漂二三十年，大小恰好可供一个人使用。母亲唠叨不停，牢骚满腹，丈夫是突然想去做渔夫吗？父亲什么也没有说。

离我们家不到一英里，有一条大河流过，水流平静，又宽又深，一眼望不到对岸。

我总忘不了小船送来的那天，父亲并没有显示出什么特别的神情。他像往常一样戴上帽子，对我们说了一声再见，没带食物，也没拿别的什么。我原以为母亲会大吵大闹，但她没有。脸色苍白，从头到尾她只说了一句话："如果你出去，就呆在外面，永远别回来。"

父亲没吭声，他温柔地看着我，示意我和他一起出去，我们一起向河边走去。我强烈地感到无畏货物兴奋。"爸爸，你会带我上船吗？"

他只是看着我，为我祝福，然后做了一个手势，要我回去。我假装照他的意思做了，但当他转过身去，我伏在灌木丛后面，偷偷的观察他。父亲上了船，划远了。

父亲再没有回来。其实他哪儿也没去。他就在那条河里划来划去，漂来漂去。每个人都吓坏了。从未发生过，也不可能发生的事现在却发生了。

每个人都猜想父亲疯了。母亲觉得羞辱，但她几乎什么都不讲，尽力保持着镇静。

河边的行人和两岸的居民说，无论白天黑夜都没见父亲踏上陆地一步。他像一条被遗弃的船，孤独地、毫无目的地在河上漂流。人们一致认为，对于父亲而言，食物是一个大问题，他一定会离开大河，回到家中。

他们可是大错特错了。父亲有一个秘密的补给来源，那就是我。我每天偷了食物带给他。后来我惊异地发现，母亲知道我做的一切，而且总是把事物放在我轻易就能偷到的地方。她怀有很多不曾流露的情感。

日复一日，年复一年，父亲从不踏上泥土、草地或河岸一步。从没生过火，他没有一丝光亮。他的身体怎样？不停摇桨要消耗他多少精力？河水泛滥时，他又怎么幸免于难？我常常这样问自己。

姐姐生了一个男孩。她坚持要让父亲看看外孙。那天天气好极了，我们全家来到河边。姐姐穿着白色的新婚纱裙，高高地举起婴儿，姐夫为他们撑着伞。我们呼喊，等待。但父亲始终没有出现。姐姐哭了，我们都哭了，大家彼此携扶着。

后来，姐姐搬走了，哥哥也到城里去了。母亲最后也走了，和女儿一起生活去了。只剩下我一个人留了下来。我从未考虑过结婚。我留下来独自面对一生中的困境。父亲，孤独地在河上漂流的父亲需要我。我知道他需要我，尽管他从未告诉我们为什么要这样组。不管怎么样，我都不会因这件事责怪父亲。

我的头发渐渐地灰白了。我到底有什么不对？我到底有什么罪过？渐渐地，我因年老而心瘁力竭，生命踌躇不前，同时爱讲到疾病和死亡。他呢？为什么？为什么要这样？终有一天，他会精疲力竭，只好让小船翻掉，或者听任河水把小船冲走，直到船内积水过多而沉入激流之中。哦，天哪！

我等待着，等待着。终于，他在远方出现了，那儿，就在那儿。我庄重地指天发誓，尽可能大声地叫着：

"爸爸，你在河上浮游得太久了，你老了，回来吧。你不是非这样下去不可，回来吧。无论何时，我会踏上你的船，顶上你的位置。"

他听见了，站了起来，挥动船桨向我划了过来。他接受了我的提议。我突然浑身战栗起来。因为他举起手臂向我挥舞，这么多年来这是第一次。我不能，……我害怕极了，发疯似的逃掉了。因为他像是从另一个世界来的人。极度恐惧给我带来一种冰冷的感觉，我病倒了。从此以后，没有人再看见他，听说过他。

（选自余华《温暖的旅程——影响我的 10 部短篇小说》，有删改）

17. 结合作品，请简要分析"母亲"这一人物形象。（5分）

答案：母亲是一个善良勤劳、感情真挚、忍辱负重的普通女性形象。她爱唠叨，常责备孩子。她掌管着全家人的生活，热爱家庭。她对"父亲"的行为深感不满，甚至是觉得羞辱，但又一直牵挂和思念他，直至年迈，她才放弃对"父亲"的等候。

●欣赏过程

母亲

提取信息	概括特点	信息类型
掌管着我们家	一个勤劳的家庭妇女	人物的身份 作者对人物的介绍评价 人物的言、行、心理、细节描写
她天天都责备我们——姐姐、哥哥和我	热爱家庭	
母亲唠叨不停，牢骚满腹	不理解父亲	
但她没有。脸色苍白，从头到尾她只说了一句话："如果你出去，就呆在外面，永远别回来。"	口硬心软、善良 隐忍	
母亲觉得羞辱，但她几乎什么都不讲，尽力保持着镇静	忍辱负重	
母亲知道我做的一切，而且总是把食物放在我轻易就能偷到的地方。她怀有很多不曾流露的情感。	善良 感情深挚	
我们全家来到河边。……我们都哭了，大家彼此携扶着。	善良 不愿意放弃希望	
母亲最后也走了	坚持到最后直至希望破灭	

●阅读延伸：

●结合作品，请简要分析"父亲"这一人物形象。（5分）

父亲

提取信息	概括特点	信息类型
父亲是一个尽职、本分、坦白的人。	尽职……平凡	作者对人物的介绍和评价 人物的行为 关于作品的背景材料
他并不比谁更愉快或更烦恼，只是更沉默寡言一些。	沉默寡言、孤独	
父亲对船要求很严格……牢固得可以在水上漂二三十年，	孤独	
父亲并没有显示出什么特别的神情。他像往常一样……父亲再没有回来。他就在那条河里划来划去，漂来漂去。……从未发生过，也不可能发生的事现在却发生了。	超越世俗 超越现实	
他像一条被遗弃的船，孤独地、毫无目的地在河上漂流。人们一致认为，……他一定会离开大河，回到家中。日复一日，年复一年，父亲从不踏上泥土、草地或河岸一步。……但父亲始终没有出现。	坚定 执着	
他听见了，站了起来，挥动船桨向我划过来。他接受了我的提议。（无论何时，我会踏上你的船，顶你的位置。）从此以后，没有人再看见过他，听说过他。	继续追求	

答案：父亲是一个尽职、本分、坦白、平凡、沉默、孤独的，对超越世俗与现实具坚定执着追求精神的超现实主义者形象。他敢于做"从未发生过，也不可能发生的事"，尽管周围的人对此很不理解与支持；他并没有如人们所认为的那样最终离开河流，而是"从不踏上泥土、草地或河岸一步""始终没有出现"，直至遭遇"背叛"后"没有人再看见过他，听说过他"，表明他对自己的追求具坚定执着的精神。

三、学习方法总结——本节课学习要领

1. 立足文本，筛选信息（人物的身份、言、行……作者对人物的介绍与评价，结合作品背景）；

2. 分析信息，概括特点（全面，不任意拔高）；

3. 表述答案，作答规范（按照题目要求结合作品分析，采用总分式表述）；

4. 下定义（概念），再回到原文中找到相关信息，概括、综合、全面。最后，用恰当的语言表达。

【评析】

张老师的这一堂课，就小说阅读所展开的"学导法"教学实验，作出了解种别样的探索。主要是体现了以下三点：

第一，形成了"学导法教学"的一种实践操作图式：纵向与横向相统一。

横向为：学导内容与步骤 { 学习行为 教学行为

纵向为：导入课堂→导读文本→导破难点→导结学得→导练反馈→导出课堂。

第二，这种"学导法"教学操作图式，也体现了一种新的"学习方案"，它不同于目前流行的"学案"，是一种真正呈现与记录"学习"之方案（"记录在案"），让"学案"回归本真。

第三，这种教学图式，还增加了一项"学与教反思"，自我评价和反思学生的学和教师的教，这才是教学的真正结尾和对下一堂课的启动（明

确方向），尤其是增加了"学"的反思（让学生反思），体现了教"学"的
学导法教学理念。

（以上由林惠生根据有关实验老师上课记录重新整理）

主要参考文献

1. 如潜著，《和青年朋友谈谈学习中的几个问题》，中国青年出版社 1956 年 12 月版；

2. 巴拉诺夫、沃莉科娃、斯拉斯捷宁等编，李子卓、赵玮、韩玉梅、吴式颖等译，《教育学》，人民教育出版社 1979 年 7 月版；

3. 马千里编，高教文摘编辑部，《论学习科学》，1987 年 5 月版；

4. 张隆华主编，《语文教育学》，重庆出版社 1987 年 8 月版；

5. 赖安章编著，《高中学习方法与智能培养》，西北工业大学出版社 1988 年 3 月版；

6. 刘彦著，《教与学潜论》，内蒙古教育出版社 1988 年 9 月版；

7. 刘国正、毕美赛主编，《叶圣陶语文教育思想研究》，江苏教育出版社 1990 年 2 月版；

8. 马伯准主编，《中学生学习法》，湖南教育出版社 1990 年 4 月版；

9. 林惠生著，《"语文学习学"的构想及其尝试》，山西师大《语文教学通讯》1990 年第 10 期（10 月出版）；

10. 邵瑞珍主编，《学与教的心理学》，华东师范大学出版社 1990 年 10 月版；

11. 乔炳臣、白应东编著，《学习的科学与科学的学习》，黑龙江教育出版社 1990 年 11 月版；

12. 刘堂江著，《读书百法》，中国少年儿童出版社 1991 年 1 月版；

13. 林明榕主编，《中外最佳学习方法》，中国广播电视出版社 1991 年 3 月版；

14. 叶瑞祥、周勤多、林振海主编，《中学生学习学》，广东高等教育出版社 1991 年 4 月版；

15. 张栋华编著，《陶行知教育名著选讲》，广东高等教育出版社 1991 年 4 月版；

16. 谢德民编，《论学习》，人民教育出版社 1992 年 6 月版；

17. 王松泉主编，《简明学习方法词典》，辽宁大学出版社出版 1992 年 12 月版；

18. 王光龙主编，《语文学习方法学》，山西高校联合出版社 1993 年 6 月版；

19. 赵福祺、刘冈编，《当代中国语文教育改革名家评介》，成都出版社 1993 年 11 月版；

20. 卫灿金著，《语文思维培育学》，语文出版社 1994 年 5 月版；

21. 全国中语会编，《叶圣陶 吕叔湘 张志公 语文教育论文选》，开明出版社 1995 年 9 月版；

22. 张庆林主编，《当代认知心理学在教学中的应用—如何教学生学会学习和思维》，西南师范大学出版社 1995 年 12 月版；

23. 孔子著、陈国庆注译，《论语》，陕西人民出版社 1996 年 2 月版；

24. 联合国教科文组织、国际教育发展委员会编著，《学会生存—教育世界的今天和明天》，教育科学出版社 1996 年 6 月版；

25. 叶志盛著，《初中语文最佳学法》，广东人民出版社 1996 年 7 月版；

26. 叶瑞祥著，《学习学概论》，广东高等教育出版社 1996 年 12 月版；

27. 佟士凡著，《语文学习论》，广西教育出版社 1996 年 12 月版；

28. 王秀芳著，《学习检测学》，新华出版社 1997 年 5 月版；

29. 王世清编，《中学生心理与调适》，西北大学出版社 1998 年 3 月版；

30. 《学习科学大辞典》编委会编，《学习科学大辞典》，新华出版社

1998 年 6 月版；

31. 燕国材著，《学习心理学》，警官教育出版社 1998 年 8 月版；

32. 吴发珩主编，《当代语文教法学法辞典》（修订版），广西教育出版社 1998 年 8 月版；

33. 蒯超英著，《学习策略》，湖北教育出版社 1999 年 1 月版；

34. 张奇著，《学习理论》，湖北教育出版社 1999 年 1 月版；

35. 沈怡文著，《学习方法》，湖北教育出版社 1999 年 3 月版；

36. 汪诚一主编，《学习方法宝典》（系列篇），广西师范大学出版社 1999 年 7 月版；

37. 林焕章、林惠生主编，《教育科研操作指南》，国际文化出版公司 2000 年 3 月版；

38. 中华人民共和国教育部制订，《全日制义务教育语文课程标准（实验稿）》，北京师范大学出版社 2001 年 7 月版；

39. 中华人民共和国教育部制订，《普通高中语文课程标准（实验）》，人民教育出版社 2003 年 4 月版；

40. 《朱绍禹文存》，吉林人民出版社 2002 年 10 月版；

41. 顾泠沅等，变式教学研究（再续）[J]. 数学教学，2003，(3)

42. 倪文锦主编，《高中语文新课程教学法》，高等教育出版社 2004 年 11 月版；

43. 周庆元著，《语文教育研究概论》，湖南人民出版社 2005 年 8 月版；

44. （美）肯·古德曼著，李连珠译，《全语言的"全"全在哪里》，南京师范大学出版社 2005 年 8 月版；

45. 王尚文著，《走进语文教学之门》，上海世纪出版股份有限公司上海教育出版社 2007 年 5 月版；

46. 章竟，《知识力：才能的内在本质》，中共中央《求是》1993 年第 16 期；

47. 刘海峰，《学习力决定生存力》，中国华侨出版社 2008 年 2 月版；

48. 隗峰 赵同友，《变异学习理论及其应用》，《上海教育科研》2008

年 06 期；

49. 陈建翔，《变异理论对基础教育的启示》，《中国教育报》2008 年 12 月 15 日；

50. 高文等编著，《学习科学的关键词》，华东师范大学出版社 2009 年 3 月版；

51. （美）Eric Jensen 主编，温暖译，《深度学习的 7 种有力策略》，华东师范大学出版社，2010 年 5 月出版；

52. （丹）伊例雷斯著，孙玫璐译，《我们如何学习：全视角学习理论》，教育科学出版社 2010 年 6 月版；

53. （美）B. R. 赫根汉，（美）马修·奥尔森著，离本禹著，崔光辉等译，《学习理论导论（第七版）》上海教育出版社 2011 年 1 月版。

54. 张会恩、曾祥芹主编，《文章学教程》，上海教育出版社 1995 年 5 月版；

55. 张伟译，《批判反思型教师 ABC》，中国轻工业出版社 2002 年 1 月版；

附录：华南师大《语文月刊》2011 年第 3 期 "语文名师" 报道

能追无尽景　始是不凡人
——感悟林惠生老师

广东省汕尾市林伟华中学　陶　波

认识林惠生老师整整 10 年了，我应该算是近 10 年中和林惠老师近距离接触比较频繁的林惠生老师众多弟子中的一员。即便经常有机会见面，向他请教语文教学教研的问题，聆听他的讲座，和他交流思想，但我依然对经常出现在自己身边的这位名师充满着好奇。他朴素、儒雅、谦恭，虽年老体弱，仍然精神矍铄、神采奕奕，仍然激情四溢、思想不滞、笔耕不辍。他何以在中学语文教学教研领域声名显赫？他有怎样的人格魅力和艺术魅力使那么多的语文教师对他赞不绝口，崇敬无比？他凭什么就那么容易征服那么多听过他讲座、看过他文章的人？当因崇敬、好奇而对林惠生老师有更多了解之后，我感觉到，南宋大诗人陆游的两句诗 "能追无尽景，始是不凡人"，最恰切地概括我对林惠生老师的感悟。

他，为 "书" 而忙了一辈子

林惠生老师，是生长在一个受教育极不完整的时代。用他的话说，在受教育上存在着严重的先天不足。但是，一个有着教育 "先天不足" 的人却当上了教育工作者。而生性倔强、从不言输的他，硬是坚持"先天不足后天补"的信念，为"书"而忙了一辈子。

那是二十世纪七十年代初，刚当上中学教师的他，虽然在当地以舞文弄墨、发表了不少新闻和文学作品而小有名气，但是面对一个全新的教书岗位，一下子他陷入了第一天报到时校长所叮嘱的沉思之中：林老师，你能写文章，但不一定能教好书呀！是呀，我能当一名好教师吗？他深深地感悟到：要教书，得要先读书、读好书，才能教好书。学知识不可能一劳永逸，要做一位"永不掉价"的老师，必须永不懈怠地读一辈子书。于是，他以书为伴，读书、教书，教书、读书。

那年月，他把有限的工资，大部分用来购书，自己到外地开会，每每背回来的不是当地特产，而是大捆的书；与各地朋友交往，常常请人代购新书或借书。读书，成了他唯一的乐趣。面壁十年，读书千卷——二十世纪七八十年代他就是这样走过的。他告诉我们：此生读了三个专业，一是中文专业，二是新闻专业，三是教育科学方法论专业。这三个专业的系统学习，为他教好书、当名师、当教育专家打下了扎实的专业基础；同时还通过自学有关哲学、美学、教育学、心理学、教学论以及订阅十余种报刊，进一步了解语文教学的现状和国内外教改动态，为他教好书乃至进行教改实验研究奠定了基础。现在，有了三十余年从教生涯的他，还仍然坚持每天读书两小时，读专著、读报刊、读网络文章……

后来，他还总结了一个"四书五经"全阅读法。"读四书"就是读"书上书"（经典名著）、"书的书"（工具书）、"书中书"（文摘与选文）、"书外书"（解读本或教辅书）。"读五经"就是读：学科专业知识、社会常识、教育教学理论、教学实践技能、创新研究能力与智慧等。他认为，当教师，特别是当一个优秀教师，就要坚持终生读书，而且要注意读书内容的立体性欲产生性，即只有把这"四书五经"完整地读好了才能把书教好。

林老师为"书"忙，不仅忙在读书上，还忙在"写"书上。他一改过去写新闻、写作品的优势，却为教书而写"下水文"和教学指导书等等。

首先，为提高学生作文水平，他坚持写"下水"作文进行指导。偶尔写写"下水"作文的语文老师有，但能一直坚持的却很少，林老师就是一位一直坚持写"下水"作文的语文老师，他用自己的写作体验感知学生的写作问题，用自己的写作思维开启学生的写作思维，从而形成了一套独特而有实效的作文训练方法。他写"下水文"有个特点：不仅是写于学生同题同作的课堂习作，还将给学生批改作文的评语当作"下水文"来写。有时候评语是一段，有时候评语是一篇点评、点拨性的作文指导文章，有些还是与学生对话交流的人与作文结合的说理性散文，还有的是与学生就一个作文问题展开研讨的论文。即使是"同题同作"的课堂下水文也有特色，有时和学生同桌同时写，有时边指导边随机口述一段或几段"美文"，甚至一口气说出五六个开头或结尾，或同时说出不同材料、不同结构、不同题型的几类文章来……让学生既开眼界，又叹服老师的功力而激发了写作兴趣，从而提高写作能力。由于他有了"下水文"的写作体验与收获，便对学生作文指导更具有针对性和实效性，也更加懂得古人"功夫在"的道理。他说：只有写了"下水文"，才知道老师在课堂上滔滔不绝地大讲"如何作文"的理论对学生起的作用并不大，学生更需要一些将理论融合于写作之中的可操作性强的东西。这些"东西"是什么呢？根据青少年学生"模仿体验与直观感性强"的特点，让学生除了多读些经典名著以外，还应多看与学生生活、学习接近的报刊时文，同龄人习作，以及深入浅出的科普性作文辅导书。只有"下水文"写作之后，才能有此体验与感悟，才能真正从"走近"学生到"走进"学生，作文教学才能真正教了"学"。于是，他为此作了三件事：一是每堂作文课，多提供一些同题习作及相关范文引路（确保5篇以上）；二是给学生多开一些作文专题讲座以及"互改、面批"的多形式作文评讲。三是写了一批作文指导书，其中最成功的是《作文同步指导》丛书。

在林惠生老师的笔记本中，我发现让我感动的三段自励的醒世格言：一是"人贵有志，学贵有恒；事在于干，业成于勤"；二是"埋头做学问甘坐冷板凳，伏案求真理岂能朝三暮四"；三是"把每一堂课都当成研究性的课来上吧！教在研中，研在教中；为教而研，不研不教"。这三段话，终于使我感悟到，这正是林惠生老师作为一位学者严谨务实，追求不止，作为一名教师怎样从"先天不足"而最终成为著名特级教师、中学正高级教师的真实写照。

他，为教而"研"了三十年

作为一名教师在其教育教学生涯中，能创立一项独特的教学方法已是不易，而林惠生老师不仅创立多项独特的教学方法还能将这些教学方法用一系列的教学思想贯穿起来，由此也就不难理解林惠生老师何以被称为当代中语文教育改革名家，也难怪他会集那么多荣誉于一身，也难怪那么多媒体争相报道他的事迹。

从1980年开始，林惠生老师就在教学实践中尝试综合运用他所研究的各种独特的教学方法，积极改革语文教学方法。他自己跟自己过不去，硬是把自己的教学班作为教改的"试验田"开展了多种多样的教学尝试，简称研究性教学。如"大语文教学法""读写互动法""人味·趣味·悟味"的三味教学法、"题导法教学"及"单元化作文"教学"一题多练与多题一练法""生活·兴趣·写作"同步到位法；特别是"一题多练法"，一次练一点，或练体裁变化、或练人称变化、或选材和结构大变化等等，不至于偏向某一体一类，实现了"作文教学全程序列化"，提高了学生全面的写作能力。又如，他率先在全国开展把预习"请"进课堂的"课堂预习法"和"四结合预习法"相统一的"预习法教学"实验。这些方法从他的教学实践中得到总结提升而产生，又积极又很好地指导他的教学实践。他独具特色的教学方法随着教学实践的深入，在不断的丰富，而且不仅在当时独树一帜，至今还被广泛运用，犹如"陈年老酒"，越用越有效果。在中学一线23年的语文教学中，他形成了"大气而细微、素雅而精彩"的教学风格，把课上得有声有色，也使他成了当时"粉丝"最多的语文教师之一。

林惠生老师还形象地说："我一直在思考着怎样把我的'游击战'转

化为'阵地战'。""游击战"，就是指零散的、局部的、自发的教学改革与尝试，也就是就事论事的，就问题而研究问题的粗放型研究。"阵地战"，就是指有计划、有目的、有理论与实践相结合，系统的、集约性的体系型研究。他始终认为，语文教育教学的理念和思想，永远比教学方式技法更重要。因为他从一句"爱因斯坦是一位百年的科学家，更是一位千年的思想家"名言中懂得，好的思想比方法走得更远。所以，他用敏锐的眼光、独特的思维，不断地发现和创立新的也更有实效的教学理念与教学方式方法。所以，他认为：教育需要思想，需要思考，需要思辨。从教书匠走向教育家，关键在于要创新思想，要构建学术体系。于是他用思想教书，用思考教研，透过教学现象洞察教育本质，独辟蹊径，开启了他的"语文三学"的研究：一是创立了"语文学习学"，二是总结了"语文哲学"，三是发展了"语文艺术学"。在这三个不同的领域，他不仅是学术概念的首创者，更是辛勤的耕耘者，都分别取得了显著成果。

据统计，他有 100 多篇论文、研究报告先后在《中国教育报》《课程·教材·教法》《广东教育》《现代教育科学·普教研究》《语文教学通讯》《中学语文教学参考》《语文月刊》《小学语文教学》《小学教学参考》等全国各地报刊发表或学术会议交流、宣读（国际会议交流 2 篇、全国核心期刊发表 14 篇、中国人民大学书报资料中心全文转载或收录 9 篇次）；出版专著或合著 20 余册；在市内、省内和全国作学术报告或专题讲座 40 多场次。荣获全国学会或教育部有关机构及省级学会、教研部门优秀论著一、二等奖共 30 余篇次；荣获广东省政府设立的广东省教育教学成果奖 3 次、广东省中小学教育创新成果奖 5 次、广东省教育科研成果"黄华奖" 3 次。

他，用"课题"在不断创造学术高峰

林惠生老师，在他的教研工作中有一个鲜明特色，就是开展课题研究。他把课题研究看成是促进专业发展、提升科研能力、创造学术高峰的基本内容和平台。为此，他从二十世纪八十年代就开始到现在，共主持了

国家及省级课题研究 4 项，参与国际、国家和省级子课题研究 12 项。在课题研究中，既有语文学科中关于从小学、初中到高中的学段型纵向研究，也有关于从教学理念、课程教材、教学过程、教学模式方法到教学评价的横向研究；既有 "教" 的研究，更有关于学生 "学" 的研究；还有从单一的语文学科走向关于素质教育、德育、教育管理、招生考试以及教育教学基础理论等全方位的综合型研究。多年来，他不仅自己带头进行课题研究，还主管全市的课题管理和课题指导。

综合分析林惠生老师的学术研究成果具有如下特点：

（1）注重了 "学科发展" 的建设性研究。早在二十世纪八九十年代，根据我国普遍存在的 "重教轻学" 现象，林惠生老师就提出并尝试把 "学法指导" 纳入 "教学方法" 之中，进而开创了一门新学科 "语文学习学"，以弥补完善 "语文教育学" 及 "语文教学论" 的不足，或者说丰富与发展了 "语文教学论"。围绕 "语文学习学" 及其学法指导研究发表了近 20 篇论文，出版了一批专著（含合著）。如：《"语文学习学" 的构想及其尝试》《"语文学习学" 发展之断想》《让 "语文学习学" 走进语文教学》《从 "教语文" 教学走向 "学语文" 教学》《学本式教育与语文学法指导——学语文教育的教学实践浅探》《学习型语文教育的 "三点阅读法" 教学模式研究》等，在文中积极倡导 "以学为本，为学而教；以学知教，因学施教" "教在学中，学在教中" "让语文教学成为有教的学和有学的教" 等，创立了 "学语文" 教学的学习型语文教育流派。这些观点与做法，后来均被许多专家的专著、论文和教师的教学实践所采用。另外，为了推广与发展新学科 "语文学习学"，于 1995 年发起与一批高校教授及中小学名师共同创建了全国语文学习科学专业委员会，开展了一系列的学术研究活动，取得了较好的效益。

在语文学科发展研究中，还围绕新课程改革与实施开展了语文课程的发展性或建设性研究。如：《关于语文课程的 "三级开发"》《语文活动课的 "定位论"》《对当前高中语文选修课的反思》《也谈综合性学习》《关于在语文学科中开展 "研究性学习" 的研究》等。这些研究成果回答了目前新课程改革中如何使语文学科课程开设得更科学、更恰当、更便于操作的问题，在国内产生较高评价和影响，论文发表后分别获奖和被转载、引用等。

（2）致力于以解答教学实际问题的务实性研究。如：根据学生学习语文时所出现的认知心理问题以及教师的教学问题，运用教学反思等方法，研究并写出了一批"思辨＋实证"型论文。如：《语文课出现"学习病态"怎么办》《转变观念必须有创新精神》《让语文课的结尾也结出"味"来》《阅读教学"辩"论》《只有放开，才能开放——也谈作文开放式教学》《用问题教学法指导学生克服写作高原阶段的滞化现象》和《初中语文学习方法系统指导》（专著）等。又如：1988 年提出并于 1991 年以论文《"给材料多题多体裁"仍是今后高考作文命题的方向》荣获全国中语会青年教改新秀论文一等奖，后来以《今后高考作文命题的方向》为题发表在全国中语会会刊《语文教学论坛》1993 年第 1 期，实践证明，近 20 年来高考作文一直沿用的"材料作文、话题作文、不限文体和二题选一"等，均充分体现着本文观点与做法，为我国高考作文产生了导向性作用。

（3）创造性地开展将"学科发展"与"解决教学实际问题"相结合的构建性研究。这样，既产生了一批独特的学术观点，又构建了一批具有实用价值的教学模式与方法，尤其是"法"教学论，成为在国内开创性学术成果。如"学法指导，教中之教""学法指导也要有'法'""学导法教学""题导法教学""三级学法指导""三点阅读法教学""读写一体化教学""读开放书，写开心文""素质型学习方法指导"、"变识字教学法为识字法教学"和"从阅读教学法走向阅读法教学"的"法"教学、"从学法指导走向学习指导""'课前三思课后三想'的反思性教学"等。其中"目录教学法"入选广西教育出版社《当代教法学法辞典》。

以上三方面的研究，以"语文哲学论"为统摄、以"语文学习学"为内核、以学习（法）指导为主线索、以构建"学习型语文教育"新体系为出发点的学术思想体系和操作方法体系，形成了以"以学为本，为学而教"的教学理念，达到了国内领先水平，因而被誉为"学法指导的开拓者与成功者"，林惠生老师的这些研究成果很早就得到了国内语文界学术权威朱绍禹、周庆元、庄文中、张厚感、王光龙、卫灿金等专家学者的认可与扶持。

（4）积极兼顾了其他领域或教育教学问题的研究，也提出了一些新观点和新做法，产生了较大的学术价值和教育效益。如：在德育上，于1992年4月发表了《论德育中的一项基础工程——培养学生的自控力》，1996年提出了"大德育"论，并在城区红卫小学开展实施"大德育"工程的探索，以上两项成果都先后获得全国二等奖。在高考招生研究中，于1991年在全国第四次教育考试研会和有关刊物上发表《高校招生要选拔"合格＋特色"的人才》的论文并提出与此相应的"高考科目的合理设置和考分结构的妥善调整"的建议，被领导和专家评价为"富有前瞻性和针对性"，后来被不断采纳与推广应用。另外，发表在《中国教育报》上的《转变观念必须有创新精神》和《广东教育》上的《让教育在解放思想中获得思想》，以及《从教育的现代性看现代教育的前景》和《教学教研常规"整体优化、系列操作"的研究与实验》等文章发表后，均在国内或省内产生较大反响与好评。

林惠生老师在中学教学一线任教23年（期间兼任完全中学校长5年），从事专职教研工作16年。有人评价他这几十年教学教研生涯时说：当教师，研究型；当校长，学者型；当教研员，专家型。这话一点不假。

他，因学术而争得了荣誉和成就

在上世纪80年代末，林惠生老师才30多岁时就已经声名鹊起。先是列为1990年10月全国中文核心期刊《语文教学通讯》的"封面人物"，还给他作了《词源倒倾三江水，笔阵独扫千人军》的长篇报道；1993年林惠生老师选入为《当代中国语文教育改革名家评介》的首批十位名家之一（其他9位为：于漪、钱梦龙、魏书生、欧阳黛娜、宁鸿彬、刘朏朏、张孝纯、洪镇涛、黎见明），该书主编对林惠生以"学法指导的开拓者与成功者"为题作了长达 2.3 万字的长篇评介；2000 年 6 月全国中文核心期刊《中学语文教学参考》把林惠生老师列为"封面人物"，并配发了《林惠生小传》；2000 年 1 月 23 日的《中国青年报》"教育潮"专栏，对林惠生老师作了《真金何处不辉煌》的专文报道；2000 年 7 月 21 日的《中国教育报》"特级教师特色"专栏，作了《林惠生：学法指导有"法"》的通栏报道（含照片、简历及成果评介）；2005 年 1 月，湖北《中学语文》将林惠生老师列为"名师风采"人物，作了《林惠生：一位特具个性的教育改革家》的长篇报道；2009 年被中华语文网列为全国 68 位"语文教育专家"之一。林惠生老师在 1989 年就被评为湖南省优秀教师，1998年评为广东省特级教师，1999 年评为广东省普教系统"百千万人才工程"首批教育专家对象和市管专业技术拔尖人才；2000 年评为汕尾市和广东省先进工作者（劳模），2001 年评为全国教育系统先进工作者（劳模），2009 年评为广东省基础教育名教师。

一个个荣誉背后都浸透了勤劳的汗水，见证林惠生老师这位名副其实的教育改革名家。纵观林老师从一个普通的农家子弟到一位教育改革名家的拼搏历程，我认为他最令人瞩目的改变有四：

其一，他改变了自己。从一个名不见经传的农村中学教师成长为全国著名特级教师、省部级劳模和广东省第一批教授级中学正高级教师。

其二，他改造出了一个个崭新的语文课堂。林老师在湖南家乡的 23年教学，是一部"研究性教学"的创新史。从他走上讲台的第一天起，他就大声疾呼：我不是在教书，而是在教人，在教人读书！

其三，他用他的睿智和执著开辟了教育科研的新绿洲。他善于把一个个教学问题变为一个个课题进行探讨与研究，最终形成一套套、一项项有价值的课题成果和独特的学术观点。

其四，他改变了一个地域教学教研落后的状况。林惠生老师在汕尾这块教育科研的处女地上，奋斗了十六年，不仅一个人全担着高中、初中、小学一条龙的语文教研员工作，还要做好科研办主任、教研室主任工作，终于用自己的勤劳与智慧，使汕尾语文成绩从原来全省倒数第 1 名而提升接近了中等水平。

每每看到他一投入到搞课改，说教研，开讲座，就总会激情四射，侃侃而谈，问他有什么秘诀没有，而他深沉地说："我没有超人的地方，只是把别人玩的时间用上去了，因为我不会唱歌、跳舞、打麻将。"

他，还把思想和成果传承给他人

在生活中，林惠生老师是一个非常低调、木讷的人，但是，一见到他谈课改，说教研，开讲座，就总会激情四射，侃侃而谈，仿佛变成了另外一个人。每当有人提起他获得很多荣誉取得很多成就的时候，林惠生老师又像是一个单纯而腼腆的小孩，微笑着说："没什么，只是多想了些问题，少干了些不该干的事，没有什么突出的地方"。一个从事教育工作 40 年、取得重大成就的教育改革家如此谦虚，这不免让人想起一句农谚：饱满的稻穗总弯着腰。仔细想来，正是这谦逊的品格成就了他不平凡的事业。

正是因为谦逊，虚怀若谷，所以，即便年老体弱，仍任劳任怨地干着超负荷的工作。面临繁杂的事务，他忙了白天忙黑夜，加班加点，还加了双休日和节假日。他带领教研员深入各县区和学校进行调研指导（含高考备考），开展教研活动，每年均在 70 天以上，听课评课每年 70 节以上，还要组织区域性活动和开设专题教学讲座。

林惠生老师爱和一线教师在一起，尤其重视培养指导青年教师。他时常走进课堂，走到老师中间，通过培训、听课、讲评、面批面改等方式，使全市上百所学校、数百位教师得到了指导，促进了学科教学和教师专业发展。使一批青年教师成长为优秀或骨干教师，这些老师在市、省以上论文获奖或发表近 80 篇次。

我校杨燕老师，她无论在陆丰或在我校教书时，都多次得到林老师的指导，林老师曾为她三次参加广东省及全国优质课评选等活动而去三次听课、四次评讲与研讨修改教案，她终于两次获得省二等奖和一个全国指导学生读书活动一等奖。杨老师深有感触地说："林老师的指导太有用了。"

我任教以来，林老师不管工作多么繁忙，每个学期都会到学校来指导。每次来时，他总是先默默的在教室后面坐着一节一节地听课、记录。听完后，学校一群老师都围在他身边，请他指导，他总会笑呵呵的看着我们，认真说："我不是来指导的，而是向大家学习和大家交流的，是想合力探寻提高课堂教学效率的方法的。"他经常说，"教学有法，教无定法，贵在得法"，总鼓励我们大胆尝试运用不同的教学方式方法。事实上，一般而言，很多一线教师对教研员有种本能的反感，因为感觉很多教研员到教学一线来听课总爱指手画脚的批评，总说上课的老师这样不行，那样不对，"破"得多，"立"得少。但在汕尾市，很多老师却很希望林惠生老师来听听自己的课，因为林老师听得仔细，导得中肯而且有高度，既有理论分析又有实践引导，不仅"破"的令人心服口服，还会明确地启发你可以向那个方向改进。林老师有一句名言："我不是来听课的，而是来看课，看你老师是怎样上课而不是讲课，看你的学生如何上课学习，而不只是听你讲解，他们不仅听得怎么样，更是学得怎么样，动口动手动脑的学习状态和学习效果怎么样……。"这就是现在流行的"课堂观摩"或"课堂观察"。

　　另外对评课，他也有自己独特的想法与做法。他说：我以一种普通参与者的身份，来参加你们的校本教研活动。我绝不是来点评，更不是来评判，而是来和大家一起学习研讨，也将我听课后的体会与看法与大家交流。他总要让上课的教师先说说自己备课的背景、上课的教学设想及教学后的感受，如教得好的地方在哪里，学生真正学会了没有，还有哪些方面值得反思与整改，并与老师共同探讨，还有没有更好的方法和措施，把课上得更好更有效。即使要提出一些批评或教学建议时，也用"假如我来教"的话语，拉近与教师的距离，从而指导到位。事实证明，这种"零距离"的民主"听课评课"活动，效果特别好，也让在场的教师既领悟到林老师的人格魅力，从中学到不少新的教研活动方式方法。

　　"汕尾教育科研是老林带来的……"如今在汕尾教育界谈到教学科研的时候，你经常会听到这句话。如今的林惠生老师真可谓功成名就，广东省首批中学正高级教师，著作等身，光芒四溢。但他依然忙碌不已，笔耕不辍，问他何以如此，他总淡然一笑：习惯了。我突然想起古希腊那位智慧老人亚里士多德说过的一句话：优秀是一种习惯。林惠生老师正是拥有这种习惯，才使他追求不息，成就不凡。

后　记

在本书出版之际，我特别想写下一些有"感"而发的话，以作为"后记"——

一是衷心感谢提醒与信任我组编本书的老师和朋友。

在我不断发表文章的这几十年间，凡看过我文章、听过我讲座或学术发言的许多老师及朋友，都多次深情地说：每听你一次讲话，都胜读十年书。每读你一篇文章，都让我受益匪浅，获得启发……同时又问我：林老师，你有那么多文章，为什么不把它们编成书呢？那样我们读起来会更方便，效果也会更好。近几年，希望找到我有关专著来读的呼声也越来越多，越来越强烈。我本是一个很低调的人，不愿动不动就有什么"大作"出版，认为时有单篇"小作"发表也足矣。而退休后，将这些文稿结辑成书，不妨也是对"教研人生"的一个小小总结，既应该，也值得。于是，我接受了老师们、朋友们的提醒和信任，开始了整理与编写书稿的工作。不编不知道，一编竟还有好几本，便形成了《林惠生教育文选》（1—4卷）。现在所奉献的是《"语文学习学"的研究与实践》，其他几本将陆续出版。

在这里还有一件十分凑巧的事。25年前的1990年10月，是我的论文《"语文学习学"的构想与尝试》，在山西师大《语文教学通讯》1990年第10期发表（"封面人物"专栏代表作论文），一时在国内引起较大反响，也促使我为此继续开展研究直至今天，也终于有了一本《"语文学习学"的研究与实践》，将在 2015 年 10 月出版。啊，从一篇到一本，从"构想与尝试"到"研究与实践"，竟是整整 25 年！而且都是金色的十月——收获的季节。我又不免在此自作多情地期盼：当时的一篇有如此影响，那当今的这一本呢……

此时此景，我能不感奋吗？

二是衷心感谢扶持、关心和支持我一直走好"教研人生"之路的领导、同事、专家。

我从教以来，经历了湖南和广东的两省、三市、四个单位（含 3 所学校 2 个教研机构），所在单位领导和同事，均给我坚定地走"教研人生"之路以莫大的鼓励和关心。我参加了国内许多学术团体及其学术会议，发表不少论文，提出不少新观点，搞过不少研究课题，其间都得到了不少专家学者的指导和关照。比如，林明榕、张笛梅、张树森、朱绍禹、董味甘、周庆元、卫灿金、王光龙等教授一直扶持我致力于"学习学"的研究与实践，尤其是对我为"语文学习学"的创建和发展给予了全力支持和全程指导，使我能一辈子对"语文学习学"研究不弃不离，并且有所作为……

今年 8 月，将迎来我与同仁们一起创建的全国语文学习科学专业委员会成立二十周年的纪念日子，我这位首任副理事长、首届学术委员会副主任和现任的学术顾问，除了珍藏回忆和抒发纪念，现谨以本书作为献给学会成立二十周年的一份礼物，来回应我对"语文学习学"及其语文学习科学事业的那份永不变更的初衷与虔诚。

在这里我要特别深切地致谢已故的朱绍禹先生。他为鼓励和支持"语文学习学"，欣然应邀担任全国语文学习科学专业委员会理事长，开展了卓有成效的学术活动。后来还一直关心我出版"语文学习学"研究的书，并于 2005 年就写好了序言。记得他当时寄来序言稿还一再叮嘱我：如果你根据书稿最后定稿的需要，对序言文字可能要作些改动，你自己改定就行了，不必再说给我了。可见先生对后辈是多么信任和鼓励。由于种种原因，书一直久拖未能出版，真是愧对朱先生的一片教诲和呵护之情。现在，本书决定出版时，先生已经仙游天堂，我似乎天天感到他向我发出一种眼光——如此温馨，又如此期待，因为他序言的最后一句话就是"我们在期待"。说实在的，我为了这份期待，一直劳作，不敢懈怠。现在，我不便再以此作为序言，但为了表达对朱先生的感恩之情，特将他的序言原稿拍录珍藏起来，以此为了纪念，更是永远鞭策我去从事先生未竟的事业——把语文学习科学研究进行到底。

此时此景，我能不感动吗？

三是衷心感谢参与我本书实验成果研究的广大一线教师。

据统计，无论在我原来工作的湖南省武冈市南桥中学、武冈市七中、湘潭市教科所，还是在1995年3月调往广东汕尾工作以来（现在又来到广东顺德德胜学校），都得到时任领导和老师的热情支持与帮助，尤其是与我合作或参与我课题实验的一线教师及领导，有数百位实验老师和上万名学生（包括国内、省内其他地区、其他学校或单位的教师及教研工作者等）。如湖南的关仲华、王富元、刘芳、张映良、林日新、谷小文和南桥中学、武冈七中全体师生等，在广东汕尾市中小学语文界有黄沧海、叶胜、陈友雄、林湘云、陶波、刘林、李汉儒等。他们的敬业精神、合作态度、实验成果及专业成长与发展，都让我为之感动，也提供了大量的案例、数据及体会或总结报告等，为验证我的论文观点和丰富我的研究成果作出了实际性贡献。

此时此景，我能不感激吗？

四是衷心感谢一切为本书成书、出版而给予帮助或作出贡献的人们。

由于本书的文稿形成及发表跨越几十年，而且在不同的报纸、刊物，其不少参考文献删略而现在难以原貌恢复，对曾被吸纳或参考过的文献此次不可能——列出，特对有关作者表示歉意和感谢。也对发表过我文章、评介和报道过我个人及其成果的所有报刊、书籍的出版社及新闻媒体表示感谢。对我原来所发表文章提供读后感的读者朋友及有关提供信函文件的同仁敬致谢意。

在这里，我要深深地感谢我的家人——为我的事业默默奉献与鼎力支持，而且是一辈子无怨无悔；深深地感谢我的各位亲朋好友——为本书给予鼓励。

在这里，我特别要重重地感谢的是——北京人文在线，为我的研究事业和成果一直给予高度关注和鼎力支持，并且将本书通过专家评审列为人文在线学术资助基金项目。在此请以潘萌为总经理的北京人文在线文化艺术有限公司、各位专家评审委员及范继义编辑等接受我最诚挚的感谢！感谢您们的精诚付出，对我所给予的直接帮助支持和鼓励，尤其是对本书的无穷厚爱和高度认可，才让本书能够得以顺利出版。还要感谢为本书作序的广东顺德德胜学校胡华生校长和广东省特级教师陈友雄先生；感谢出版发行本书的光明日报出版社。

此时此景，我能不感恩吗？

夜，深了，长了，我的思绪也在加深，加长。但是，有"感"之话再多，也难以尽情表达我的内心。后记，总有写完的时候，那么，就让我放下笔来，再用这颗"痴情""善感"的心，去感悟世界，感悟人生。

林惠生于 2015 年 10 月